REAL ACCOUNT

TEXT: OKUSHOU ZEICHNUNGEN: SHIZUMU WATANABE

1

INHALT

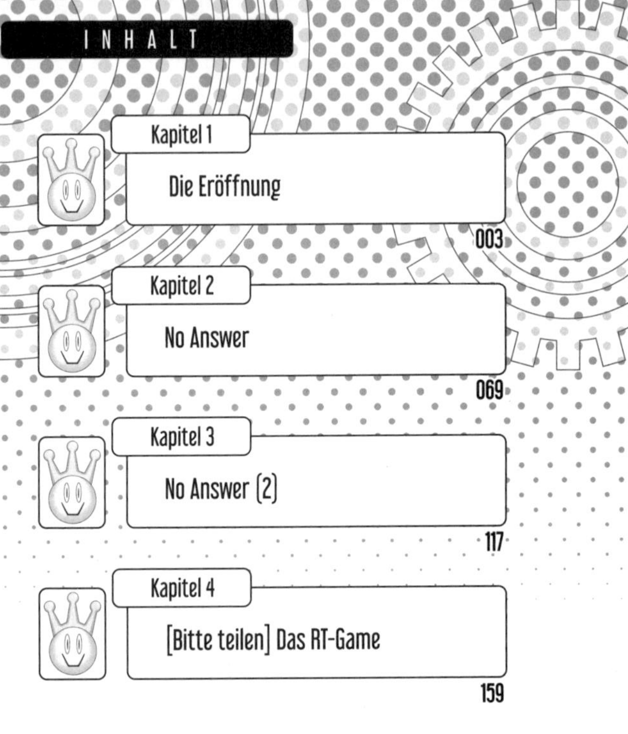

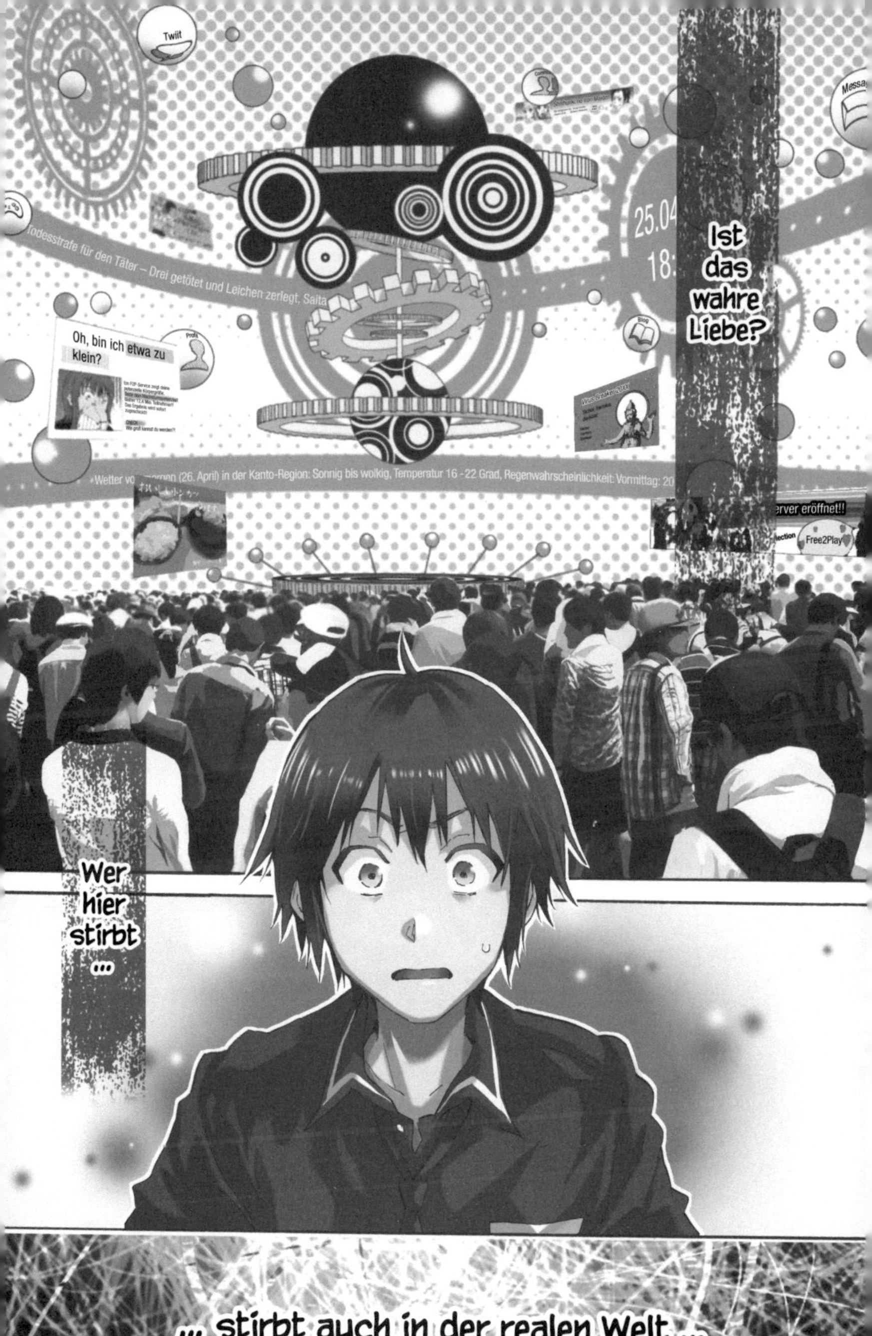

Twiit
Todesstrafe für den Täter – Drei getötet und Leichen zerlegt, Saita
Oh, bin ich etwa zu klein?
Blog
Ist das wahre Liebe?
Regenwahrscheinlichkeit: Vormittag: 20
in der Kanto-Region: Sonnig bis wolkig, Temperatur 16 - 22 Grad,
erver eröffnet!!
Free2Play
Wer hier stirbt ...
... stirbt auch in der realen Welt ...

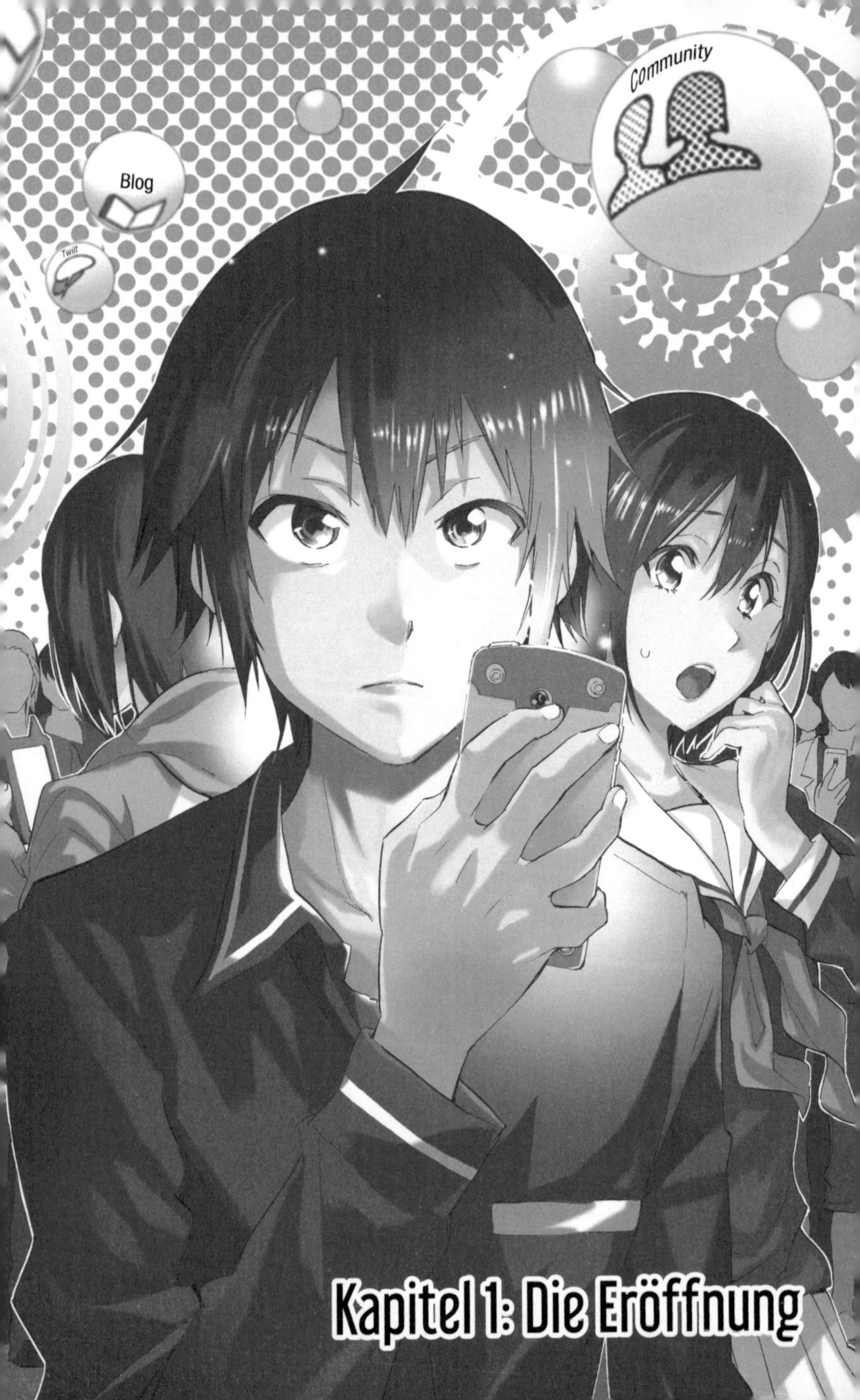
Community
Blog
Twiit
Kapitel 1: Die Eröffnung

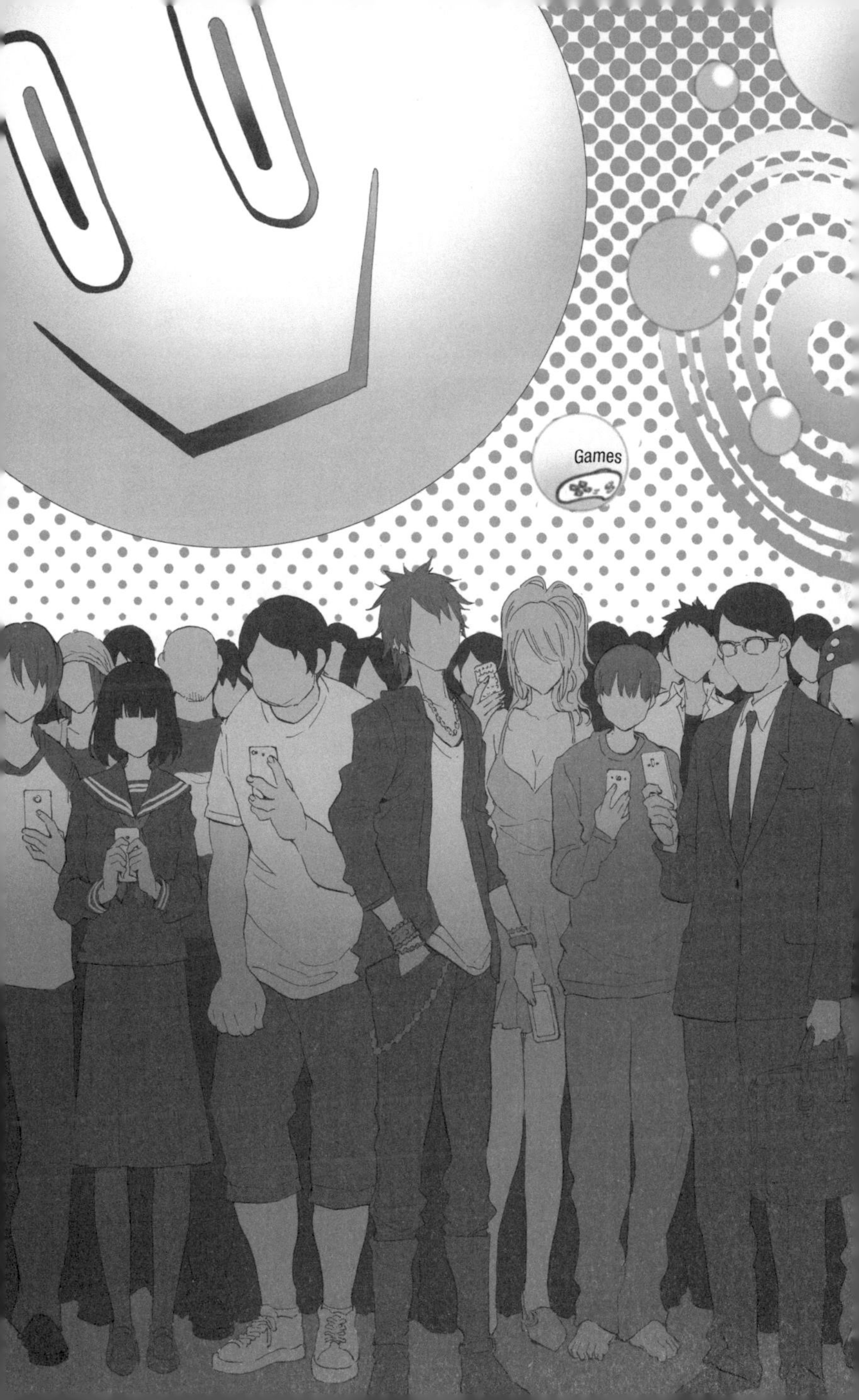
Games

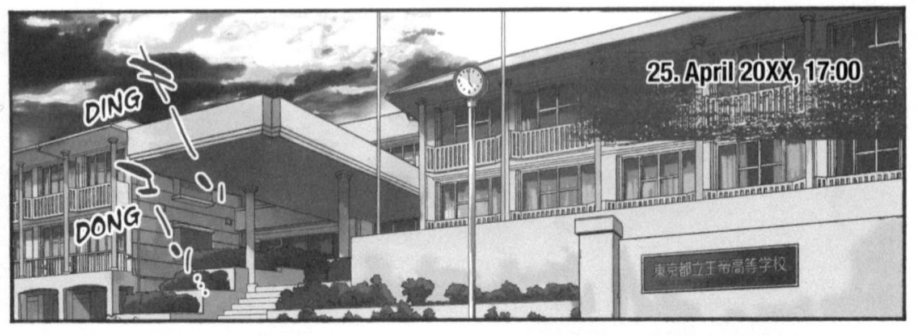

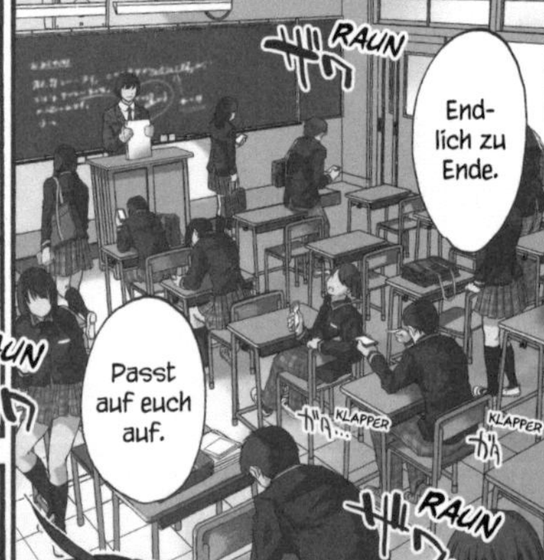

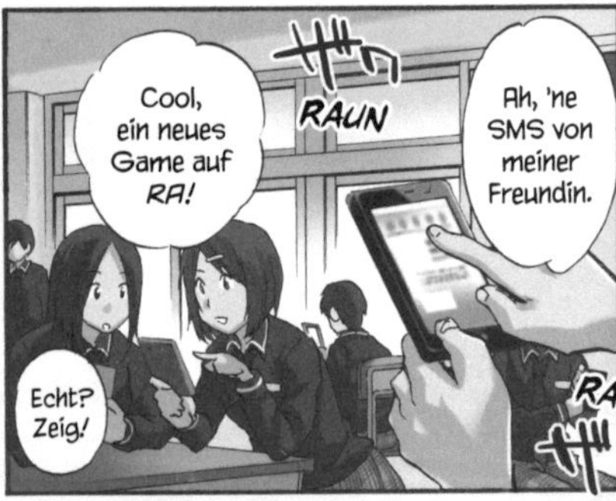

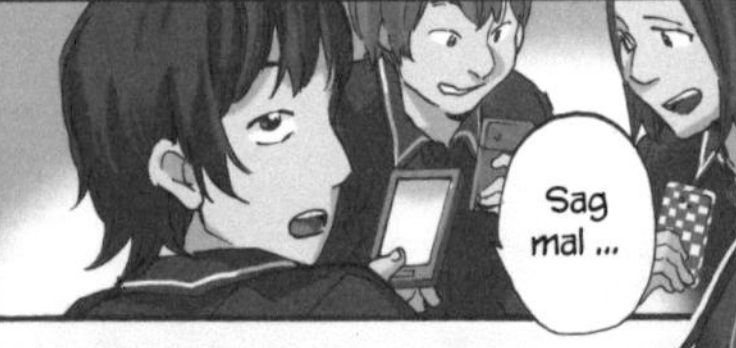

... machst du nicht bei *RA* mit, Ataru?

Häh ?!

SCHRECK

Ataru Kashiwagi

2. Jahr Highschool*

*entspricht unseren Klassen 10–12

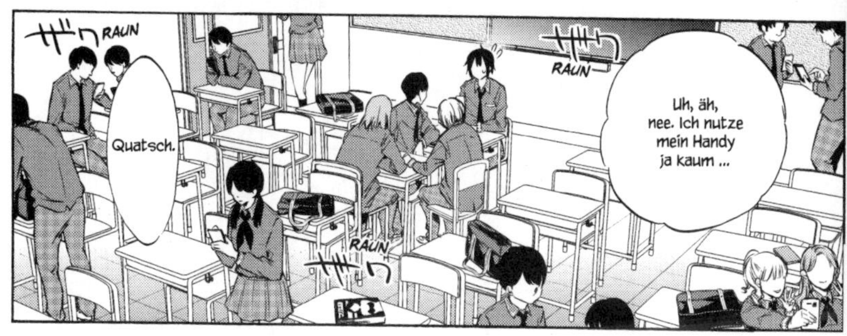
RAUN
Uh, äh, nee. Ich nutze mein Handy ja kaum ...
RAUN
Quatsch.
RAUN

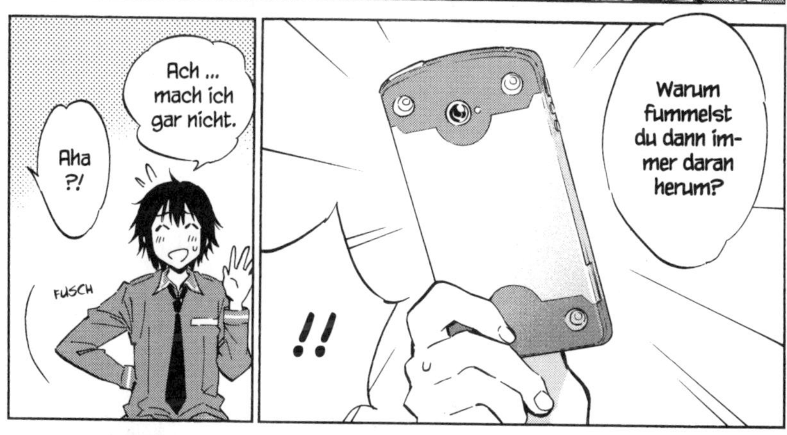
Warum fummelst du dann immer daran herum?
!!
Ach ... mach ich gar nicht.
Aha ?!
FUSCH

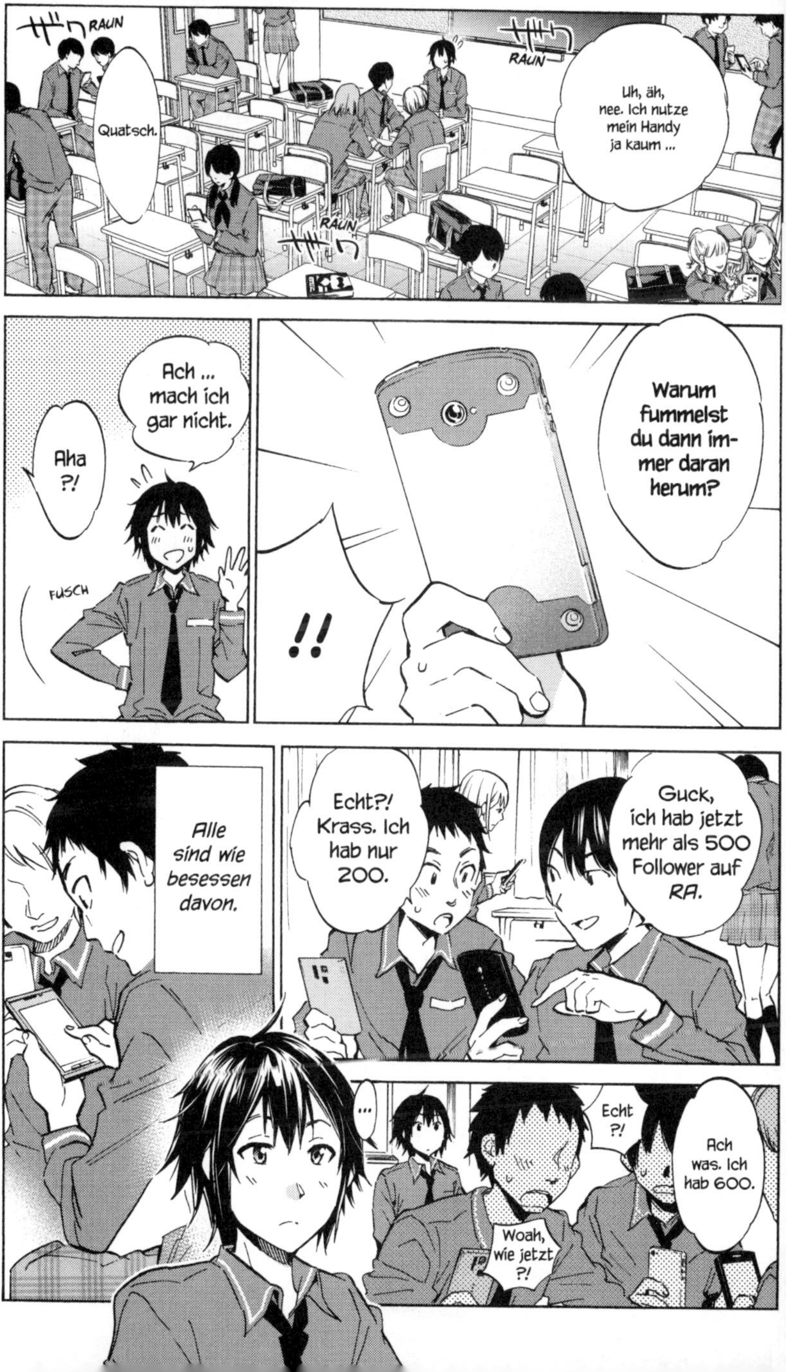

Guck, ich hab jetzt mehr als 500 Follower auf RA.
Echt?! Krass. Ich hab nur 200.
Alle sind wie besessen davon.
Ach was. Ich hab 600.
Echt ?!
Woah, wie jetzt ?!
...

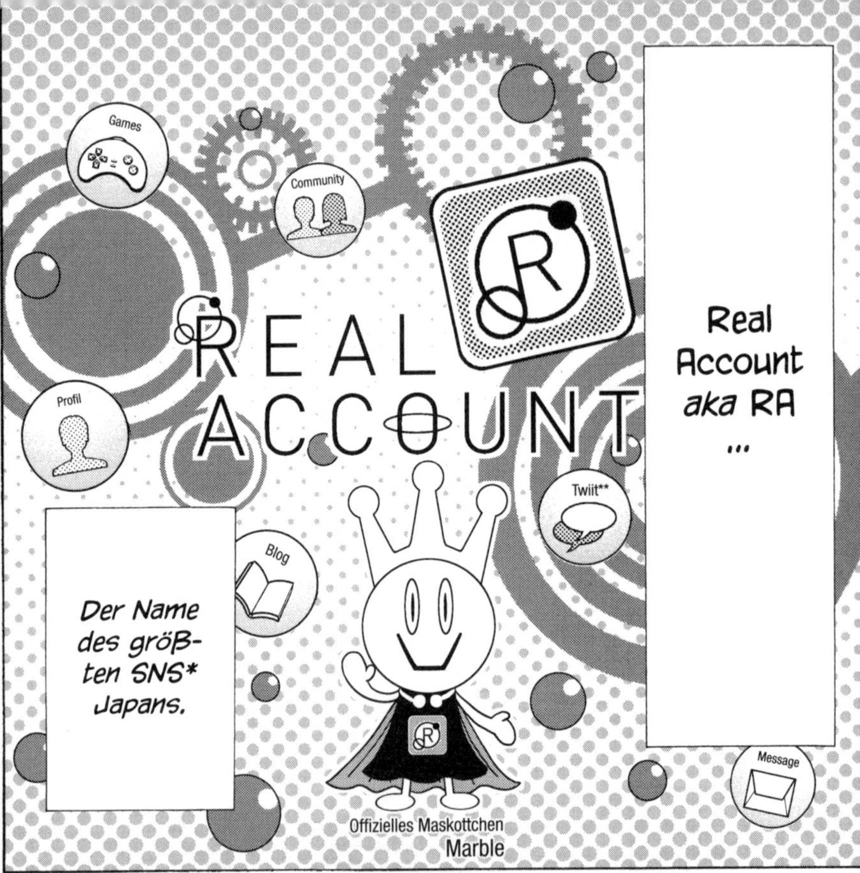

Real Account aka RA ...

Der Name des größten SNS* Japans.

REAL ACCOUNT

Games

Community

Profil

Blog

Twiit**

Message

Offizielles Maskottchen
Marble

*Social Network Service: allgemeine Bezeichnung für Online-Dienste, die über soziale Netzwerke Nutzer miteinander verbinden **Hommage an *Twitter*

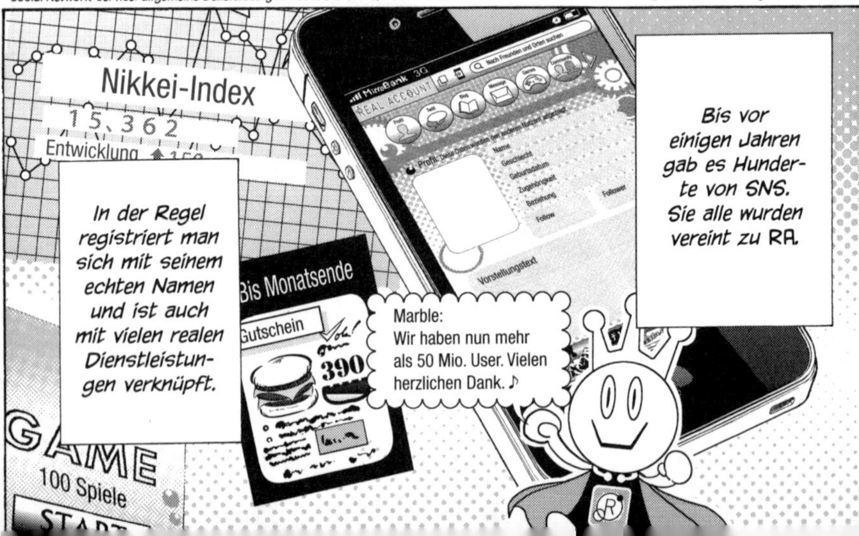

Bis vor einigen Jahren gab es Hunderte von SNS. Sie alle wurden vereint zu RA.

In der Regel registriert man sich mit seinem echten Namen und ist auch mit vielen realen Dienstleistungen verknüpft.

Marble:
Wir haben nun mehr als 50 Mio. User. Vielen herzlichen Dank. ♪

Nikkei-Index
15、362
Entwicklung

Bis Monatsende
Gutschein
390

GAME
100 Spiele
START

Vorstellungstext

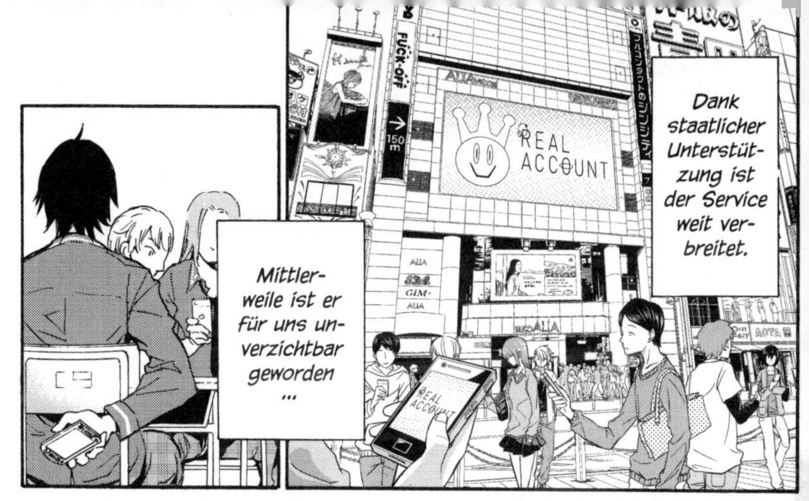
Dank staatlicher Unterstützung ist der Service weit verbreitet.
REAL ACCOUNT
FÚCK-OFF
150 m
Mittlerweile ist er für uns unverzichtbar geworden ...

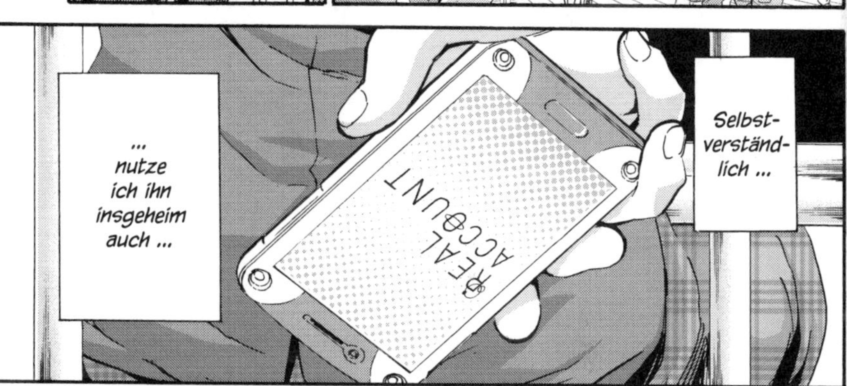
Selbstverständlich ...
REAL ACCOUNT
... nutze ich ihn insgeheim auch ...

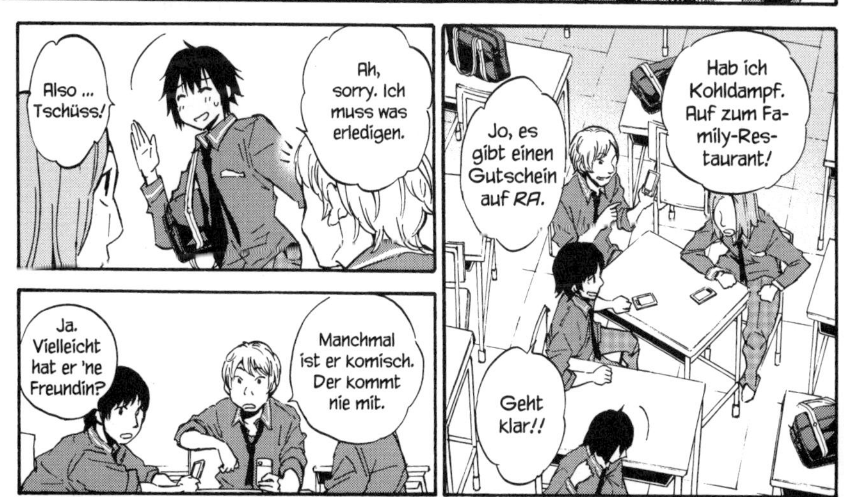
Hab ich Kohldampf. Auf zum Family-Restaurant!
Jo, es gibt einen Gutschein auf *RA*.
Geht klar!!
Ah, sorry. Ich muss was erledigen.
Also ... Tschüss!
Manchmal ist er komisch. Der kommt nie mit.
Ja. Vielleicht hat er 'ne Freundin?

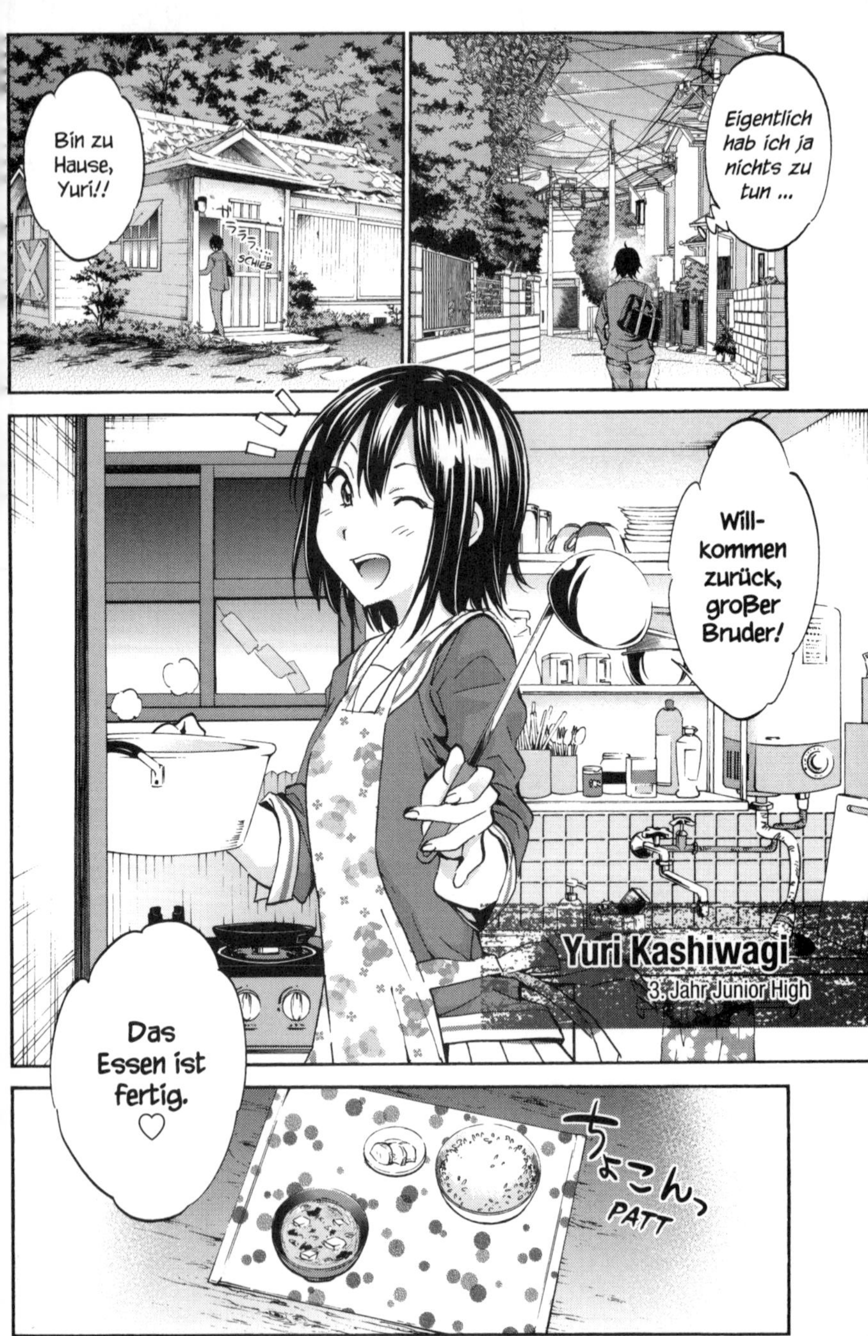

Eigentlich hab ich ja nichts zu tun ...
Bin zu Hause, Yuri!!
ガラララ...
SCHIEB
Will-kommen zurück, großer Bruder!
Yuri Kashiwagi
3. Jahr Junior High
Das Essen ist fertig. ♡
ちょこん
PATT

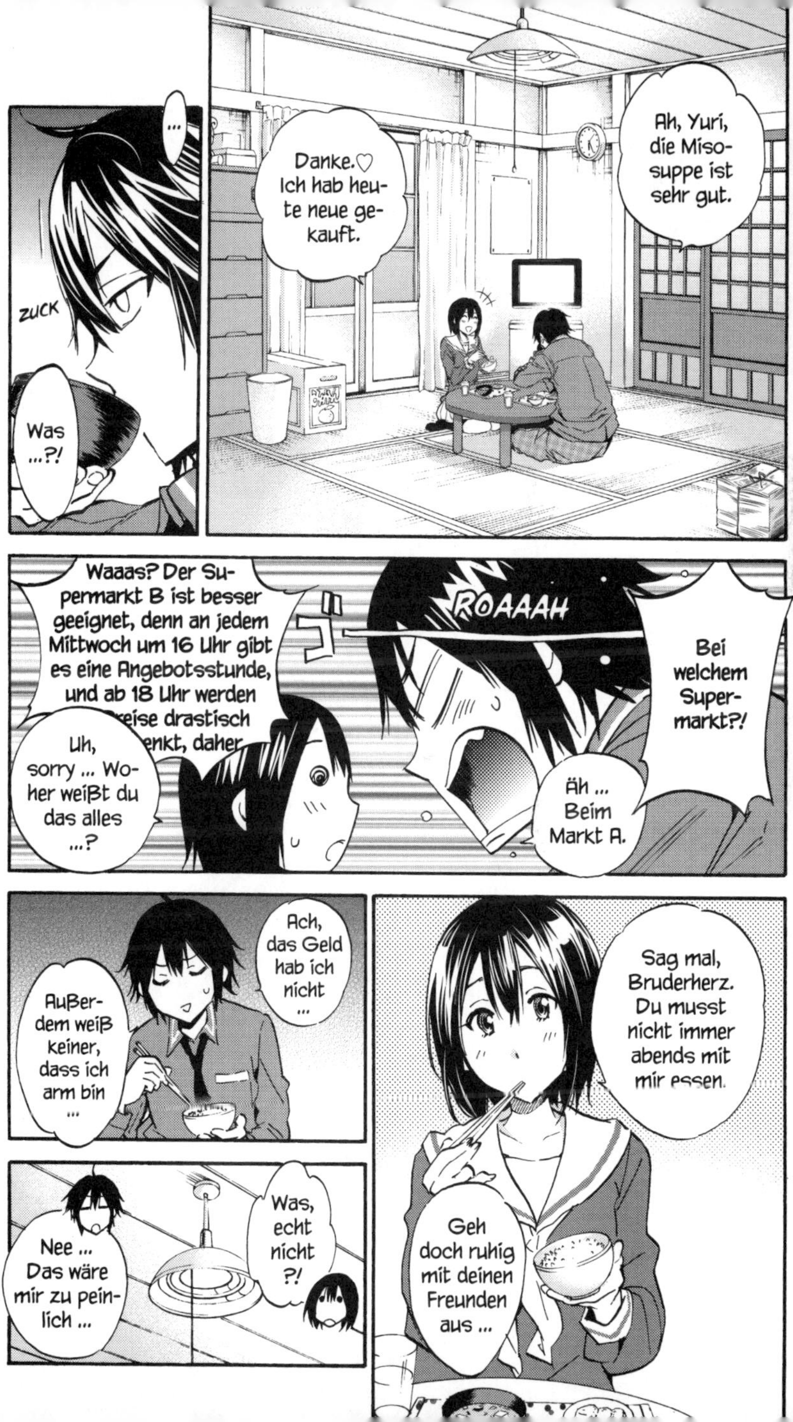

Ah, Yuri, die Misosuppe ist sehr gut.
Danke.♡ Ich hab heute neue gekauft.
...
ZUCK
Was ...?!

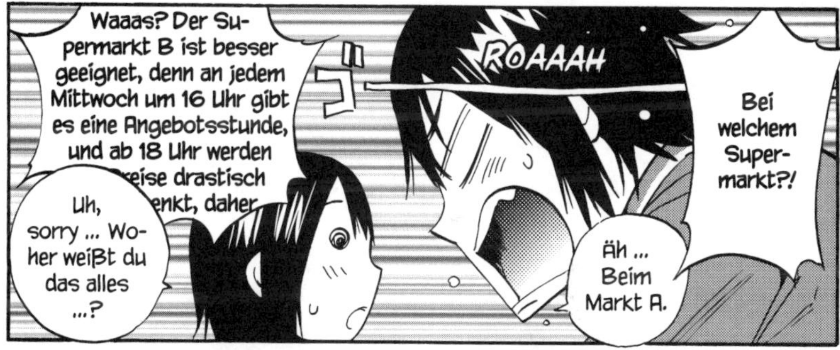

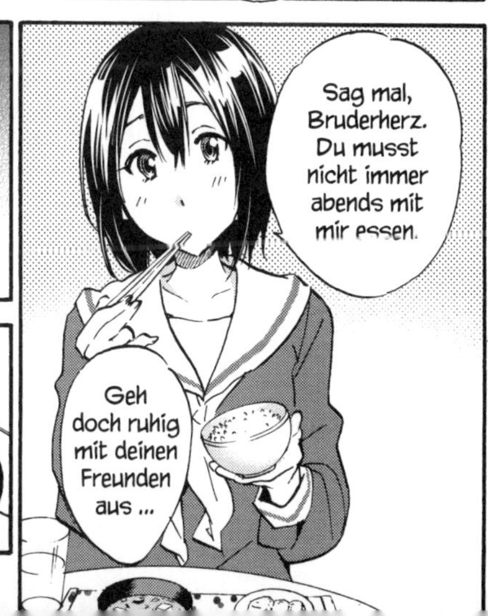

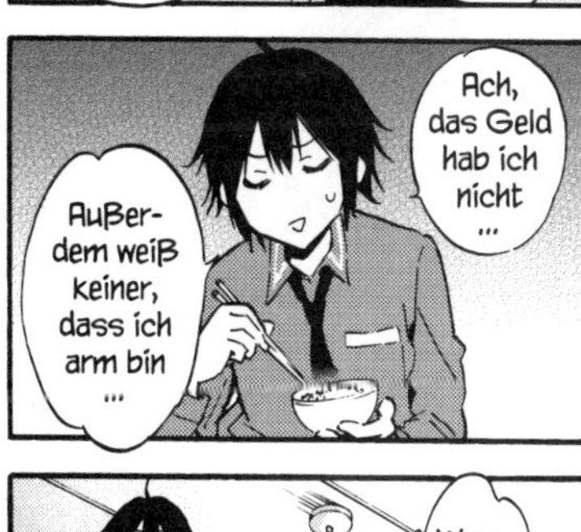

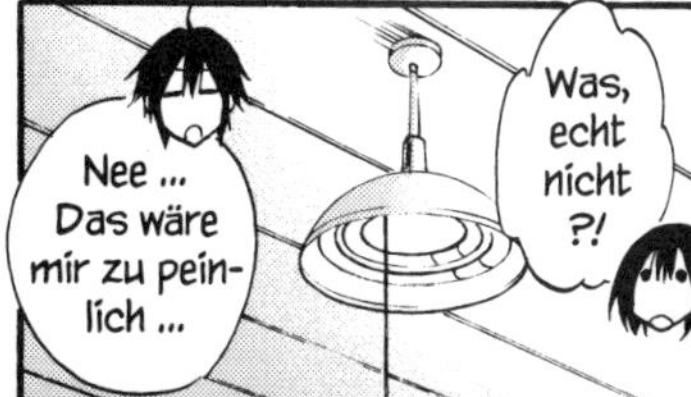

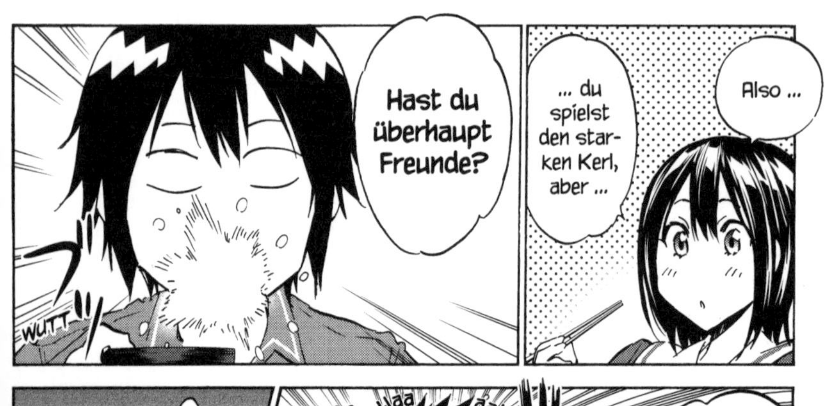

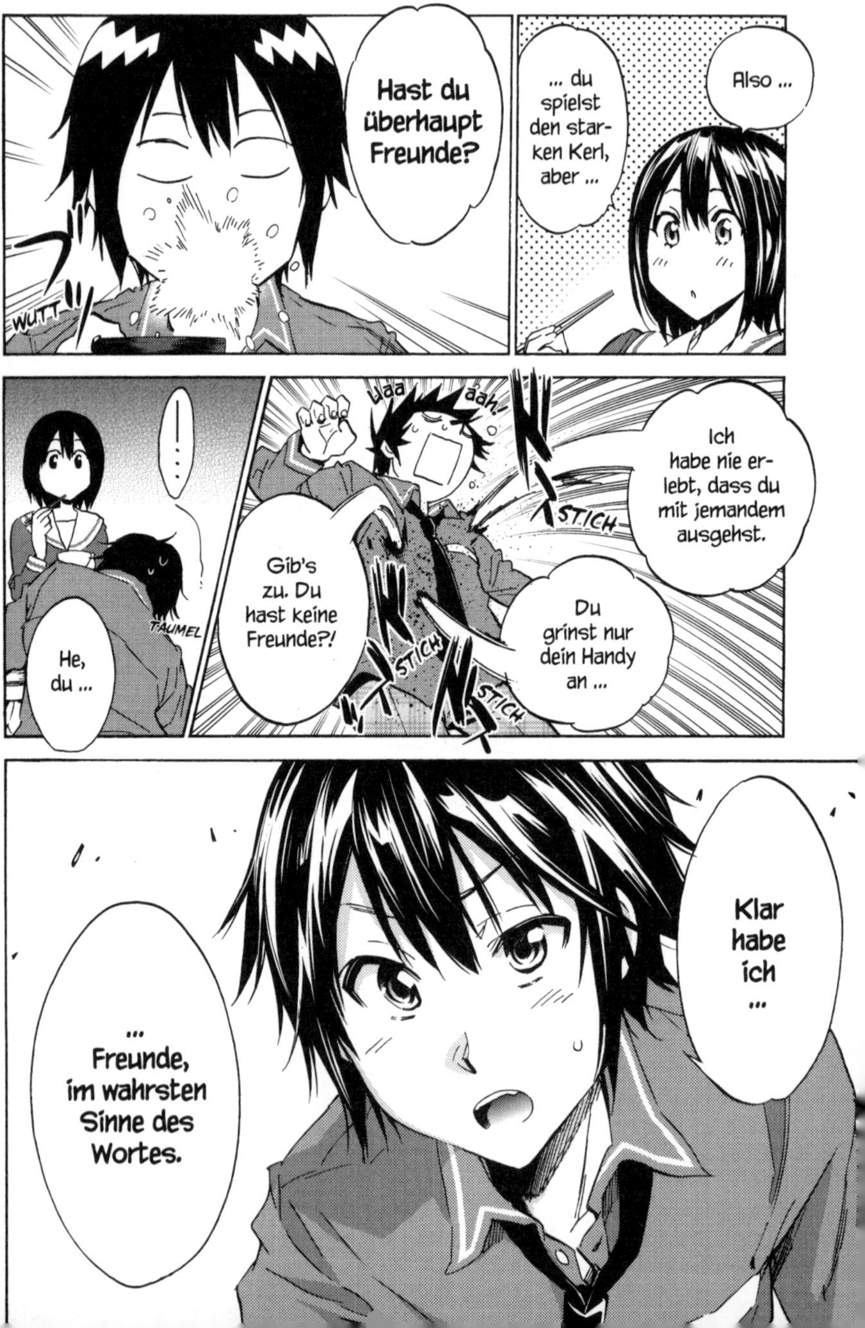

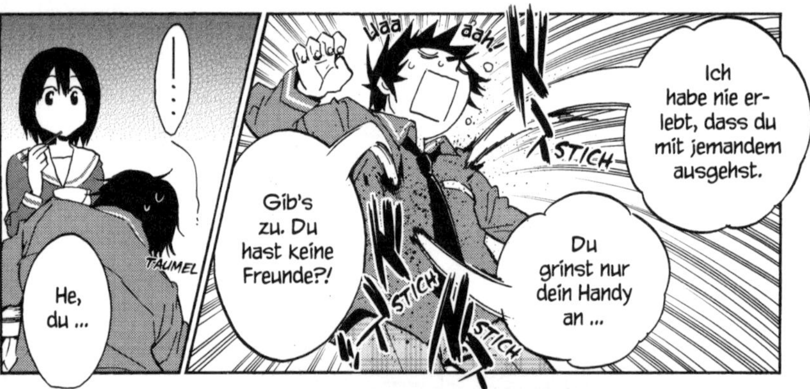

Klar habe ich ...

... Freunde, im wahrsten Sinne des Wortes.

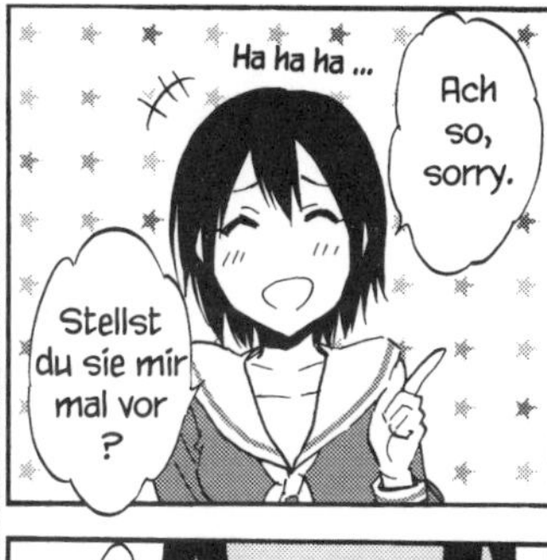
Ach so, sorry.
Ha ha ha ...
Stellst du sie mir mal vor?

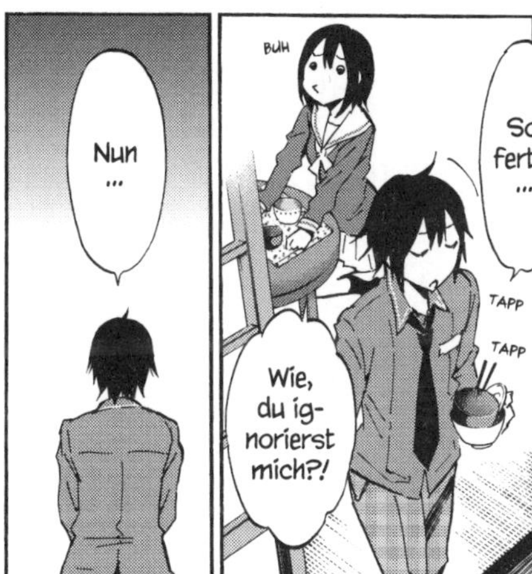
So, fertig ...
BUH
TAPP
TAPP
Wie, du ignorierst mich?!
Nun ...

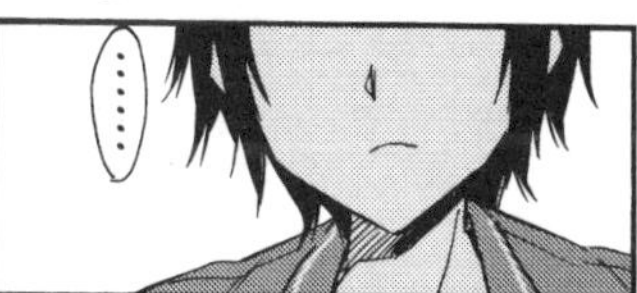
......

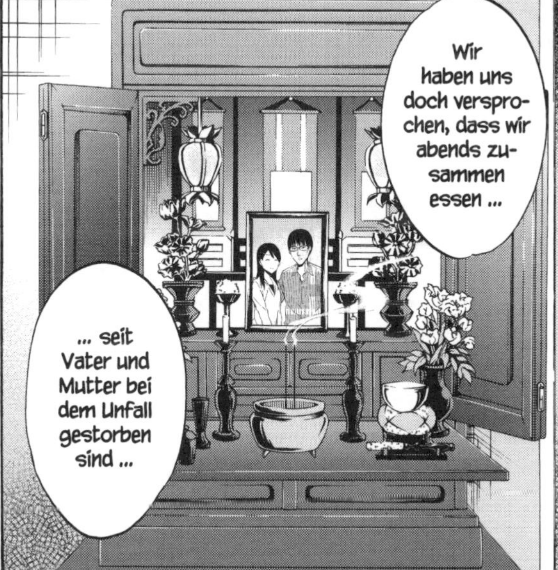
Wir haben uns doch versprochen, dass wir abends zusammen essen ...
... seit Vater und Mutter bei dem Unfall gestorben sind ...

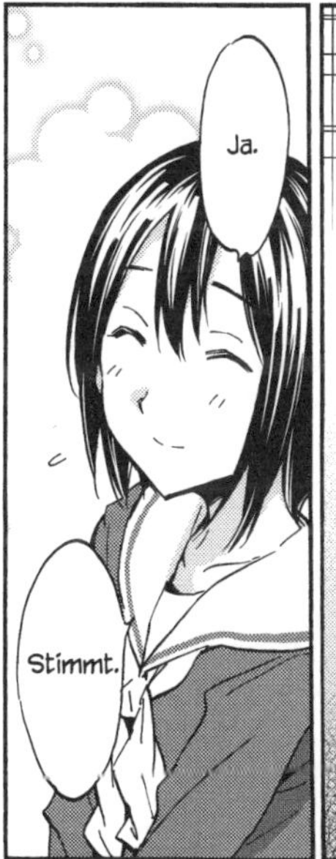
Ja.
Stimmt.

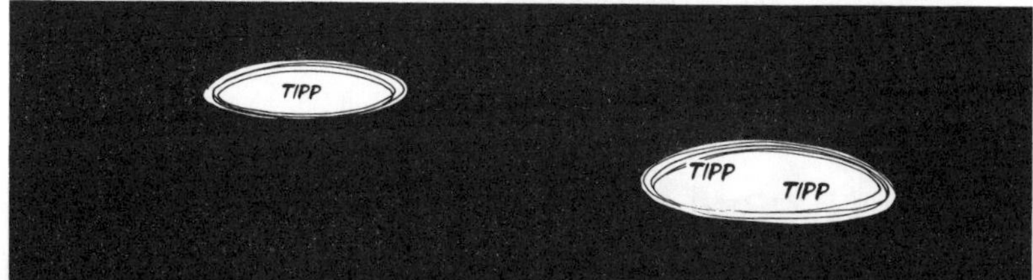
TIPP
TIPP
TIPP

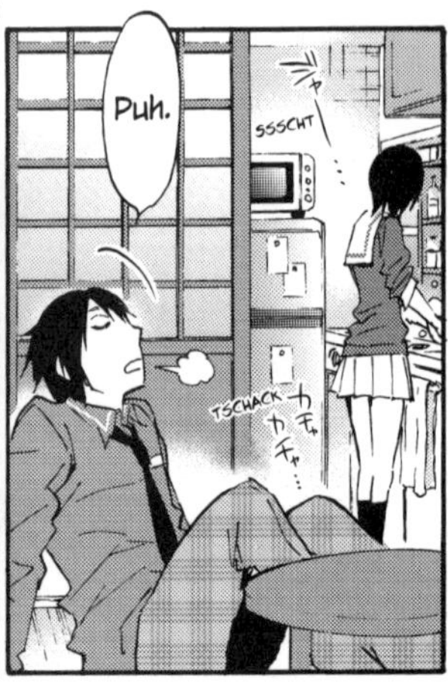

Puh.
SSSCHT
TSCHACK

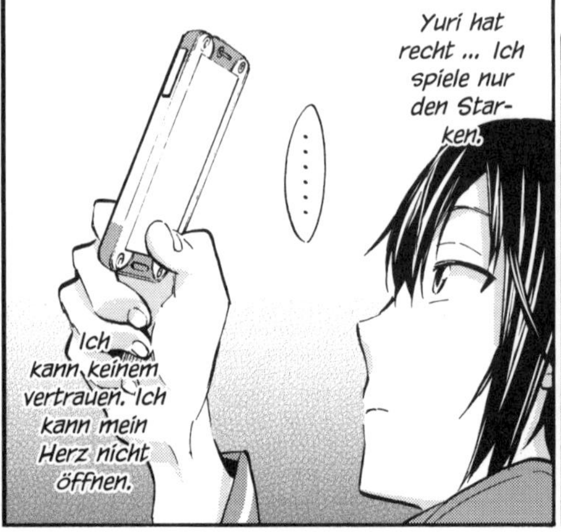

Yuri hat recht ... Ich spiele nur den Star-ken.
......
Ich kann keinem vertrauen. Ich kann mein Herz nicht öffnen.

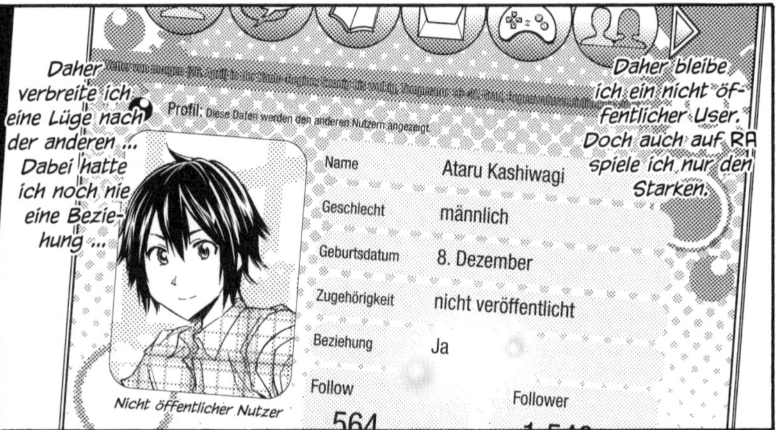

Daher bleibe ich ein nicht öf-fentlicher User. Doch auch auf RA spiele ich nur den Starken.
Daher verbreite ich eine Lüge nach der anderen ... Dabei hatte ich noch nie eine Bezie-hung ...
Profil: Diese Daten werden den anderen Nutzern angezeigt.
Name
Ataru Kashiwagi
Geschlecht
männlich
Geburtsdatum
8. Dezember
Zugehörigkeit
nicht veröffentlicht
Beziehung
Ja
Follow
564
Follower
Nicht öffentlicher Nutzer

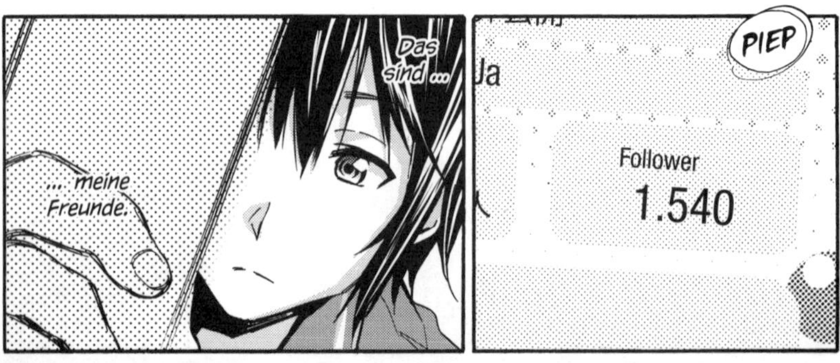

PIEP
Ja
Follower
1.540
Das sind ...
... meine Freunde.

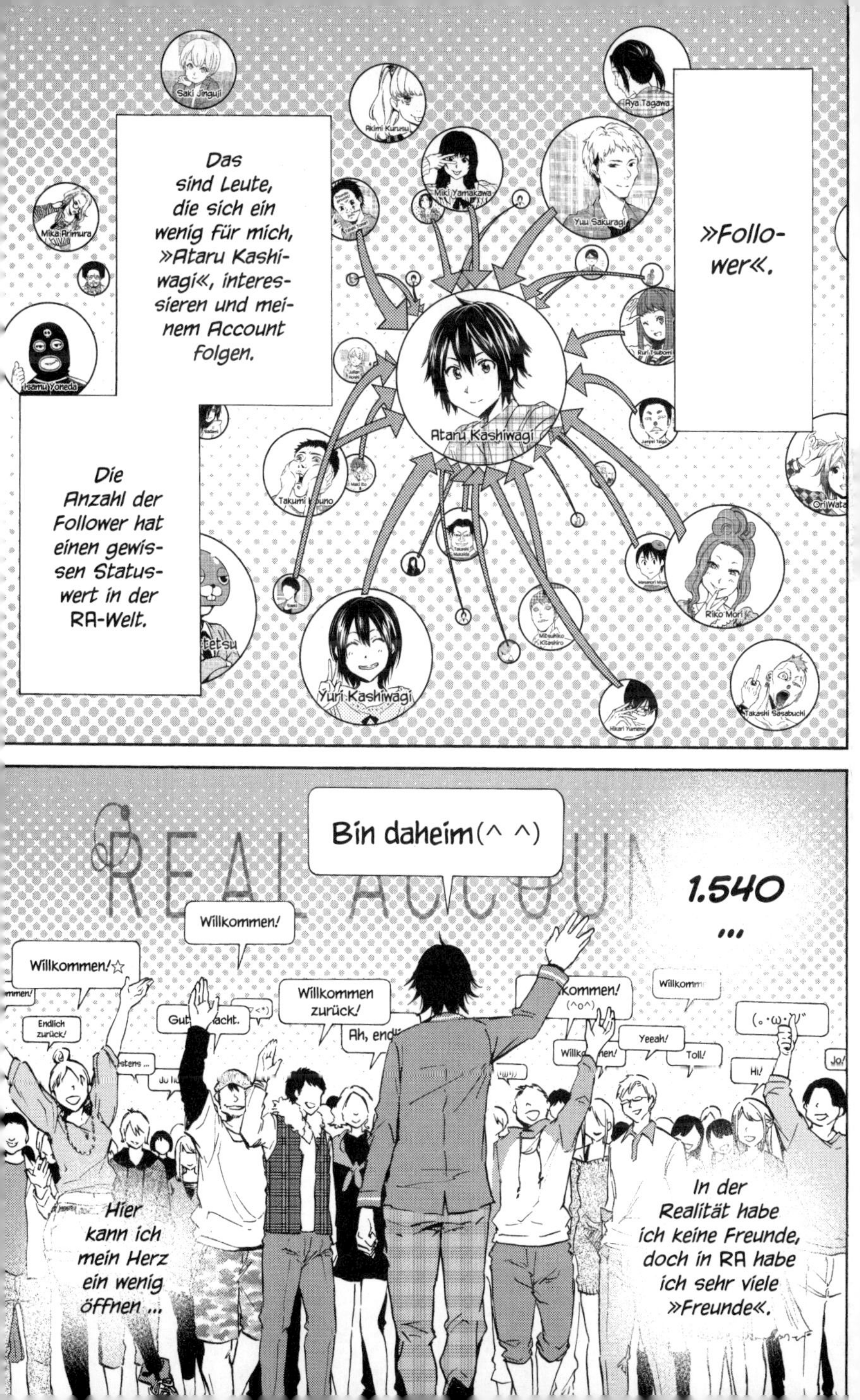

»Follower«.

Das sind Leute, die sich ein wenig für mich, »Ataru Kashiwagi«, interessieren und meinem Account folgen.

Die Anzahl der Follower hat einen gewissen Statuswert in der RA-Welt.

Saki Jinguji
Akimi Kurusu
Ryo Tagawa
Miki Yamakawa
Yuu Sakuragi
Mika Arimura
Isamu Yoneda
Ruri Tsubomi
Ataru Kashiwagi
Takumi Kouno
Riko Mori
Yuri Kashiwagi
Takashi Sasabuchi

Bin daheim(^ ^)

1.540 ...

Willkommen!
Willkommen!☆
Willkommen zurück!
Endlich zurück!
Yeeah!
Toll!
Hi!
Jo!

In der Realität habe ich keine Freunde, doch in RA habe ich sehr viele »Freunde«.

Hier kann ich mein Herz ein wenig öffnen ...

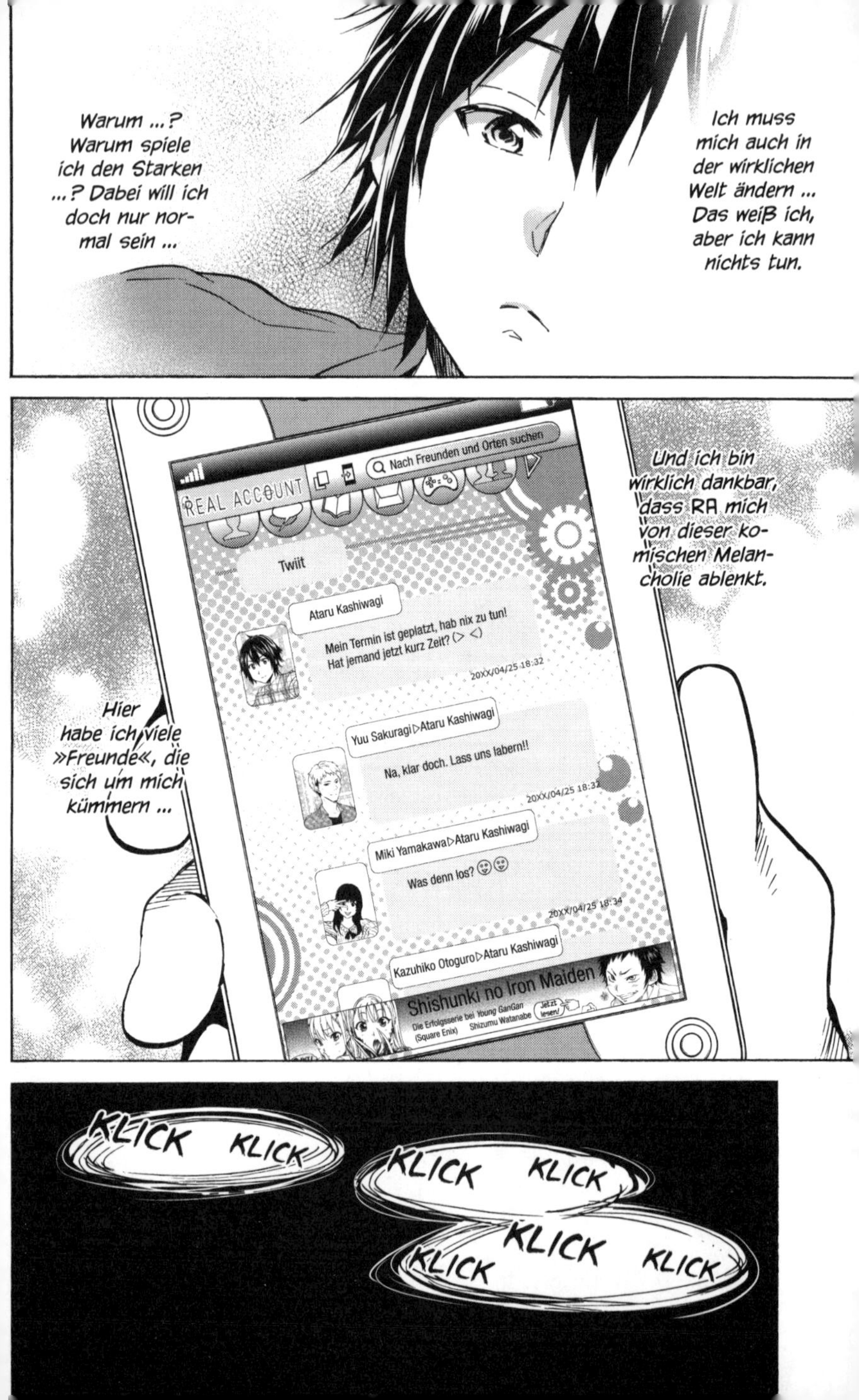

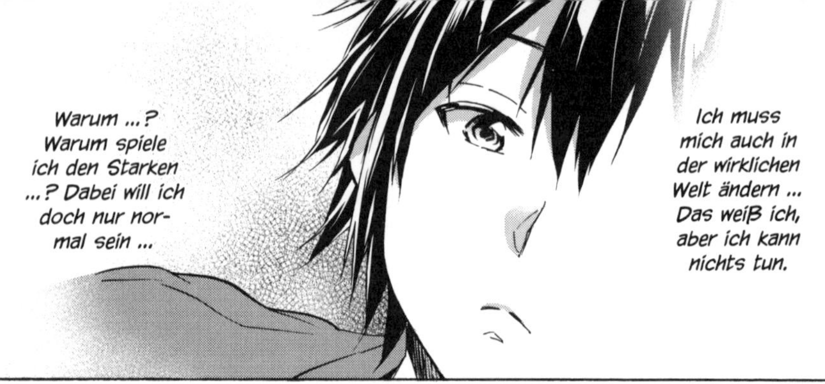

Und ich bin wirklich dankbar, dass RA mich von dieser komischen Melancholie ablenkt.

Hier habe ich viele »Freunde«, die sich um mich kümmern ...

REAL ACCOUNT

Nach Freunden und Orten suchen

Twiit

Ataru Kashiwagi

Mein Termin ist geplatzt, hab nix zu tun! Hat jemand jetzt kurz Zeit? (> <)

20XX/04/25 18:32

Yuu Sakuragi▷Ataru Kashiwagi

Na, klar doch. Lass uns labern!!

20XX/04/25 18:32

Miki Yamakawa▷Ataru Kashiwagi

Was denn los?

20XX/04/25 18:34

Kazuhiko Otoguro▷Ataru Kashiwagi

Shishunki no Iron Maiden

Die Erfolgsserie bei Young GanGan (Square Enix) Shizumu Watanabe

Jetzt lesen!

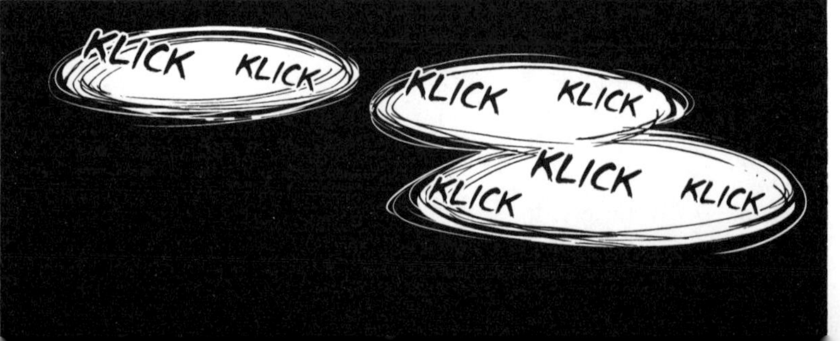

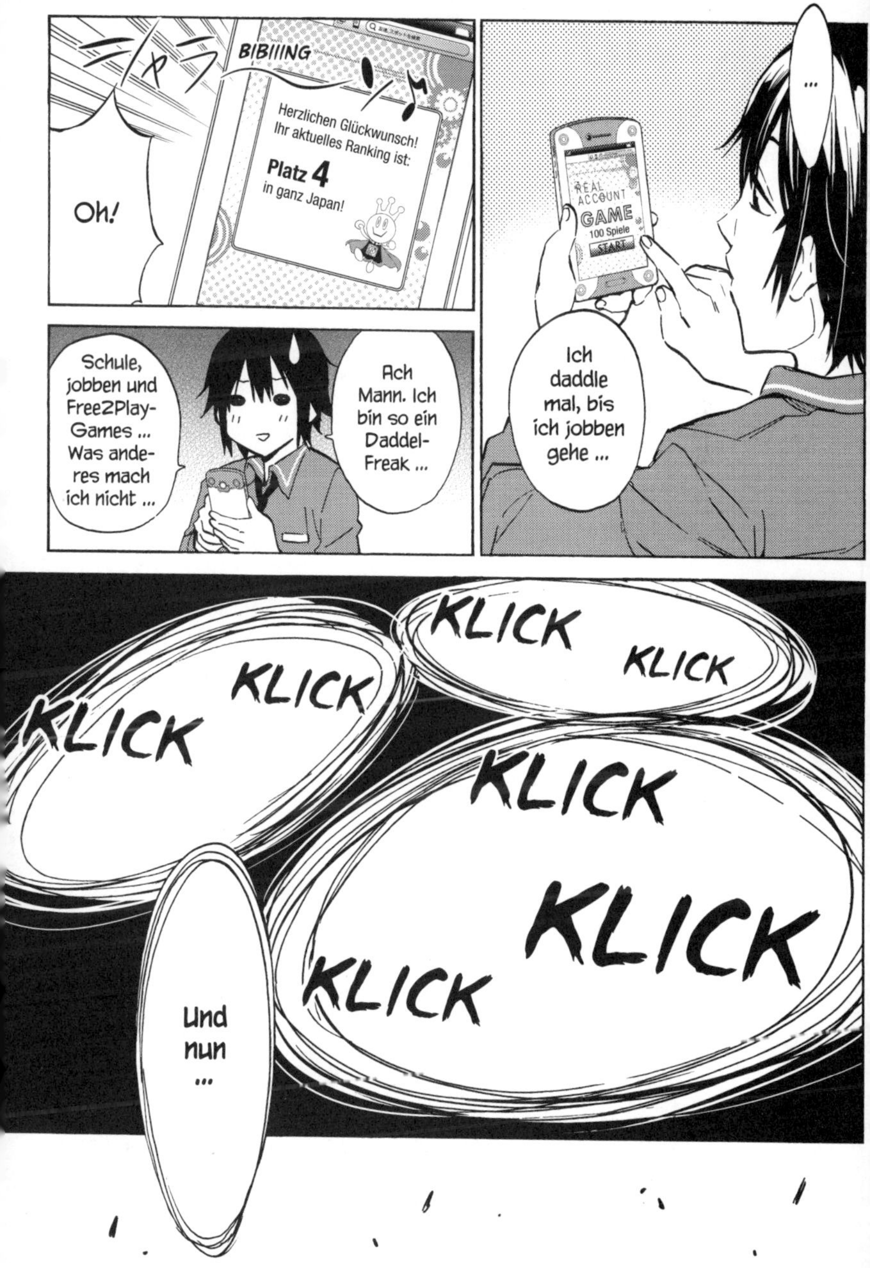

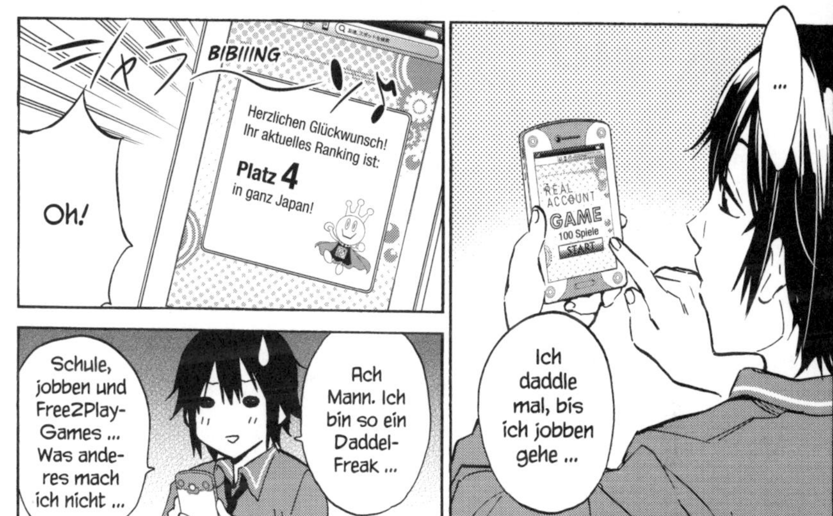

KLICK KLICK

KLICK KLICK

KLICK

KLICK KLICK

Und nun ...

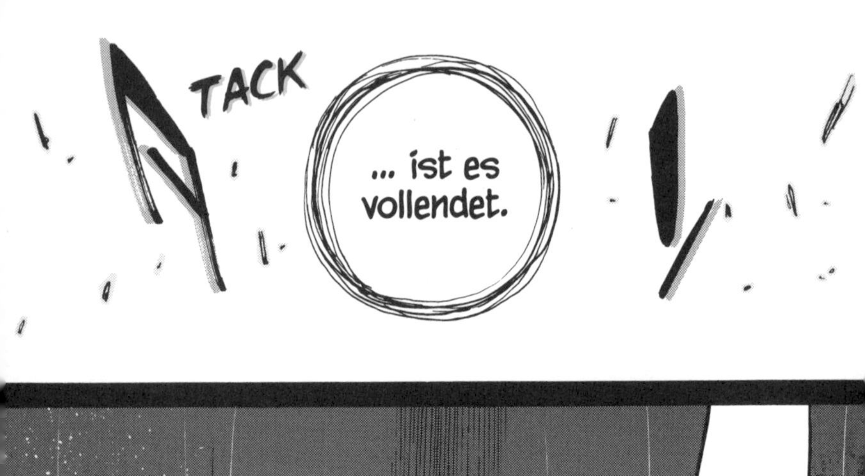

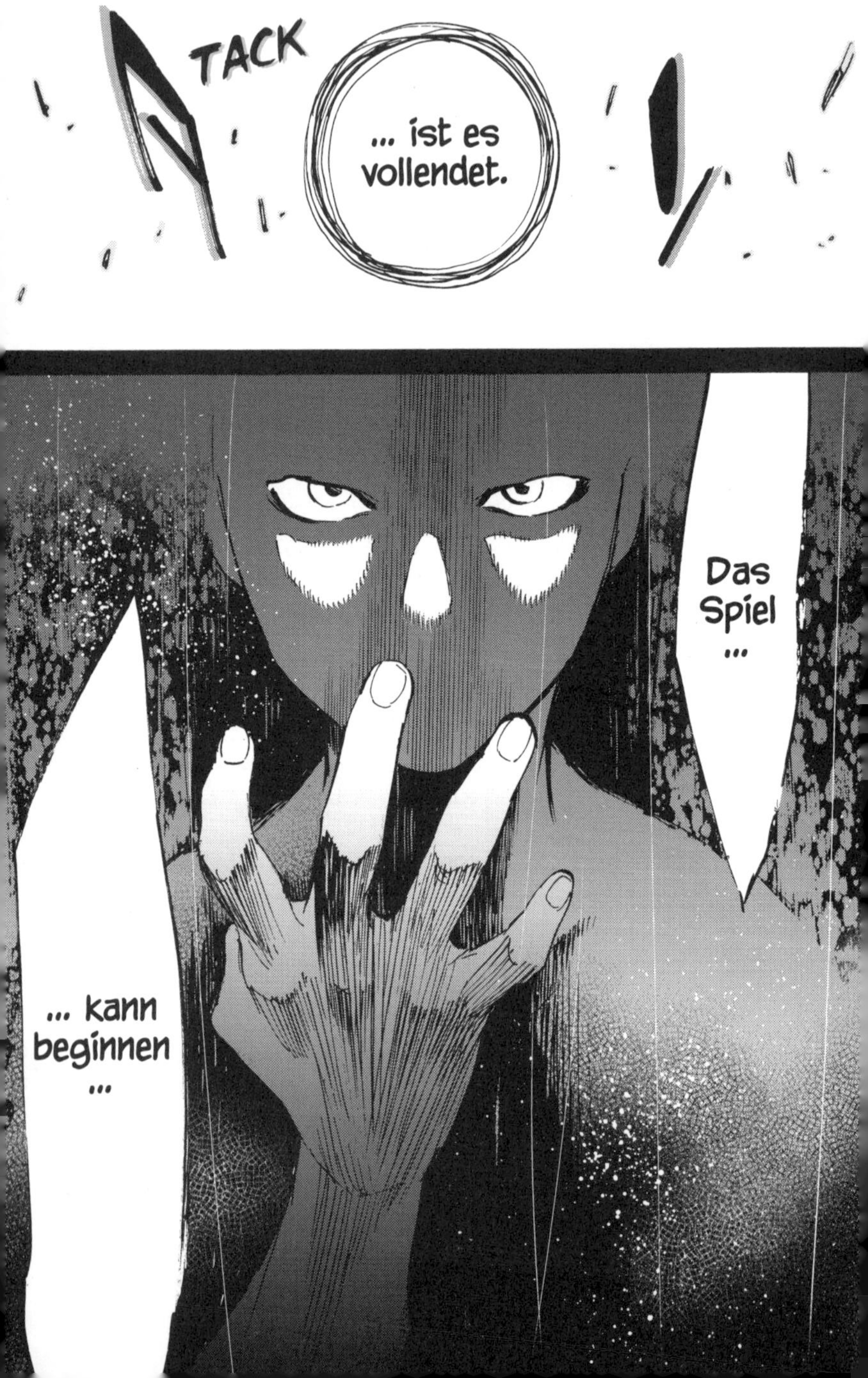

Das Spiel ...

... kann beginnen ...

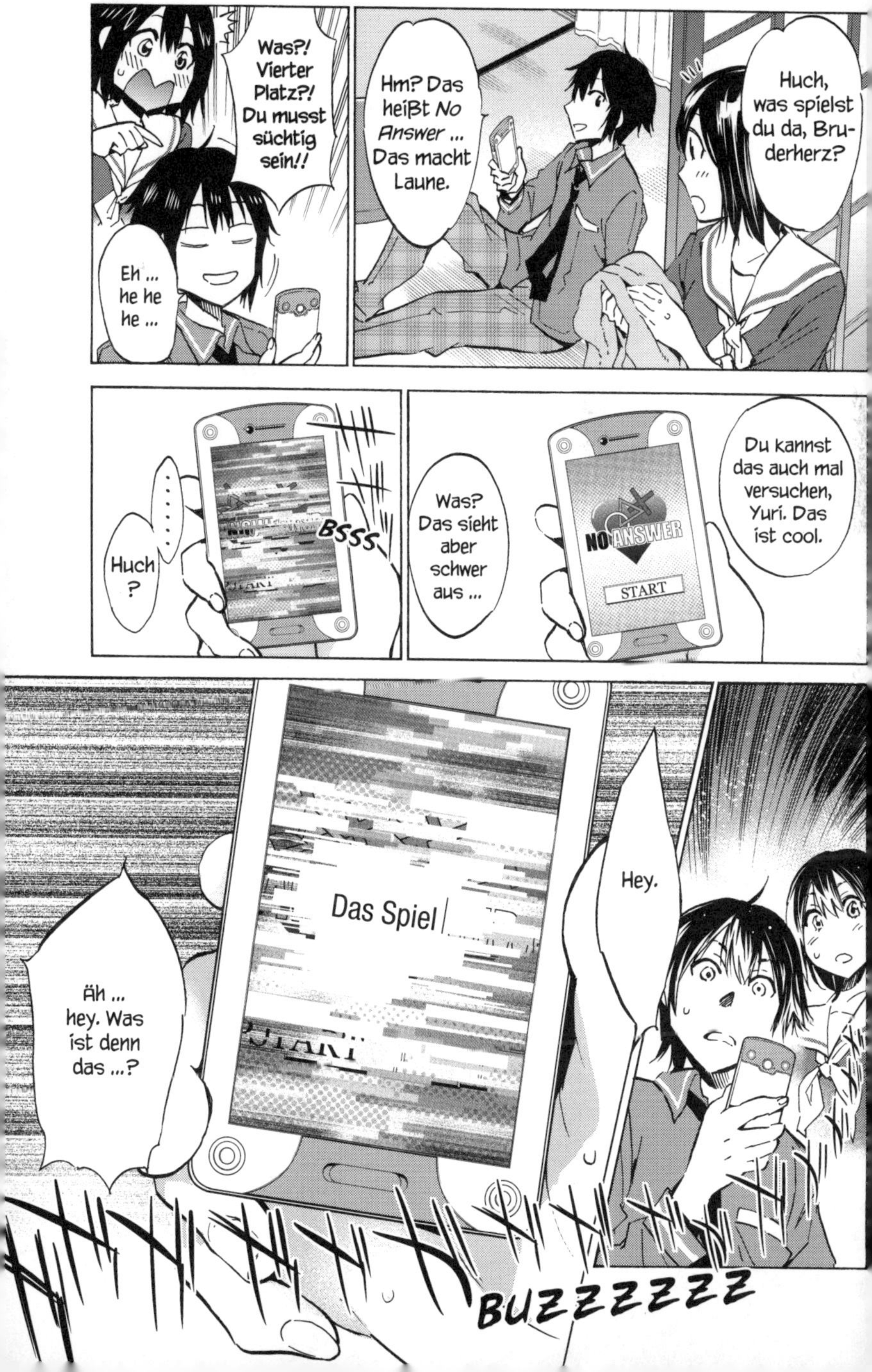

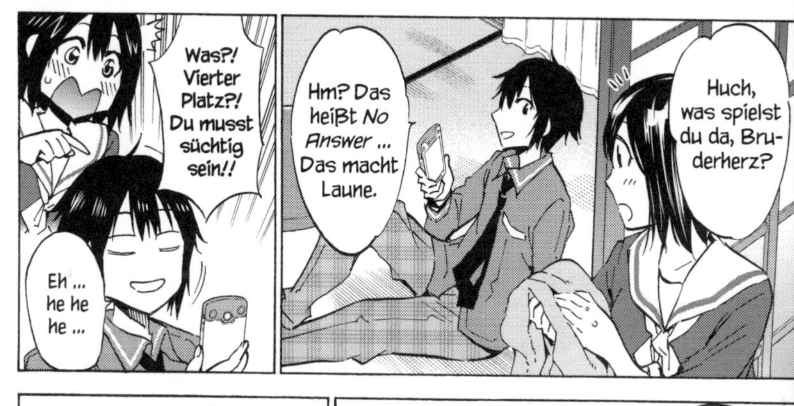

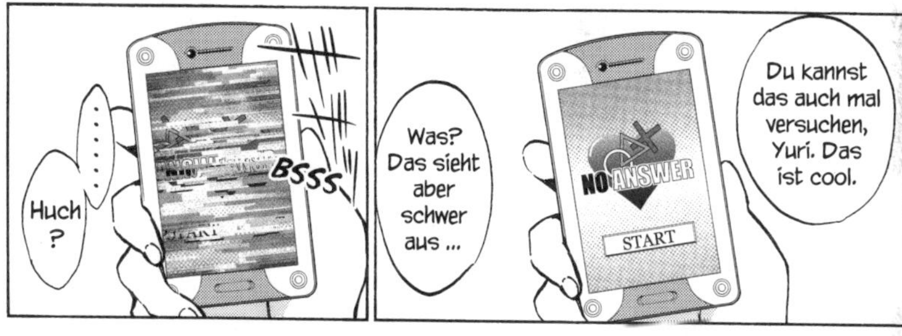

Hey.

Das Spiel

Äh ... hey. Was ist denn das ...?

BUZZZZZZZ

Das Spiel
beginnt.

KLICK

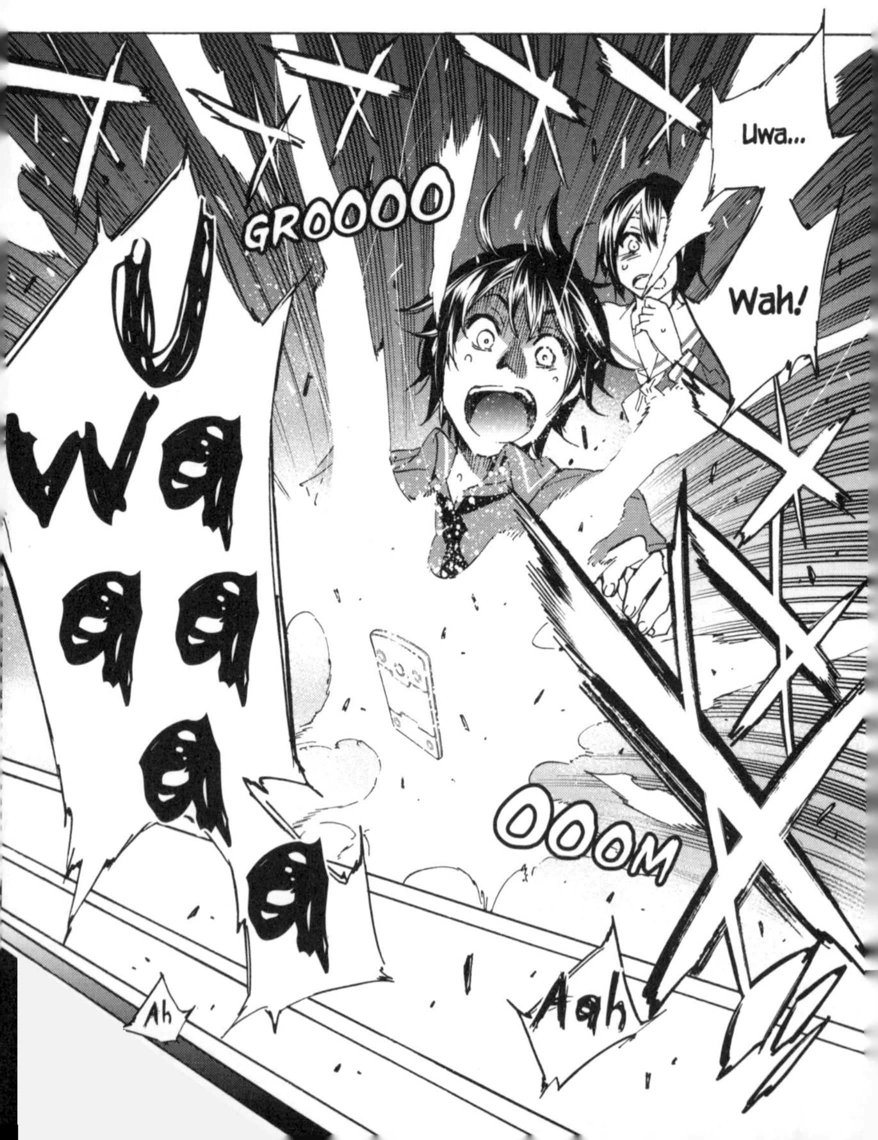

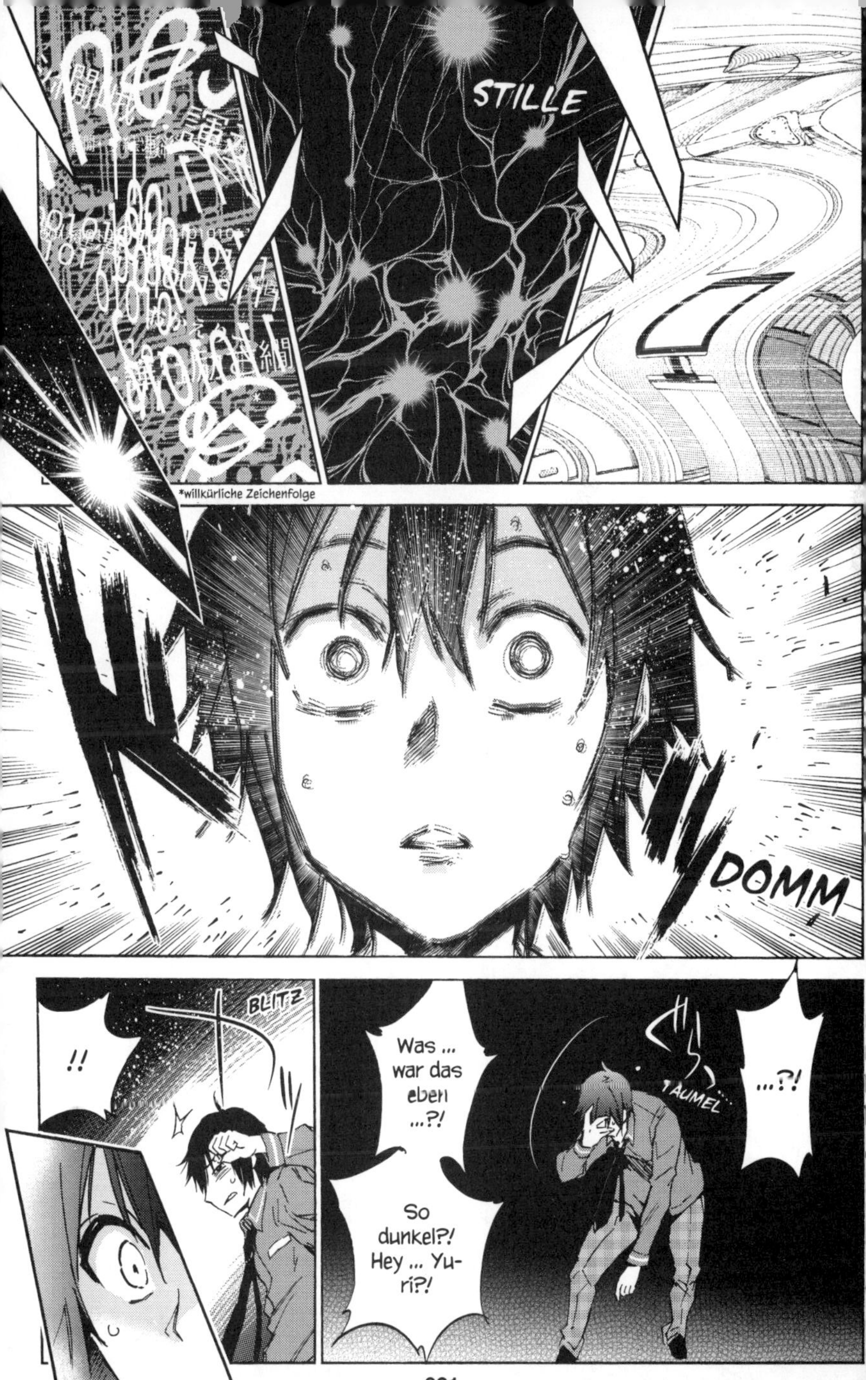

STILLE

*willkürliche Zeichenfolge

DOMM

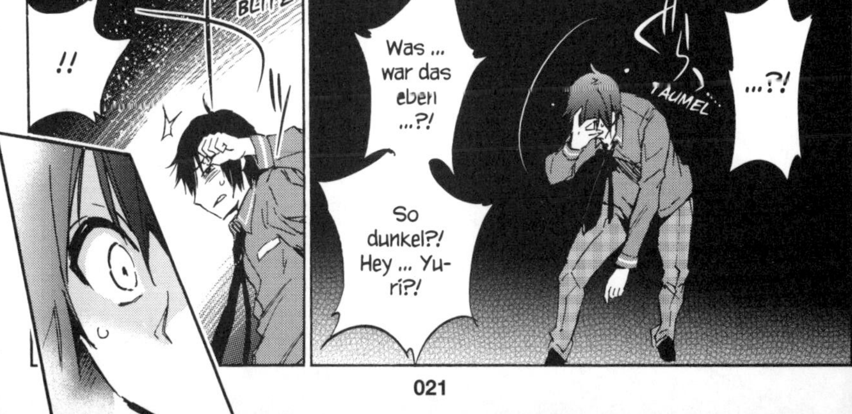

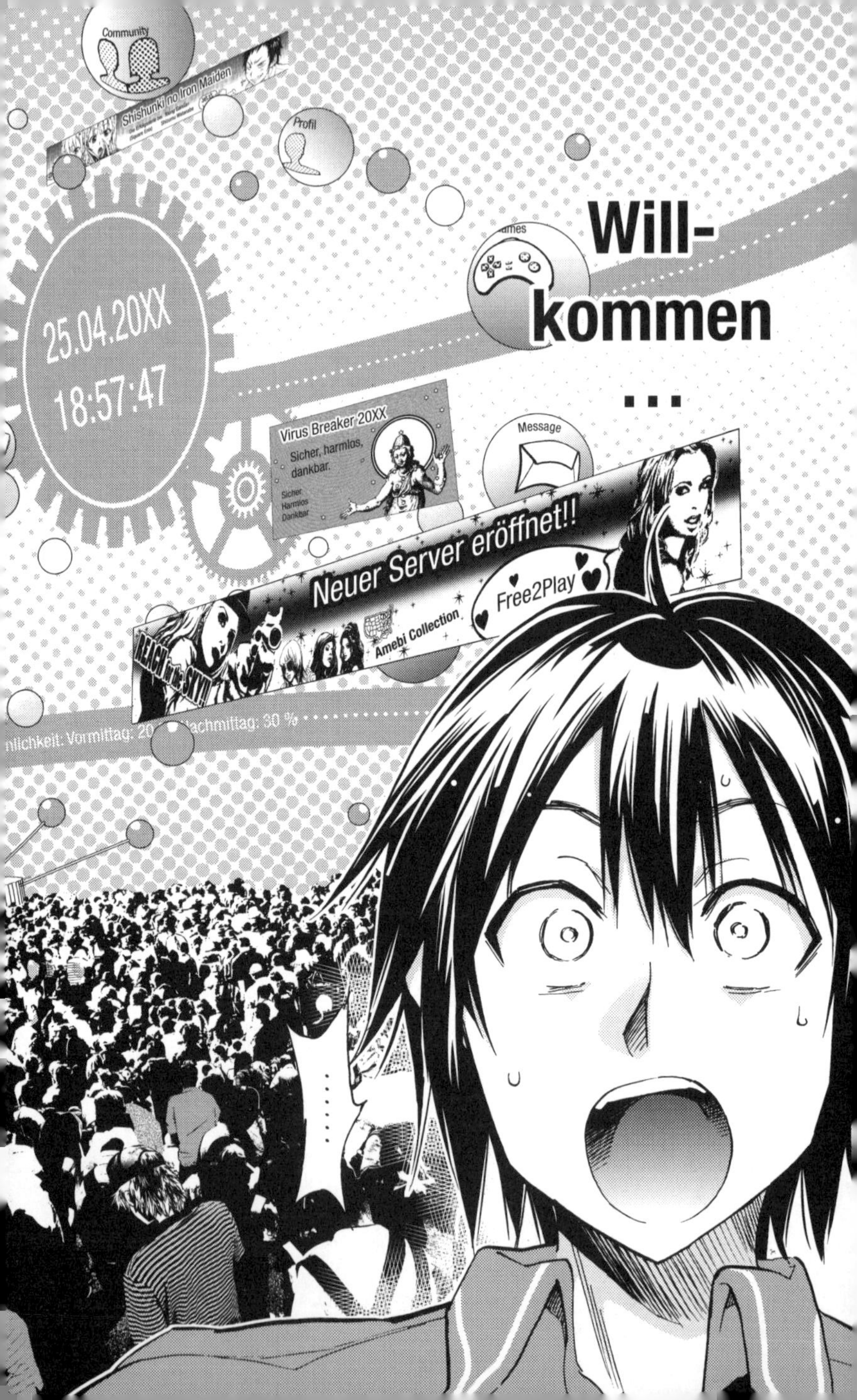
Will-
kommen
...
Message
Neuer Server eröffnet!!
Free2Play
Amebi Collection
REACH for the SKY!!
Virus Breaker 20XX
Sicher, harmlos, dankbar.
Sicher
Harmlos
Dankbar
Profil
Community
Shishunki no Iron Maiden
25.04.20XX
18:57:47
nlichkeit: Vormittag: 20
achmittag: 30 %
......

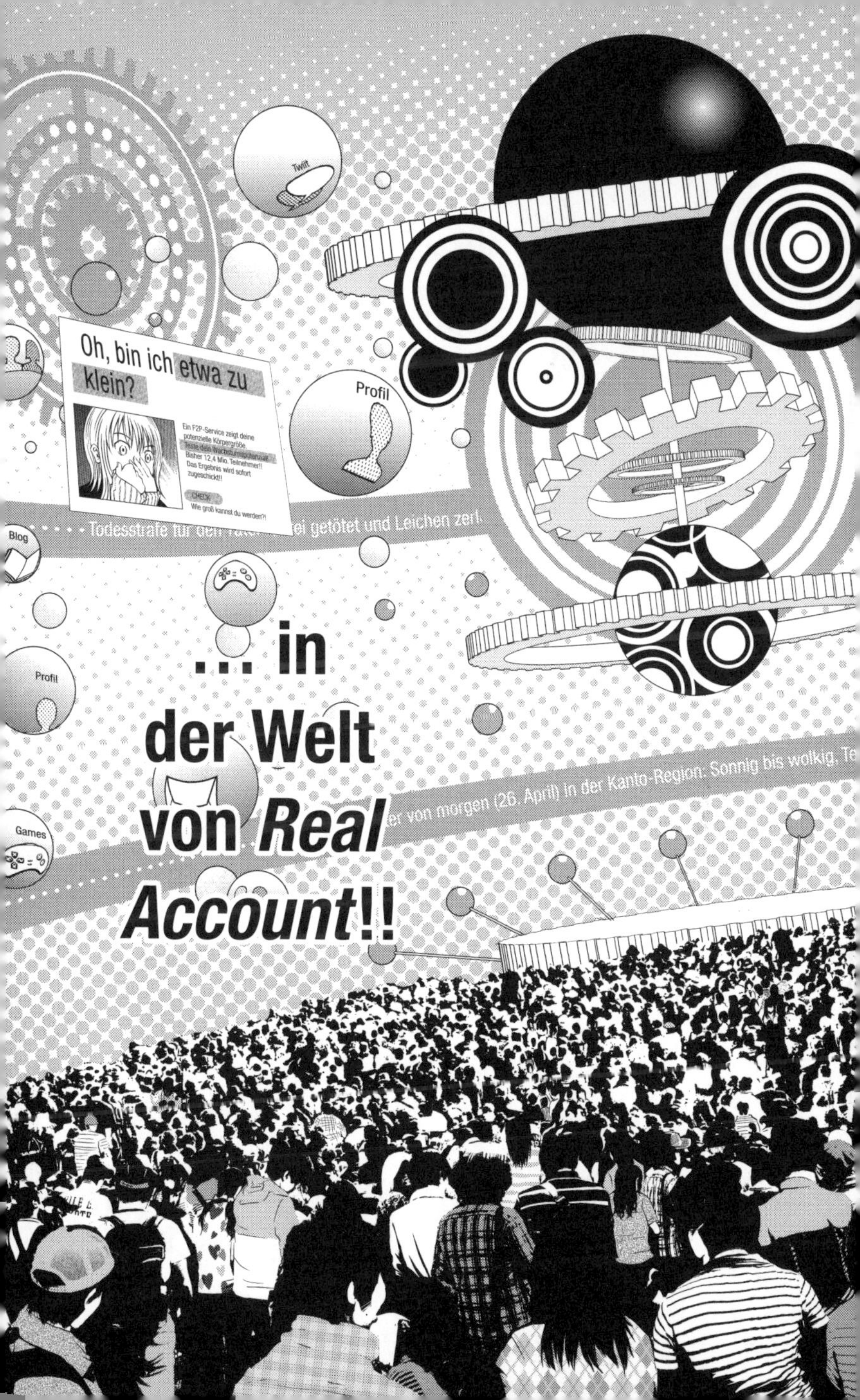
Twitt
Oh, bin ich etwa zu klein?
Ein F2P-Service zeigt deine potenzielle Körpergröße.
Teste dein Wachstumspotenzial!
Bisher 12,4 Mio. Teilnehmer!!
Das Ergebnis wird sofort zugeschickt!!
CHECK
Wie groß kannst du werden?!
Profil
Todesstrafe für den
ei getötet und Leichen zerl.
Blog
Profil
... in der Welt von *Real Account*!!
er von morgen (26. April) in der Kanto-Region: Sonnig bis wolkig. Te
Games

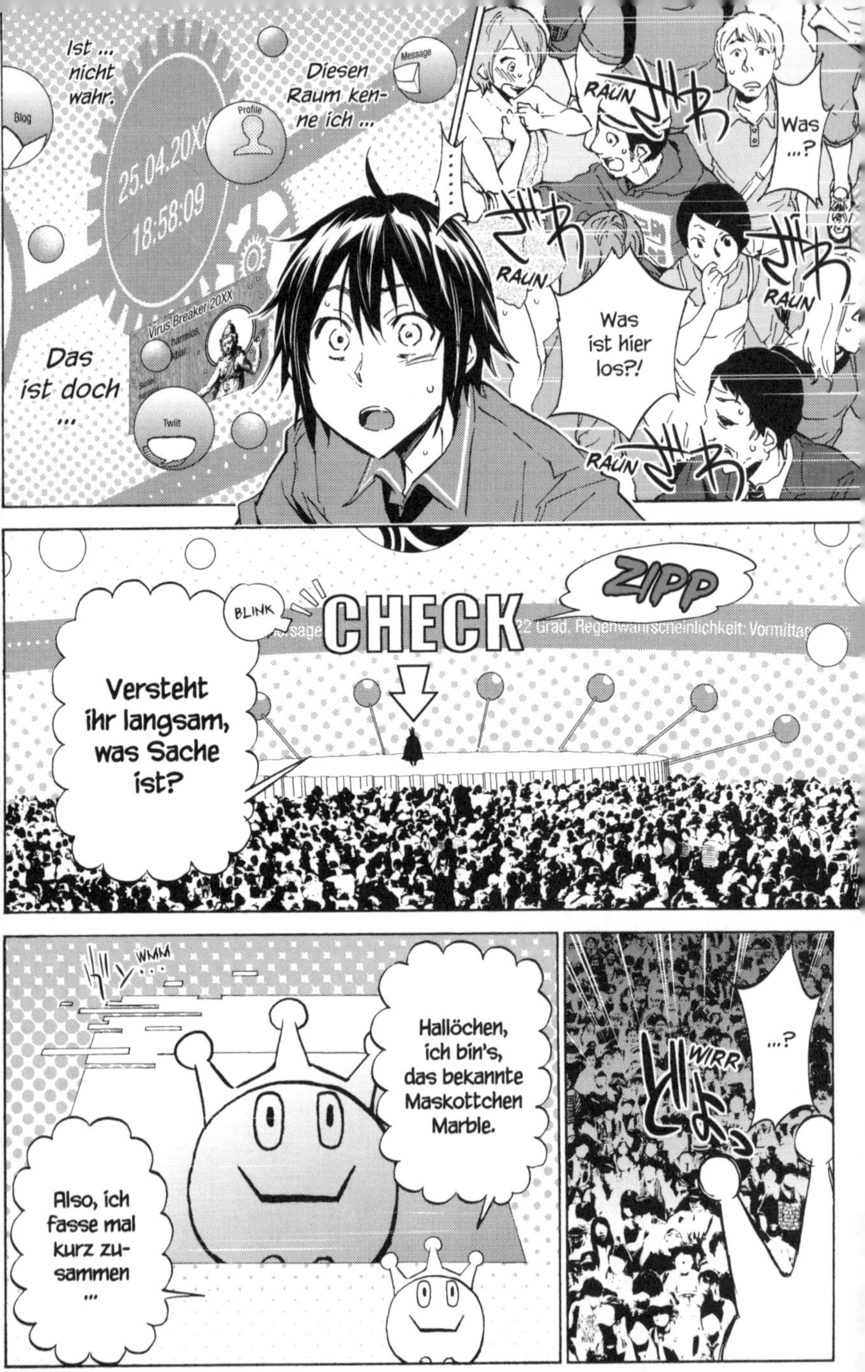

Was ...?
RAUN
Was ist hier los?!
RAUN
RAUN
RAUN
Diesen Raum kenne ich ...
Message
Profile
Blog
Ist ... nicht wahr.
25.04.20XX
18.58.09
Virus Breaker 20XX
Twitt
Das ist doch ...

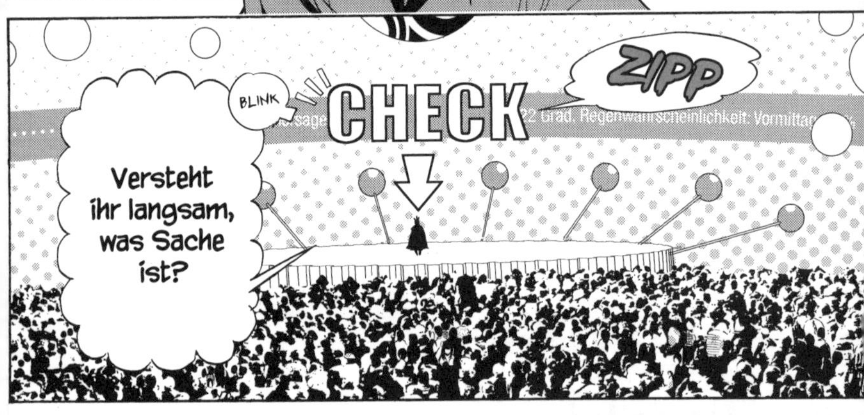

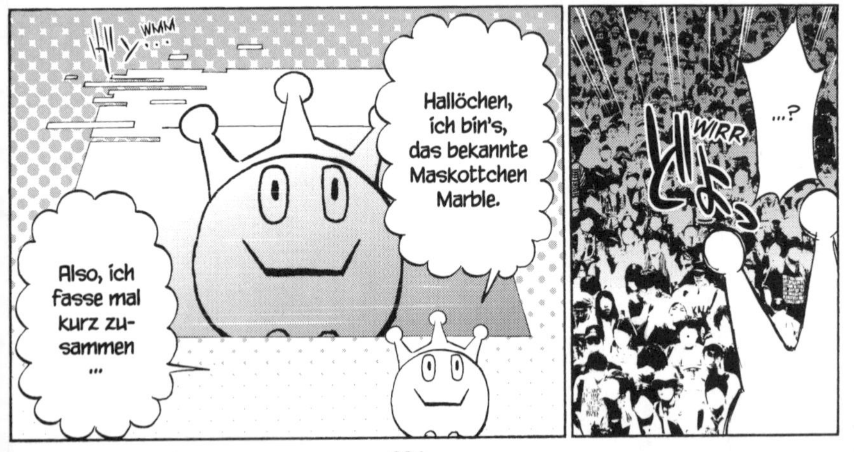

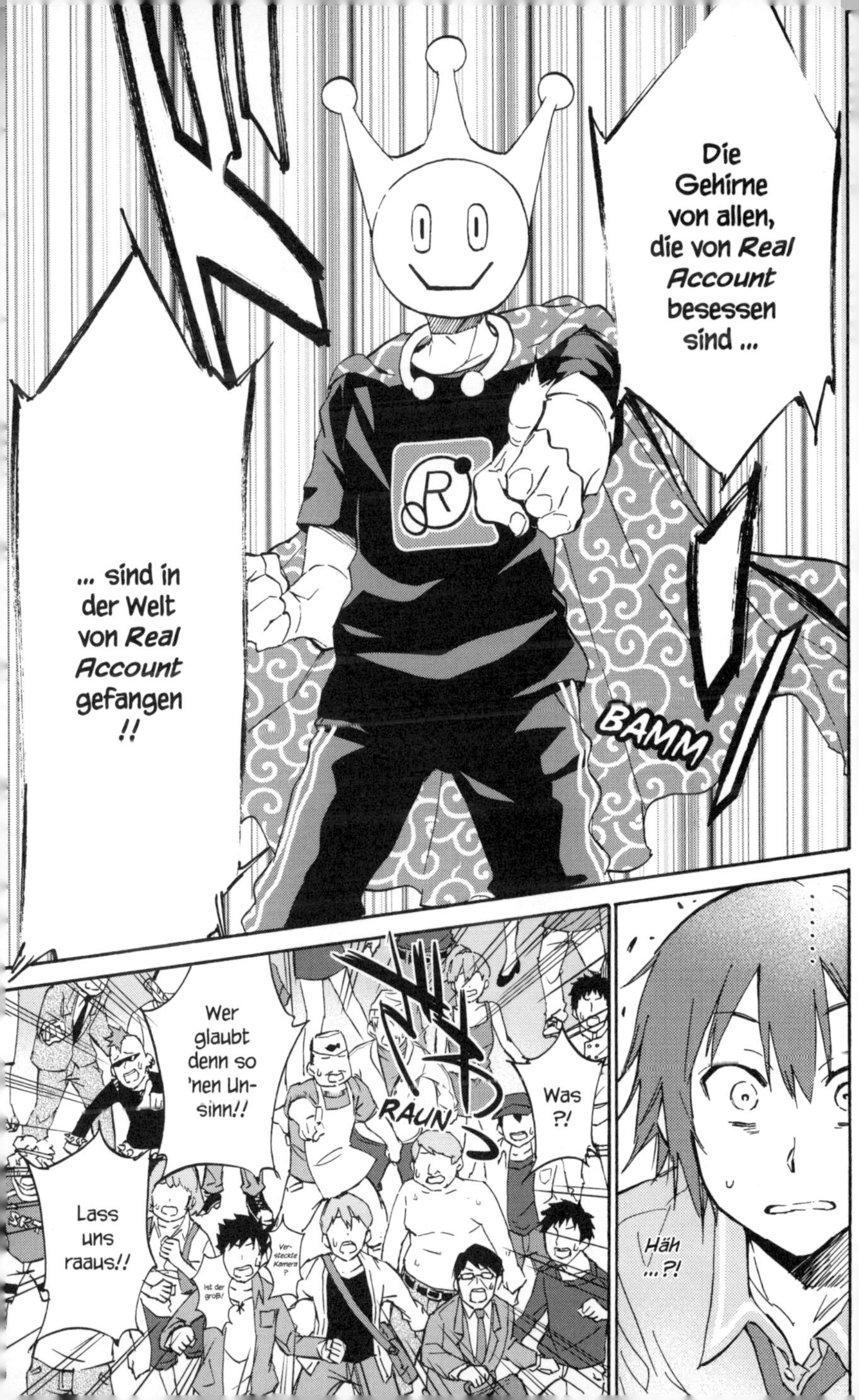
Die Gehirne von allen, die von *Real Account* besessen sind ...
... sind in der Welt von *Real Account* gefangen !!
BAMM
Häh ...?!
Was ?!
RAUN
Wer glaubt denn so 'nen Un-sinn!!
Ver-steckte Kamera ?
Ist der groß!
Lass uns raaus!!

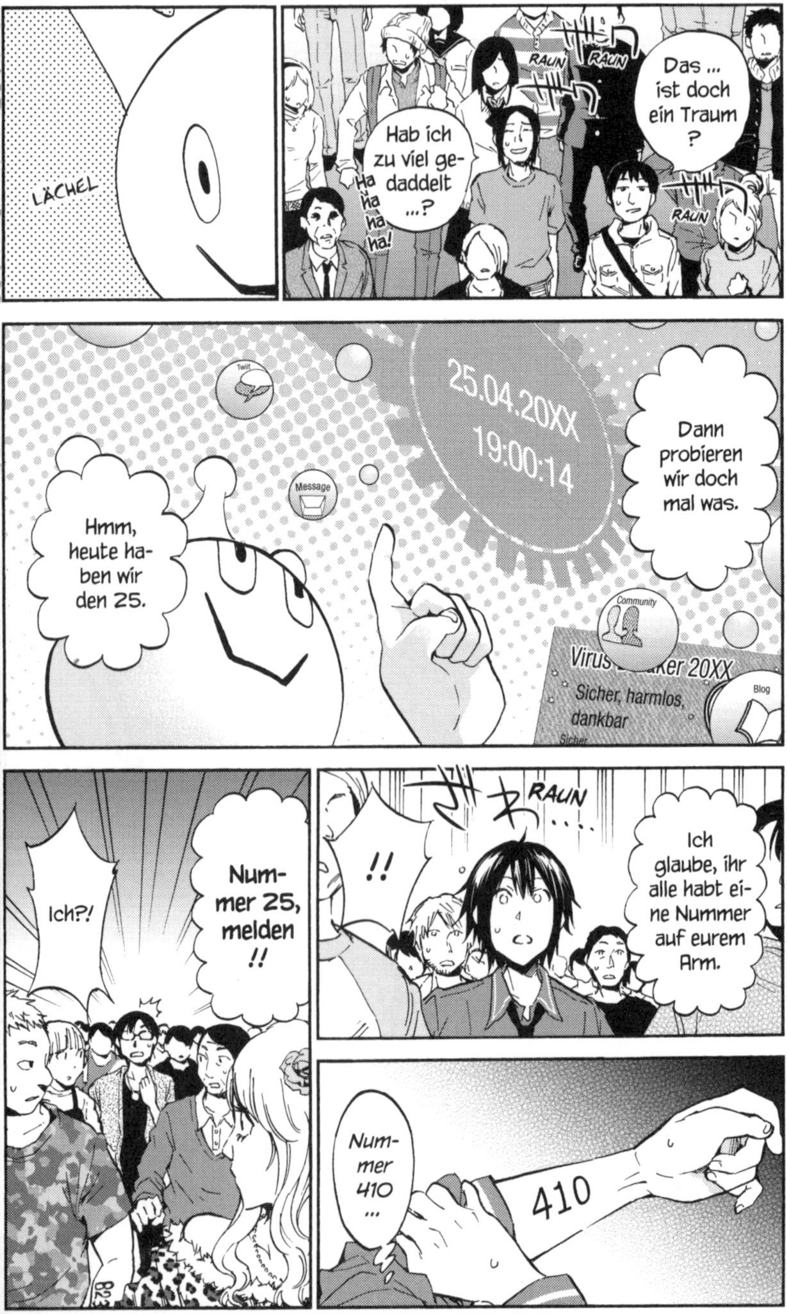

RAUN
RAUN
Das ... ist doch ein Traum ?
Hab ich zu viel gedaddelt ...?
Ha ha ha ha!
RAUN
LÄCHEL
Hmm, heute haben wir den 25.
Dann probieren wir doch mal was.
25.04.20XX
19:00:14
Twitt
Message
Community
Blog
Sicher, harmlos, dankbar

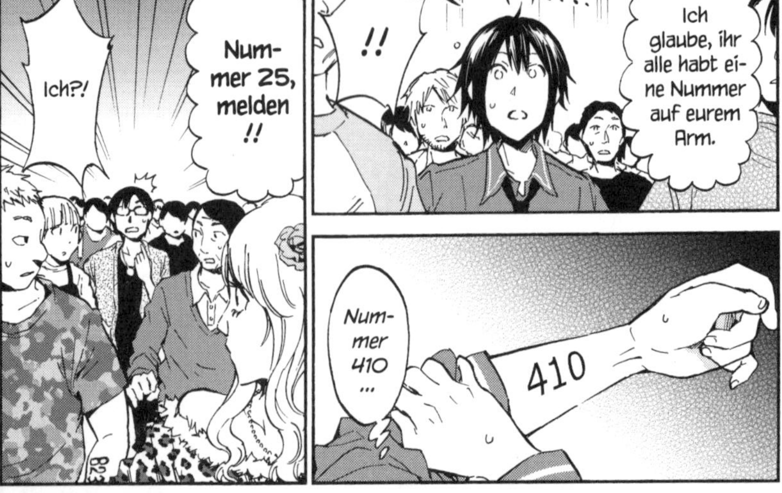
RAUN
!!
Ich glaube, ihr alle habt eine Nummer auf eurem Arm.
Nummer 410 ...
410
Nummer 25, melden !!
Ich?!

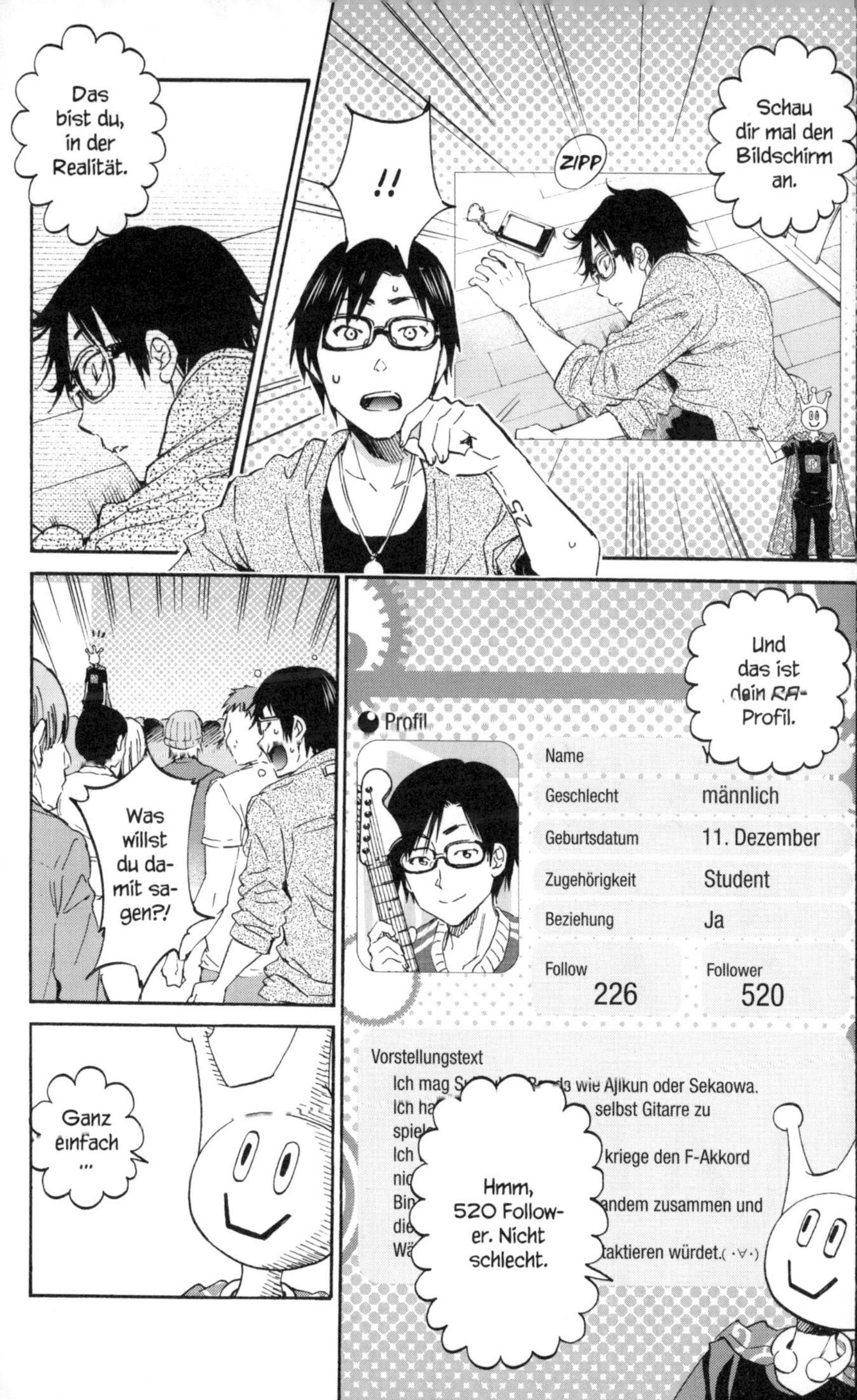

Schau dir mal den Bildschirm an.
ZIPP
!!
Das bist du, in der Realität.
Und das ist dein RA-Profil.
Profil
Name
Geschlecht männlich
Geburtsdatum 11. Dezember
Zugehörigkeit Student
Beziehung Ja
Follow 226
Follower 520
Vorstellungstext
Ich mag S... wie Ajikun oder Sekaowa.
Ich ha... selbst Gitarre zu
spiel...
Ich ... kriege den F-Akkord
nic...
Bin ...andem zusammen und
die...
Wä...taktieren würdet.(･∀･)
Hmm, 520 Follower. Nicht schlecht.
Was willst du damit sagen?!
Ganz einfach ...

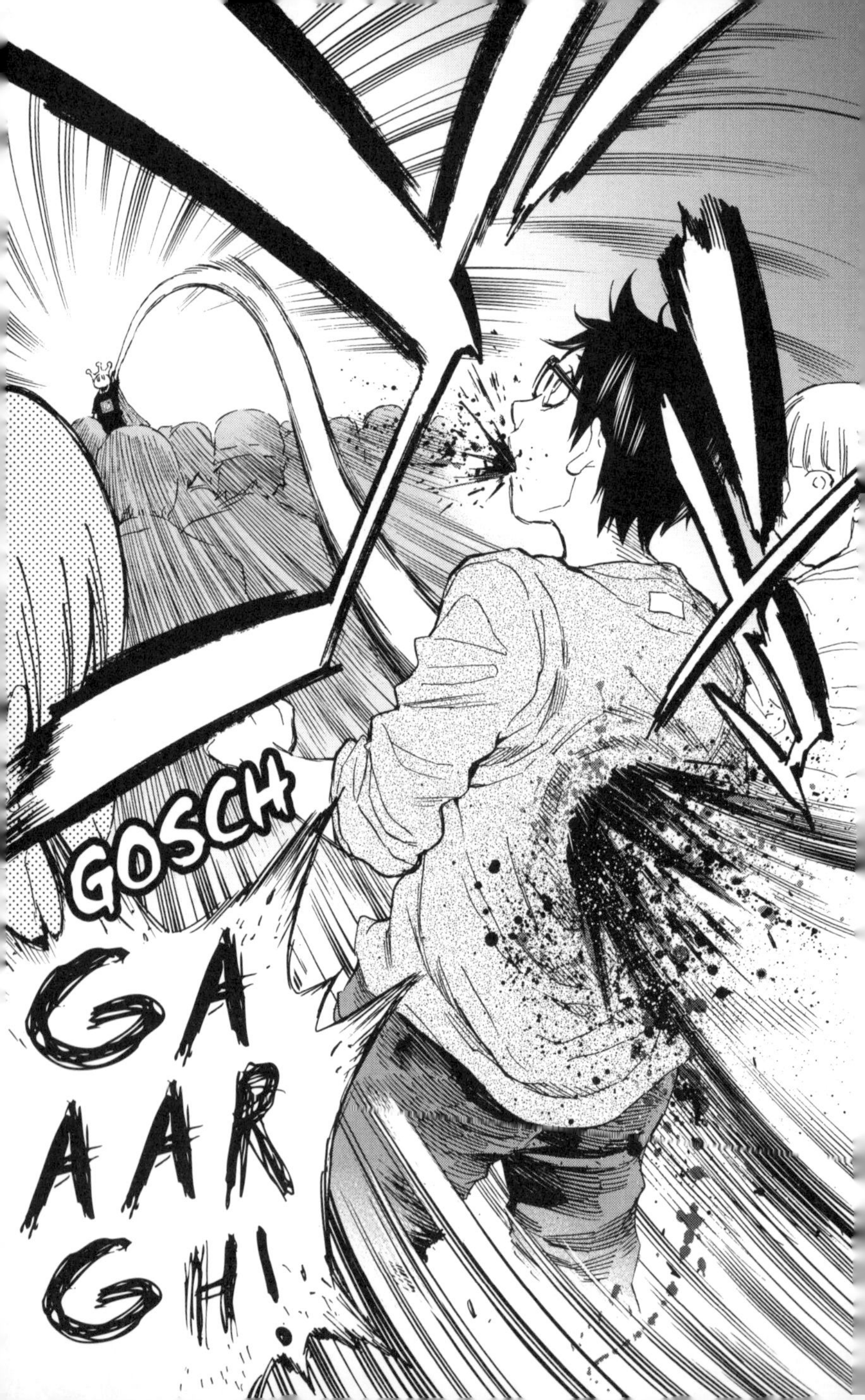
GOSCH
GA
AAR
GH!

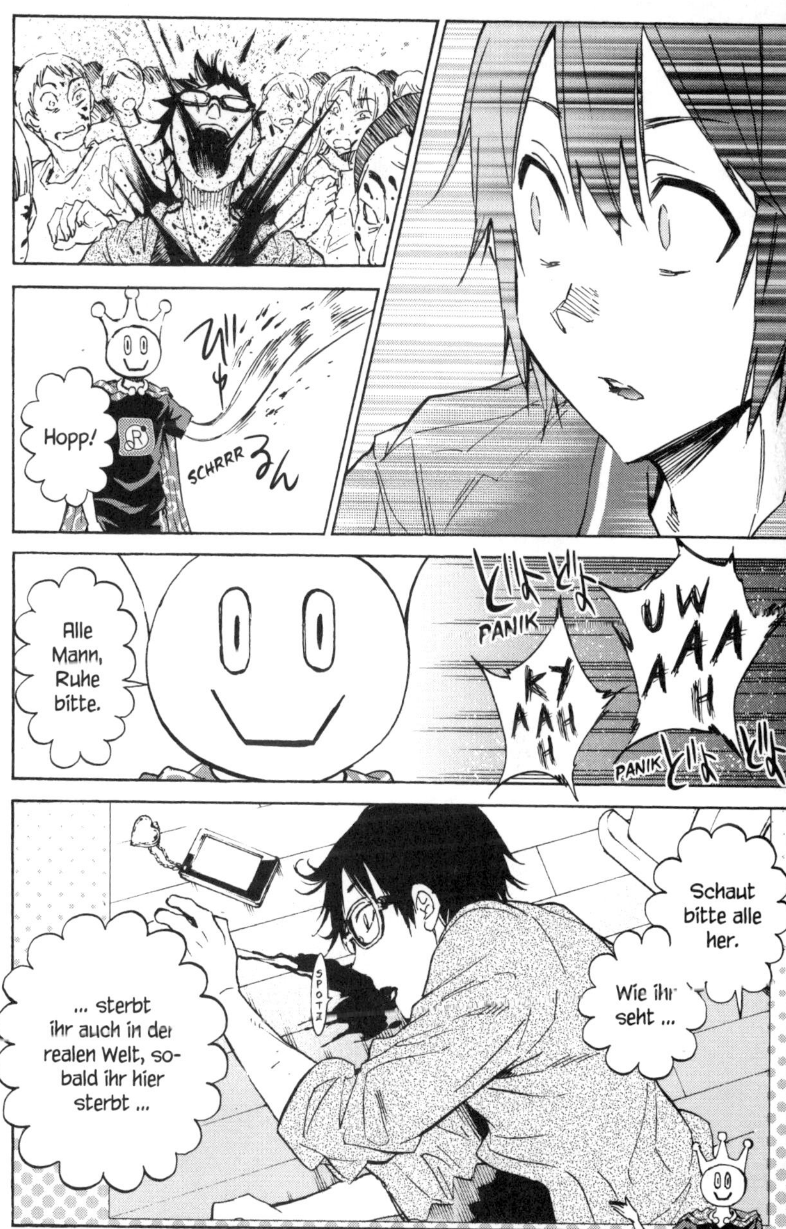
Hopp!
SCHRRR
Alle Mann, Ruhe bitte.
PANIK
UWAAAAH
KYAAHH
PANIK
Schaut bitte alle her.
Wie ihr seht ...
... sterbt ihr auch in der realen Welt, sobald ihr hier sterbt ...
SPOTZ

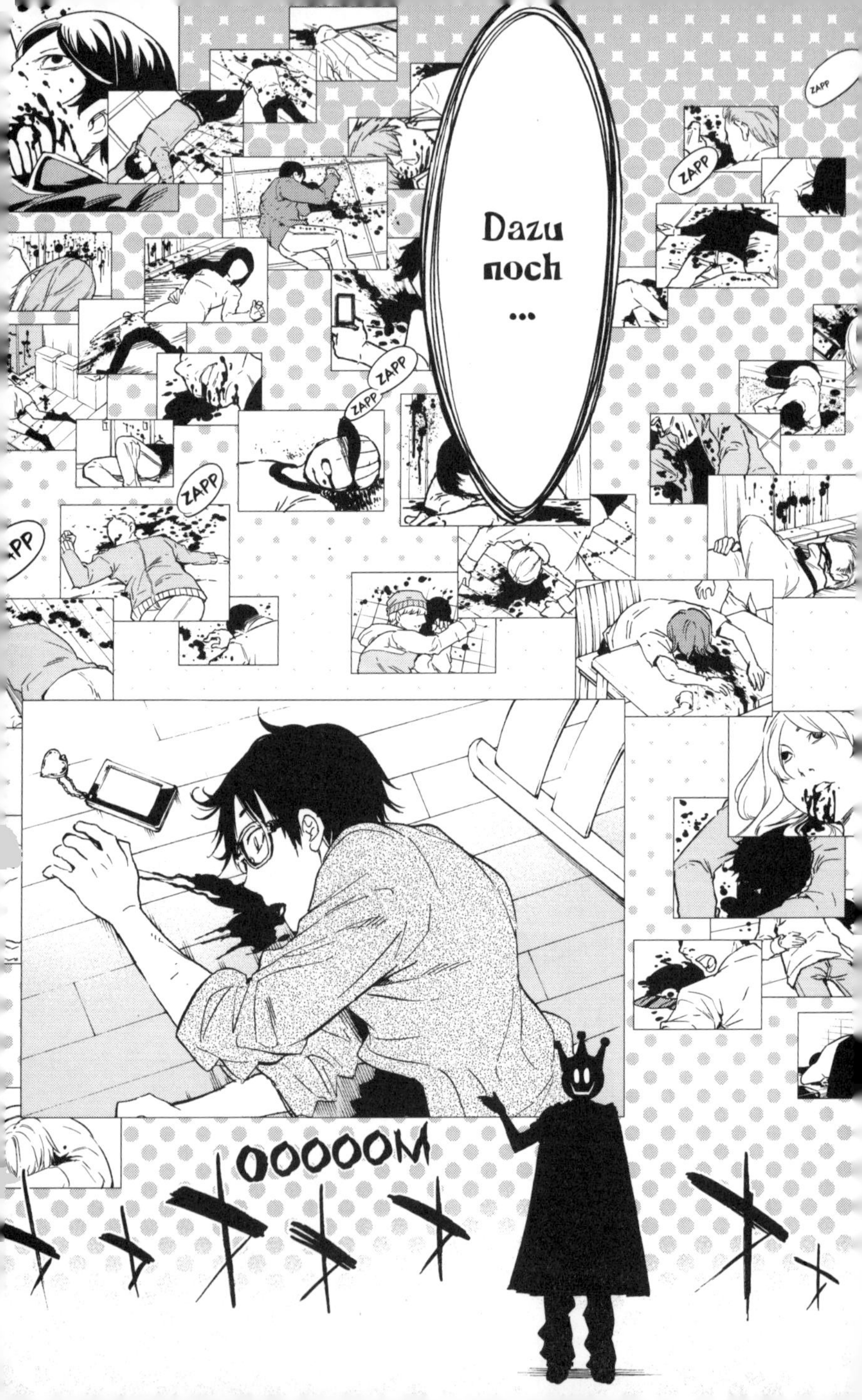

ZAPP
ZAPP
Dazu noch …
ZAPP
ZAPP
ZAPP
OOOOOM

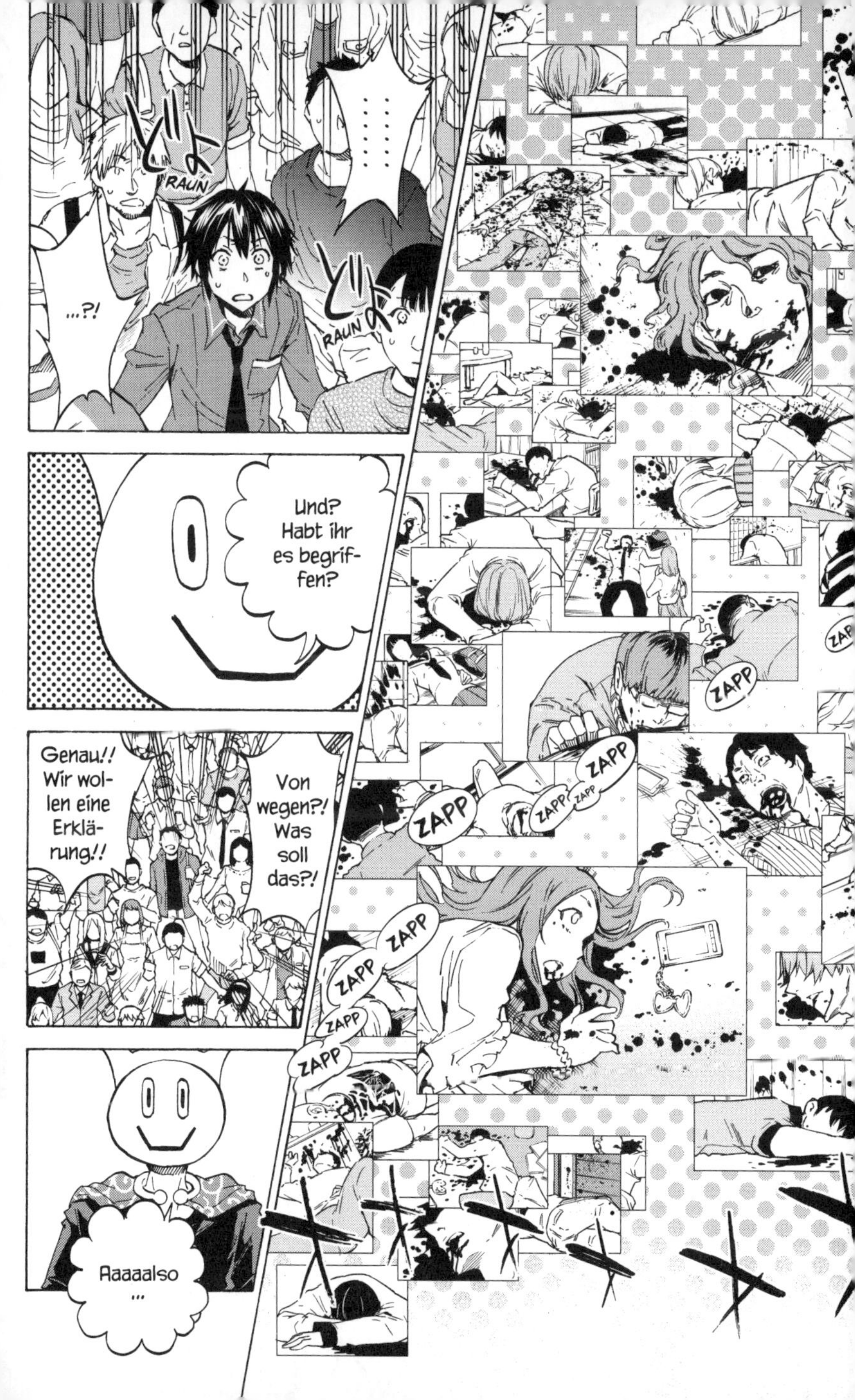

RAUN
RAUN
...?!
Und? Habt ihr es begriffen?
Von wegen?! Was soll das?!
Genau!! Wir wollen eine Erklärung!!
Aaaaalso ...
ZAPP
ZAPP
ZAPP
ZAPP
ZAPP
ZAPP
ZAPP
ZAPP
ZAPP
ZAPP
ZAPP

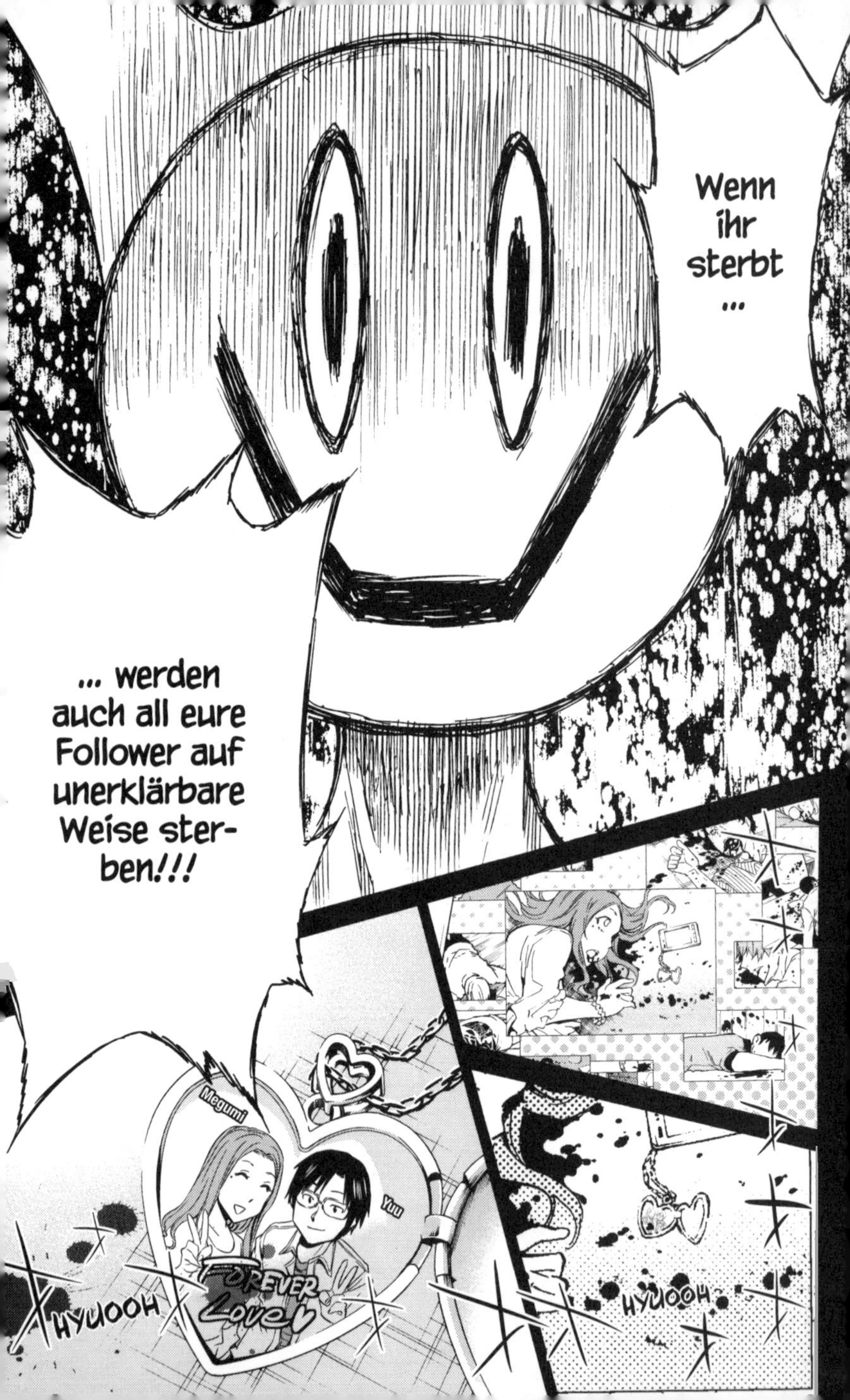
Wenn ihr sterbt ...
... werden auch all eure Follower auf unerklärbare Weise ster-ben!!!
Megumi
Yuu
FOREVER Love
HYUOOH
HYUOOH

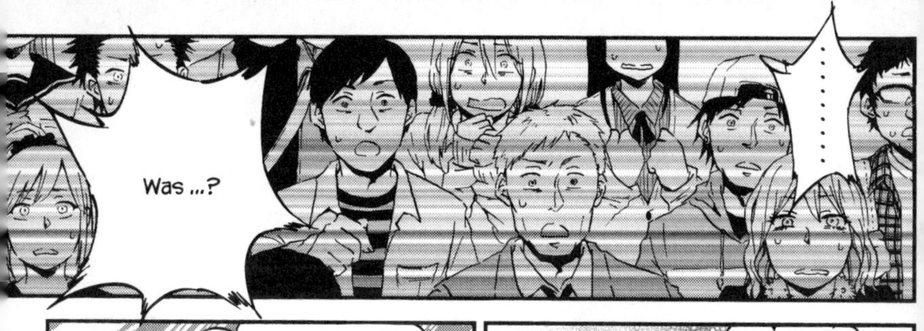
...
Was ...?

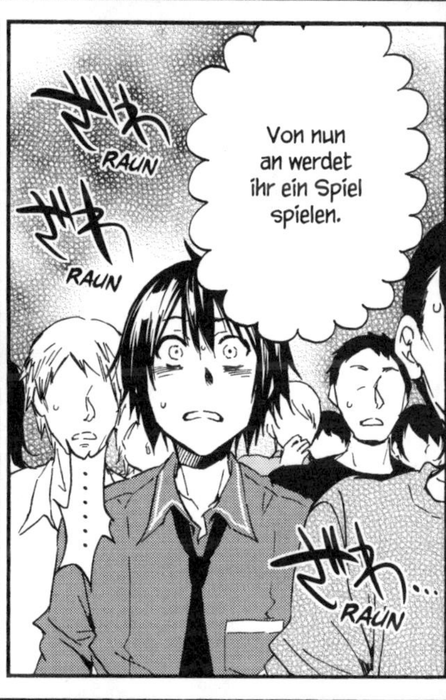
Von nun an werdet ihr ein Spiel spielen.
RAUN
RAUN
...
RAUN

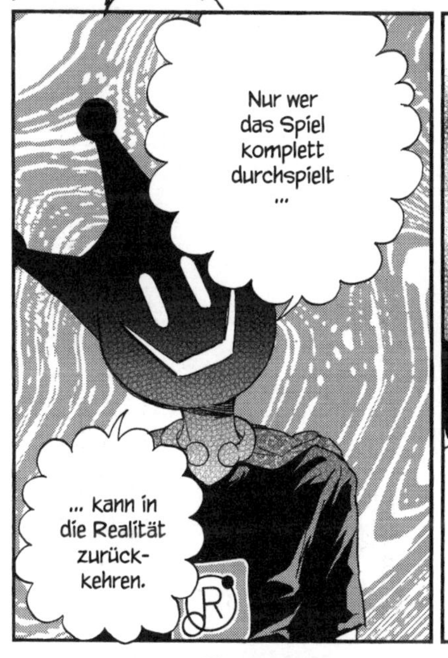
Nur wer das Spiel komplett durchspielt ...
... kann in die Realität zurückkehren.

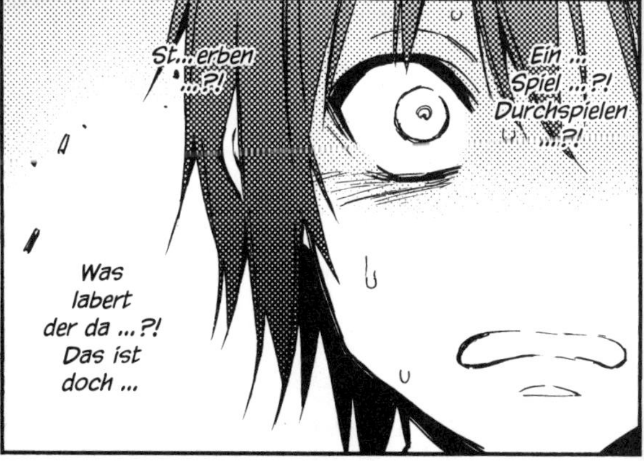
Ein ... Spiel ...?! Durchspielen ...?!
St... erben ...?!
Was labert der da ...?! Das ist doch ...

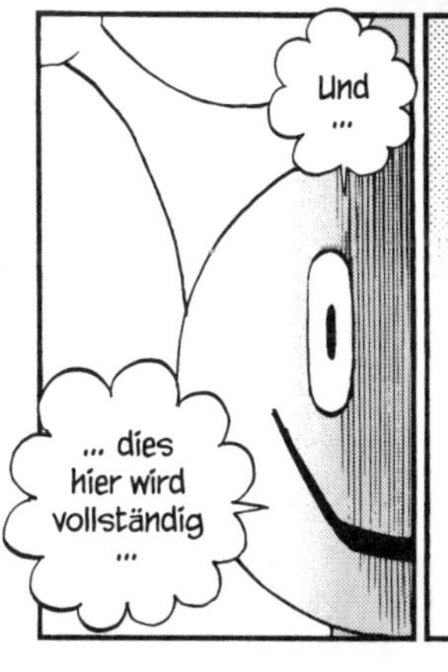
Und ...
... dies hier wird vollständig ...

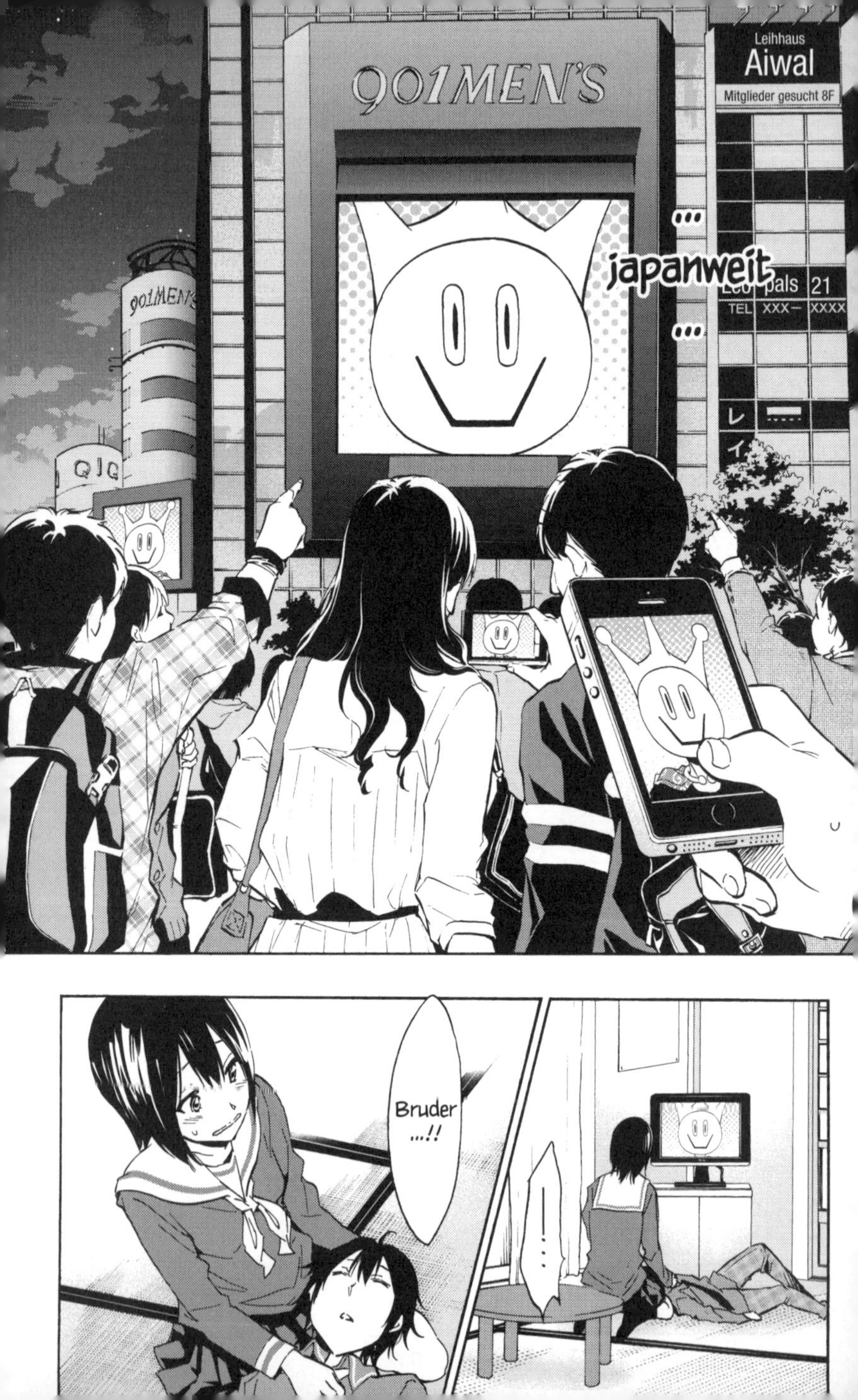

901MEN'S

Leihhaus
Aiwal
Mitglieder gesucht 8F

…
japanweit
…

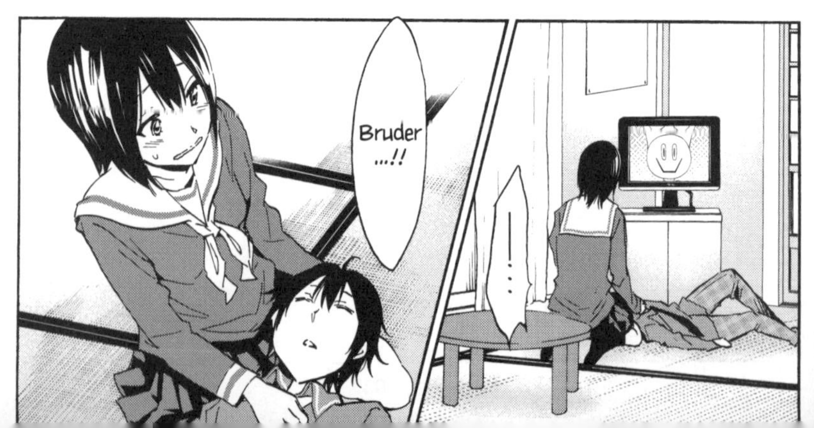

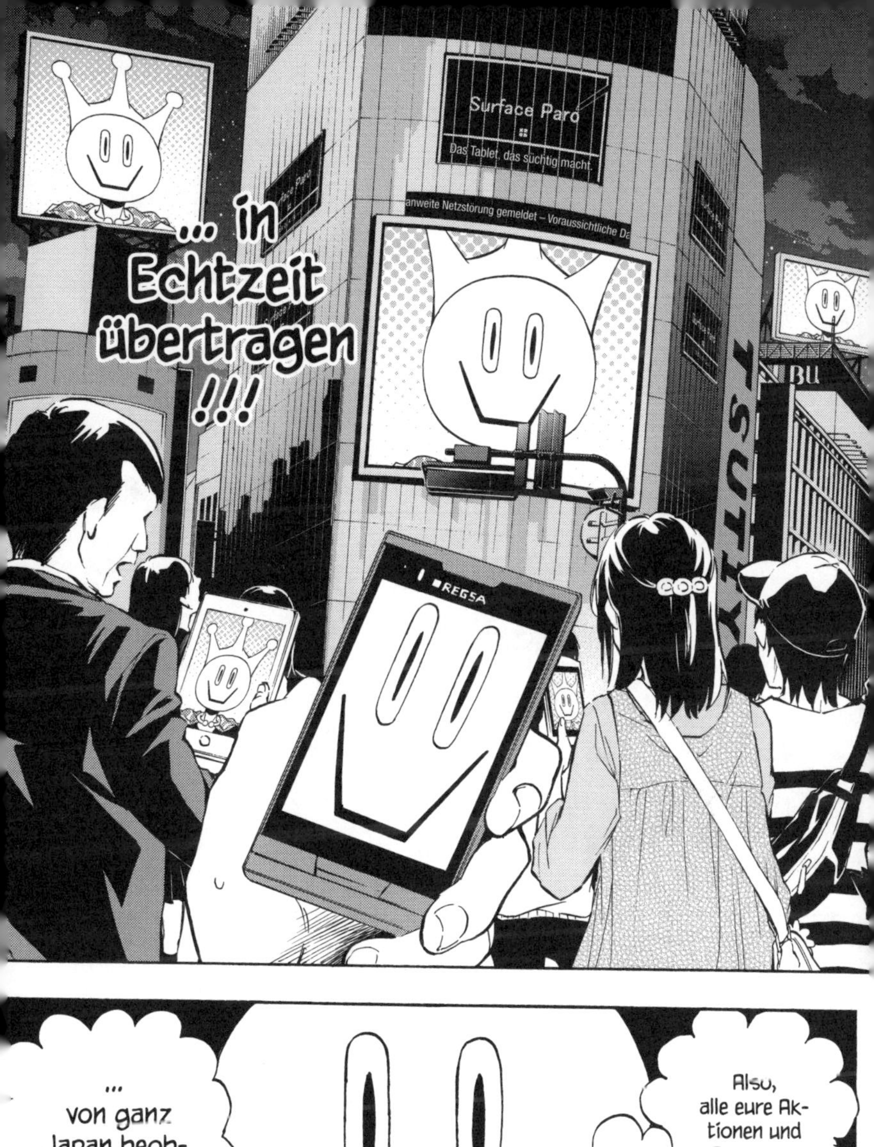

Also, alle eure Aktionen und Aussagen werden ...

... komplett ...

... von ganz Japan beobachtet. Also passt gut auf!

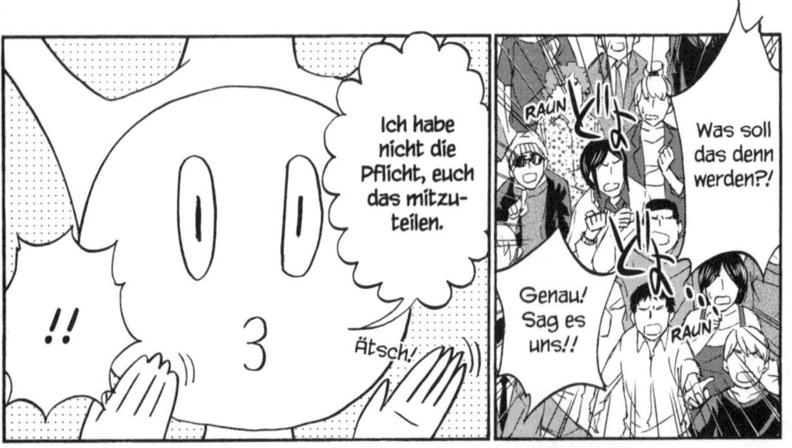
Was soll das denn werden?!
RAUN
Genau! Sag es uns!!
RAUN
Ich habe nicht die Pflicht, euch das mitzuteilen.
Ätsch!
!!

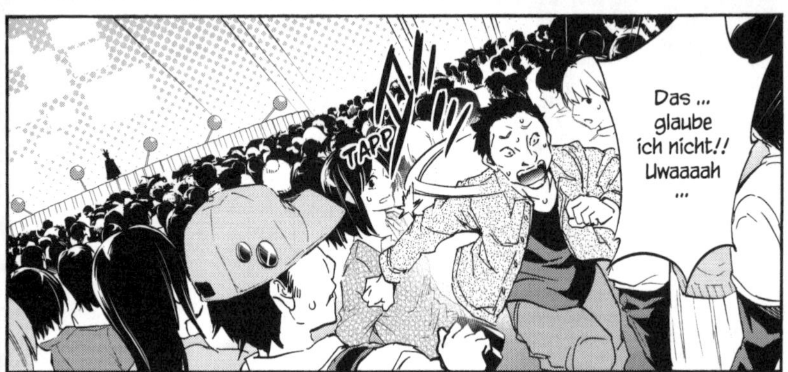
Das ... glaube ich nicht!! Uwaaaah ...
TAPP

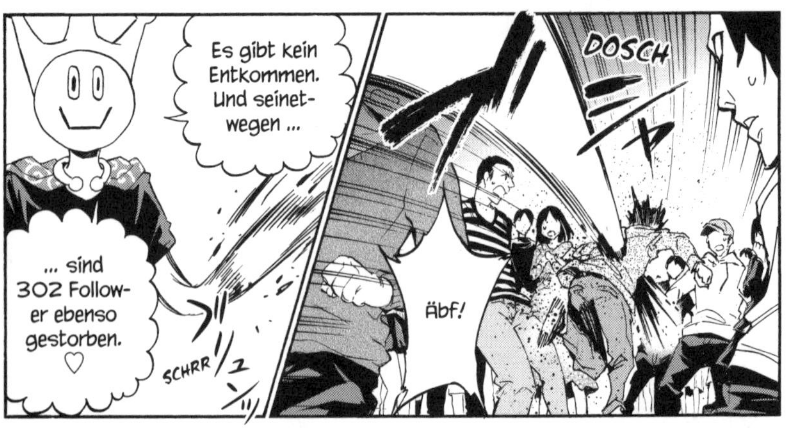
DOSCH
Äbf!
Es gibt kein Entkommen. Und seinetwegen ...
... sind 302 Follower ebenso gestorben. ♡
SCHRR

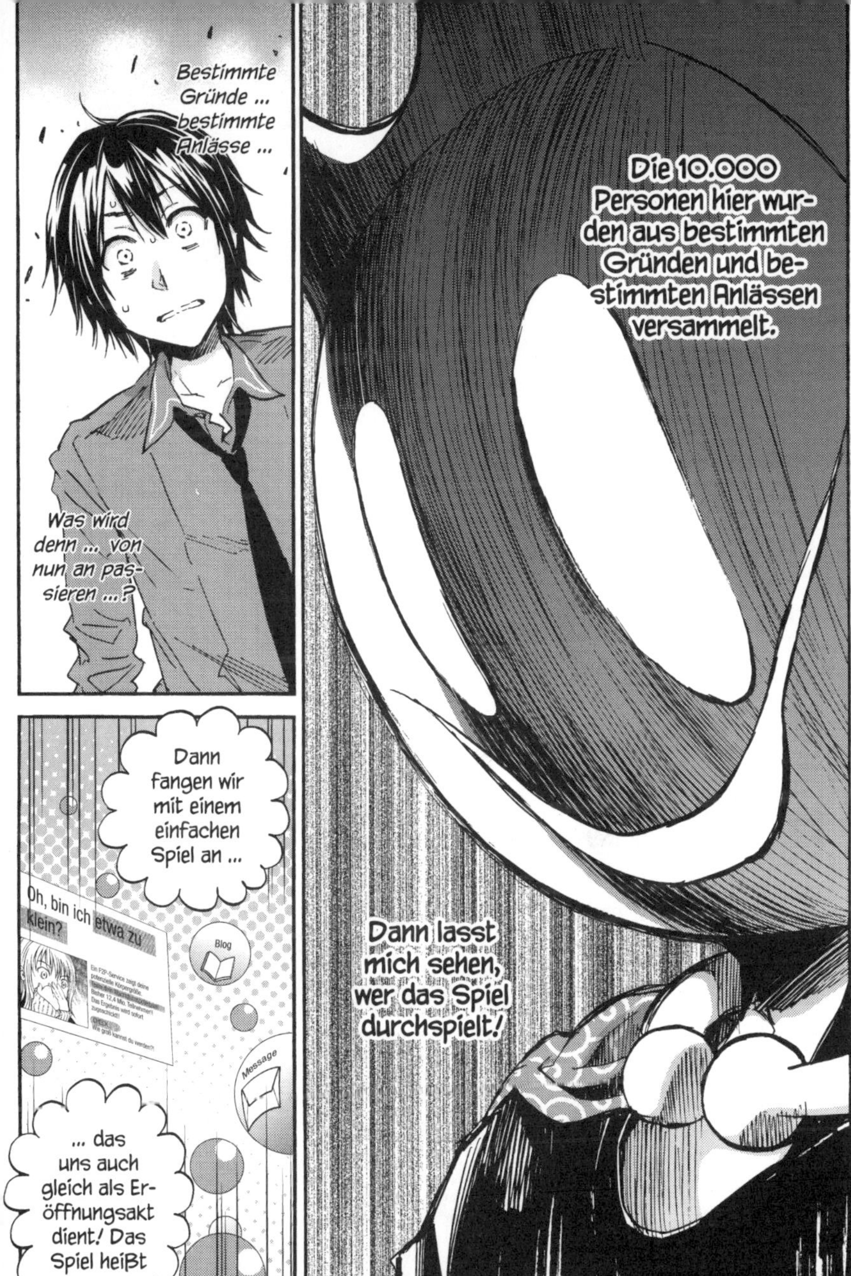
Die 10.000 Personen hier wurden aus bestimmten Gründen und bestimmten Anlässen versammelt.
Bestimmte Gründe ... bestimmte Anlässe ...
Was wird denn ... von nun an passieren ...?
Dann lasst mich sehen, wer das Spiel durchspielt!
Dann fangen wir mit einem einfachen Spiel an ...
Oh, bin ich etwa zu klein?
Blog
Message
... das uns auch gleich als Eröffnungsakt dient! Das Spiel heißt ...

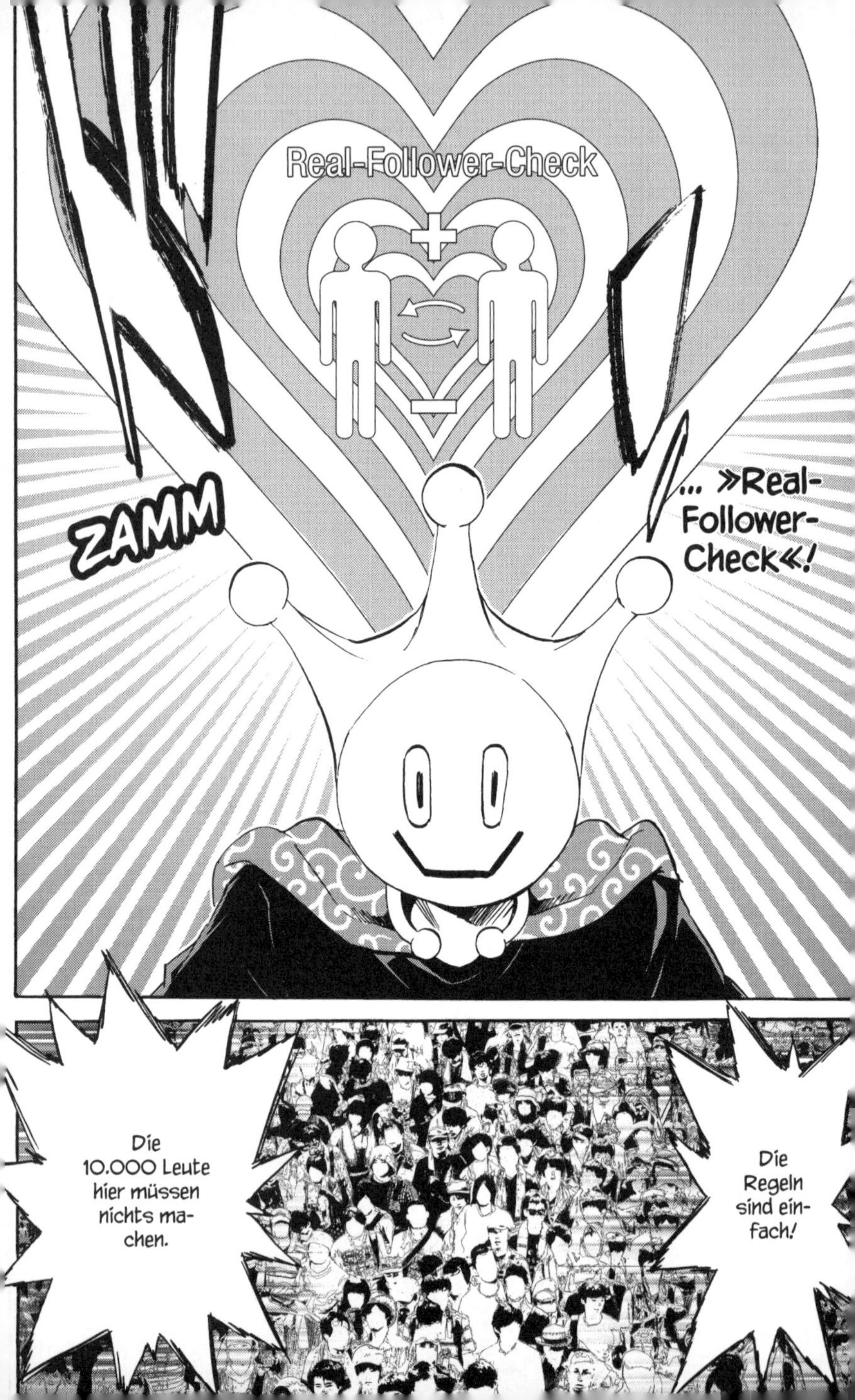

Real-Follower-Check
... »Real-Follower-Check«!
ZAMM
Die Regeln sind einfach!
Die 10.000 Leute hier müssen nichts machen.

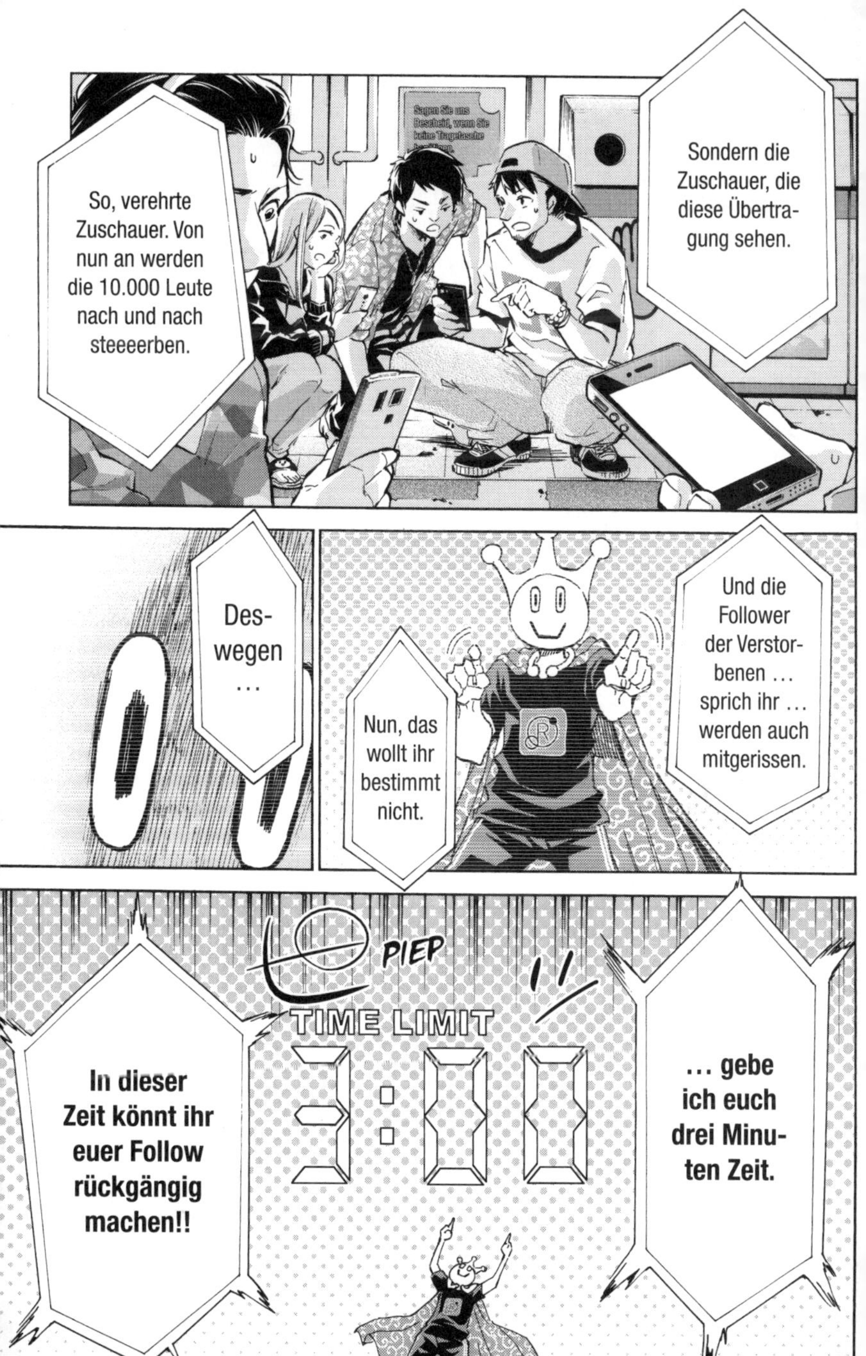
Sondern die Zuschauer, die diese Übertragung sehen.
Sagen Sie uns Bescheid, wenn Sie keine Tragetasche
So, verehrte Zuschauer. Von nun an werden die 10.000 Leute nach und nach steeeerben.
Und die Follower der Verstorbenen … sprich ihr … werden auch mitgerissen.
Nun, das wollt ihr bestimmt nicht.
Deswegen …
… gebe ich euch drei Minuten Zeit.
PIEP
TIME LIMIT
3:00
In dieser Zeit könnt ihr euer Follow rückgängig machen!!

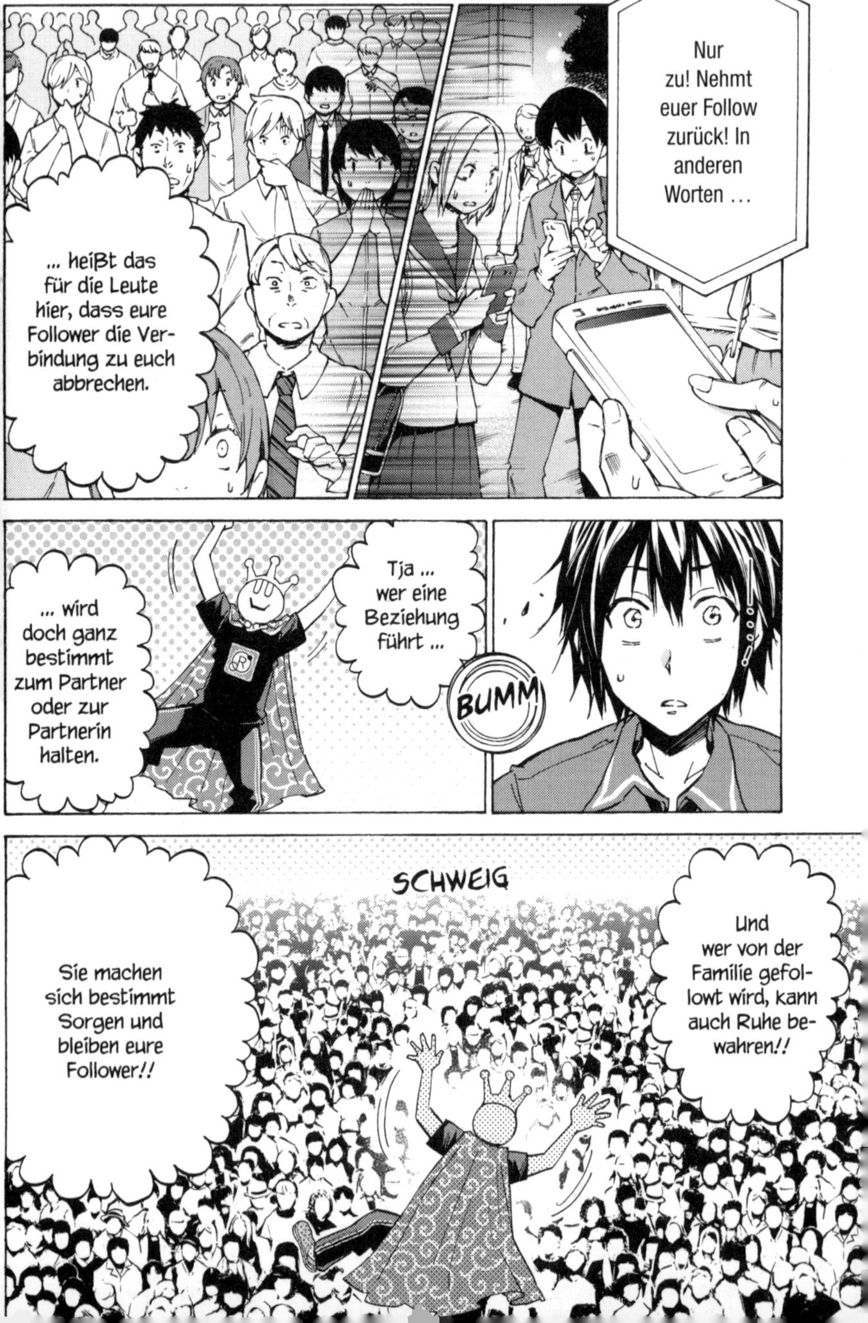

Nur zu! Nehmt euer Follow zurück! In anderen Worten …

… heißt das für die Leute hier, dass eure Follower die Verbindung zu euch abbrechen.

BUMM

Tja … wer eine Beziehung führt …

… wird doch ganz bestimmt zum Partner oder zur Partnerin halten.

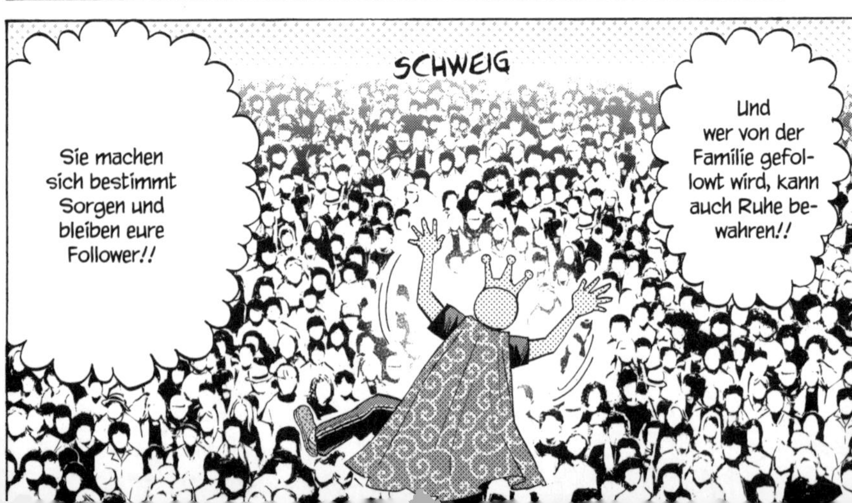

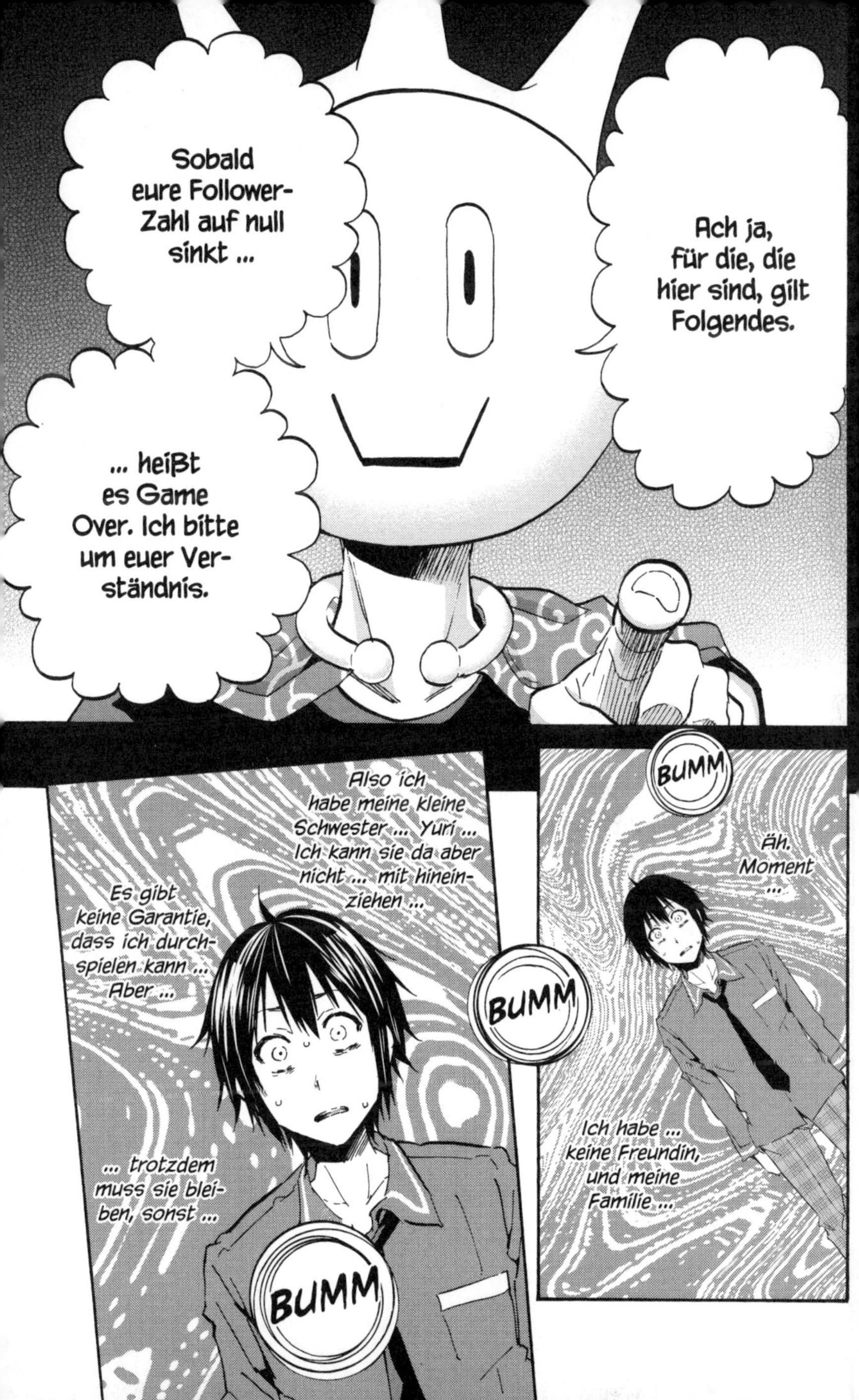
Ach ja, für die, die hier sind, gilt Folgendes.
Sobald eure Follower-Zahl auf null sinkt ...
... heißt es Game Over. Ich bitte um euer Verständnis.
BUMM
Äh. Moment ...
Ich habe ... keine Freundin, und meine Familie ...
Also ich habe meine kleine Schwester ... Yuri ... Ich kann sie da aber nicht ... mit hineinziehen ...
BUMM
Es gibt keine Garantie, dass ich durchspielen kann ... Aber ...
... trotzdem muss sie bleiben, sonst ...
BUMM

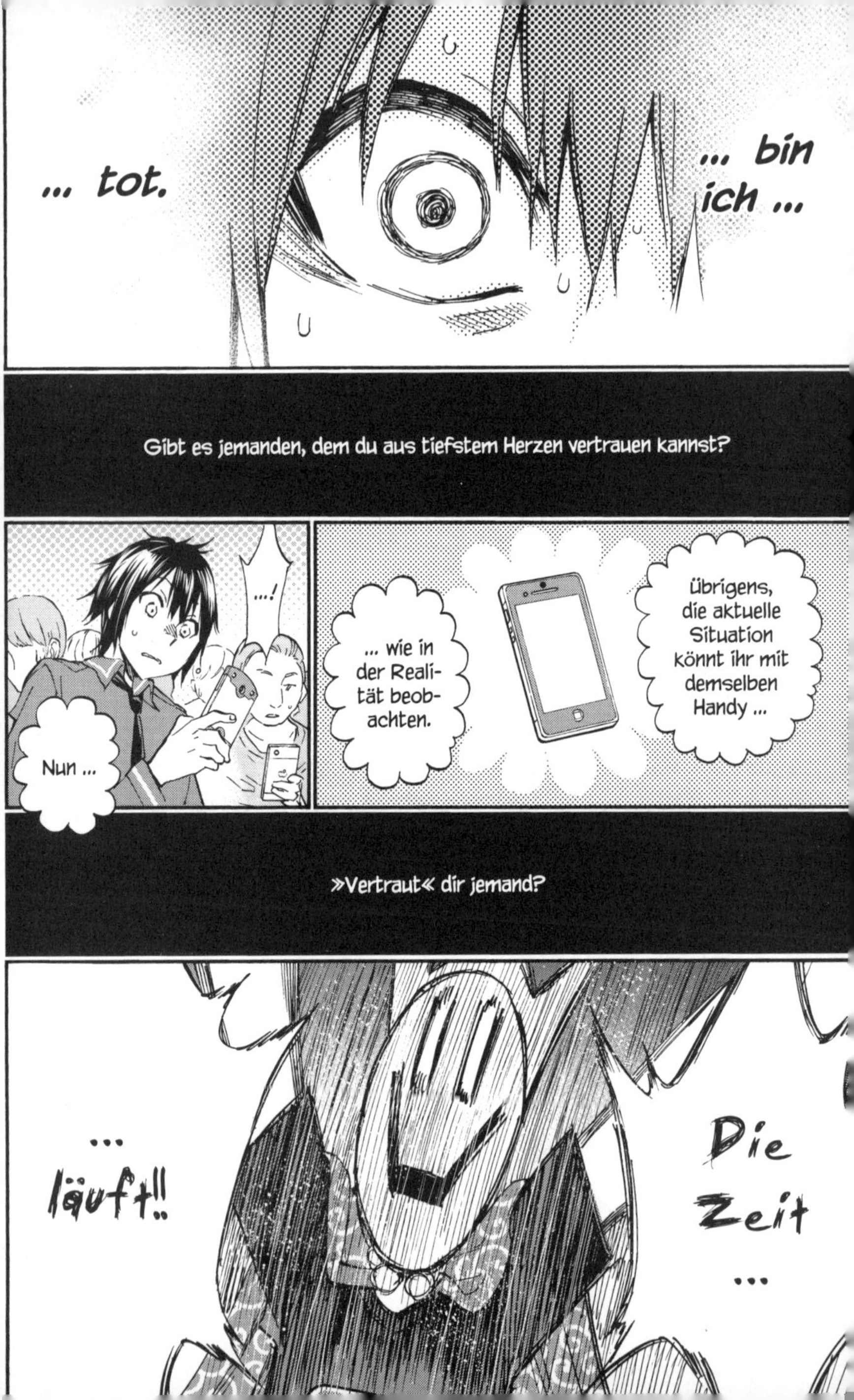

... bin ich ...

... tot.

Gibt es jemanden, dem du aus tiefstem Herzen vertrauen kannst?

Übrigens, die aktuelle Situation könnt ihr mit demselben Handy ...

... wie in der Realität beobachten.

...!

Nun ...

»Vertraut« dir jemand?

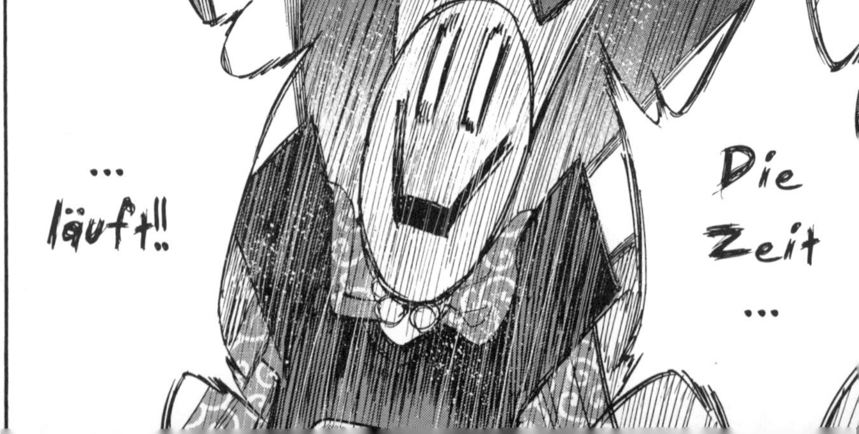

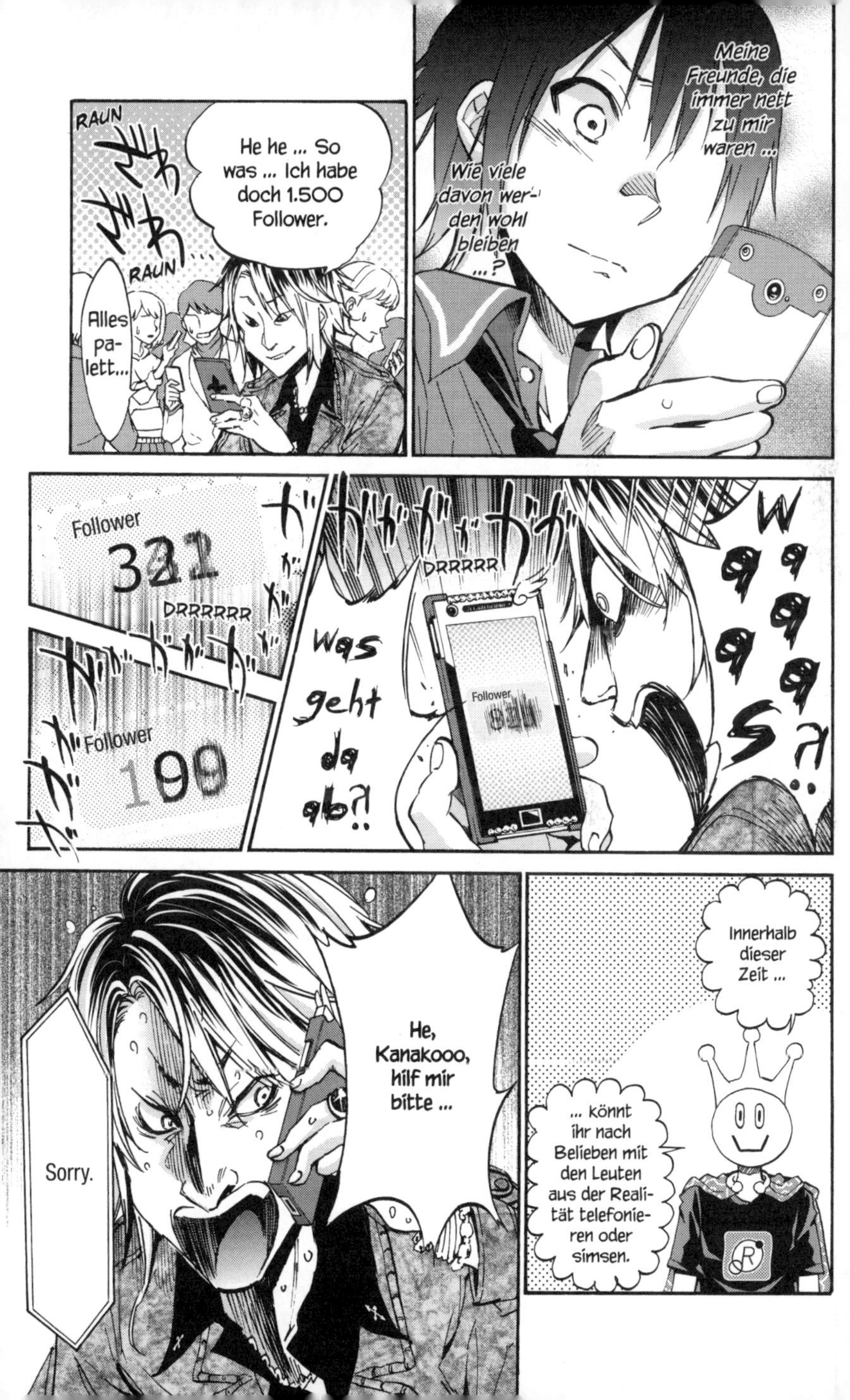

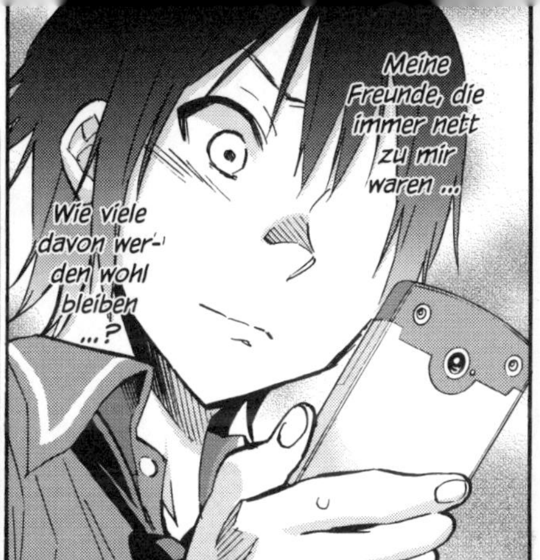

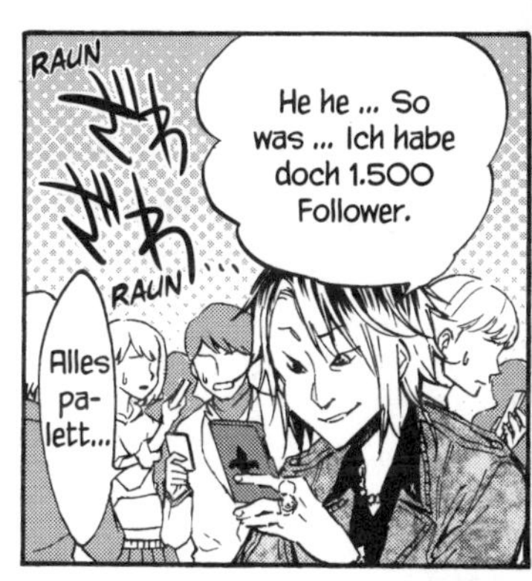

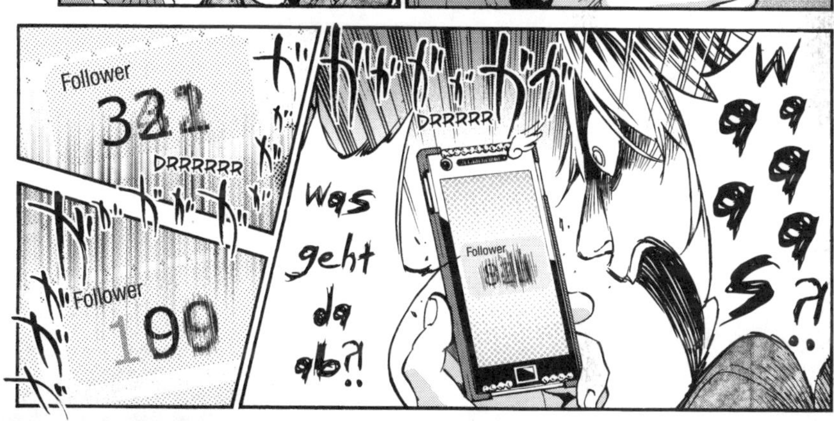

Innerhalb dieser Zeit ...

... könnt ihr nach Belieben mit den Leuten aus der Realität telefonieren oder simsen.

He, Kanakooo, hilf mir bitte ...

Sorry.

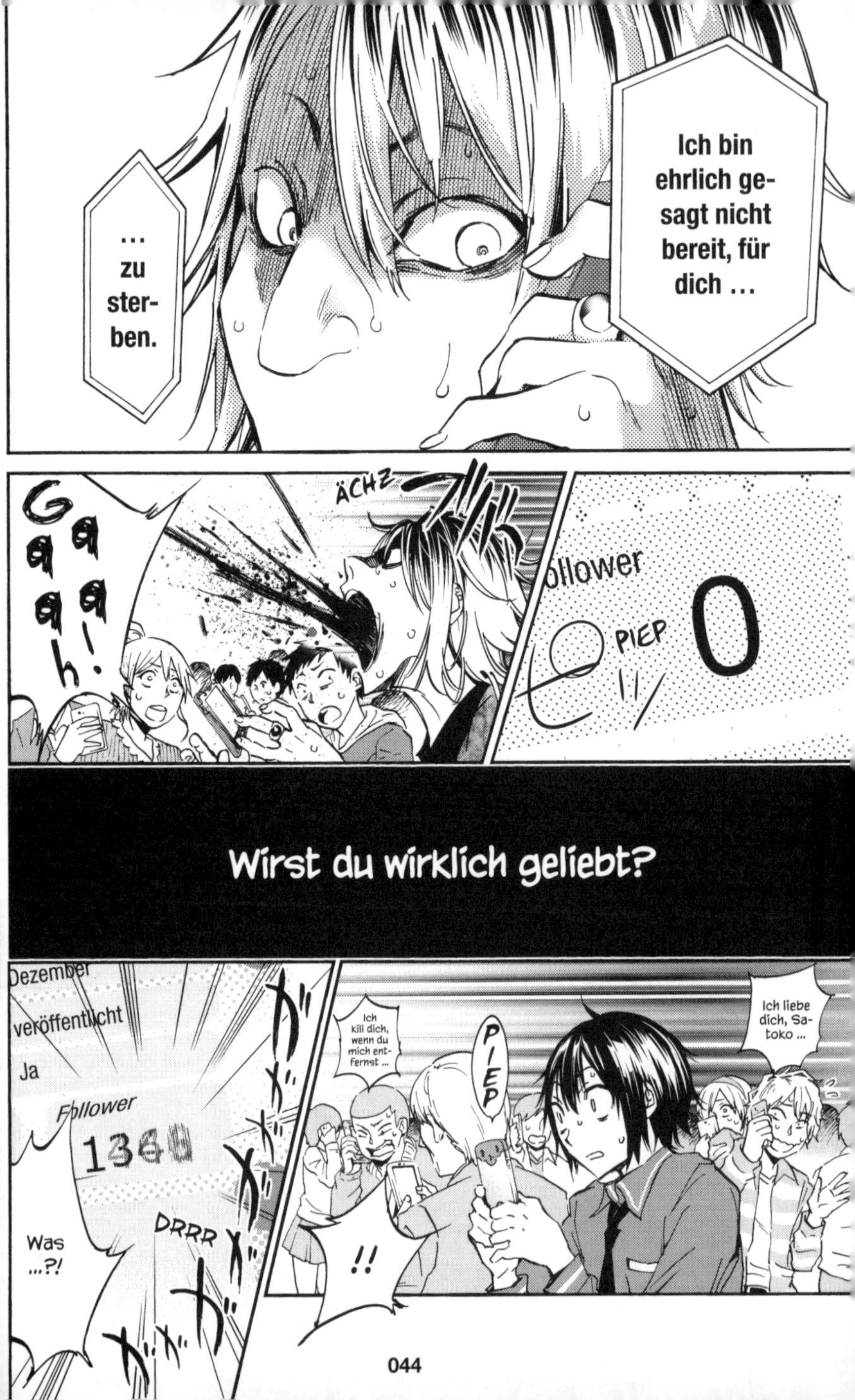

Ich bin ehrlich gesagt nicht bereit, für dich …

… zu sterben.

Follower

0

PIEP

ÄCHZ

Gaaaaaah!

Wirst du wirklich geliebt?

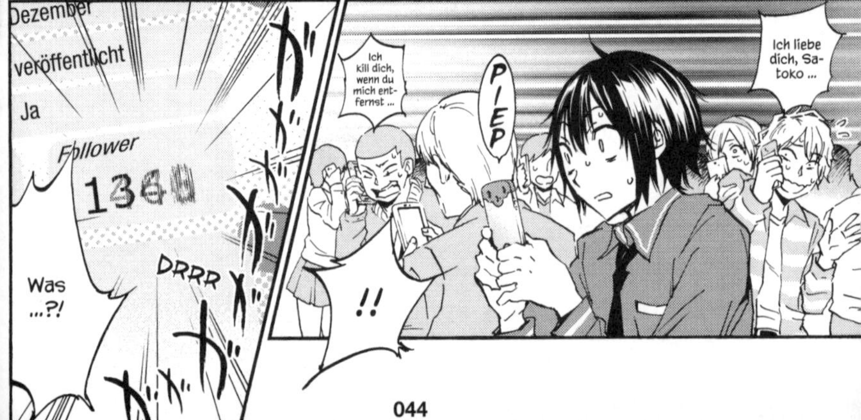

Ist es wahre Liebe?

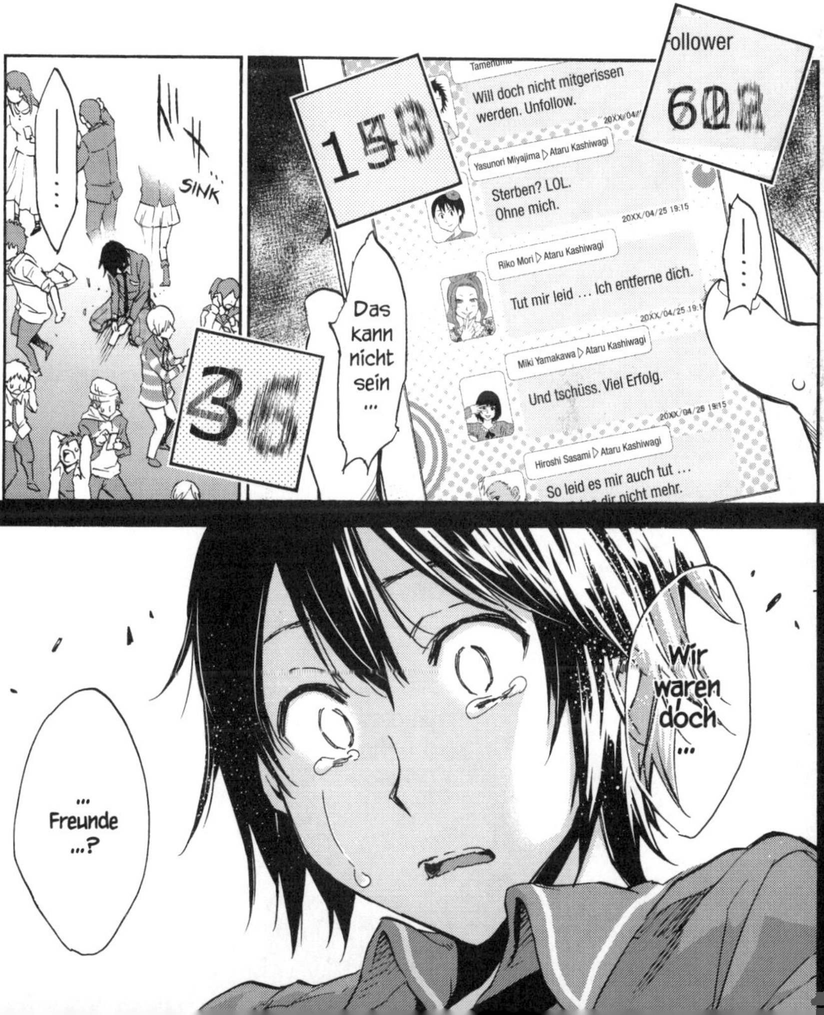

Follower

Will doch nicht mitgerissen werden. Unfollow.

Yasunori Miyajima ▷ Ataru Kashiwagi

Sterben? LOL. Ohne mich.

20XX/04/25 19:15

Riko Mori ▷ Ataru Kashiwagi

Tut mir leid … Ich entferne dich.

Miki Yamakawa ▷ Ataru Kashiwagi

Und tschüss. Viel Erfolg.

20XX/04/25 19:15

Hiroshi Sasami ▷ Ataru Kashiwagi

So leid es mir auch tut …

!…

Das kann nicht sein …

SINK

!…

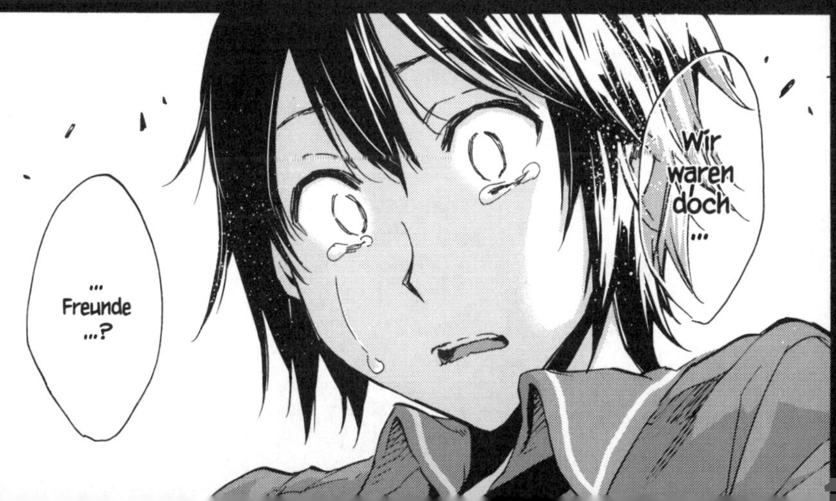

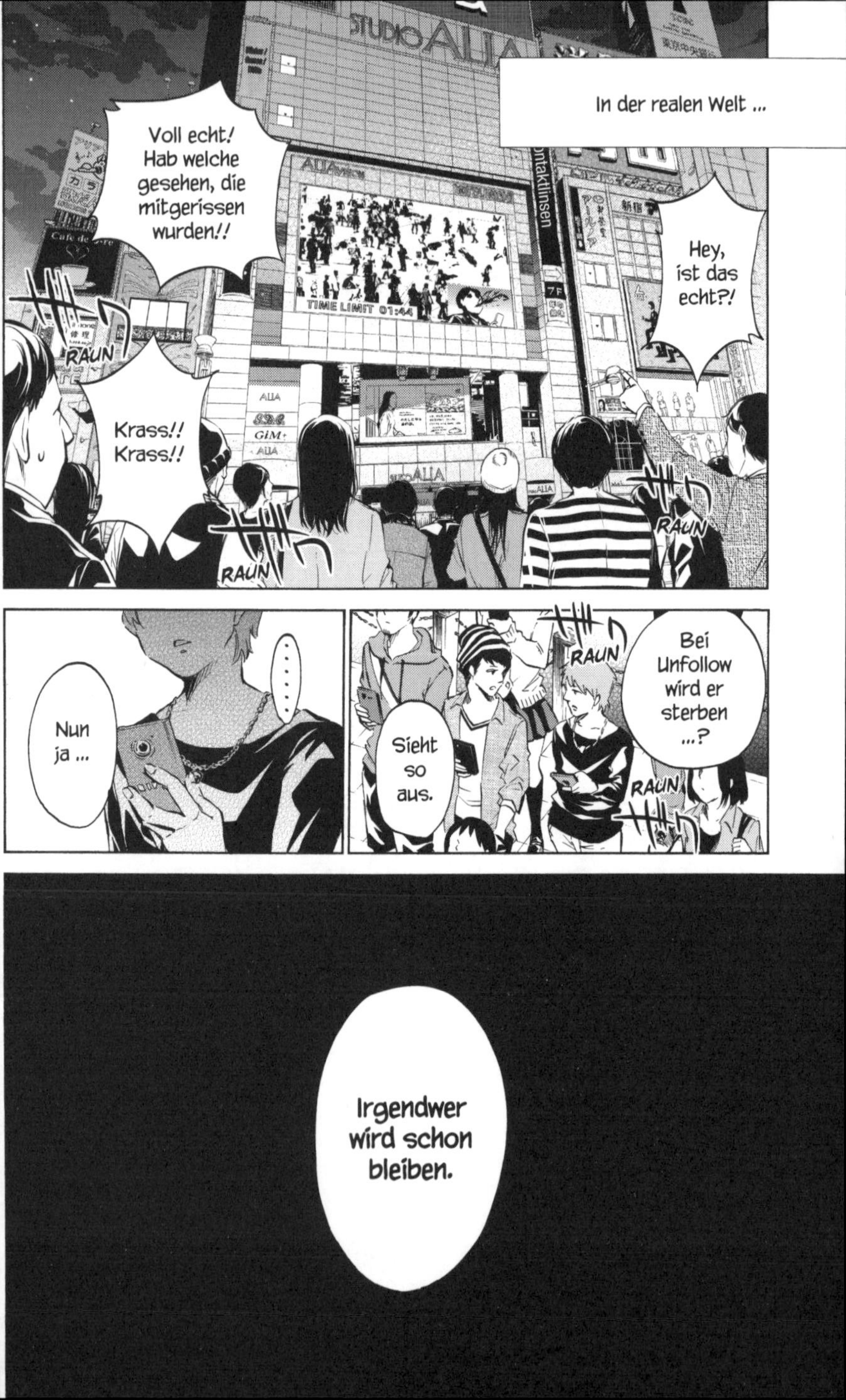

In der realen Welt ...

Hey, ist das echt?!

Voll echt! Hab welche gesehen, die mitgerissen wurden!!

Krass!! Krass!!

RAUN

RAUN

RAUN

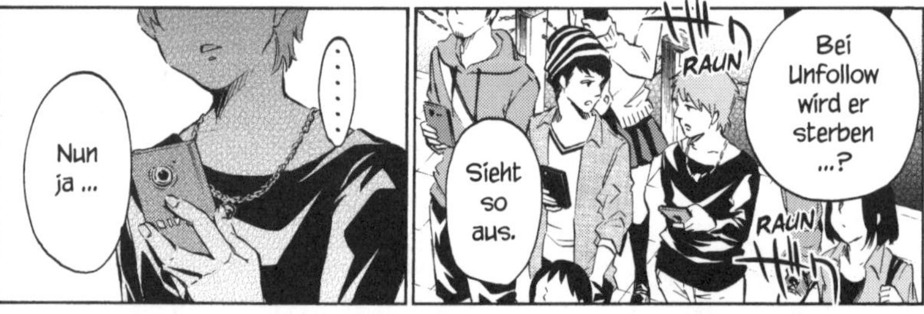

Irgendwer wird schon bleiben.

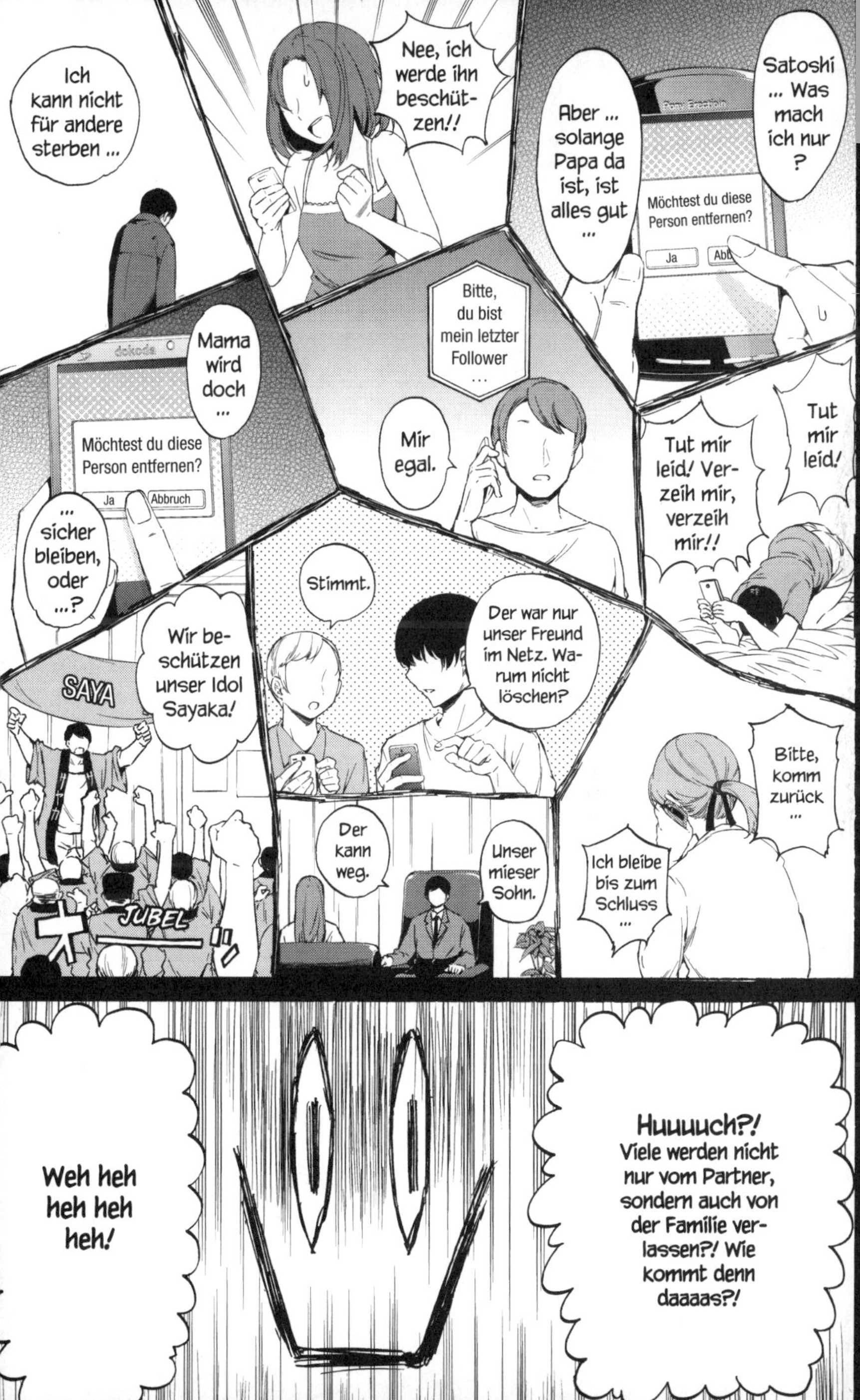
Satoshi ... Was mach ich nur ?
Aber ... solange Papa da ist, ist alles gut ...
Möchtest du diese Person entfernen?
Ja
Abb
Nee, ich werde ihn beschützen!!
Ich kann nicht für andere sterben ...
Tut mir leid!
Tut mir leid! Verzeih mir, verzeih mir!!
Bitte, du bist mein letzter Follower ...
Mir egal.
dokoda
Mama wird doch ...
Möchtest du diese Person entfernen?
Ja
Abbruch
... sicher bleiben, oder ...?
Bitte, komm zurück ...
Ich bleibe bis zum Schluss ...
Der war nur unser Freund im Netz. Warum nicht löschen?
Stimmt.
Unser mieser Sohn.
Der kann weg.
Wir beschützen unser Idol Sayaka!
SAYA
JUBEL
Huuuuch?! Viele werden nicht nur vom Partner, sondern auch von der Familie verlassen?! Wie kommt denn daaaas?!
Weh heh heh heh heh!

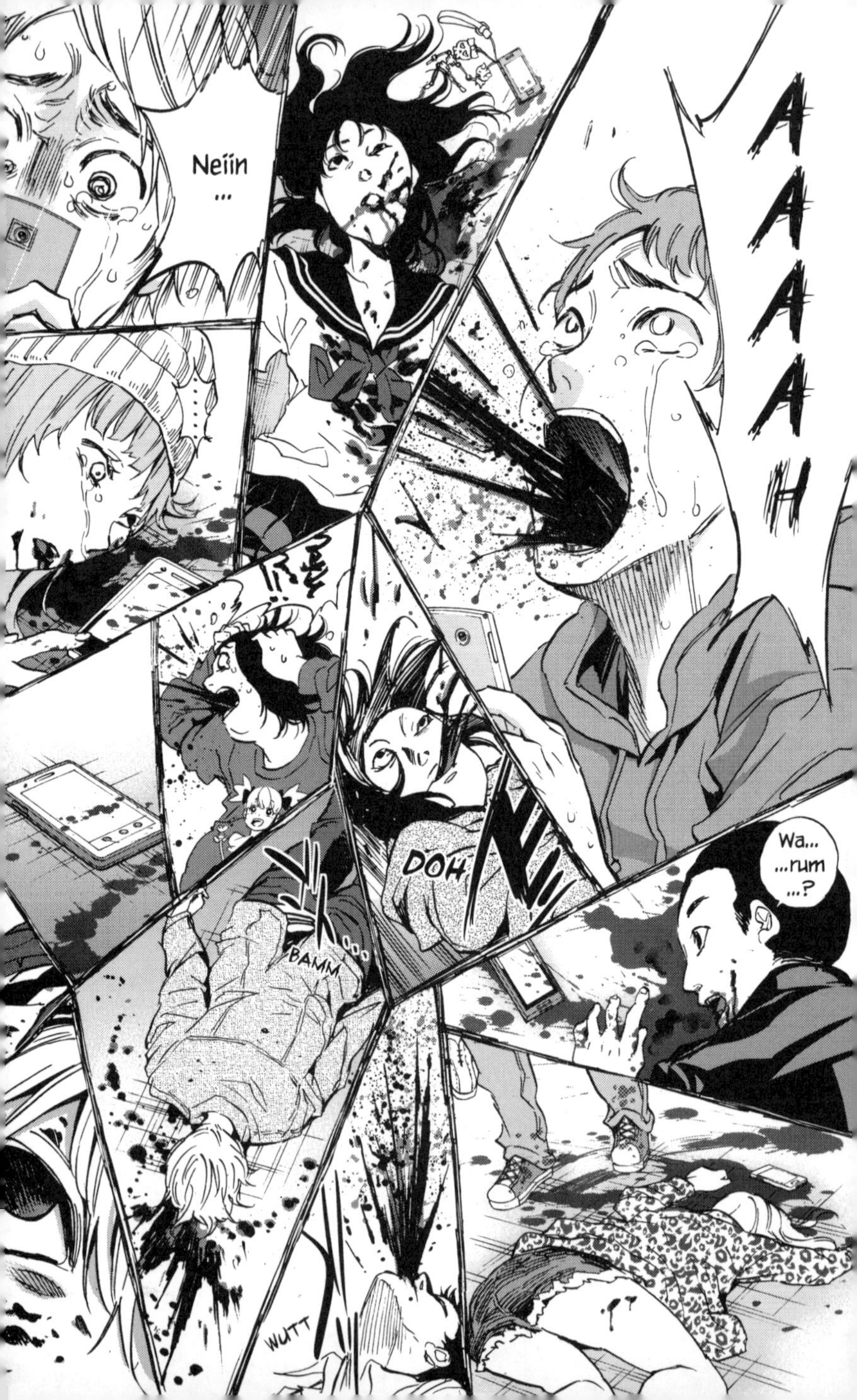
AAAAAH
Neiin ...
DOH
Wa... ...rum ...?
BAMM
WUTT

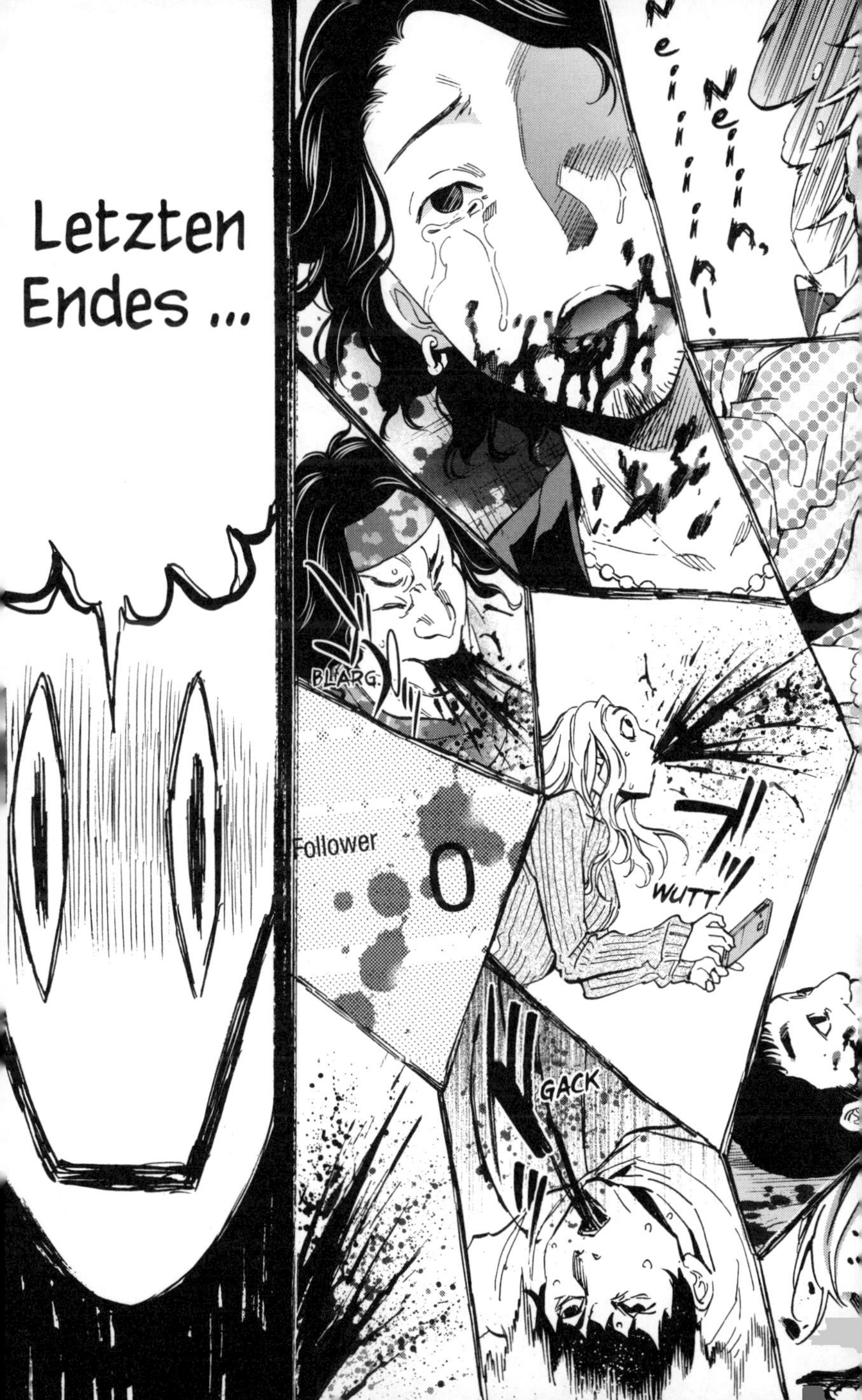
Neiiiiiin, Neiiiiiin!
Letzten Endes ...
BLARG
Follower
0
WUTT
GACK

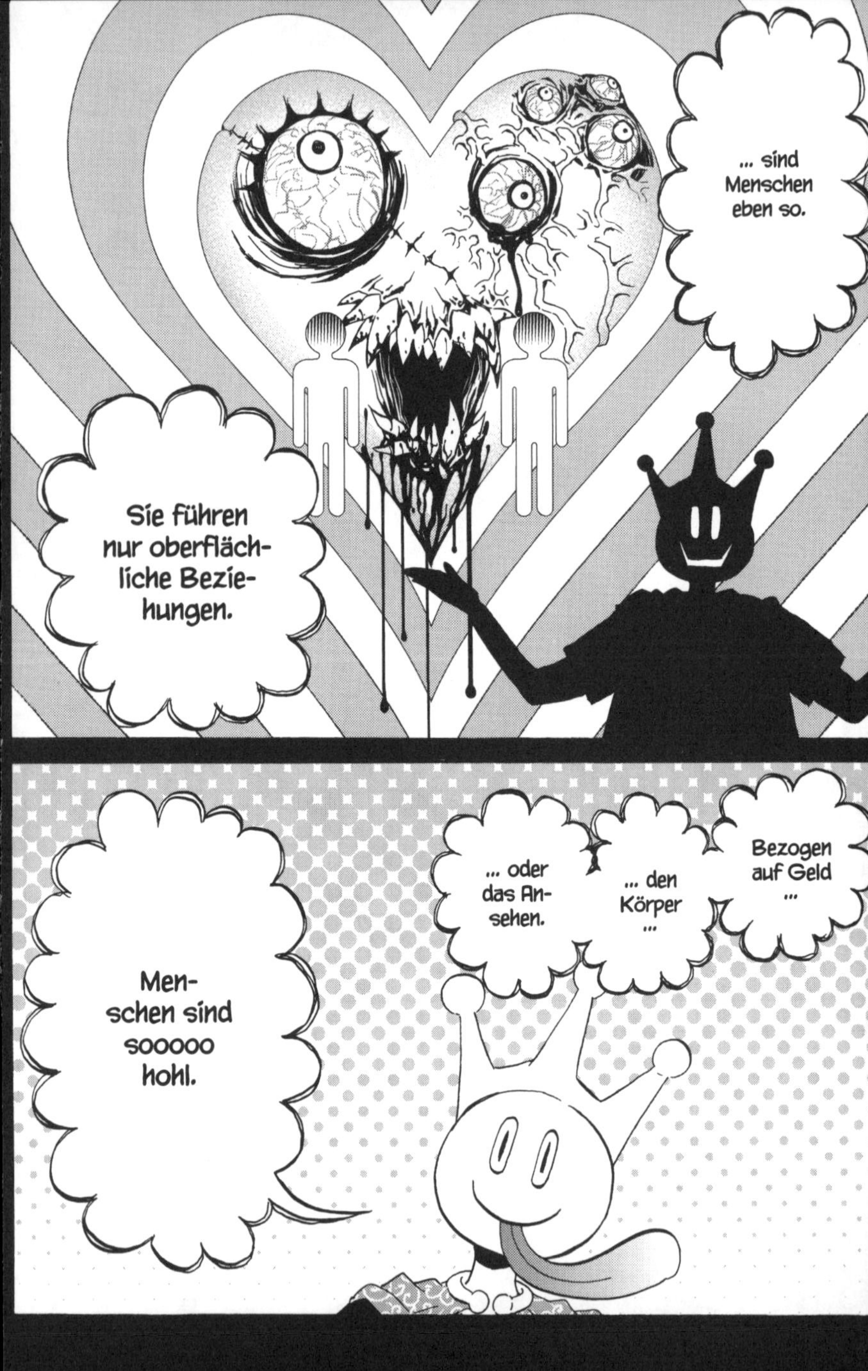
... sind Menschen eben so.
Sie führen nur oberfläch-liche Bezie-hungen.
Bezogen auf Geld ...
... den Körper ...
... oder das An-sehen.
Men-schen sind sooooo hohl.

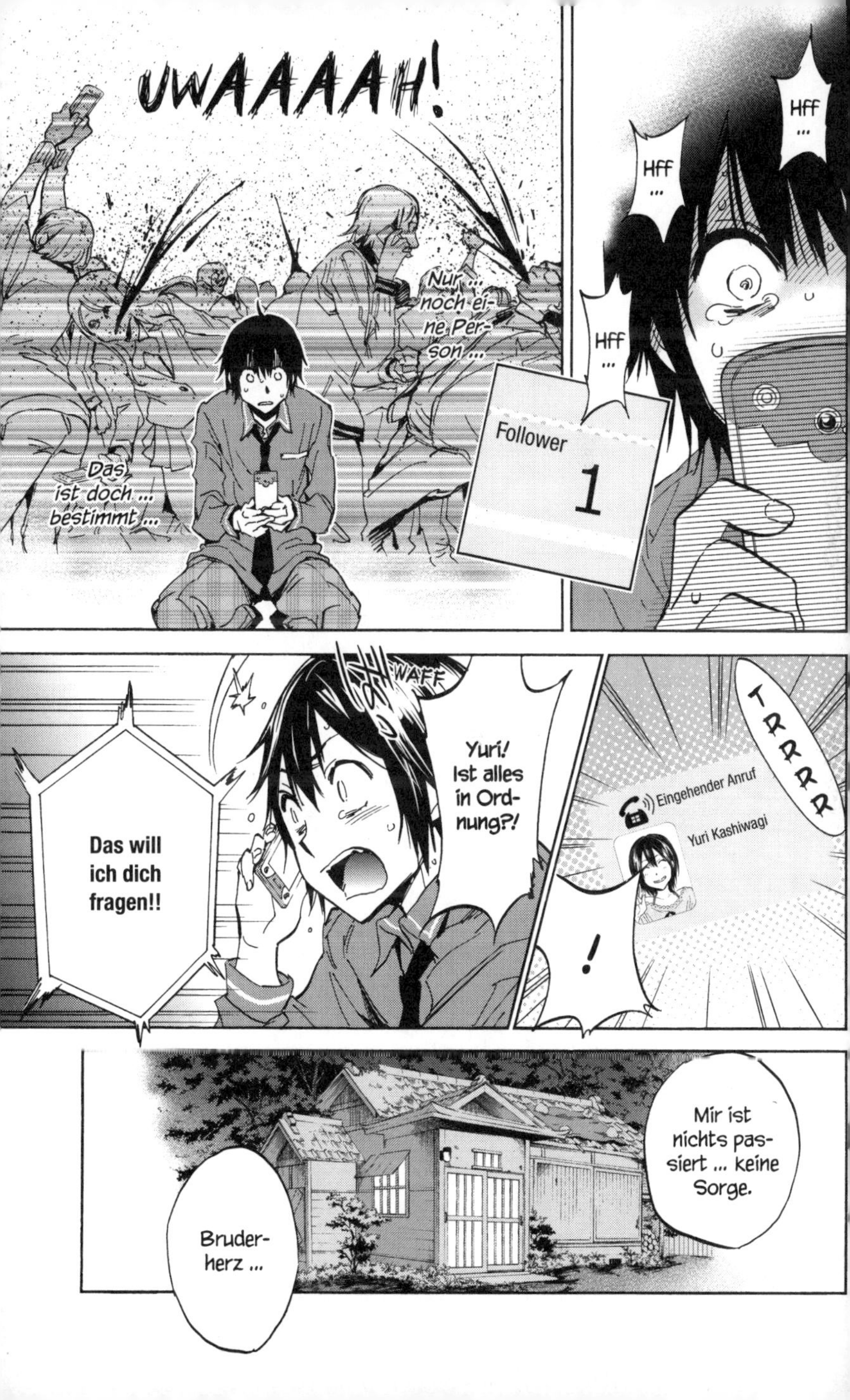

Hff ...

Hff ...

Hff ...

Follower 1

UWAAAAAH!

Nur ... noch eine Person ...

Das ist doch ... bestimmt ...

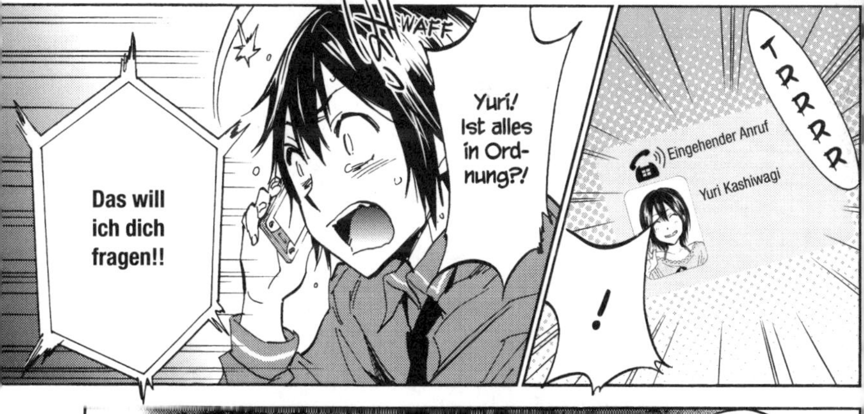

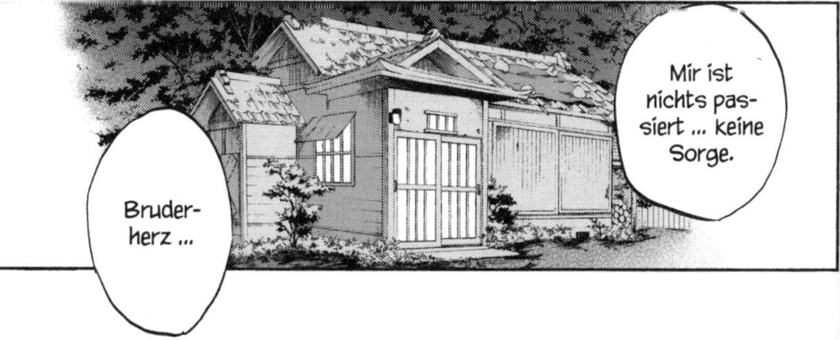

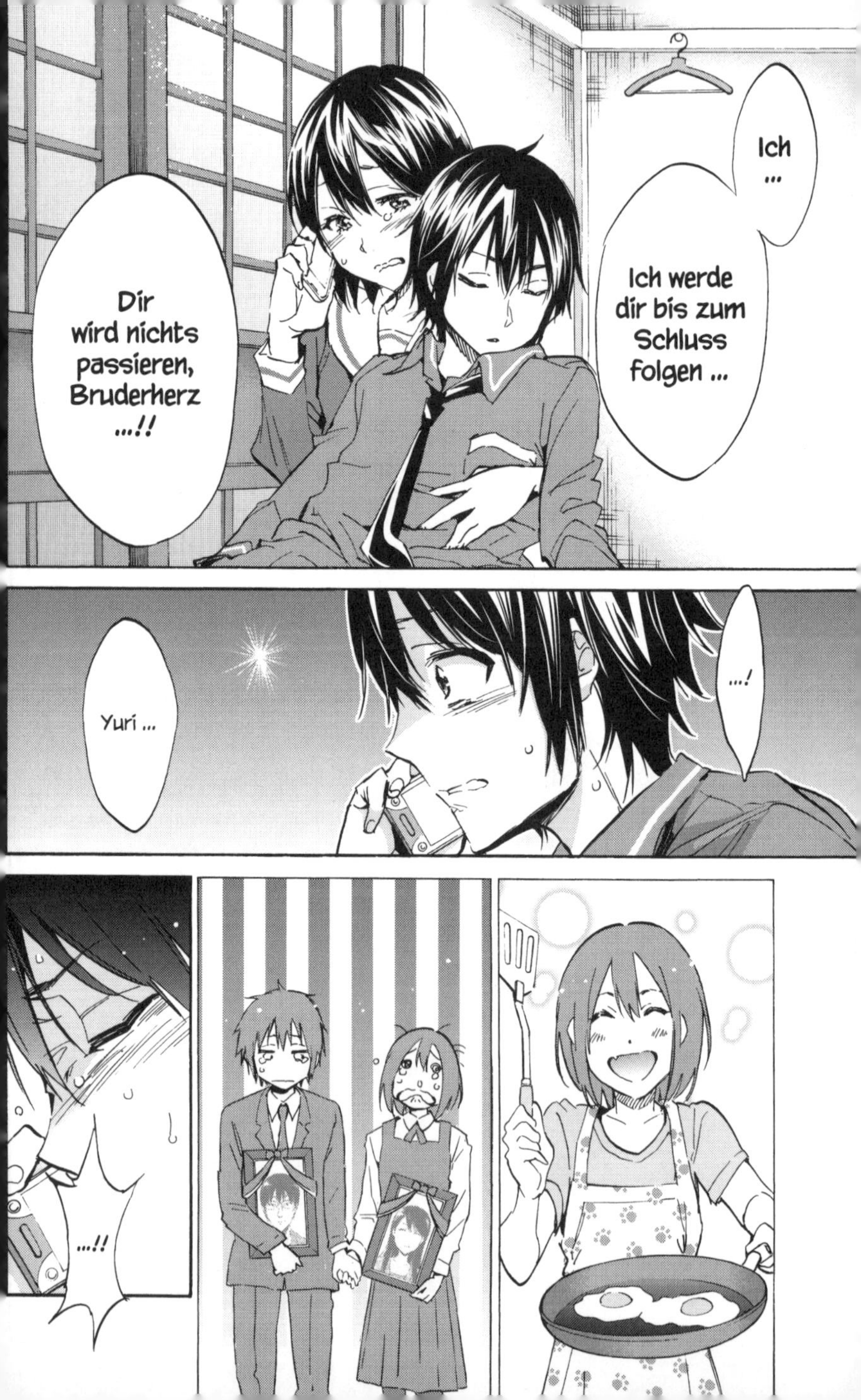

Ich ...
Ich werde dir bis zum Schluss folgen ...
Dir wird nichts passieren, Bruderherz ...!!

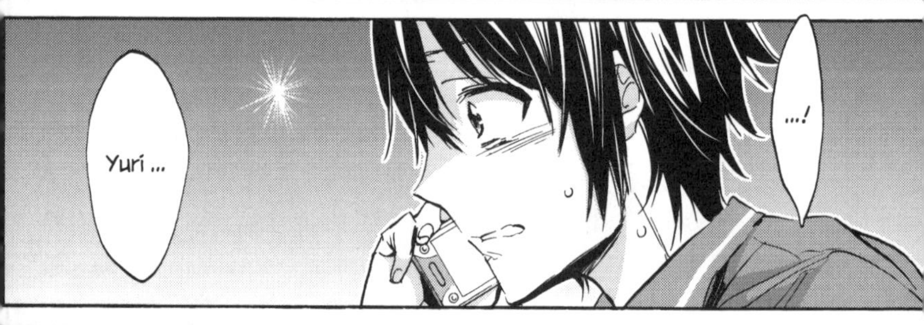

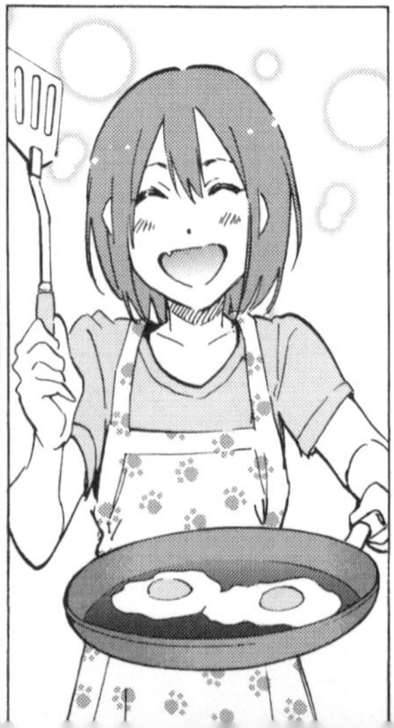

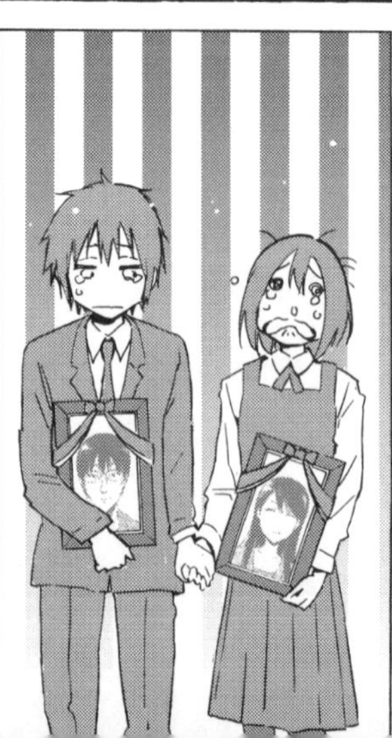

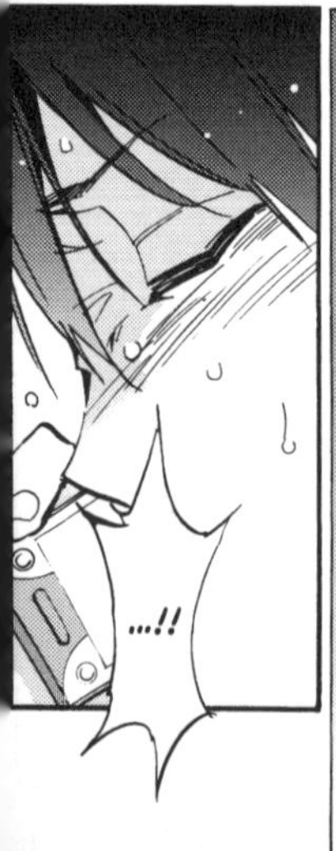

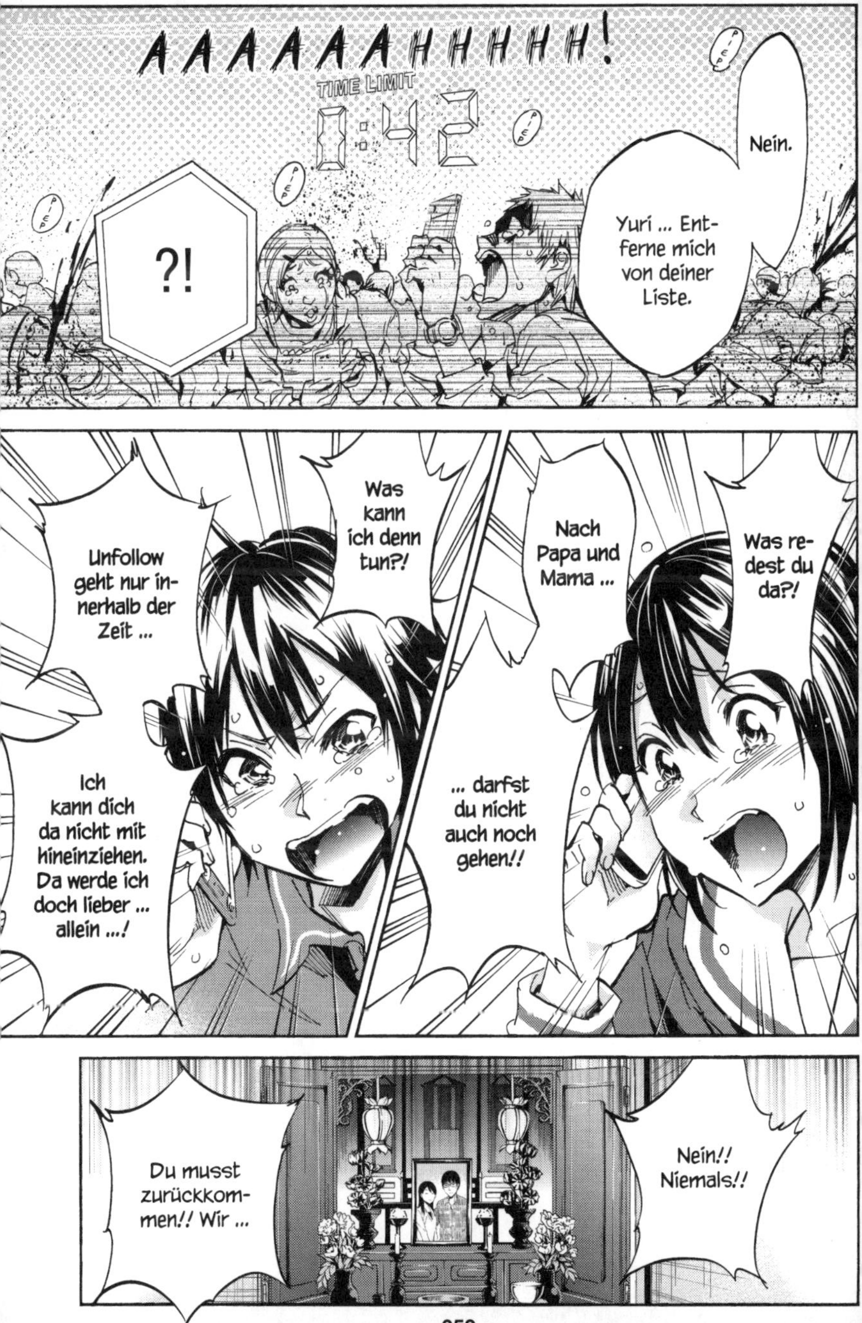

Nein.
Yuri ... Entferne mich von deiner Liste.
AAAAAAHHHHH!
PIEP PIEP
TIME LIMIT 0:42
PIEP
PIEP
?!

Was redest du da?!
Nach Papa und Mama ...
... darfst du nicht auch noch gehen!!
Was kann ich denn tun?!
Unfollow geht nur innerhalb der Zeit ...
Ich kann dich da nicht mit hineinziehen. Da werde ich doch lieber ... allein ...!

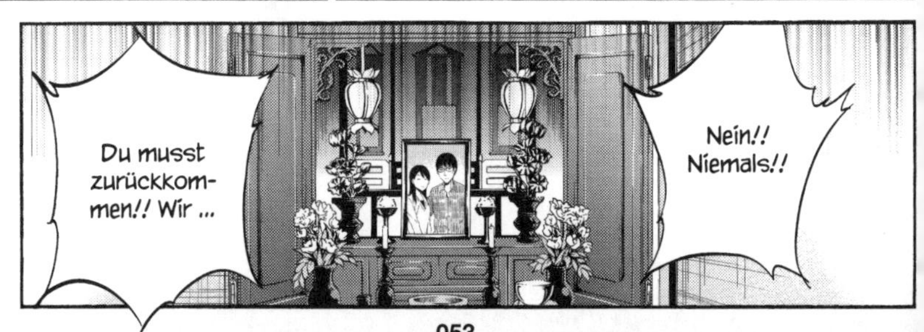

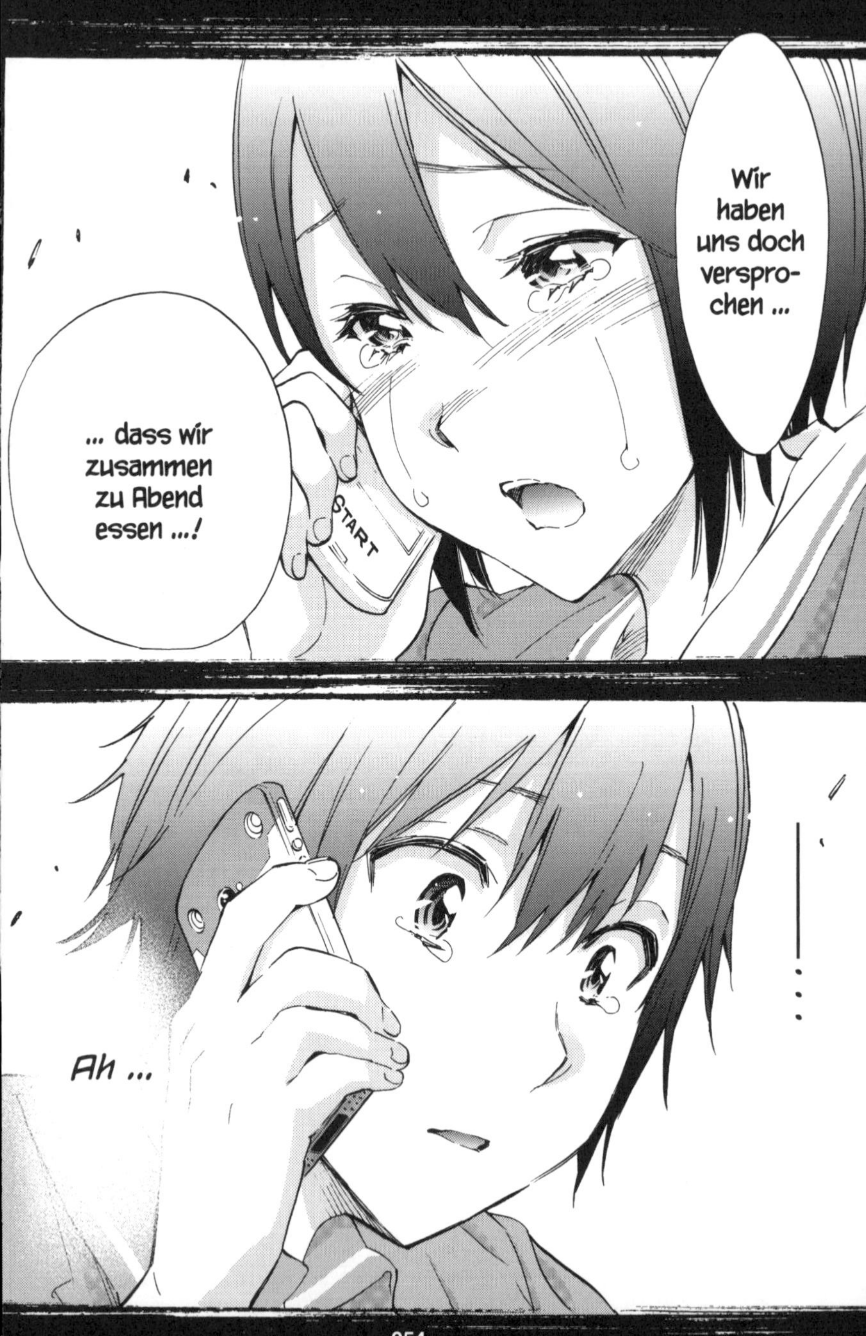
Wir haben uns doch verspro-chen ...
... dass wir zusammen zu Abend essen ...!
START
——...
Ah ...

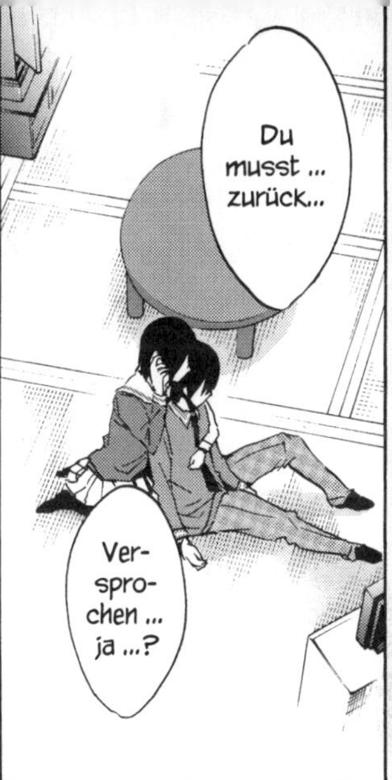
Du musst ... zurück...
Ver-sprochen ... ja ...?

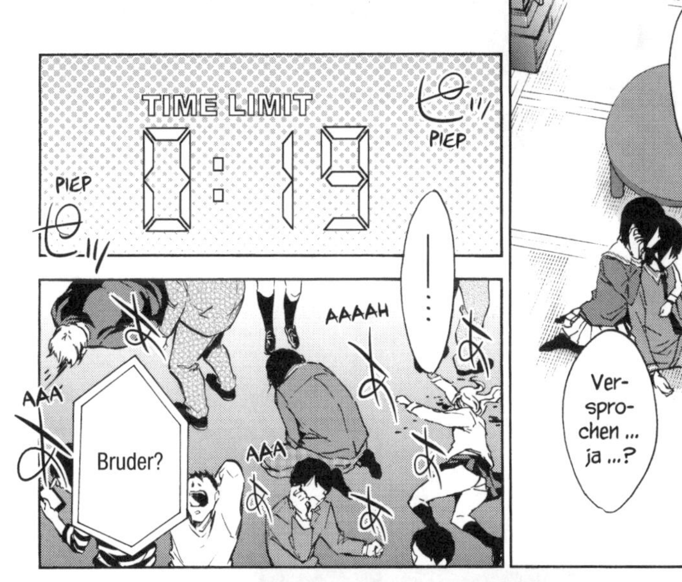
TIME LIMIT
0:19
PIEP
PIEP
!...
AAAAH
AAA
AAA
Bruder?

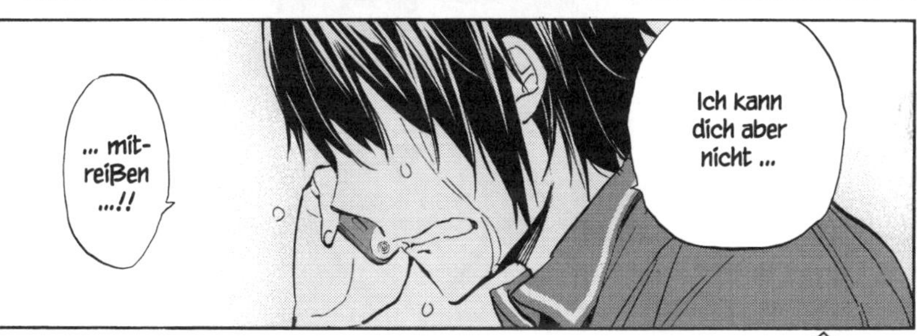
Ich kann dich aber nicht ...
... mit-reißen ...!!

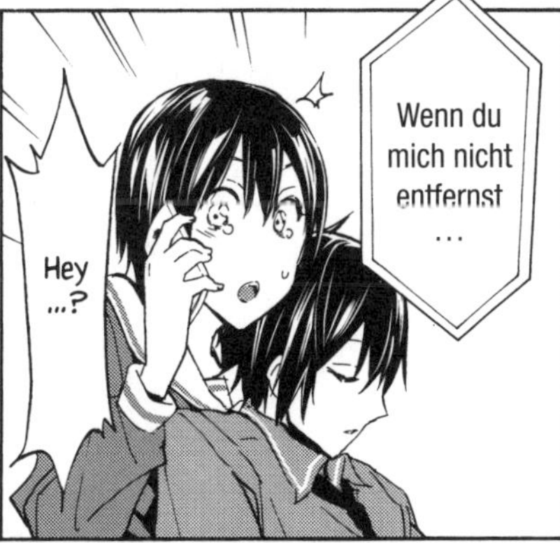
Wenn du mich nicht entfernst …
Hey ...?

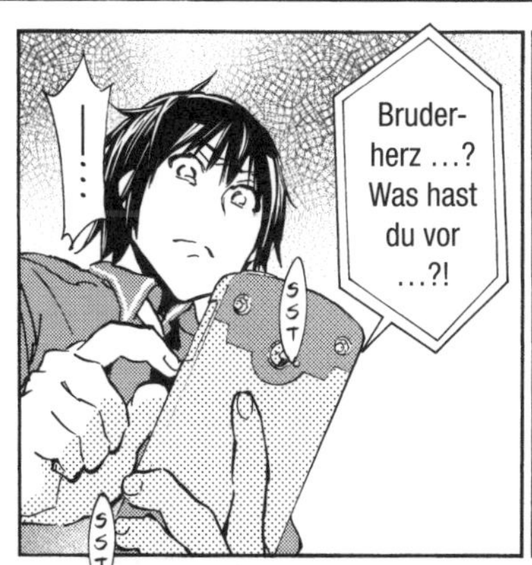
!...
Bruder-herz …? Was hast du vor …?!
SST
SST

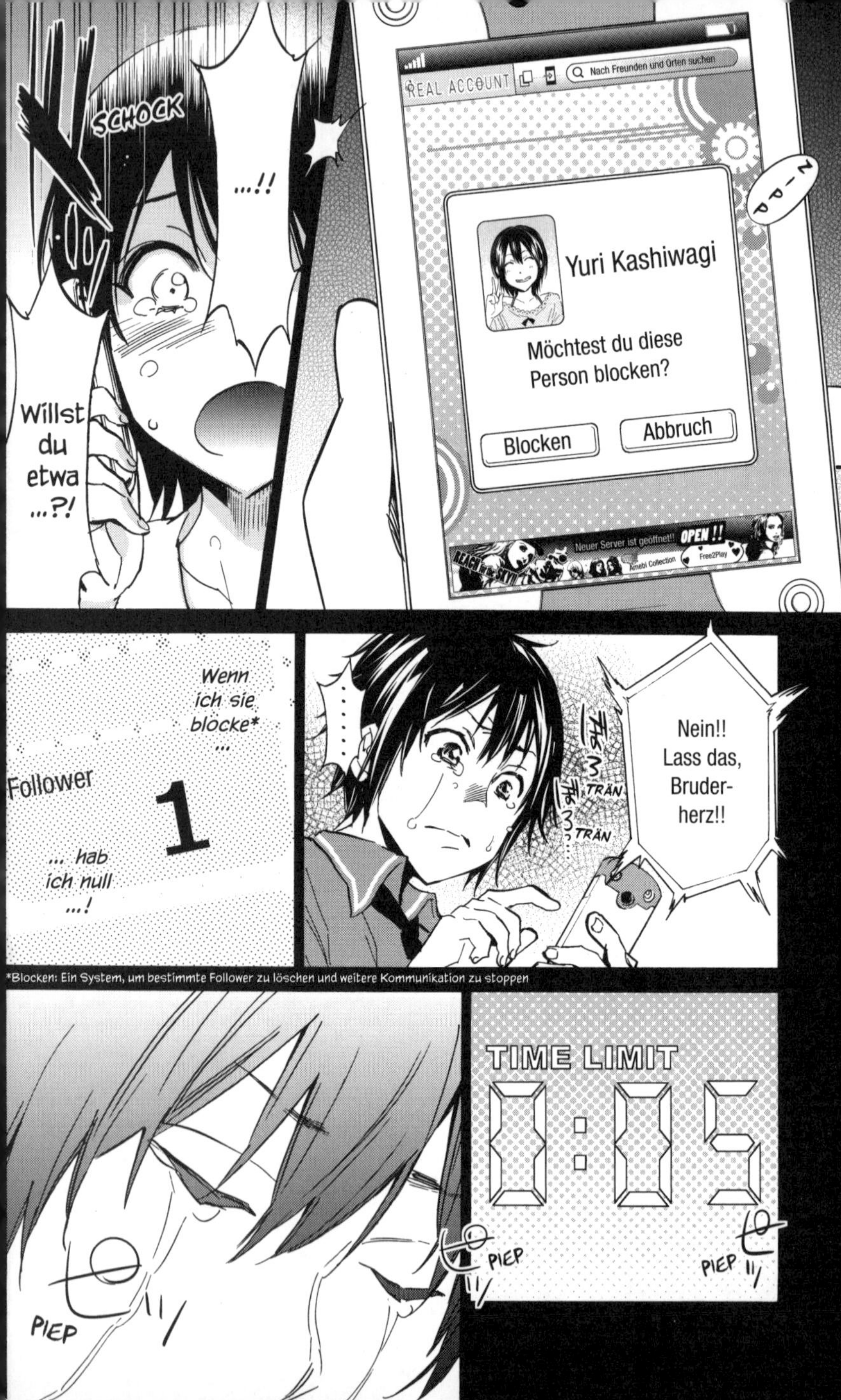

*Blocken: Ein System, um bestimmte Follower zu löschen und weitere Kommunikation zu stoppen

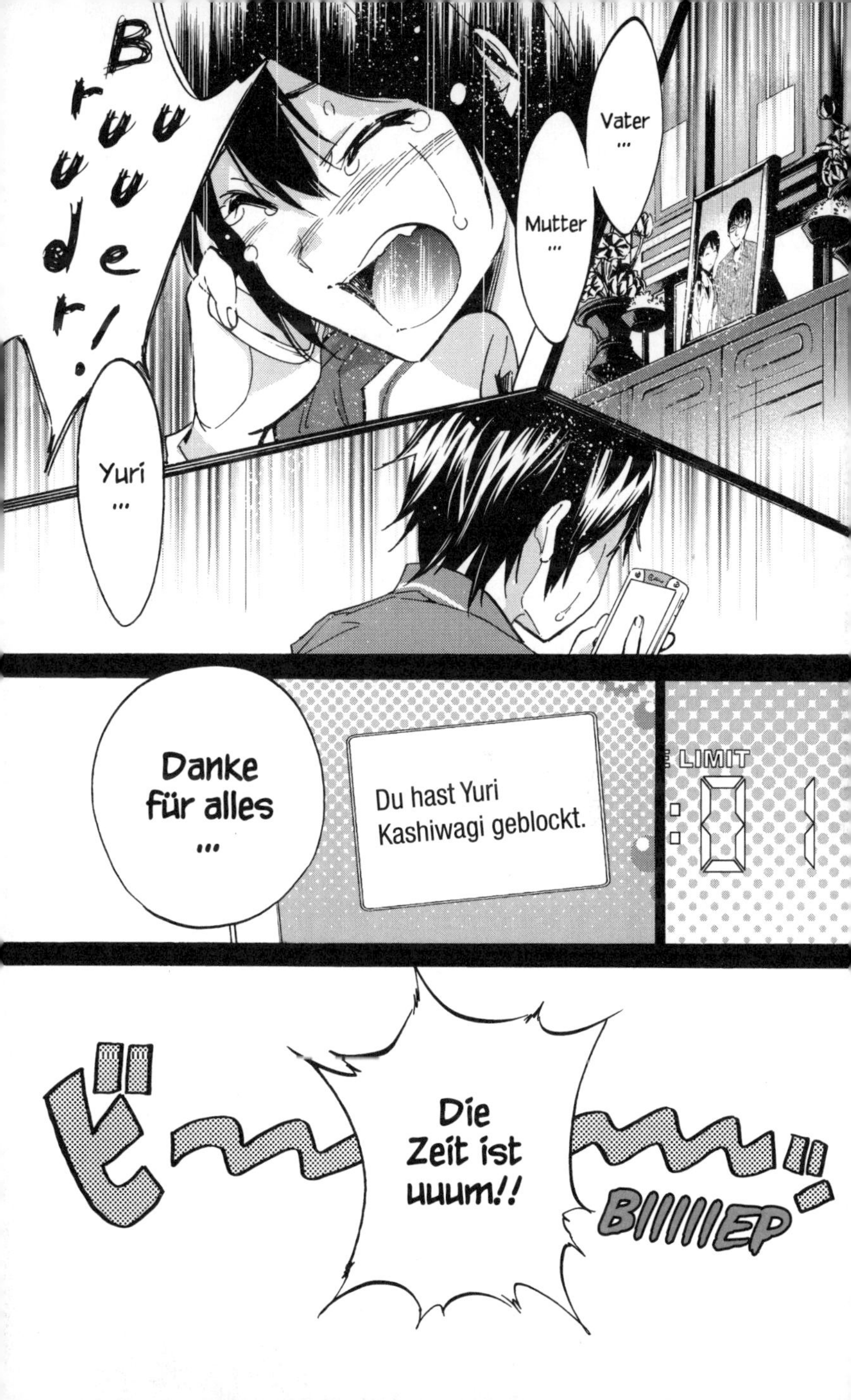
Vater ...
Mutter ...
Bruuuuder!
Yuri ...
LIMIT
Du hast Yuri Kashiwagi geblockt.
Danke für alles ...
Die Zeit ist uuum!!
BIIIIEP

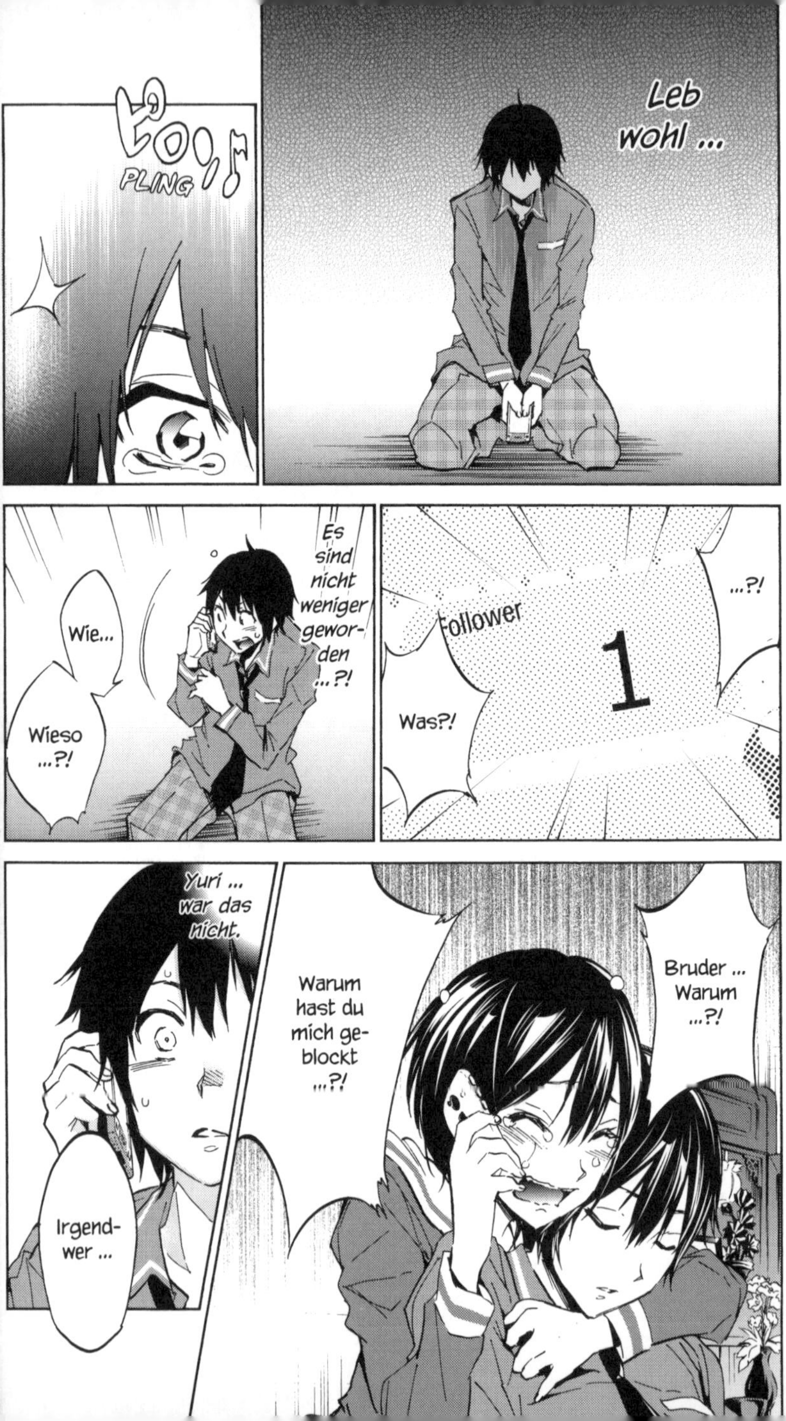

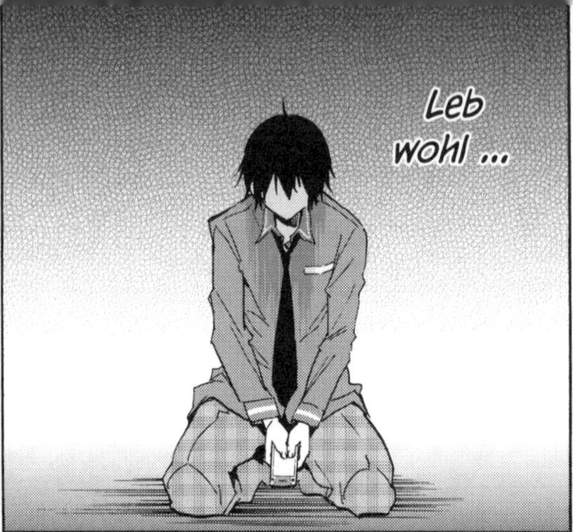

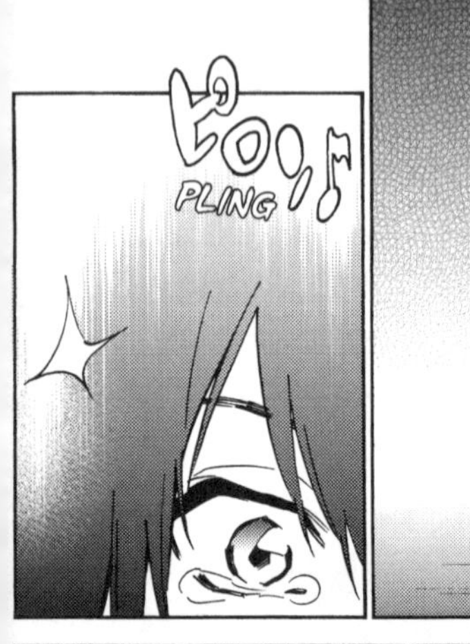

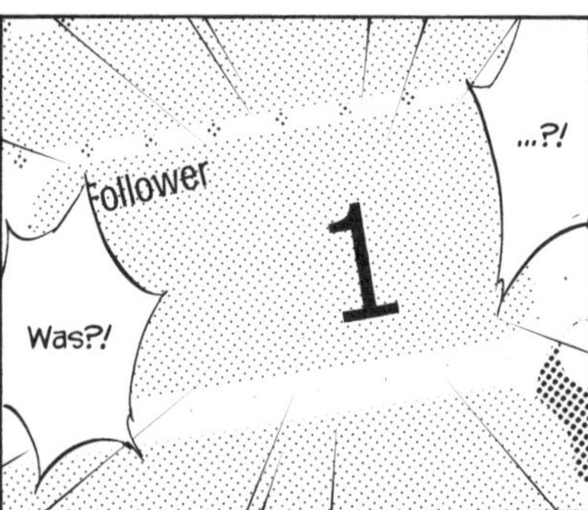

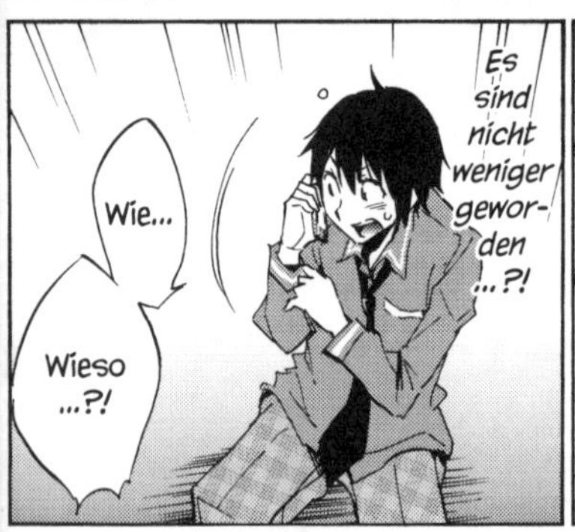

Bruder ... Warum ...?!

Warum hast du mich geblockt ...?!

Yuri ... war das nicht.

Irgendwer ...

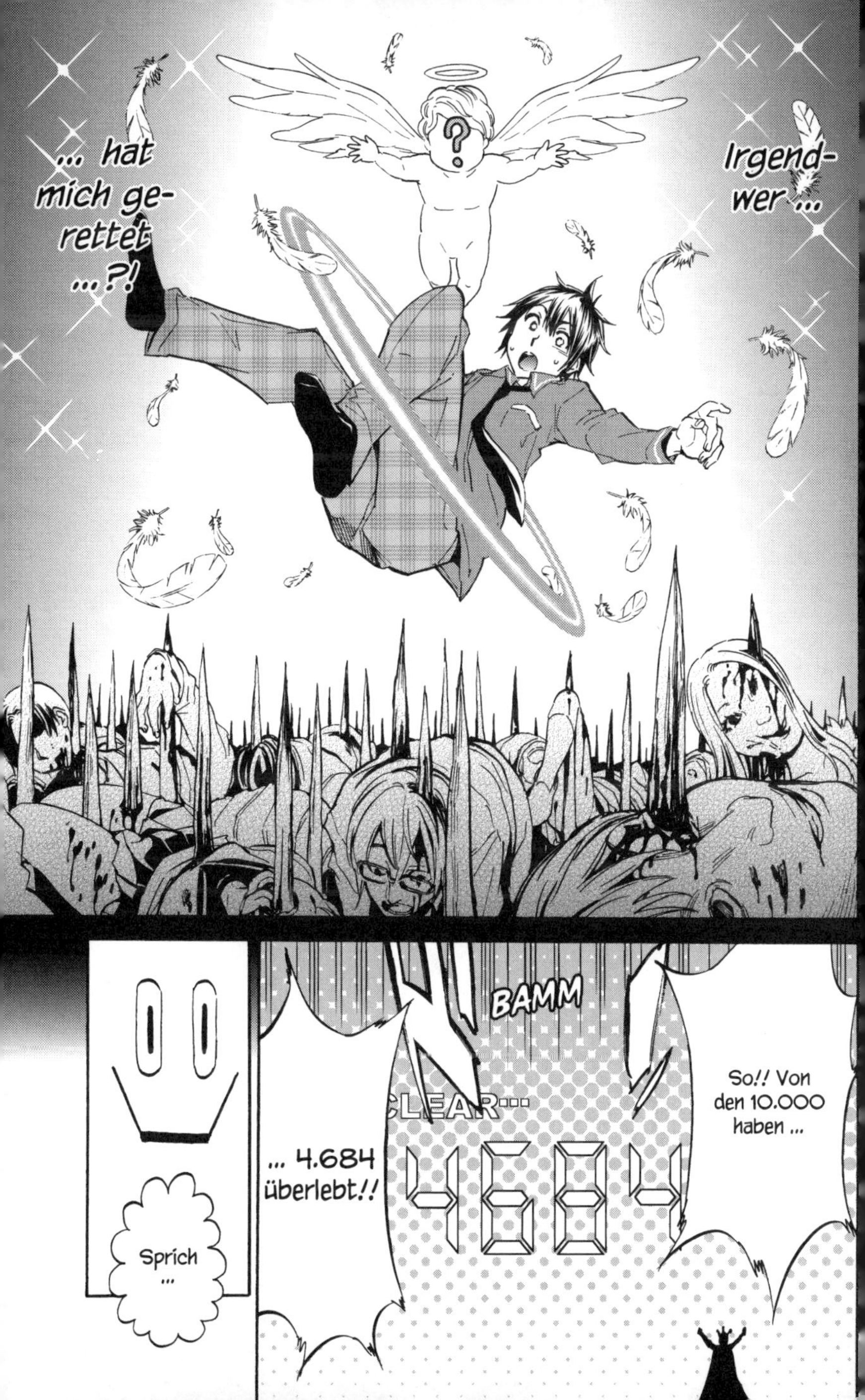
Irgend-
wer ...
... hat
mich ge-
rettet
...?!
BAMM
So!! Von
den 10.000
haben ...
CLEAR...
4684
... 4.684
überlebt!!
Sprich
...

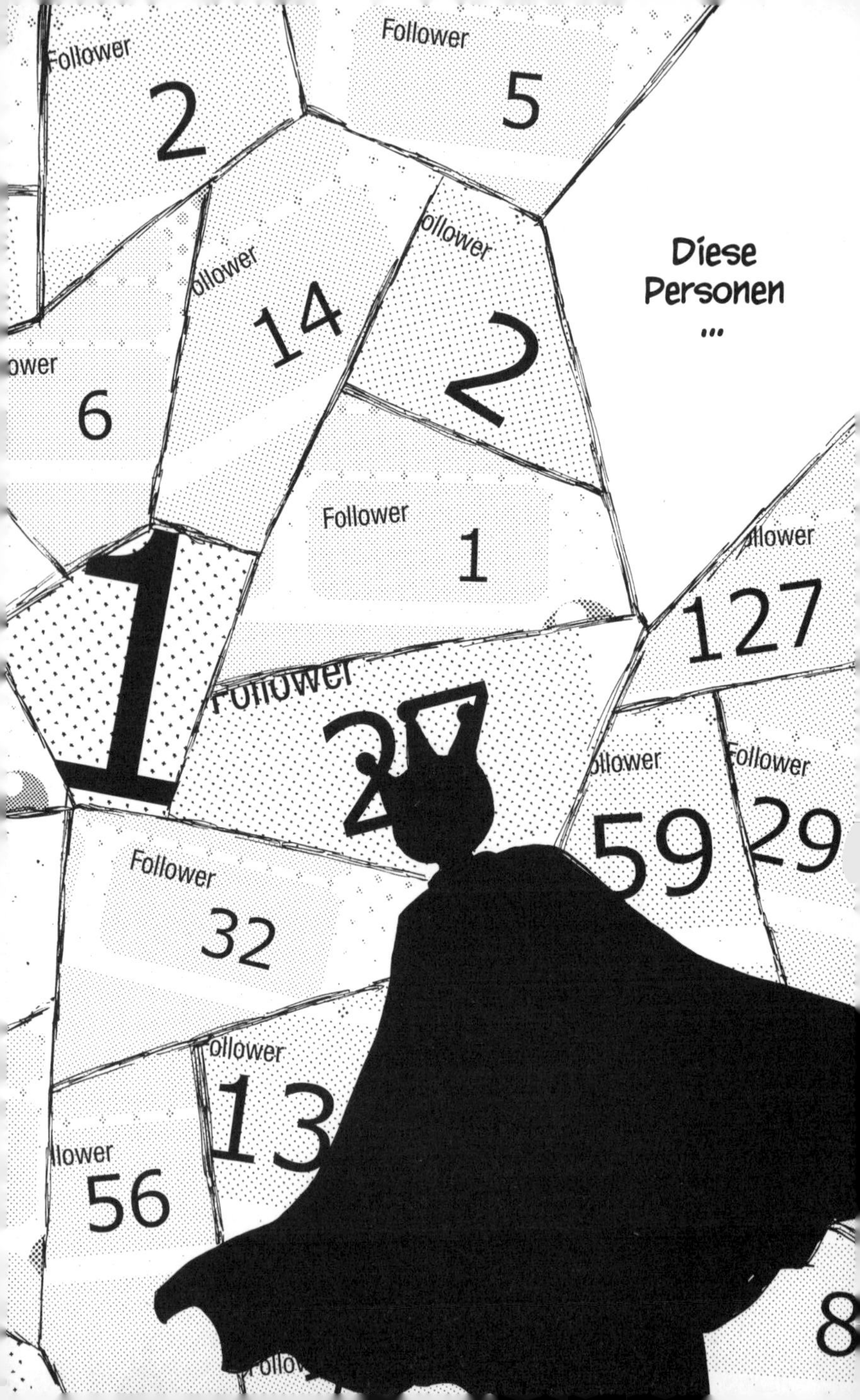

Diese Personen
...

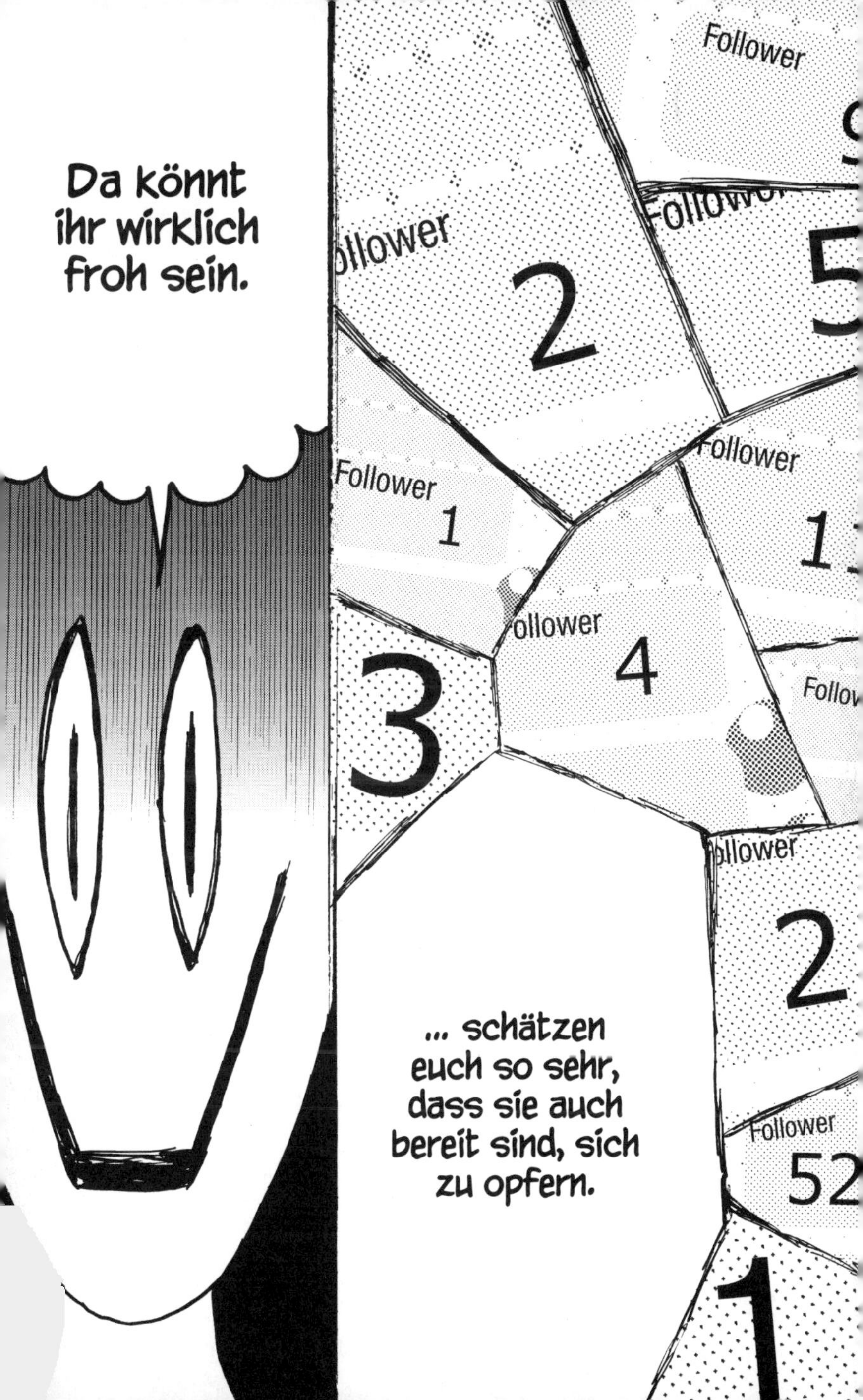
... schätzen euch so sehr, dass sie auch bereit sind, sich zu opfern.
Da könnt ihr wirklich froh sein.

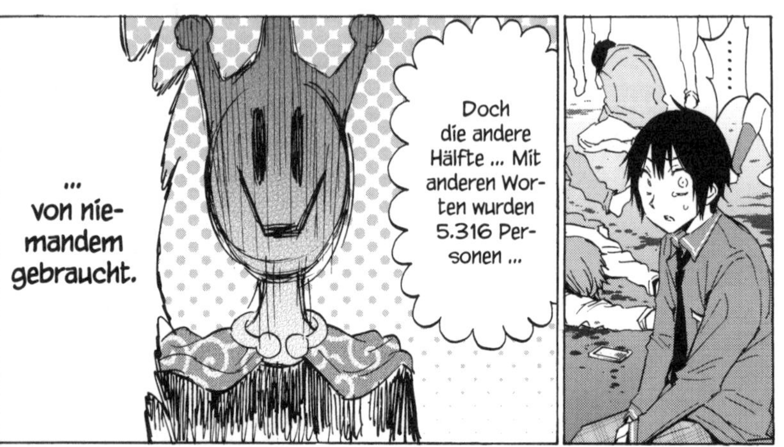

Doch die andere Hälfte ... Mit anderen Worten wurden 5.316 Personen ...
... von niemandem gebraucht.

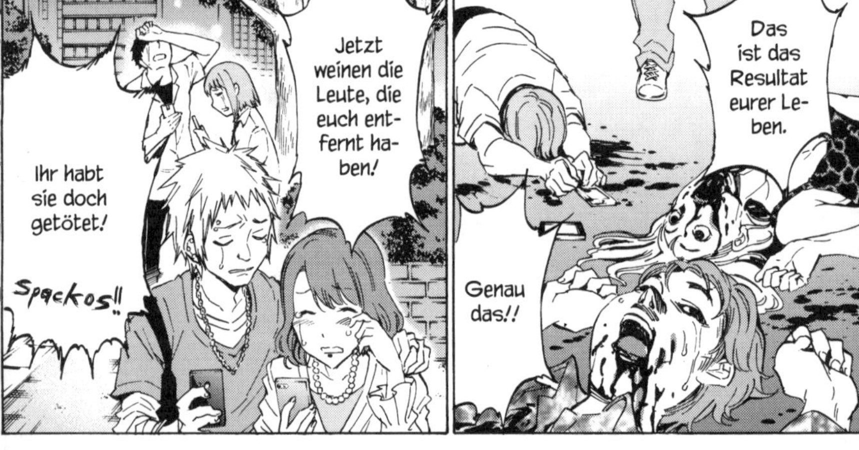

Das ist das Resultat eurer Leben.
Genau das!!
Jetzt weinen die Leute, die euch entfernt haben!
Ihr habt sie doch getötet!
Spackos!!

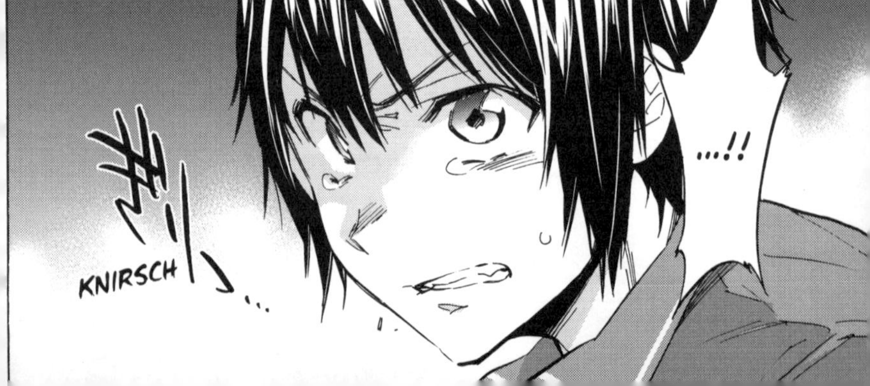

...!!
KNIRSCH

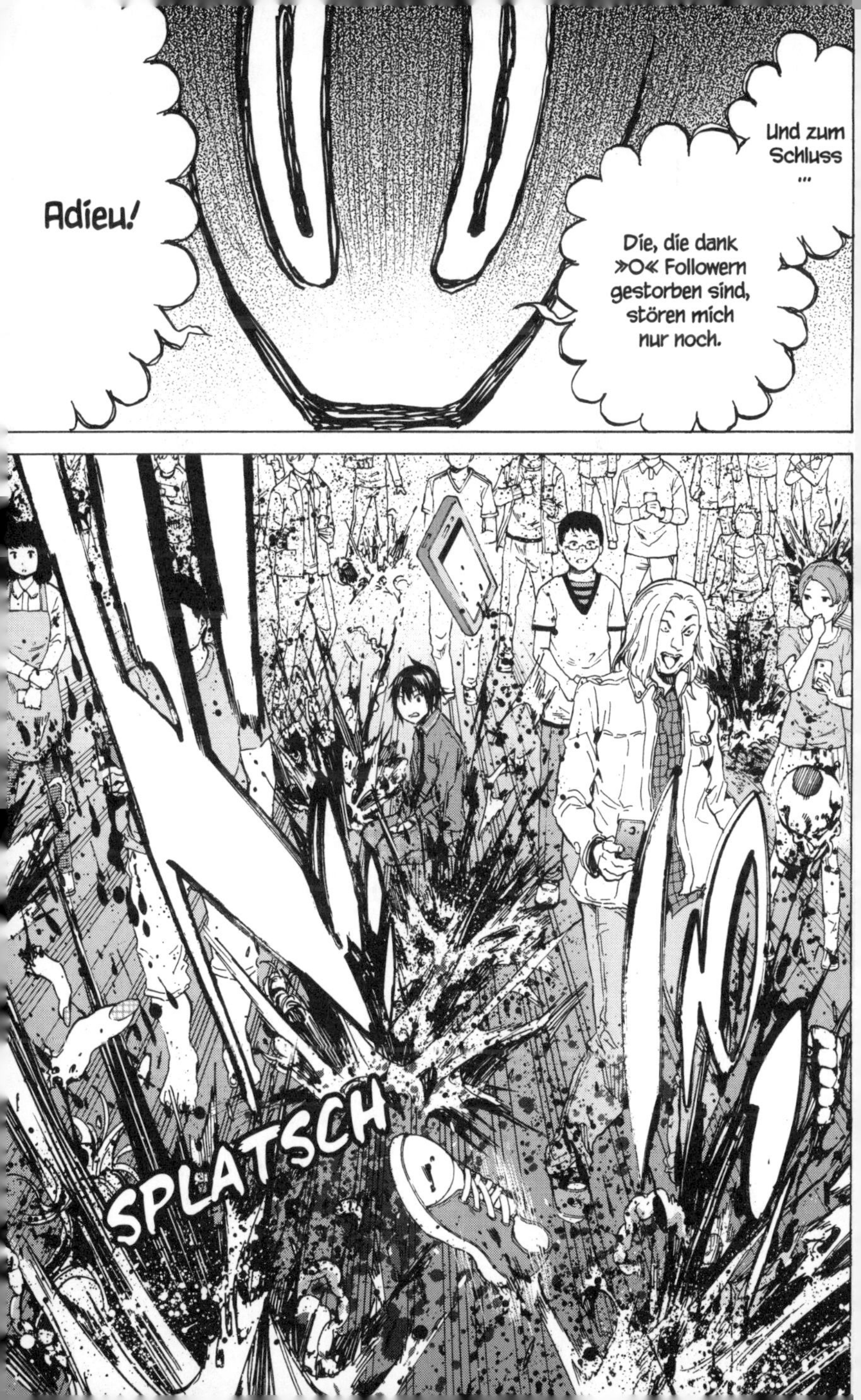

Und zum Schluss ...

Die, die dank »0« Followern gestorben sind, stören mich nur noch.

Adieu!

SPLATSCH

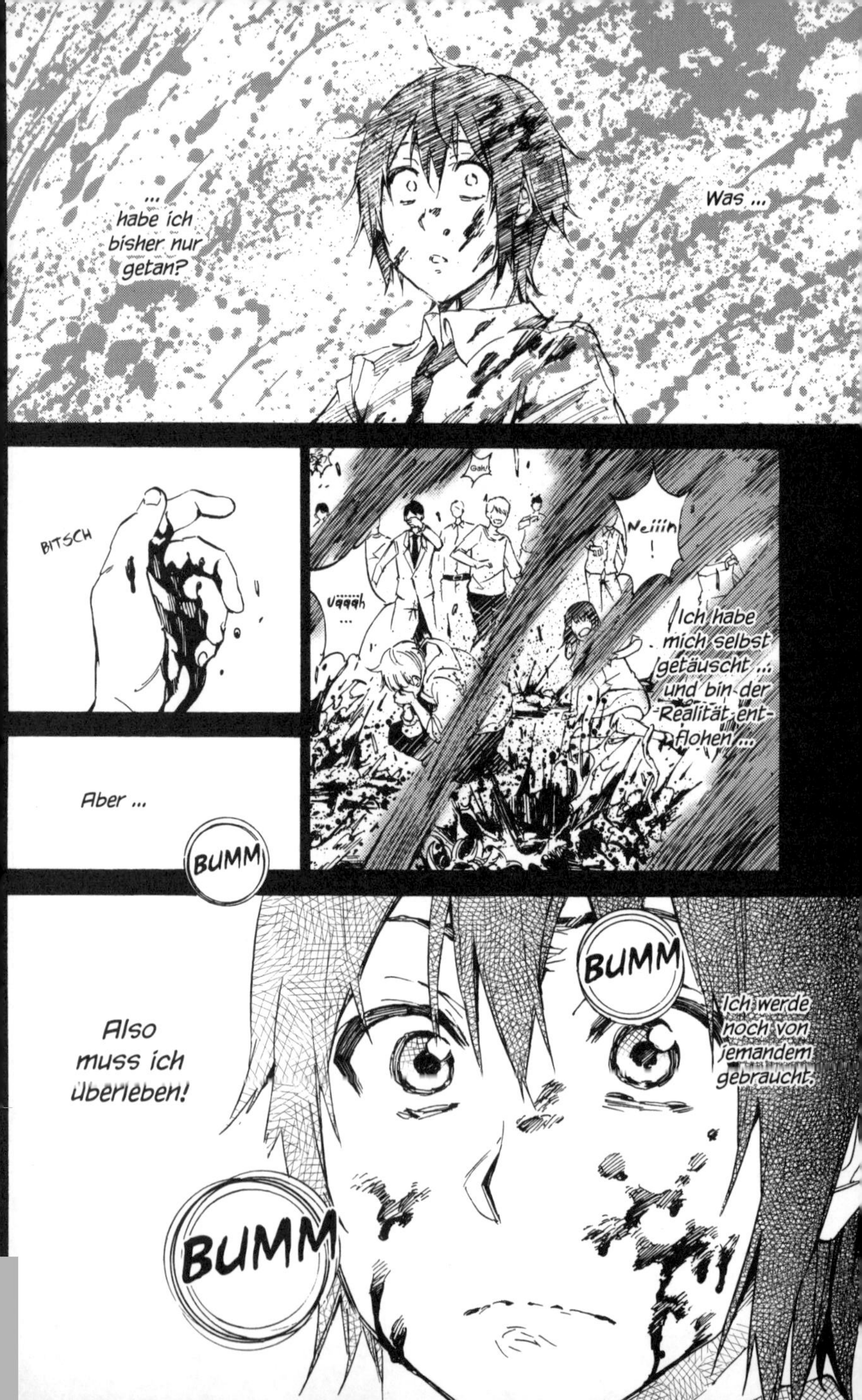

Was ...
... habe ich bisher nur getan?
BITSCH
Gah!
Neiiin!
Uaaah ...
Ich habe mich selbst getäuscht ... und bin der Realität entflohen ...
Aber ...
BUMM
BUMM
Ich werde noch von jemandem gebraucht.
Also muss ich überleben!
BUMM

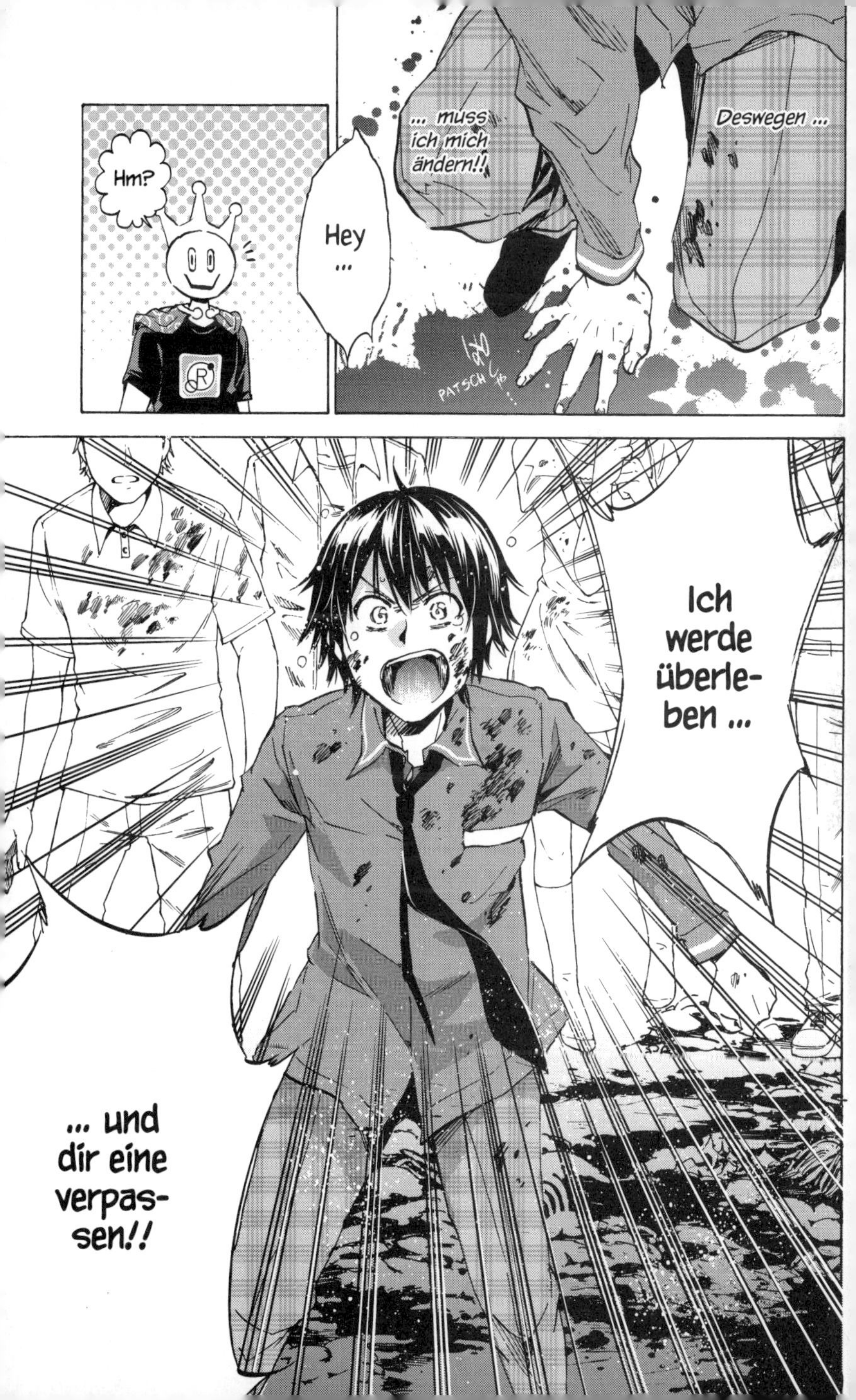

Deswegen ...

... muss ich mich ändern!!

Hey ...

PATSCH

Hm?

Ich werde überleben ...

... und dir eine verpassen!!

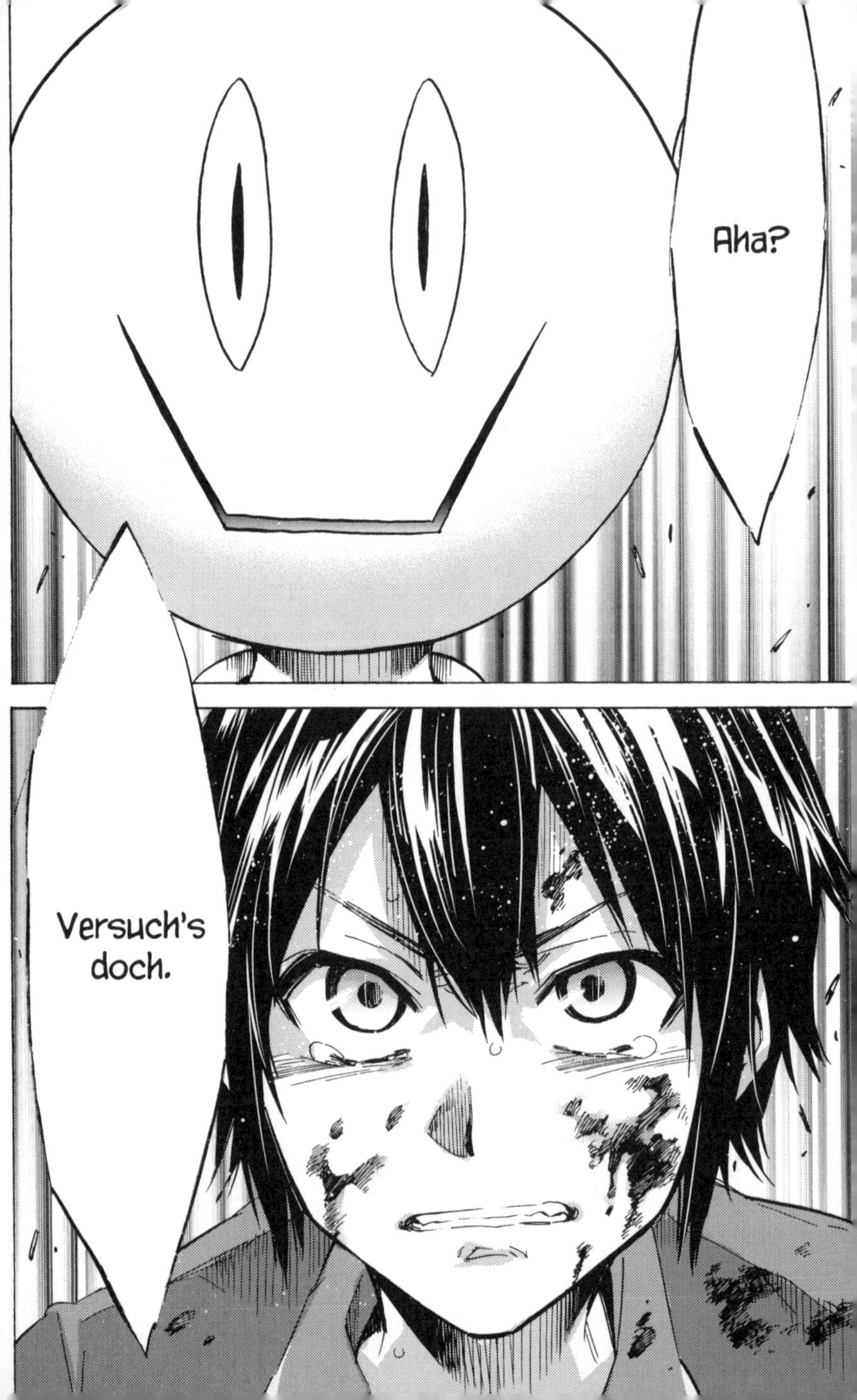
Aha?
Versuch's doch.

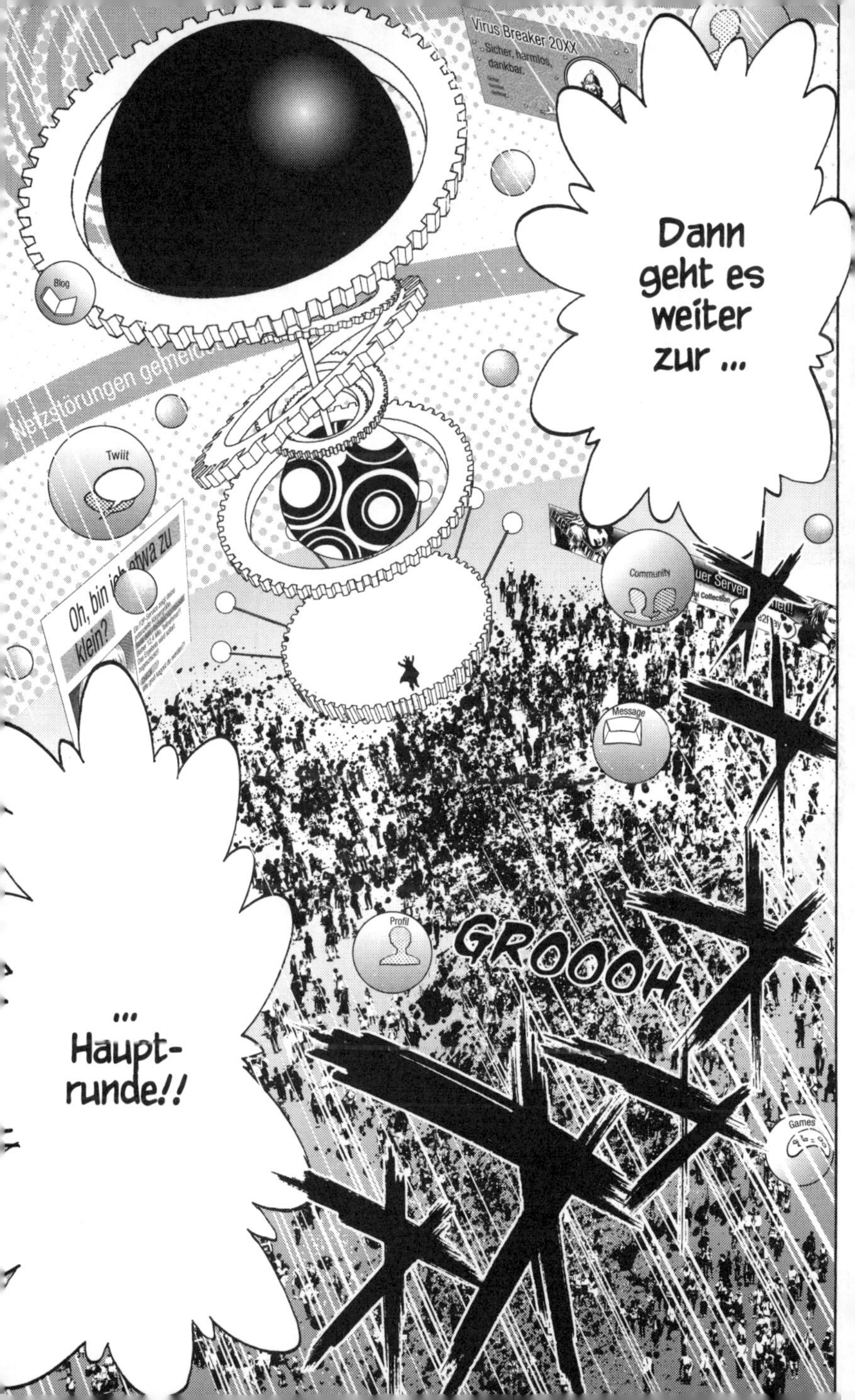

Virus Breaker 20XX
Sicher, harmlos, dankbar.
Dann geht es weiter zur ...
Blog
Twiit
Community
Message
Profil
Games
GROOOH
... Haupt-runde!!

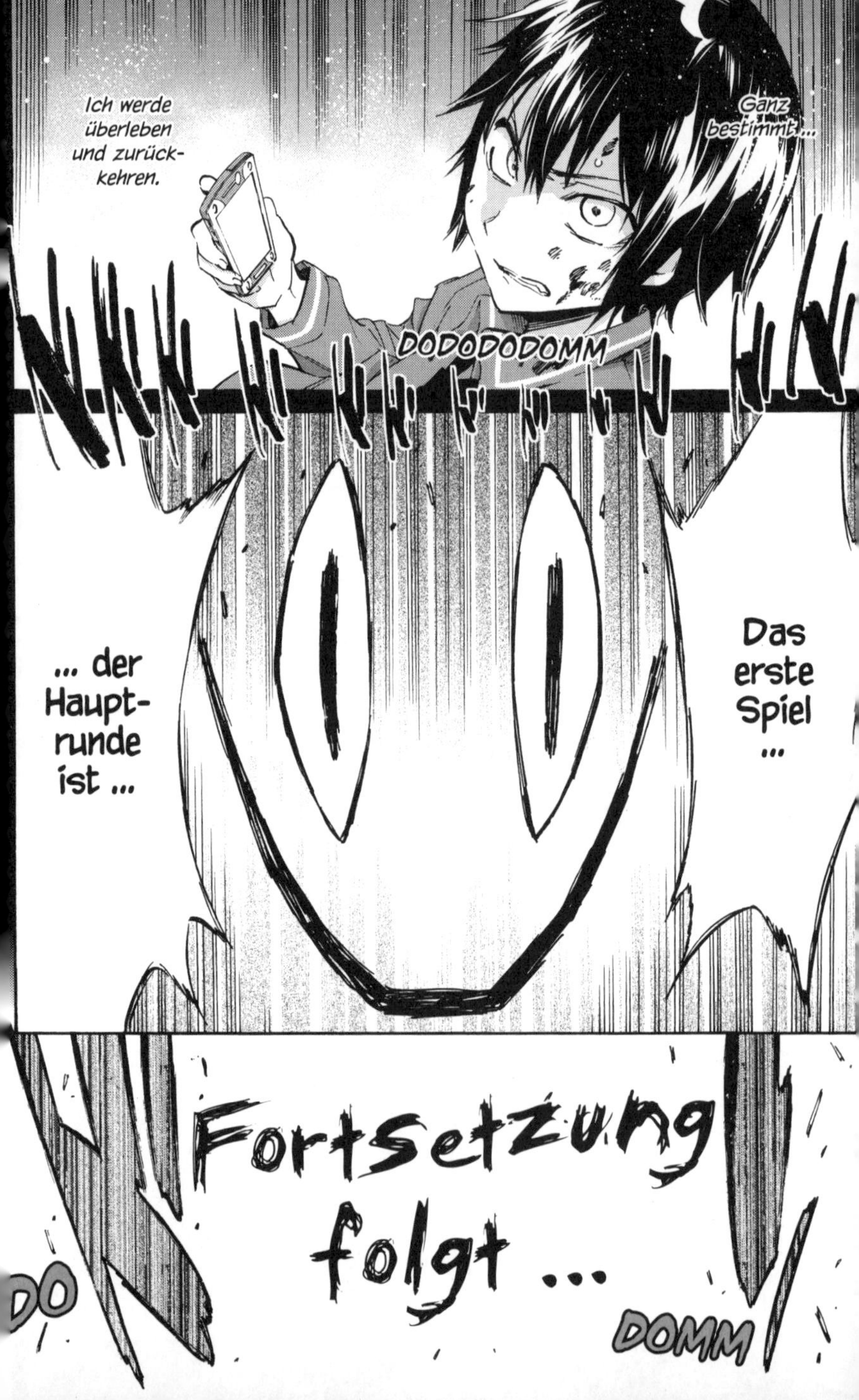
Ganz bestimmt ...
Ich werde überleben und zurückkehren.
DODODODODOMM
Das erste Spiel ...
... der Hauptrunde ist ...
Fortsetzung folgt ...
DOMM
DO

Kapitel 2: No Answer

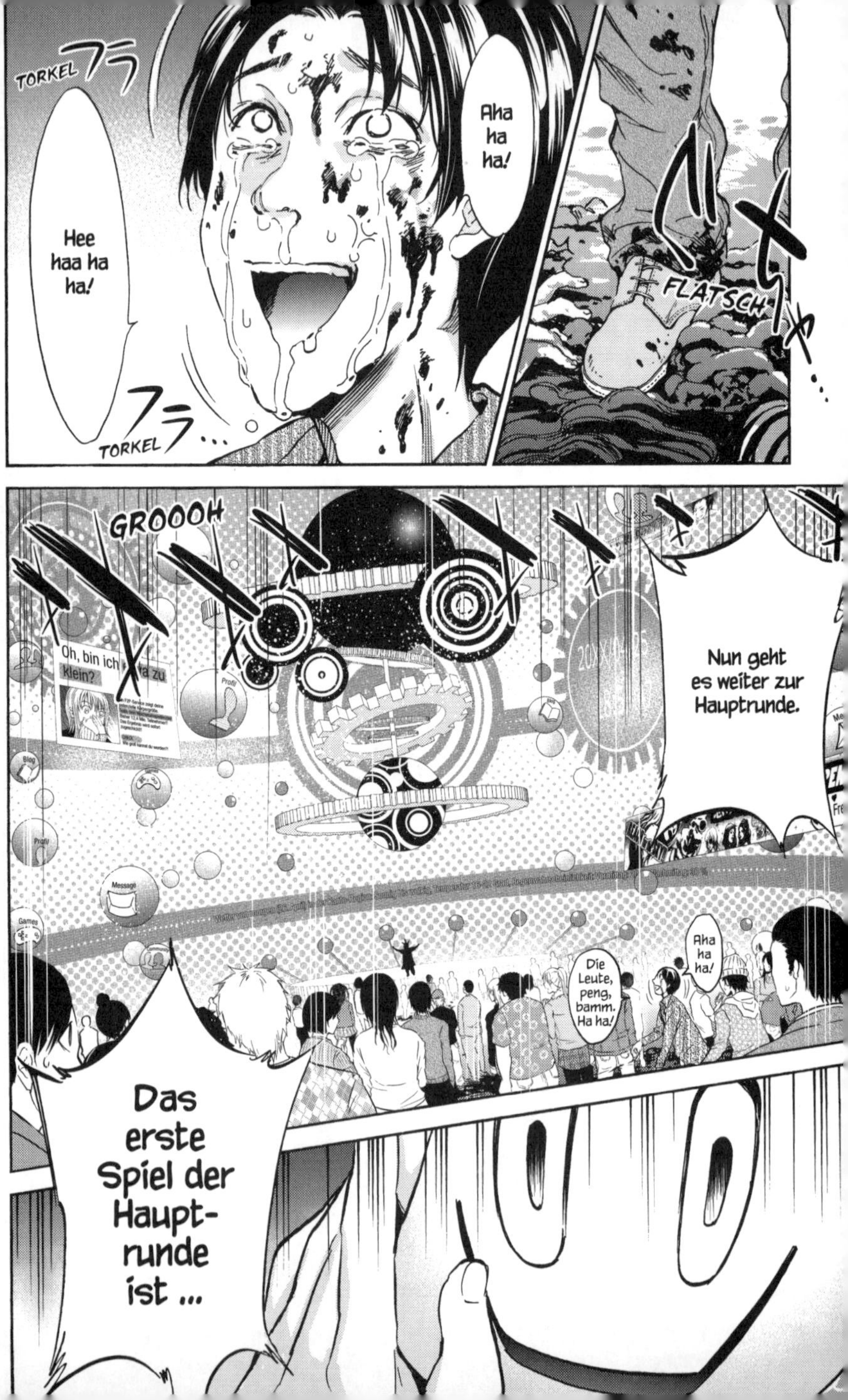

FLATSCH

TORKEL

Aha ha ha!

Hee haa ha ha!

TORKEL ...

GROOOH

Nun geht es weiter zur Hauptrunde.

Aha ha ha!

Die Leute, peng, bamm. Ha ha!

Das erste Spiel der Hauptrunde ist ...

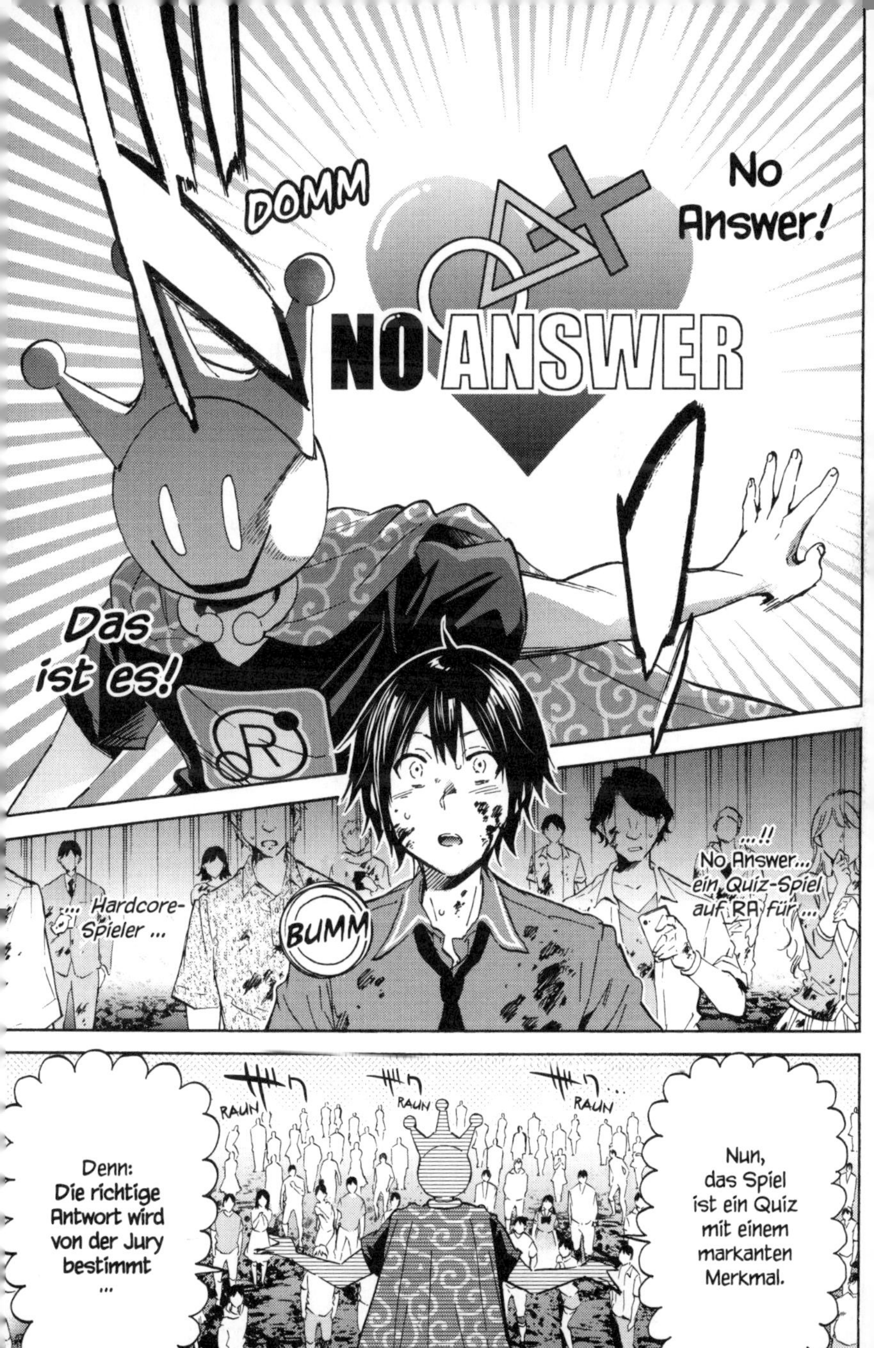

No Answer!
DOMM
NO ANSWER
Das ist es!
...!! No Answer... ein Quiz-Spiel auf RA für ...
BUMM
... Hardcore-Spieler ...
RAUN
RAUN
RAUN
Nun, das Spiel ist ein Quiz mit einem markanten Merkmal.
Denn: Die richtige Antwort wird von der Jury bestimmt ...

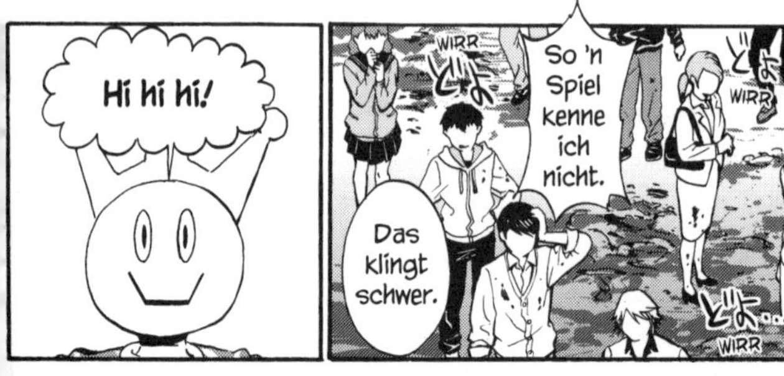
Häh? Was heißt das ...?!
WIRR
So 'n Spiel kenne ich nicht.
WIRR
Das klingt schwer.
WIRR
Hi hi hi!

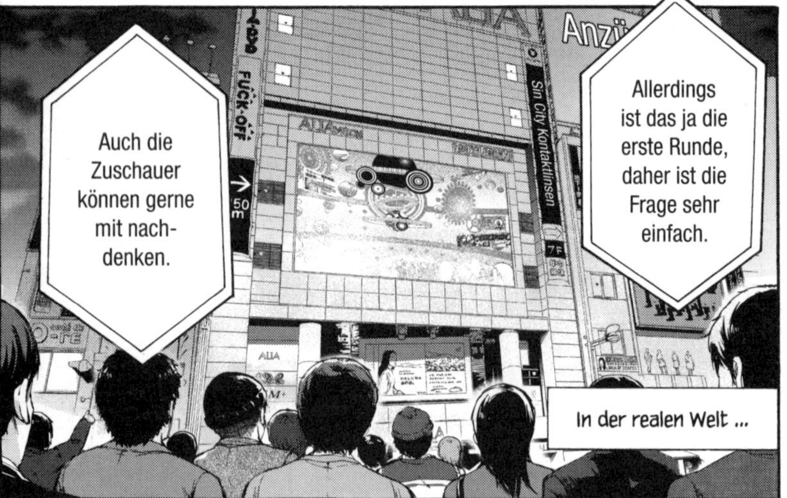
Anzü
Allerdings ist das ja die erste Runde, daher ist die Frage sehr einfach.
Sin City Kontaktlinsen
FUCK OFF
Auch die Zuschauer können gerne mit nachdenken.
In der realen Welt ...

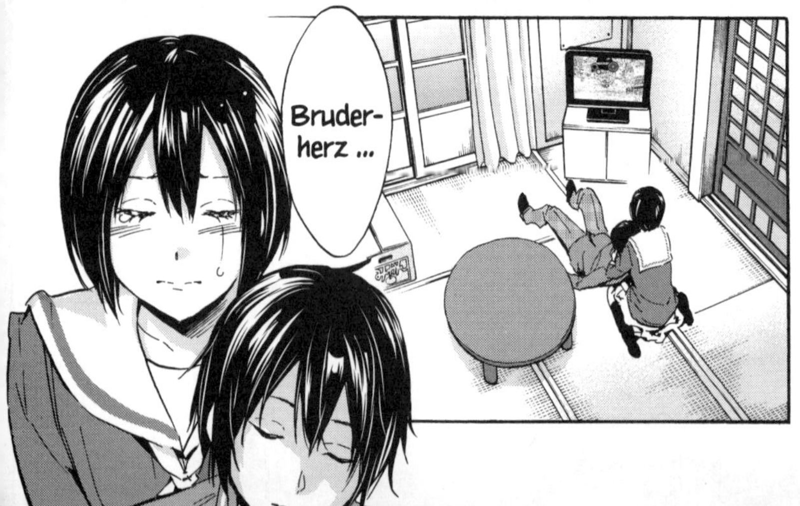
Bruderherz ...

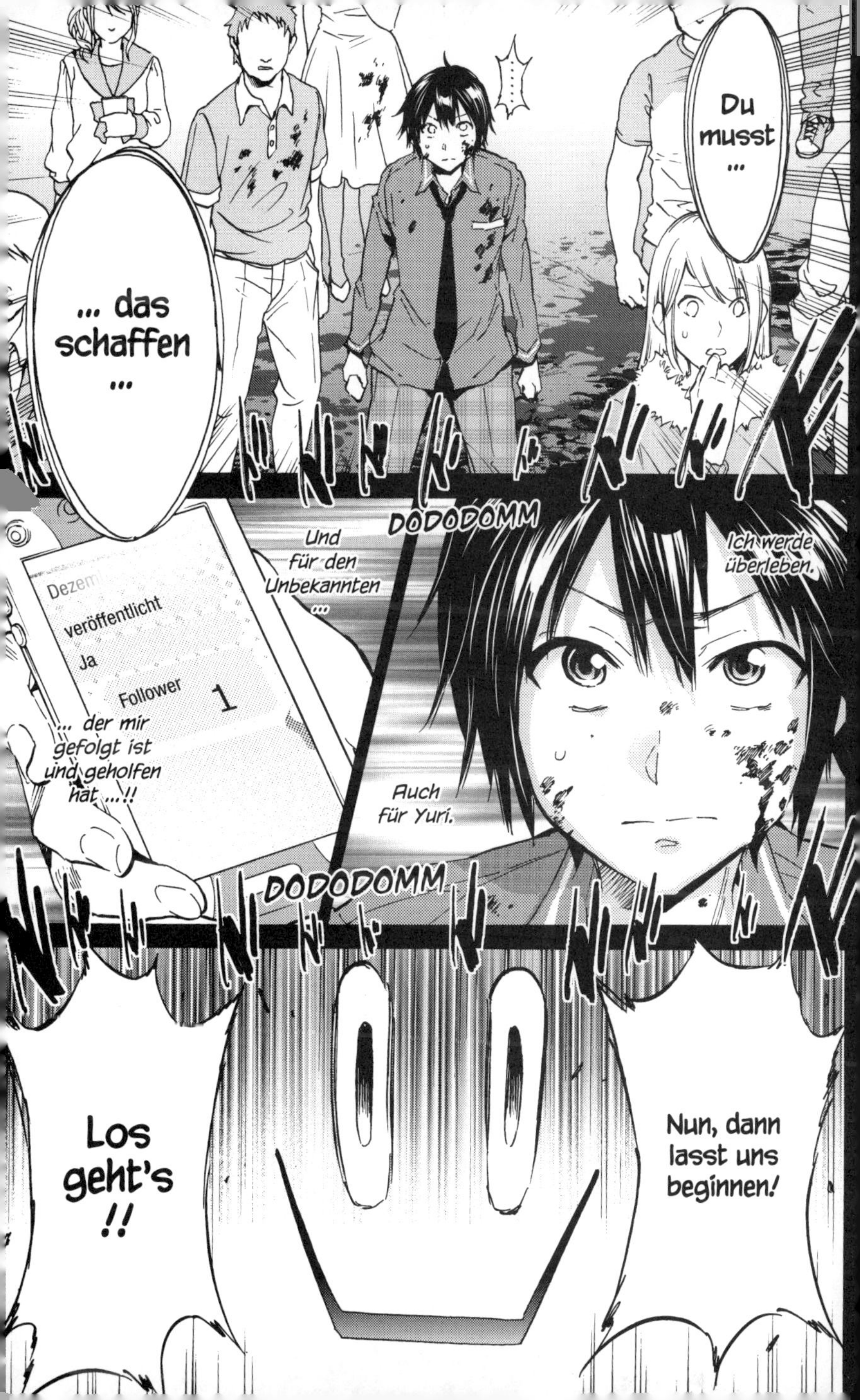
Du musst ...
... das schaffen ...
DODODOMM
Ich werde überleben.
Auch für Yuri.
Und für den Unbekannten ...
Dezem
veröffentlicht
Ja
Follower 1
... der mir gefolgt ist und geholfen hat ...!!
DODODOMM
Nun, dann lasst uns beginnen!
Los geht's !!

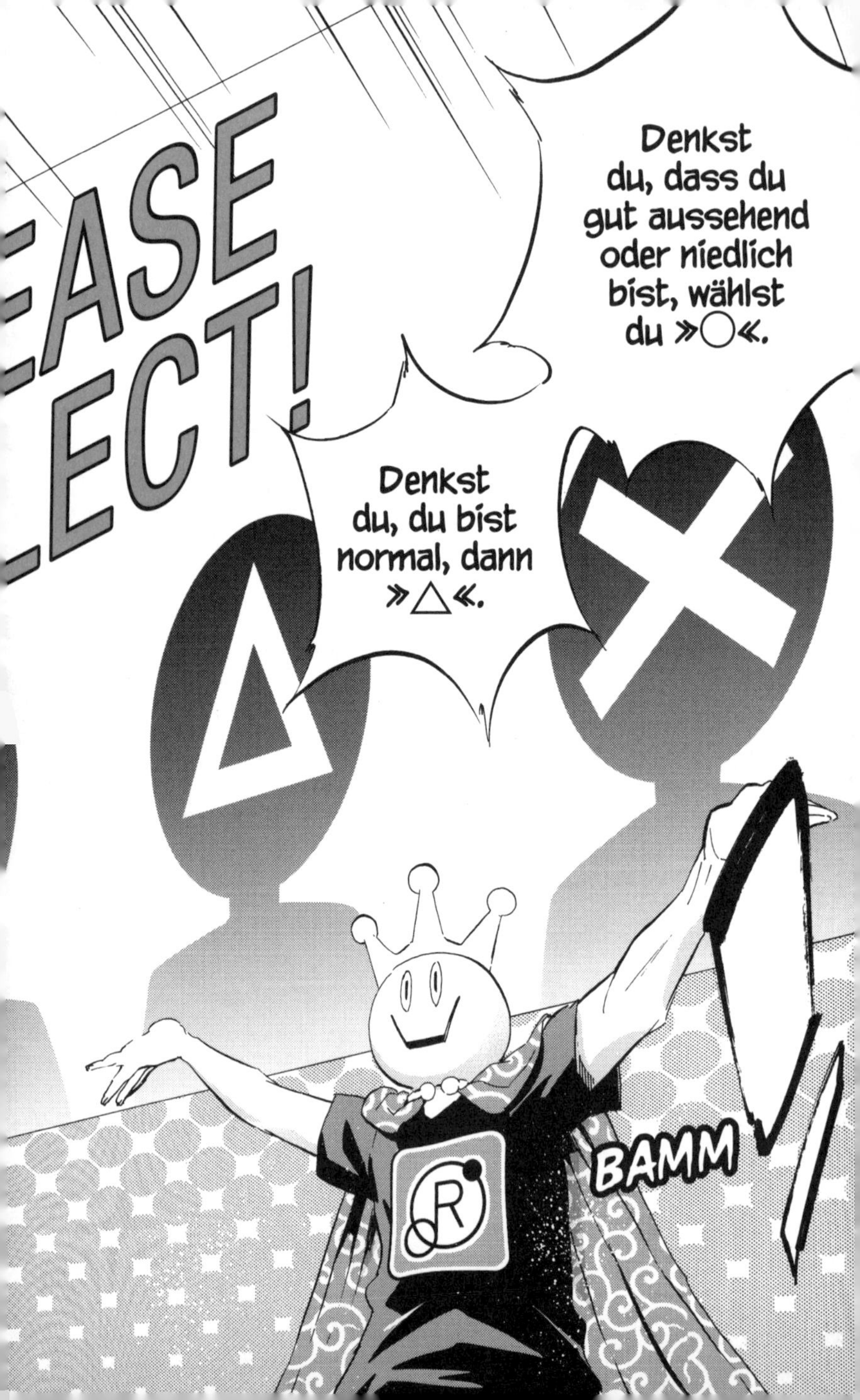

EASE
ECT!
Denkst du, dass du gut aussehend oder niedlich bist, wählst du »○«.
Denkst du, du bist normal, dann »△«.
BAMM

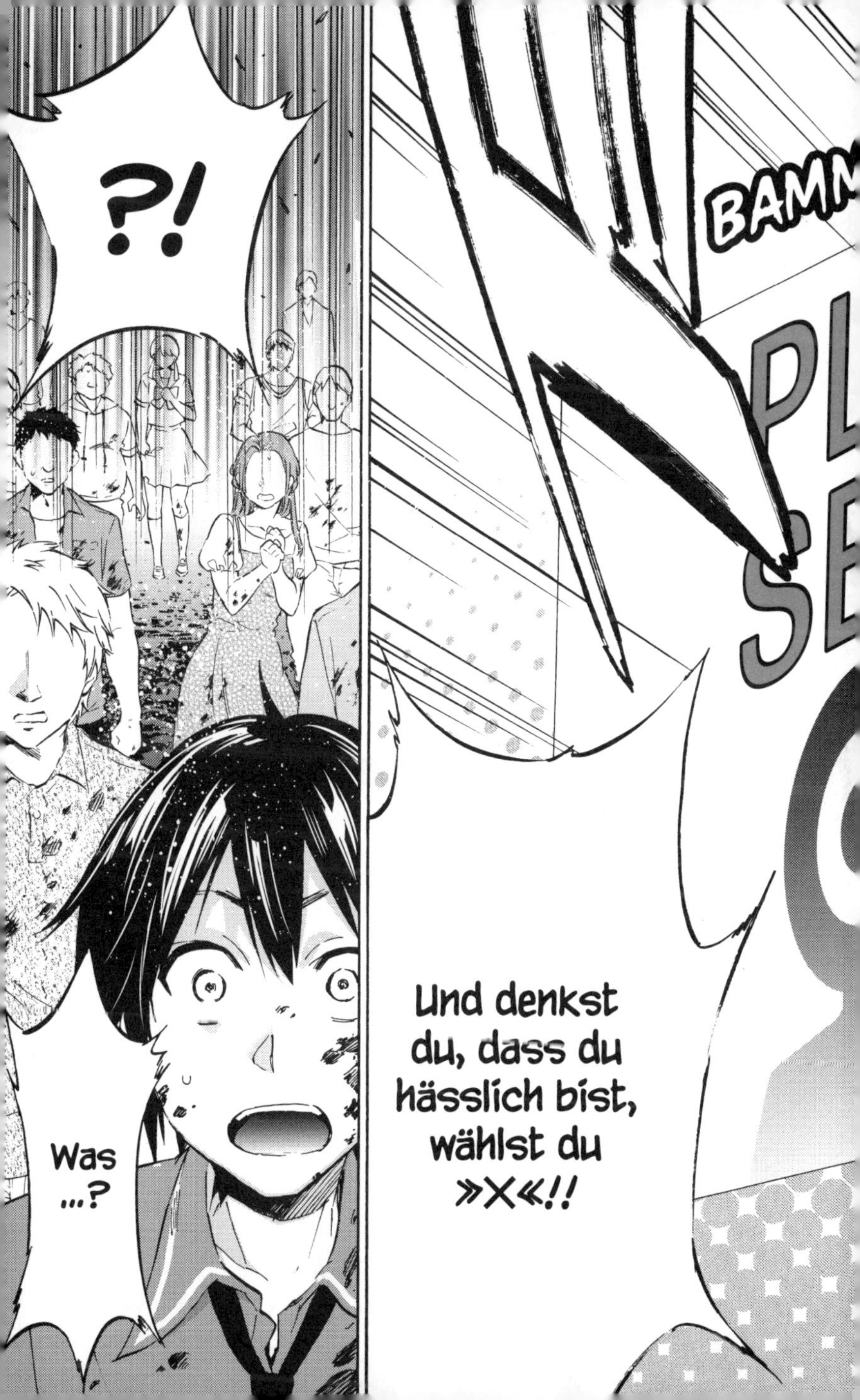
BAMM
Und denkst du, dass du hässlich bist, wählst du »X«!!
?!
Was ...?

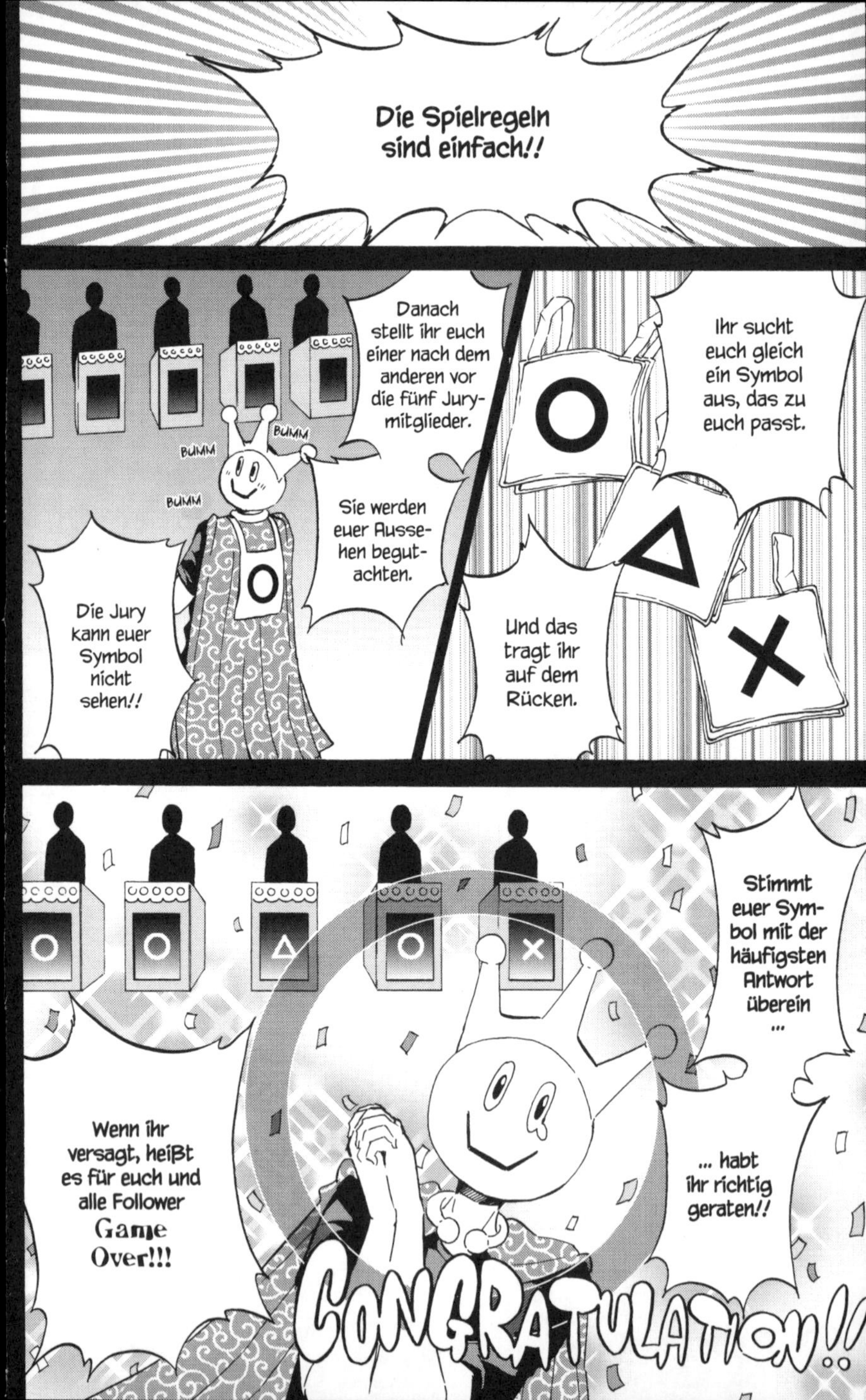
Die Spielregeln sind einfach!!
Ihr sucht euch gleich ein Symbol aus, das zu euch passt.
Und das tragt ihr auf dem Rücken.
Danach stellt ihr euch einer nach dem anderen vor die fünf Jurymitglieder.
BUMM
BUMM
BUMM
Sie werden euer Aussehen begutachten.
Die Jury kann euer Symbol nicht sehen!!
Stimmt euer Symbol mit der häufigsten Antwort überein ...
... habt ihr richtig geraten!!
CONGRATULATION!!
Wenn ihr versagt, heißt es für euch und alle Follower Game Over!!!

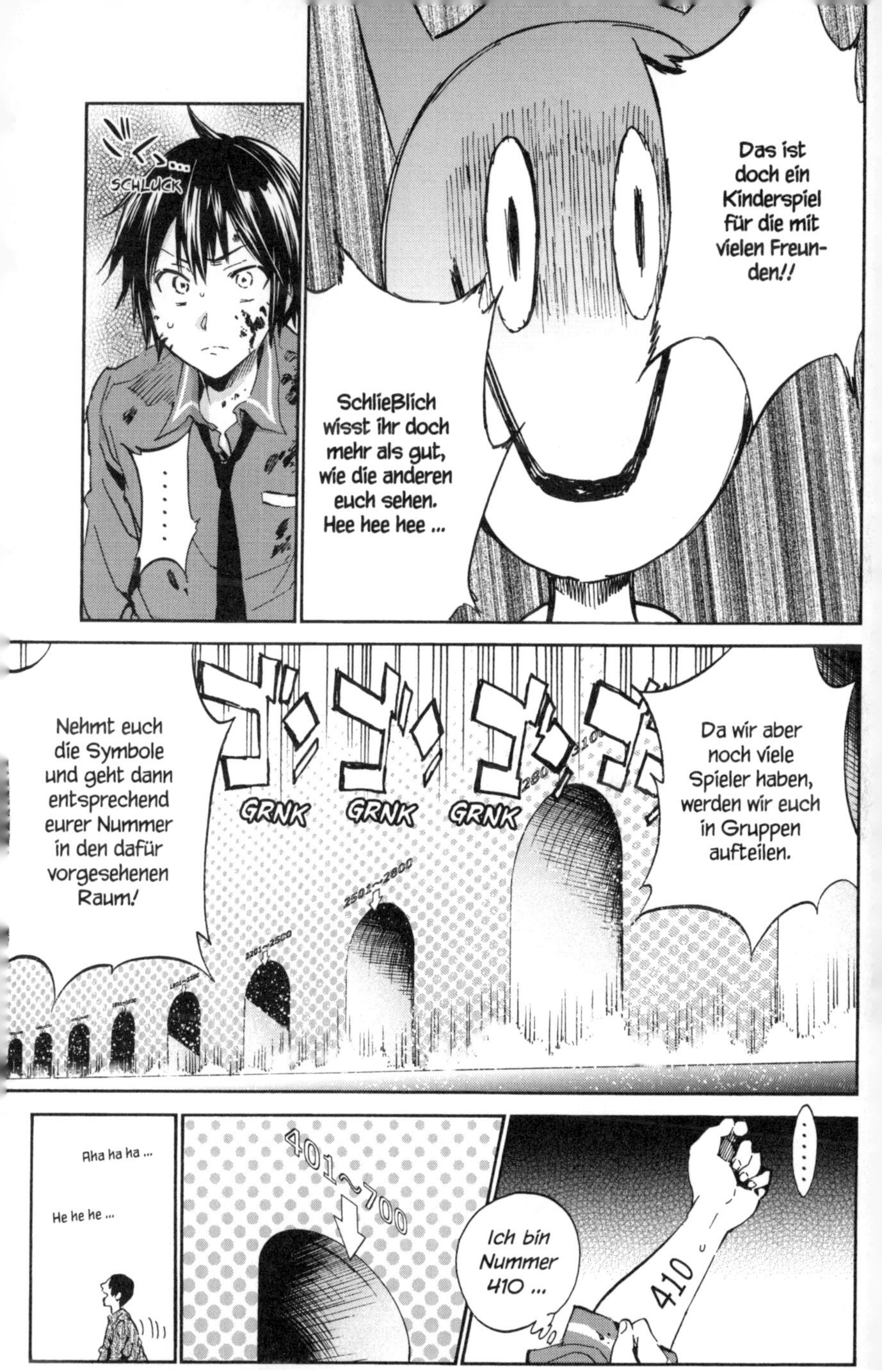

Das ist doch ein Kinderspiel für die mit vielen Freunden!!

Schließlich wisst ihr doch mehr als gut, wie die anderen euch sehen. Hee hee hee ...

SCHLUCK

......

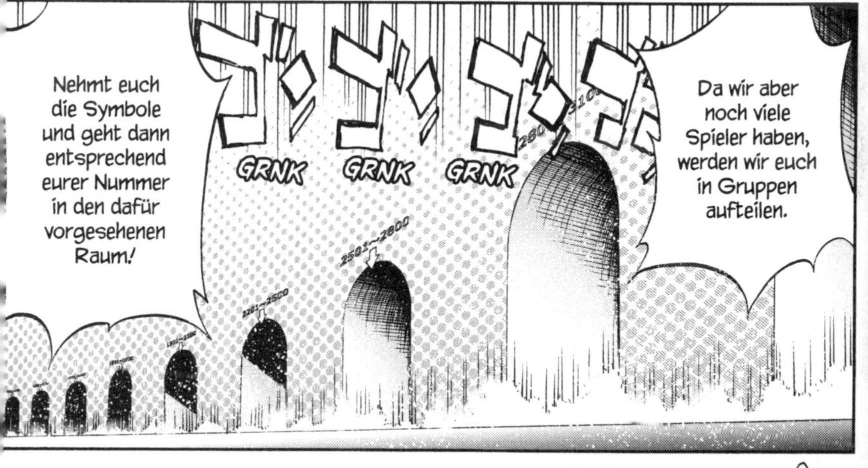

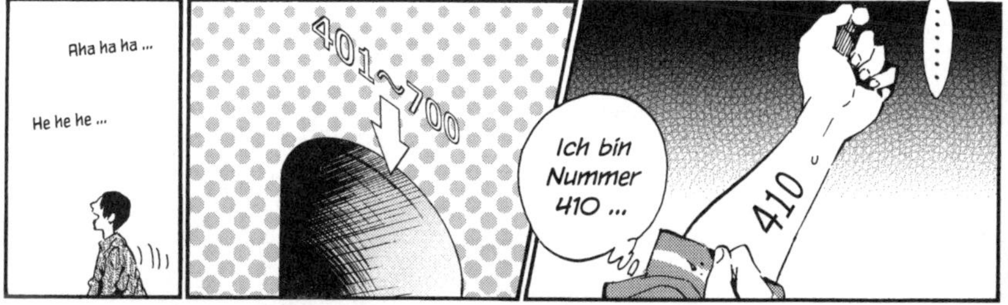

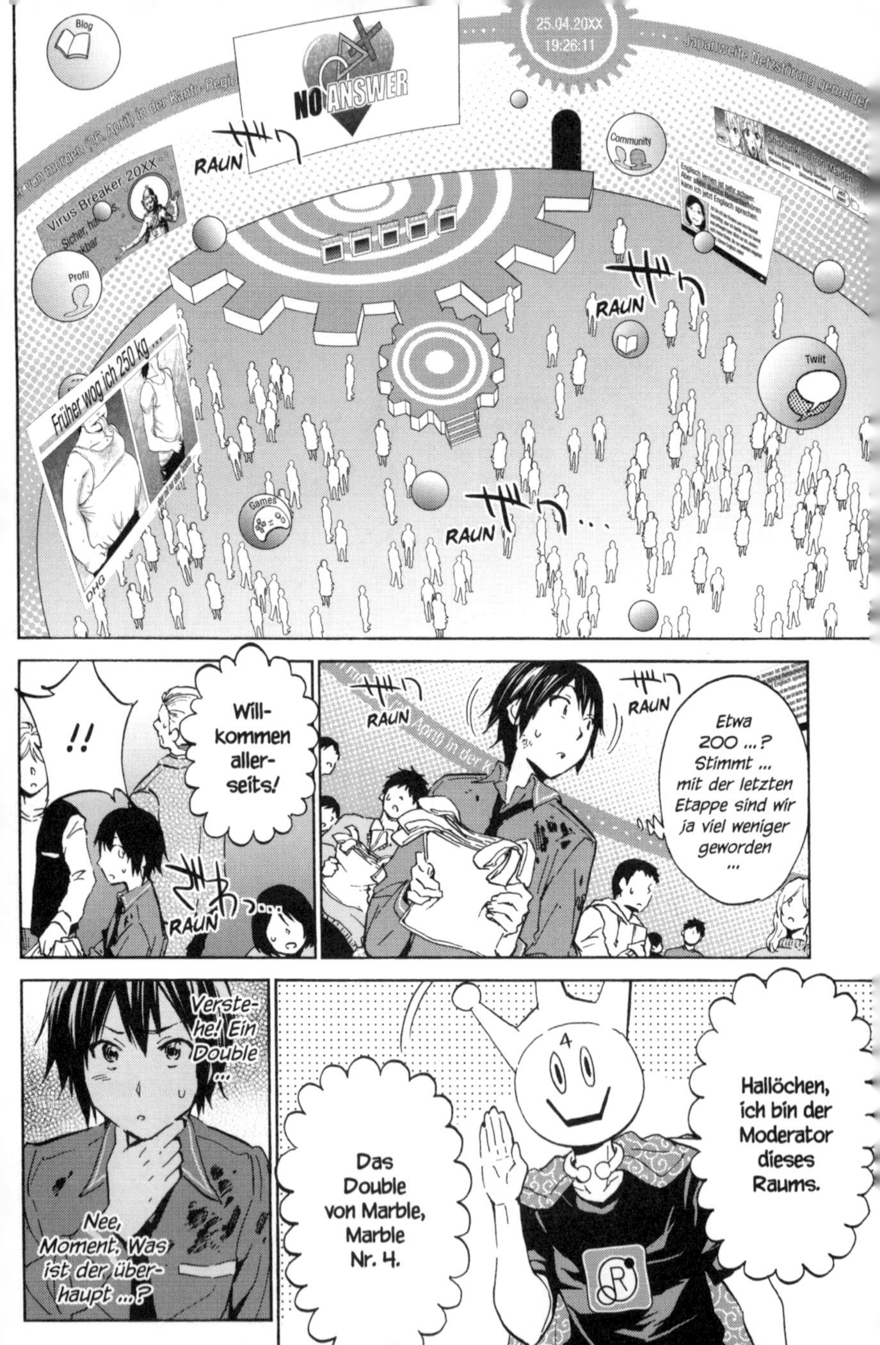
Blog
NO ANSWER
25.04.20XX
19:26:11
Japanweite Netzstörung gemeldet
Community
Profil
Virus Breaker 20XX
Früher wog ich 250 kg ...
DHG
Games
Twiit
RAUN
RAUN
RAUN ...
Will-
kommen
aller-
seits!
!!
RAUN ...
RAUN
RAUN
Etwa 200 ...? Stimmt ... mit der letzten Etappe sind wir ja viel weniger geworden ...
Verstehe! Ein Double ...
Nee, Moment. Was ist der überhaupt ...?
Hallöchen, ich bin der Moderator dieses Raums.
Das Double von Marble, Marble Nr. 4.

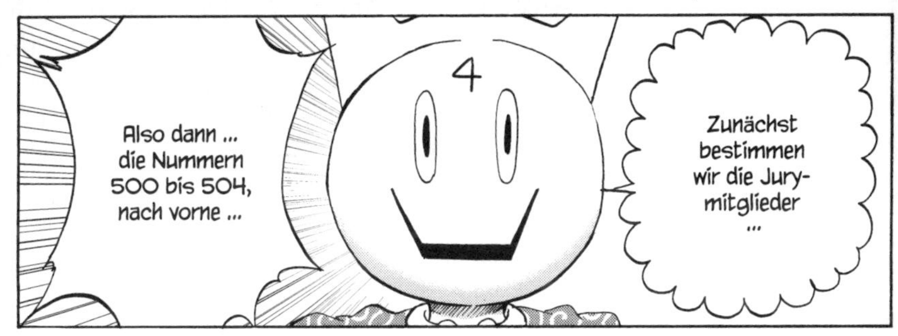
Zunächst bestimmen wir die Jurymitglieder ...
Also dann ... die Nummern 500 bis 504, nach vorne ...

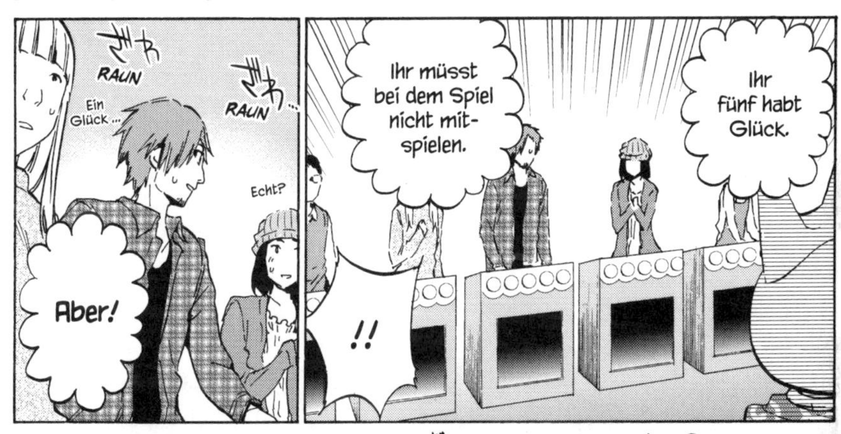
Ihr fünf habt Glück.
Ihr müsst bei dem Spiel nicht mitspielen.
!!
RAUN
RAUN ...
Ein Glück ...
Echt?
Aber!

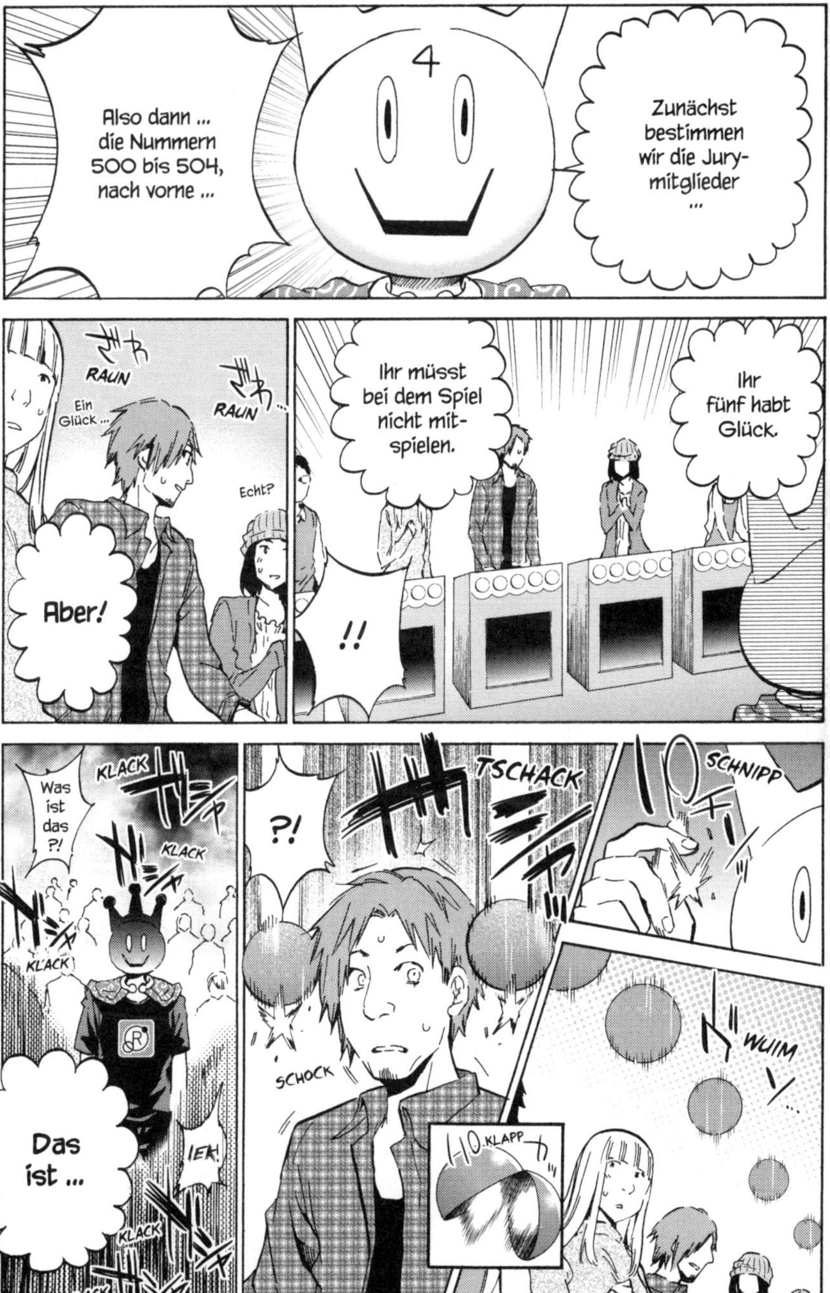

SCHNIPP
TSCHACK
?!
WUIM ...
KLAPP
SCHOCK
KLACK
Was ist das ?!
KLACK
KLACK
Das ist ...
IEK!
KLACK
KLACK

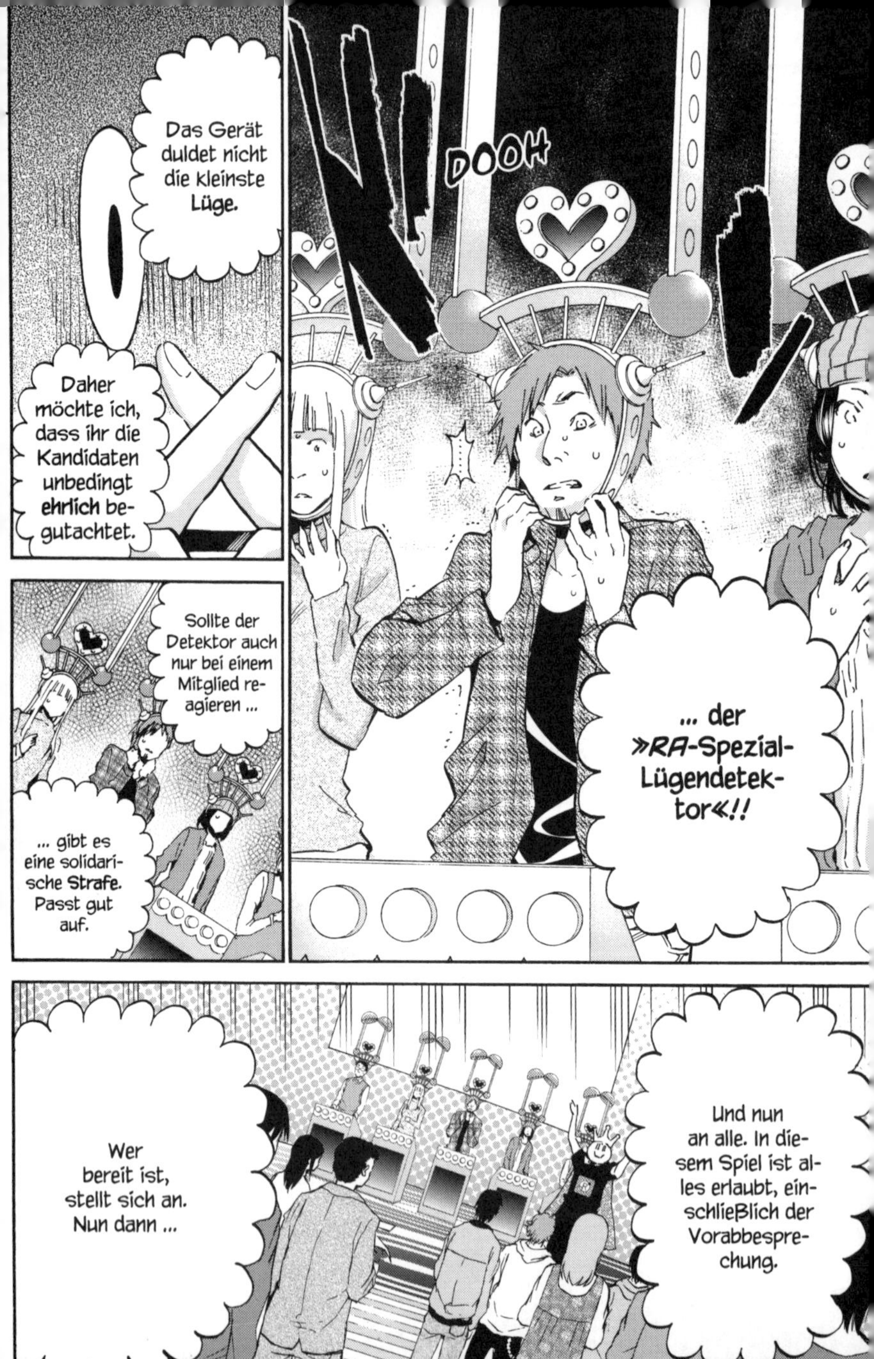
DOOH
... der »RA-Spezial-Lügendetektor«!!
Das Gerät duldet nicht die kleinste Lüge.
Daher möchte ich, dass ihr die Kandidaten unbedingt ehrlich begutachtet.
Sollte der Detektor auch nur bei einem Mitglied reagieren ...
... gibt es eine solidarische Strafe. Passt gut auf.
Und nun an alle. In diesem Spiel ist alles erlaubt, einschließlich der Vorabbesprechung.
Wer bereit ist, stellt sich an. Nun dann ...

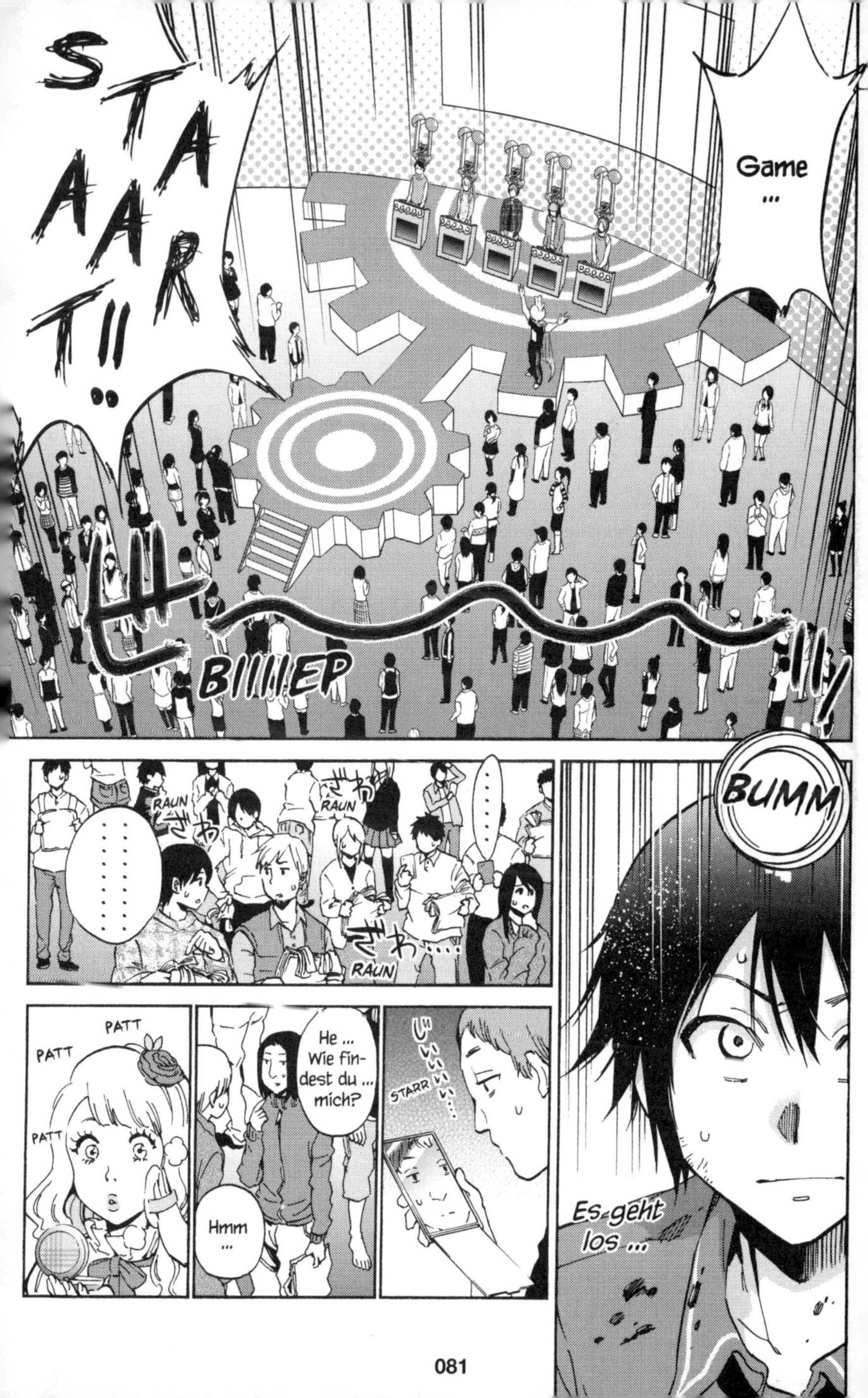

Game ...
STAAART!!
BIIIEP
BUMM
Es geht los ...
RAUN
RAUN
RAUN
....
.....
PATT
PATT
PATT
He ... Wie findest du ... mich?
Hmm ...
STARR

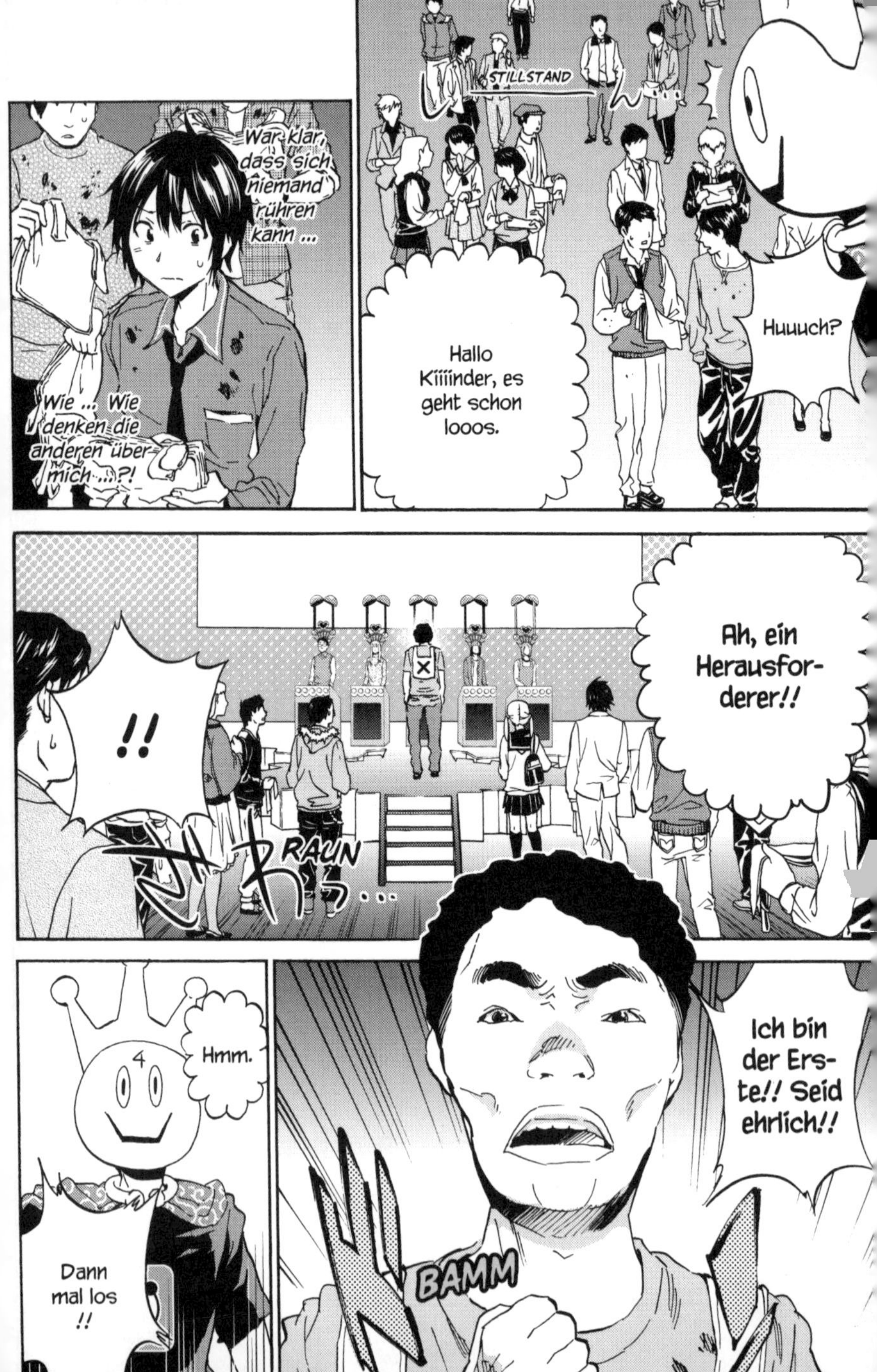
Huuuch?
STILLSTAND
Hallo Kiiiinder, es geht schon looos.
War klar, dass sich niemand rühren kann ...
Wie ... Wie denken die anderen über mich ...?!
Ah, ein Herausforderer!!
!!
RAUN
Ich bin der Erste!! Seid ehrlich!!
BAMM
Hmm.
Dann mal los!!

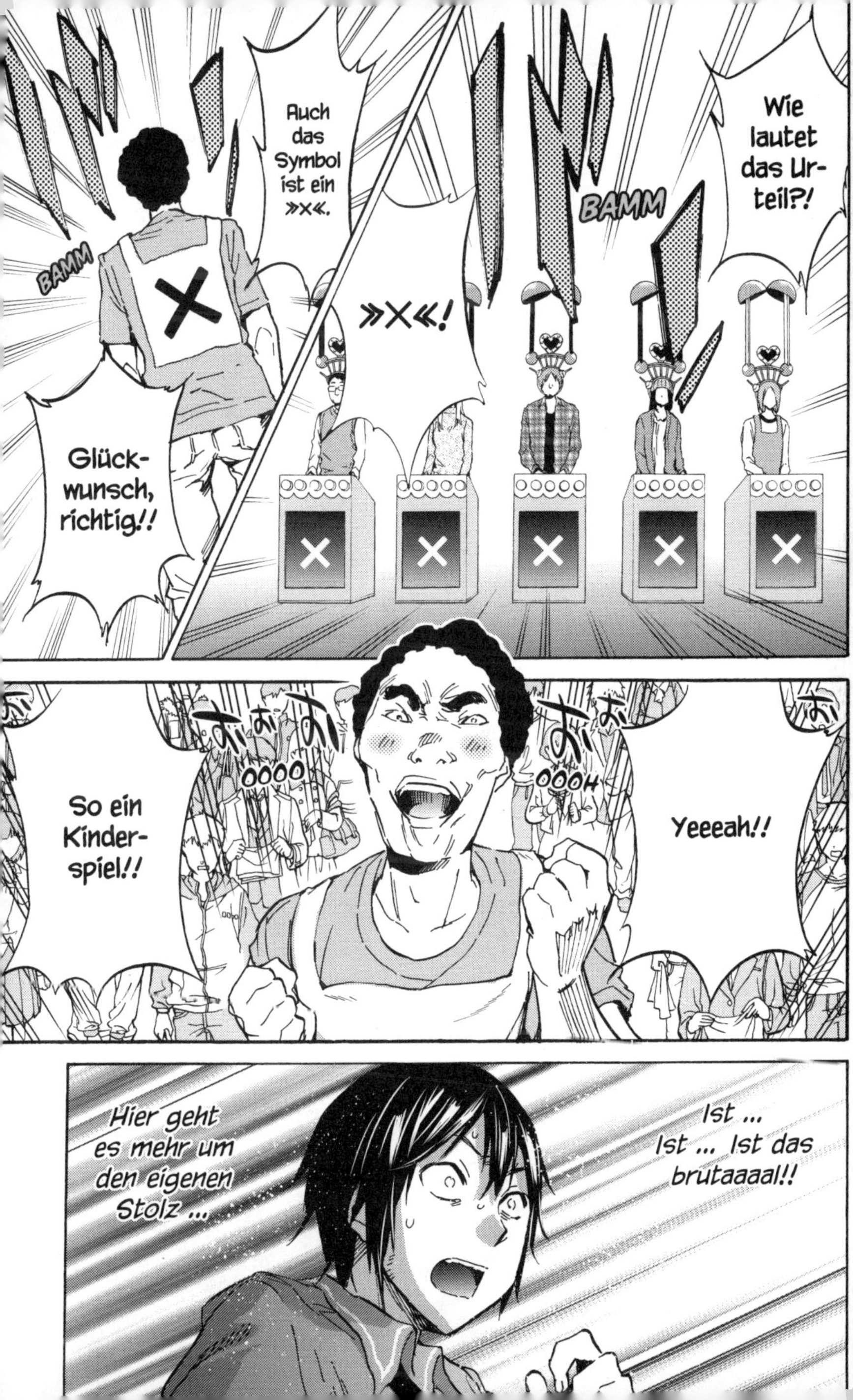

Wie lautet das Urteil?!

BAMM

»×«!

Auch das Symbol ist ein »×«.

BAMM

Glückwunsch, richtig!!

Yeeeah!!

OOOH

So ein Kinderspiel!!

OOOO

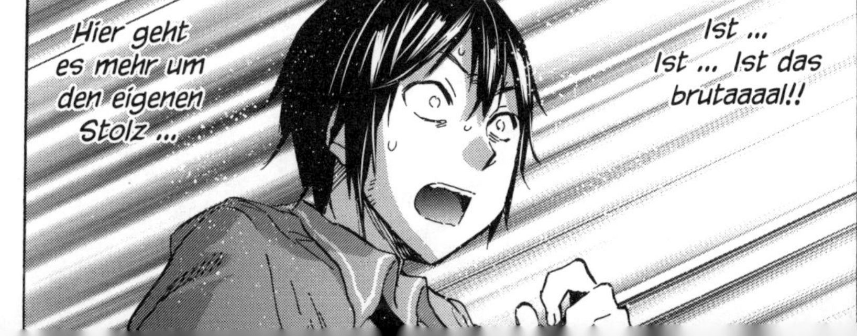

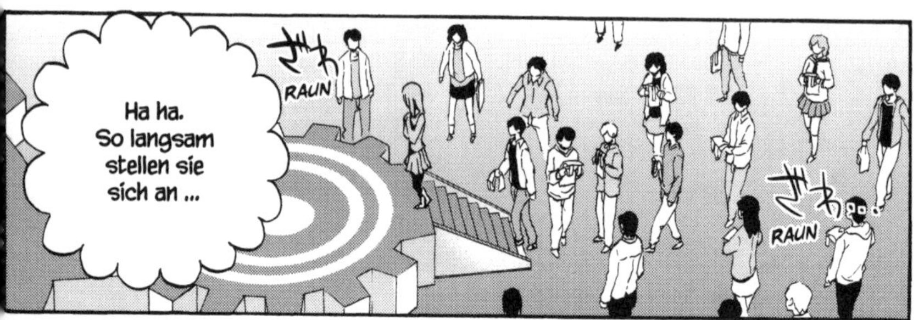
ざわ
RAUN
ざわ
RAUN
Ha ha. So langsam stellen sie sich an ...

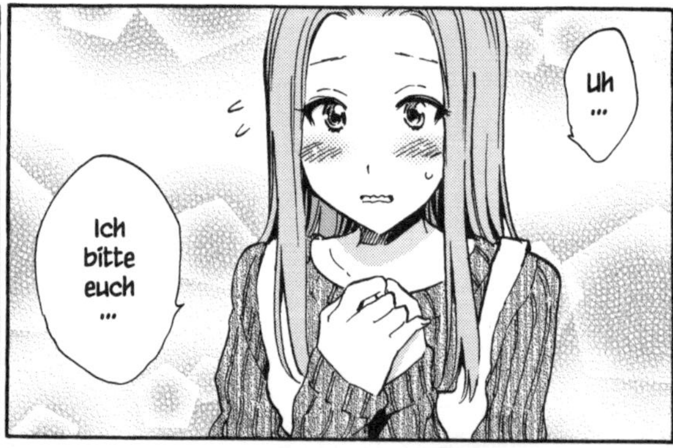
Uh ...
Ich bitte euch ...

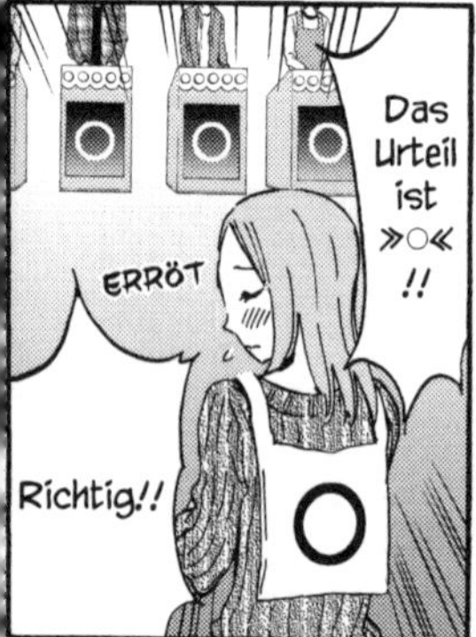
Das Urteil ist »○« !!
ERRÖT
Richtig!!

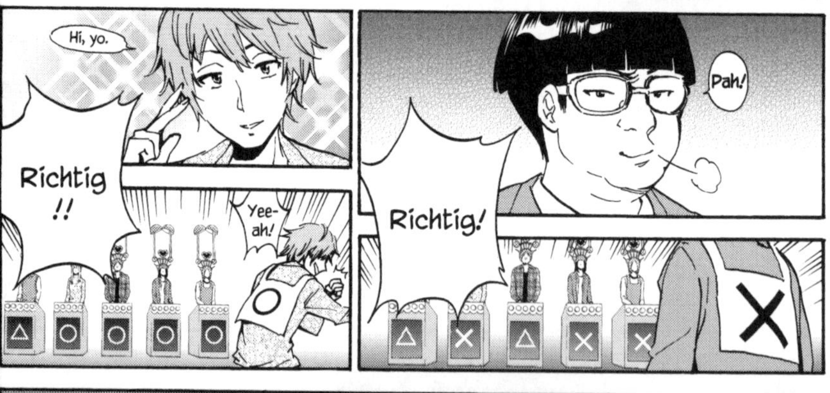
Pah!
Richtig!
Hi, yo.
Richtig !!
Yee-ah!

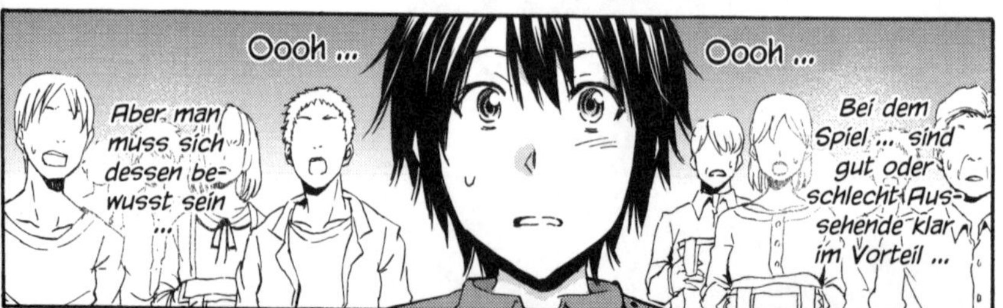
Oooh ...
Bei dem Spiel ... sind gut oder schlecht Aus-sehende klar im Vorteil ...
Oooh ...
Aber man muss sich dessen be-wusst sein ...

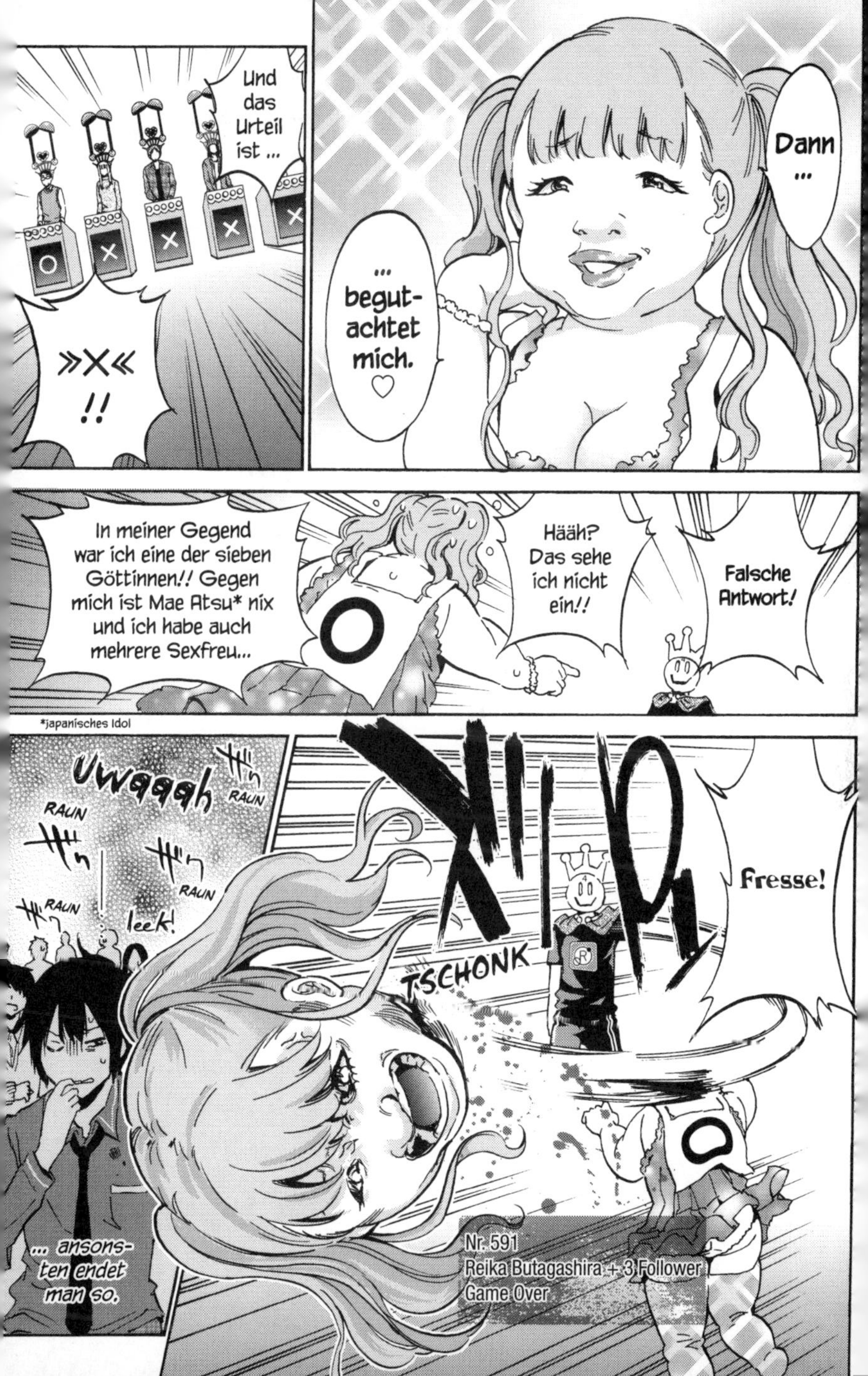
Dann ...
... begutachtet mich. ♡
Und das Urteil ist ...
»X« !!
Falsche Antwort!
Hääh? Das sehe ich nicht ein!!
In meiner Gegend war ich eine der sieben Göttinnen!! Gegen mich ist Mae Atsu* nix und ich habe auch mehrere Sexfreu...
*japanisches Idol
Fresse!
TSCHONK
Uwaaah
RAUN
RAUN
RAUN
RAUN
Ieek!
... ansonsten endet man so.
Nr. 591
Reika Butagashira + 3 Follower
Game Over

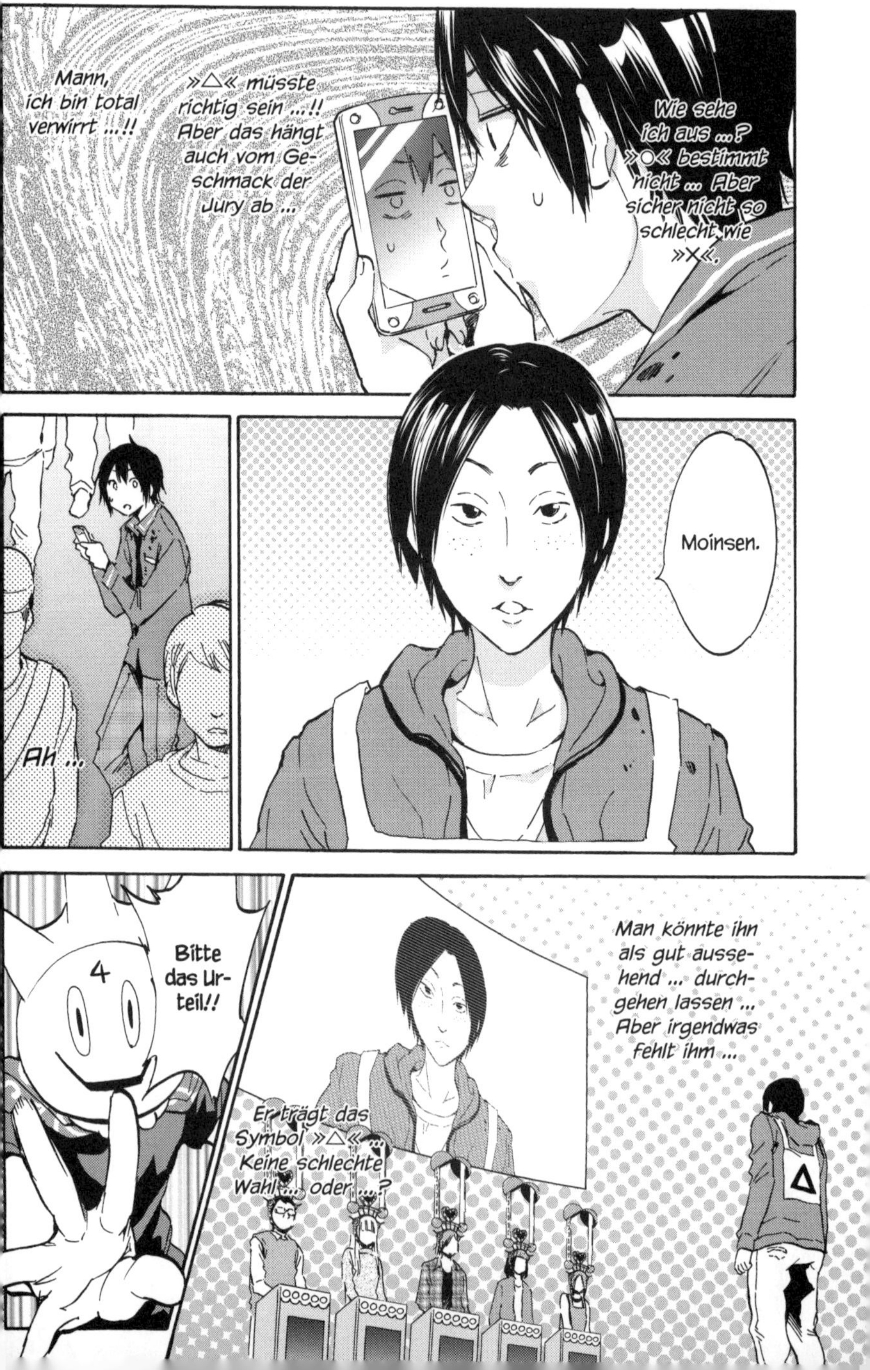

Wie sehe ich aus ...? »○« bestimmt nicht ... Aber sicher nicht so schlecht wie »X«.

»△« müsste richtig sein ...!! Aber das hängt auch vom Geschmack der Jury ab ...

Mann, ich bin total verwirrt ...!!

Moinsen.

Ah ...

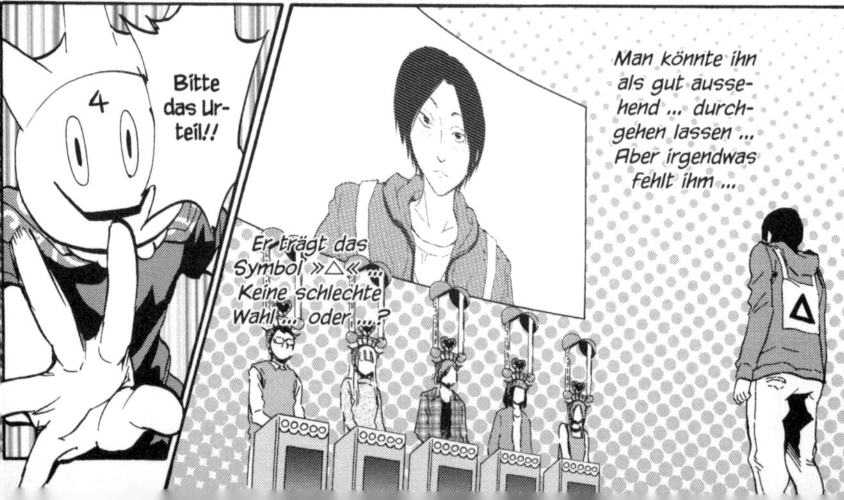

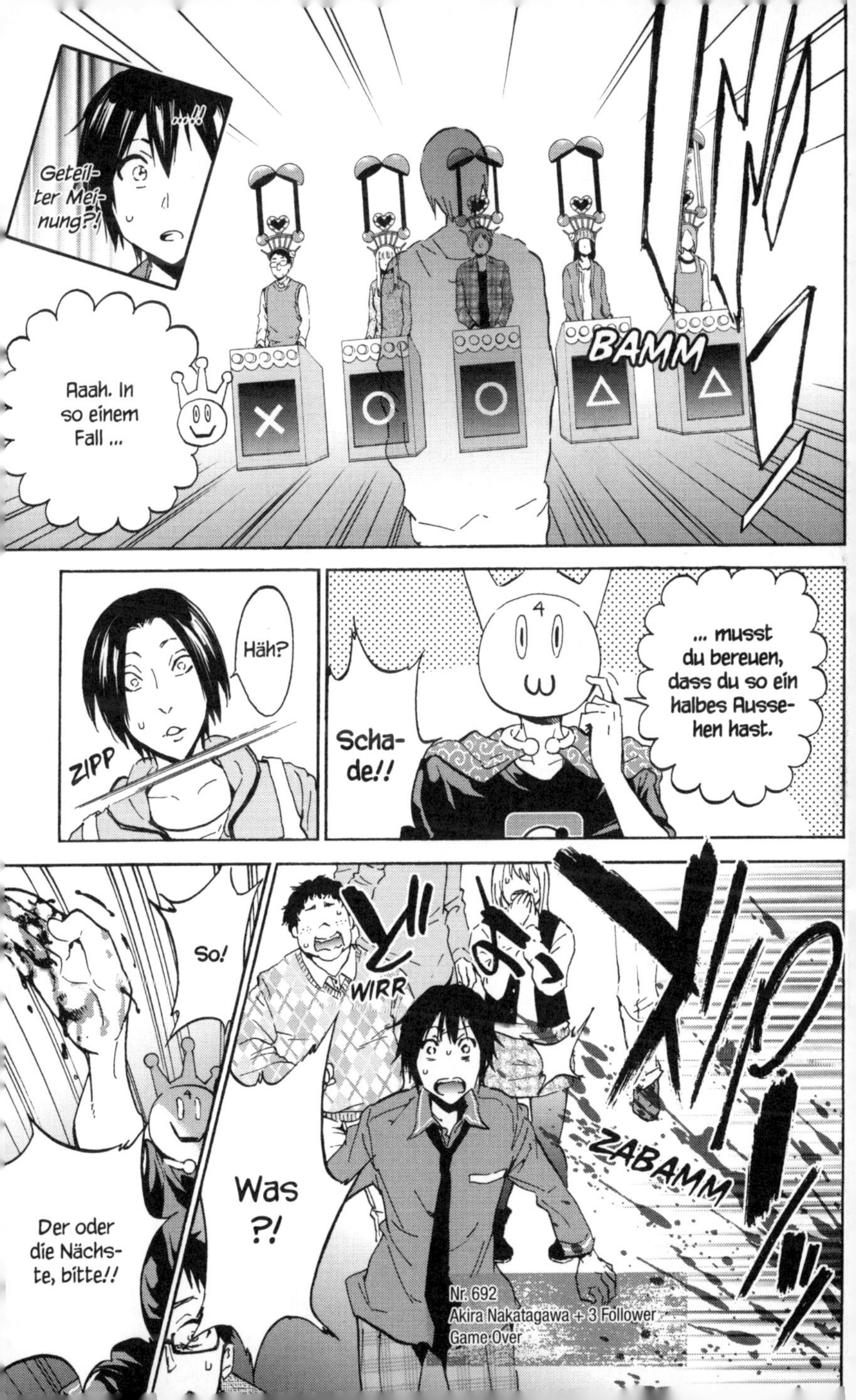

BAMM

…!!

Geteilter Meinung?!

Aaah. In so einem Fall ...

... musst du bereuen, dass du so ein halbes Aussehen hast.

Schade!!

Häh?

ZIPP

ZABAMM

WIRR

Was ?!

So!

Der oder die Nächste, bitte!!

Nr. 692
Akira Nakatagawa + 3 Follower
Game Over

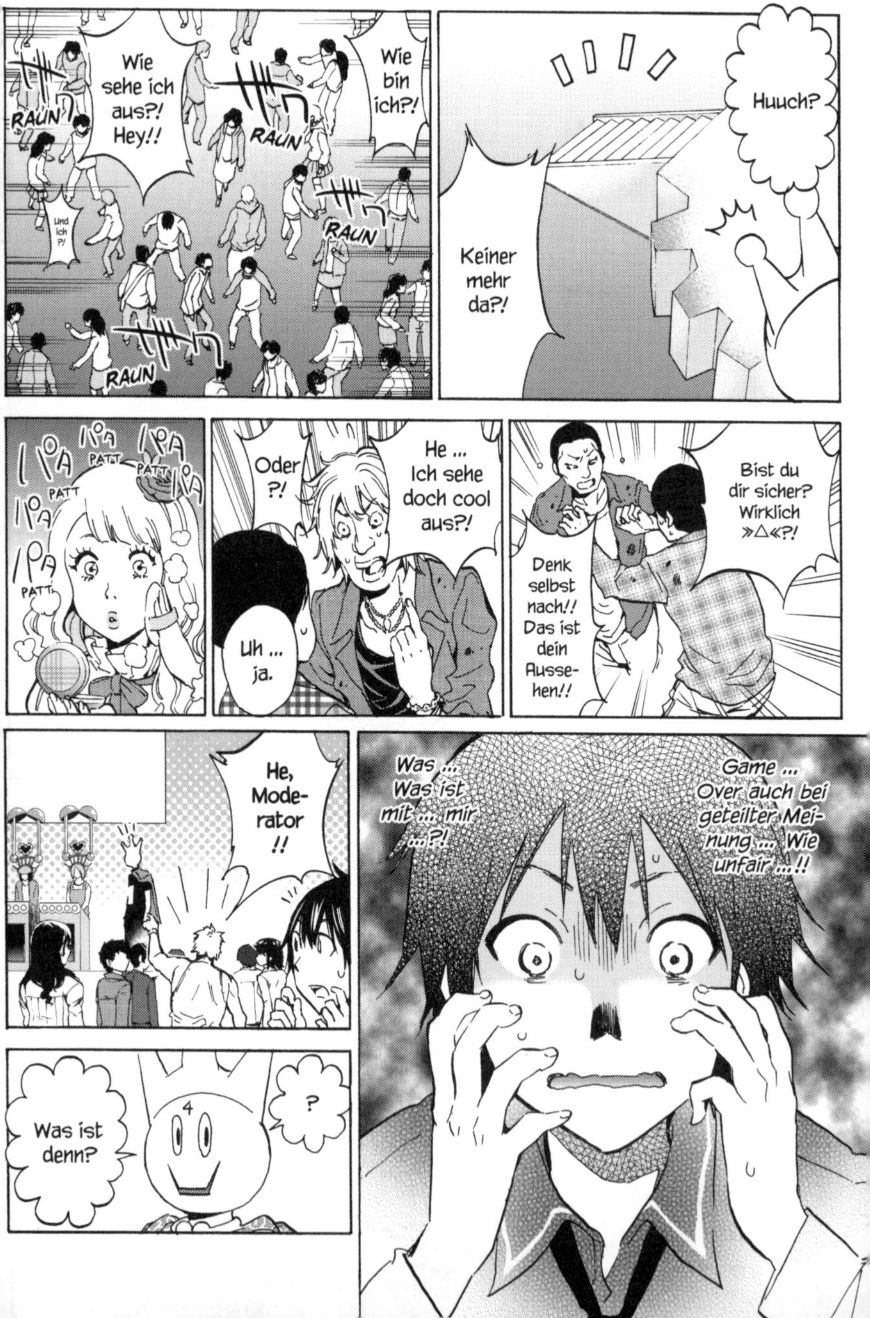

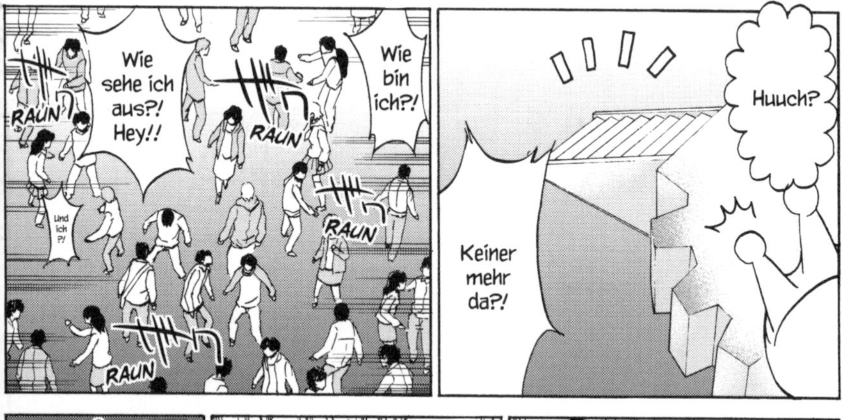

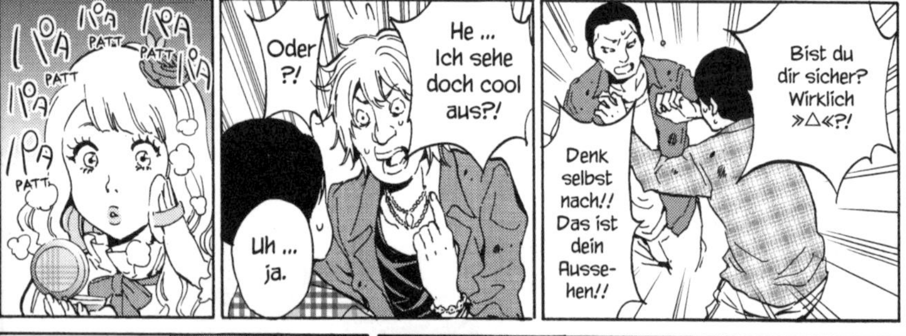

Game ... Over auch bei geteilter Mei-nung ... Wie unfair ...!!
Was ... Was ist mit ... mir ...?!
He, Moderator !!
?
Was ist denn?

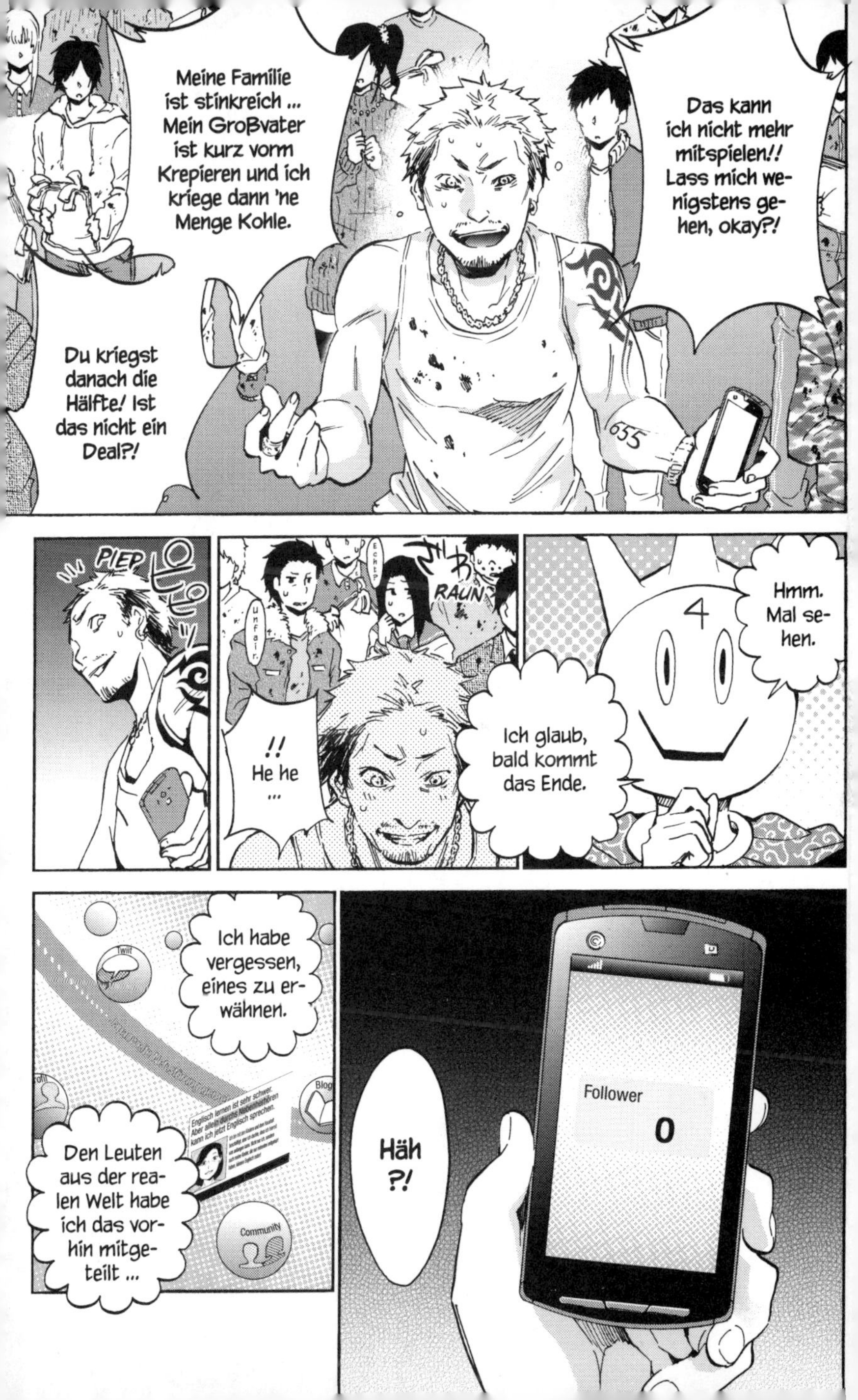

Das kann ich nicht mehr mitspielen!! Lass mich wenigstens gehen, okay?!

Meine Familie ist stinkreich ... Mein Großvater ist kurz vorm Krepieren und ich kriege dann 'ne Menge Kohle.

Du kriegst danach die Hälfte! Ist das nicht ein Deal?!

655

Hmm. Mal sehen.

Ich glaub, bald kommt das Ende.

4

RAUN

Echt?

Unfair

!! He he ...

PIEP

Häh ?!

Follower

0

Ich habe vergessen, eines zu erwähnen.

Twitt

Blog

Englisch lernen ist sehr schwer. Aber allein durchs Nebenbeihören kann ich jetzt Englisch sprechen.

Community

Den Leuten aus der realen Welt habe ich das vorhin mitgeteilt ...

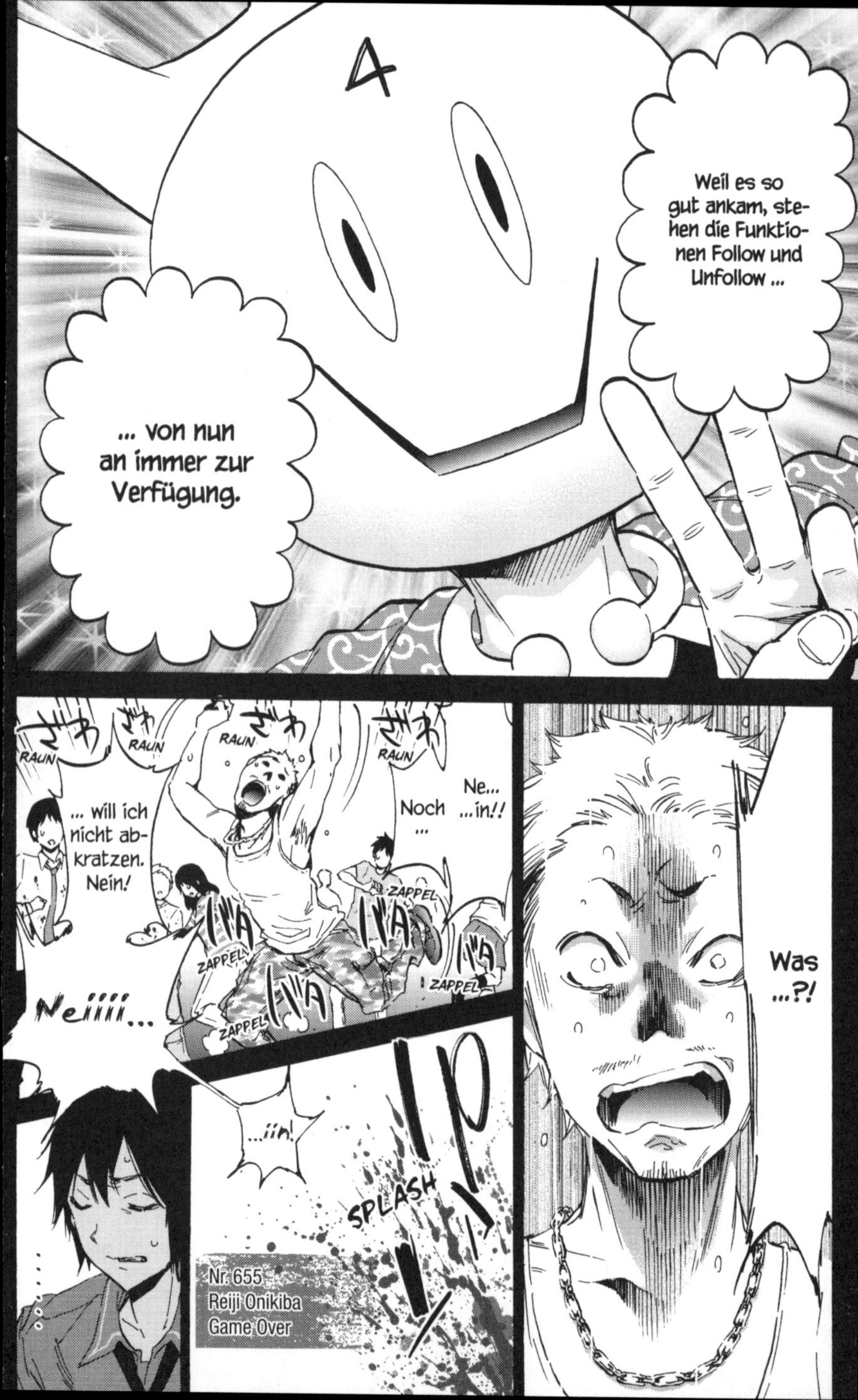
Weil es so gut ankam, stehen die Funktionen Follow und Unfollow ...
... von nun an immer zur Verfügung.
Was ...?!
RAUN
RAUN
RAUN
RAUN
Ne... ...in!!
Noch ...
... will ich nicht abkratzen. Nein!
ZAPPEL
ZAPPEL
ZAPPEL
ZAPPEL
Neiiii...
...iin!
SPLASH
Nr. 655
Reiji Onikiba
Game Over
......

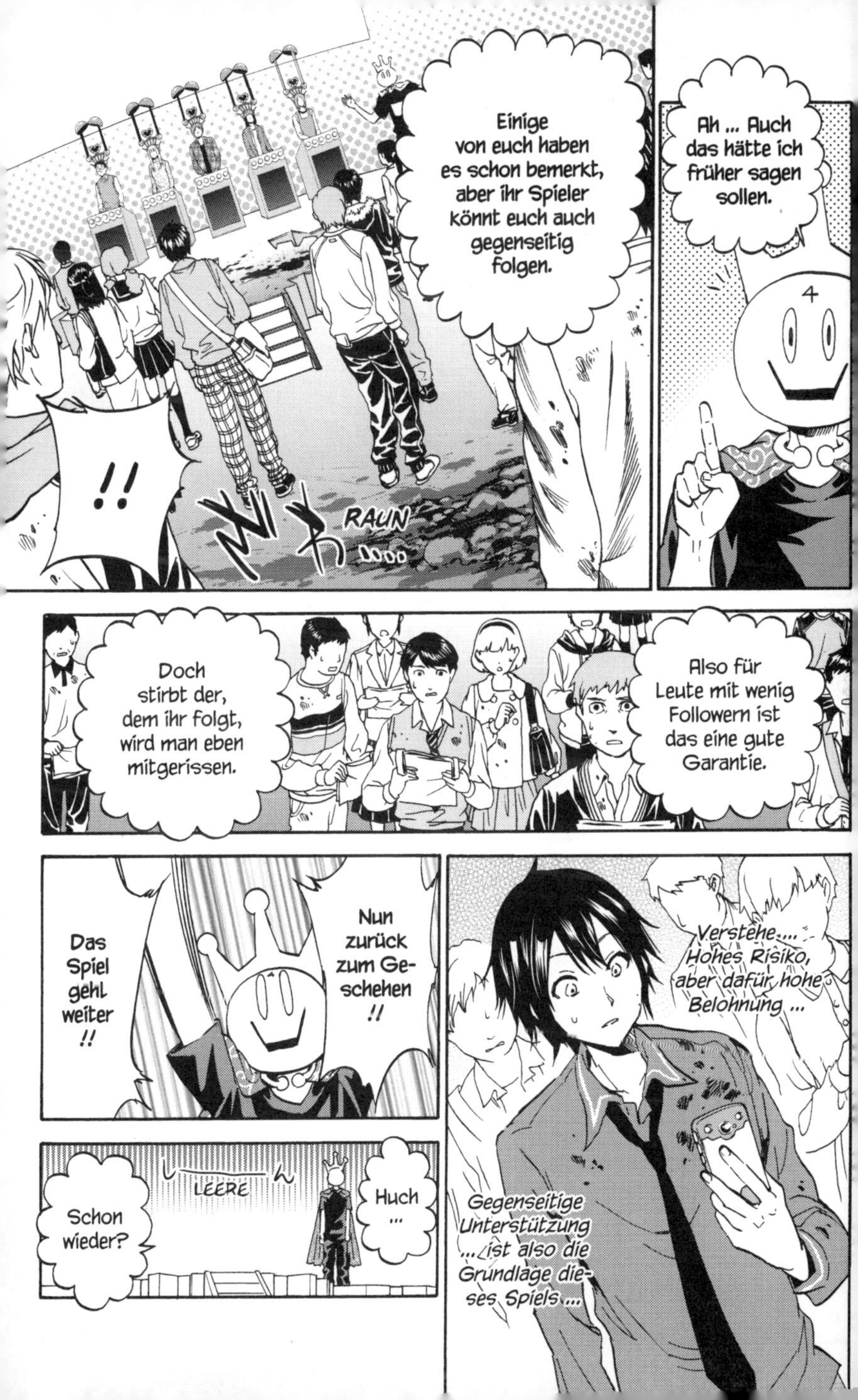

Ah ... Auch das hätte ich früher sagen sollen.

Einige von euch haben es schon bemerkt, aber ihr Spieler könnt euch auch gegenseitig folgen.

!!

RAUN

Also für Leute mit wenig Followern ist das eine gute Garantie.

Doch stirbt der, dem ihr folgt, wird man eben mitgerissen.

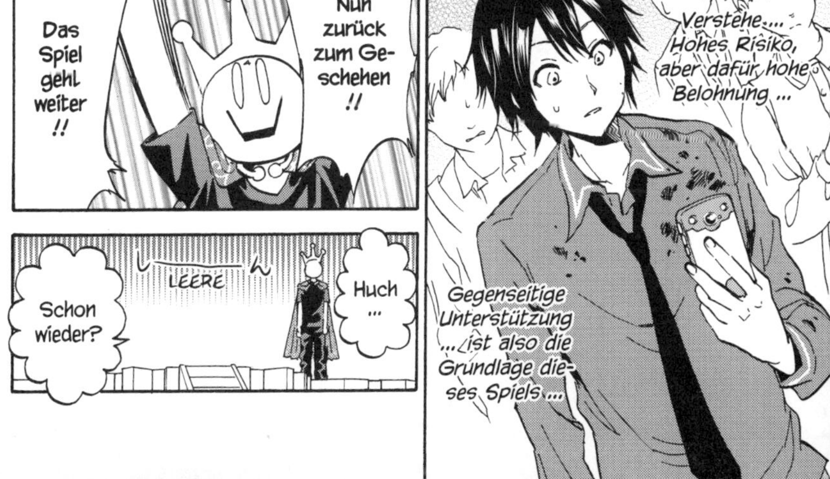

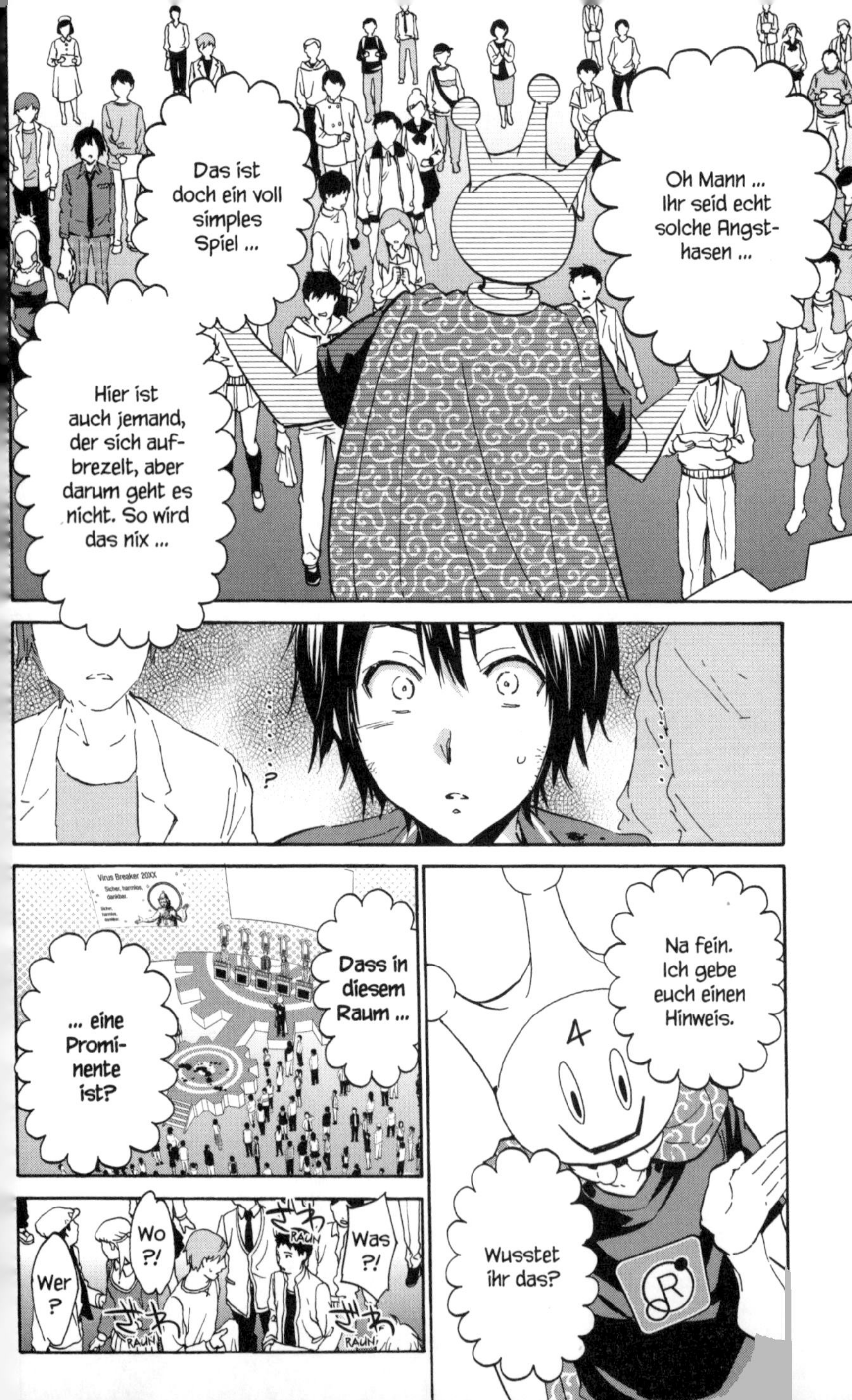

Oh Mann ... Ihr seid echt solche Angst-hasen ...
Das ist doch ein voll simples Spiel ...
Hier ist auch jemand, der sich auf-brezelt, aber darum geht es nicht. So wird das nix ...
......?
......
Na fein. Ich gebe euch einen Hinweis.
Virus Breaker 20XX
Sicher, harmlos, dankbar.
Dass in diesem Raum ...
... eine Promi-nente ist?
Wusstet ihr das?
Was ?!
RAUN
Wo ?!
Wer ?
RAUN
RAUN

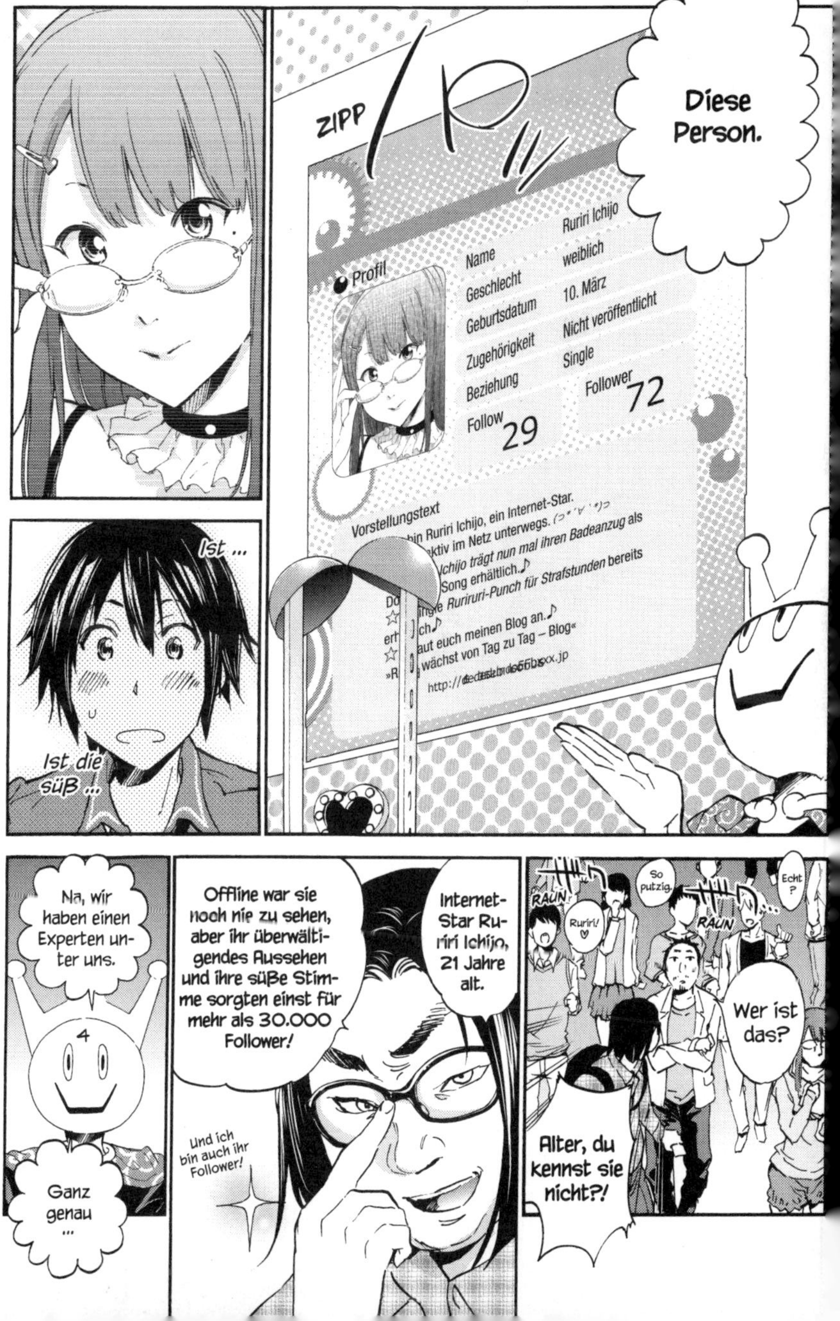

Diese Person.

ZIPP

Profil

Name Ruriri Ichijo
Geschlecht weiblich
Geburtsdatum 10. März
Zugehörigkeit Nicht veröffentlicht
Beziehung Single
Follow 29
Follower 72

Vorstellungstext
…bin Ruriri Ichijo, ein Internet-Star.
…ktiv im Netz unterwegs. (っ*´∀`*)っ
…*Ichijo trägt nun mal ihren Badeanzug* als
…Song erhältlich.♪
Do… …ingle *Ruriruri-Punch für Strafstunden* bereits
☆ …ch♪
erh… …aut euch meinen Blog an.♪
☆
»R… wächst von Tag zu Tag – Blog«
http://

Ist …

Ist die süß …

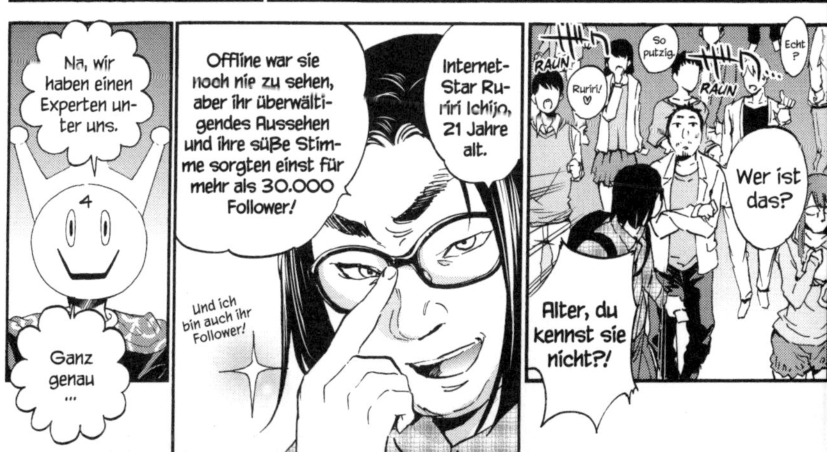

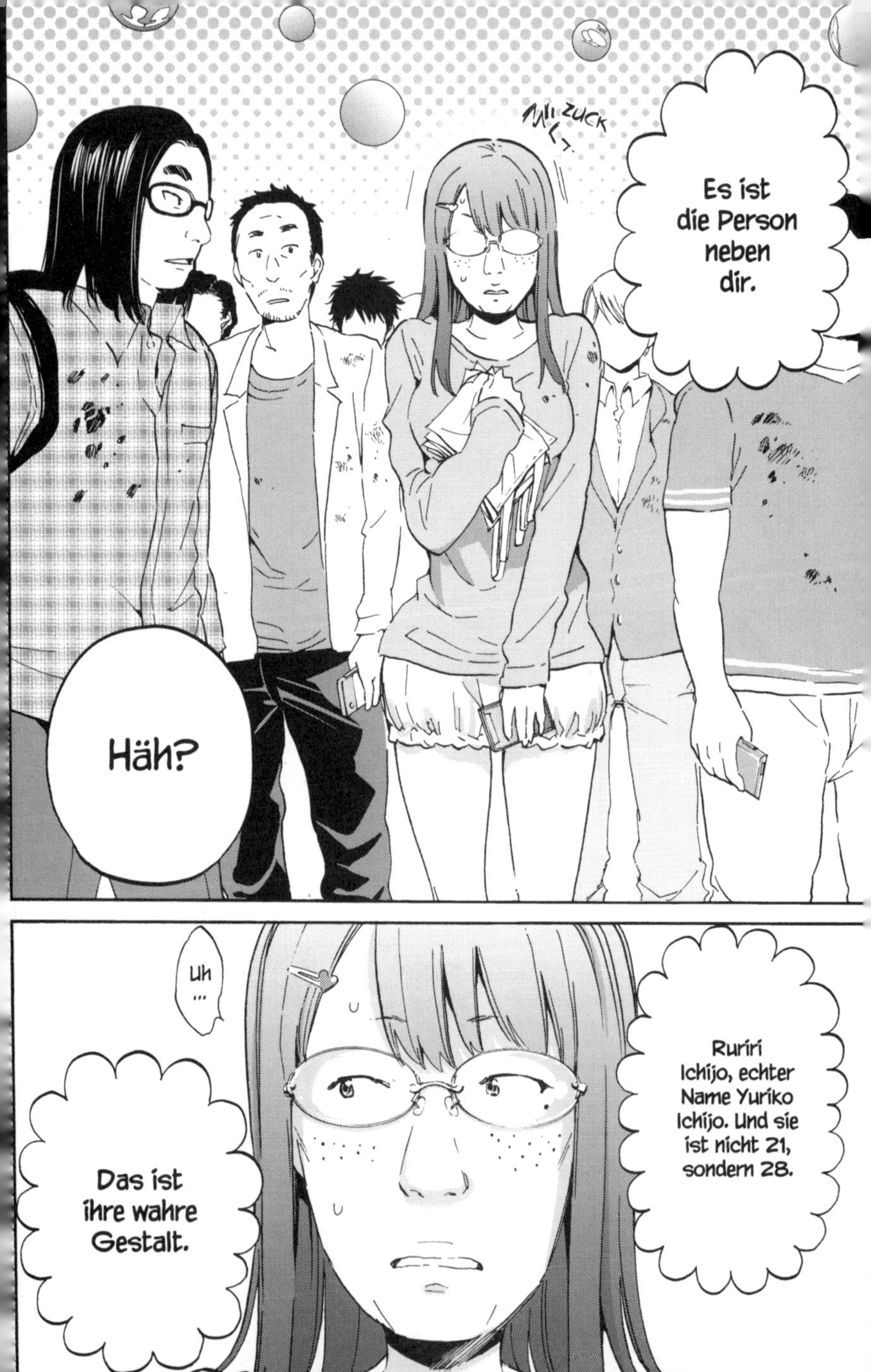
ZUCK
Es ist die Person neben dir.
Häh?
Ruriri Ichijo, echter Name Yuriko Ichijo. Und sie ist nicht 21, sondern 28.
Uh ...
Das ist ihre wahre Gestalt.

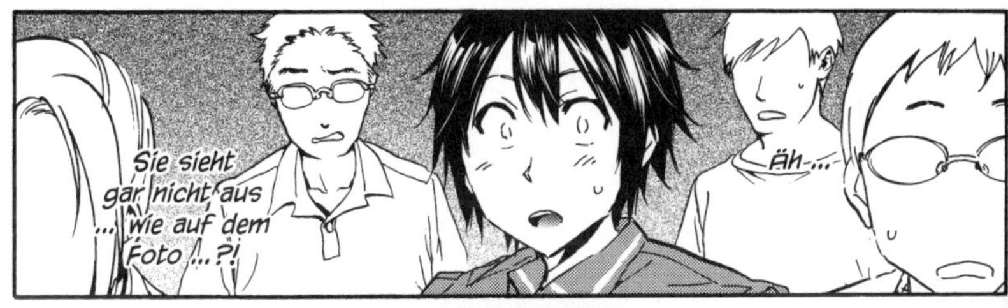

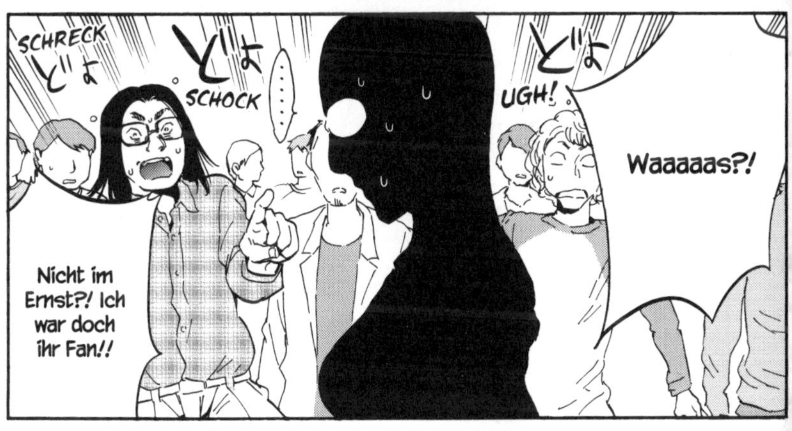

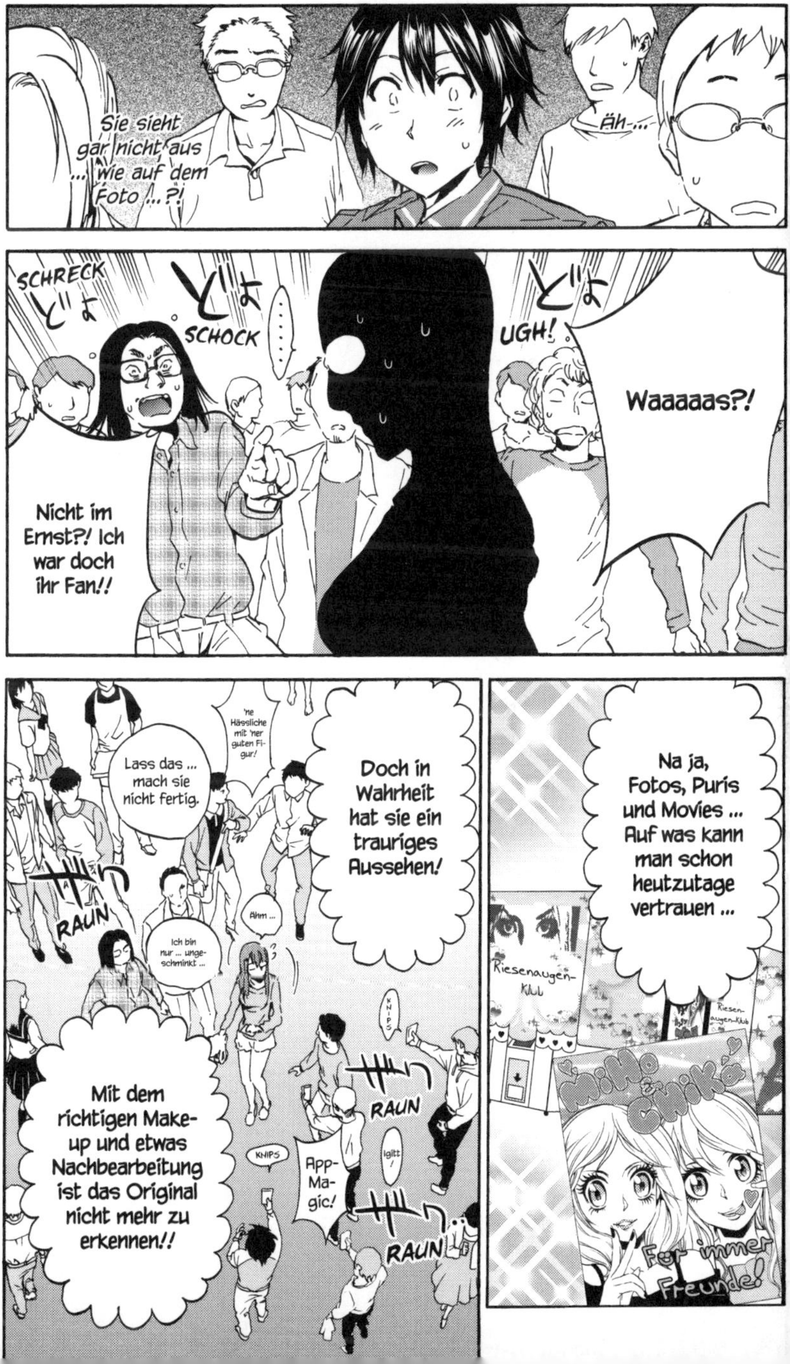

Na ja, Fotos, Puris und Movies ... Auf was kann man schon heutzutage vertrauen ...

Riesenaugen-Klub

Riesenaugen-Klub

MiMo & Chiko

Für immer Freunde!

Doch in Wahrheit hat sie ein trauriges Aussehen!

'ne Hässliche mit 'ner guten Figur!

Lass das ... mach sie nicht fertig.

RAUN

Ähm ...

Ich bin nur ... ungeschminkt ...

KNIPS

RAUN

Igitt!

App-Magic!

KNIPS

RAUN

Mit dem richtigen Make-up und etwas Nachbearbeitung ist das Original nicht mehr zu erkennen!!

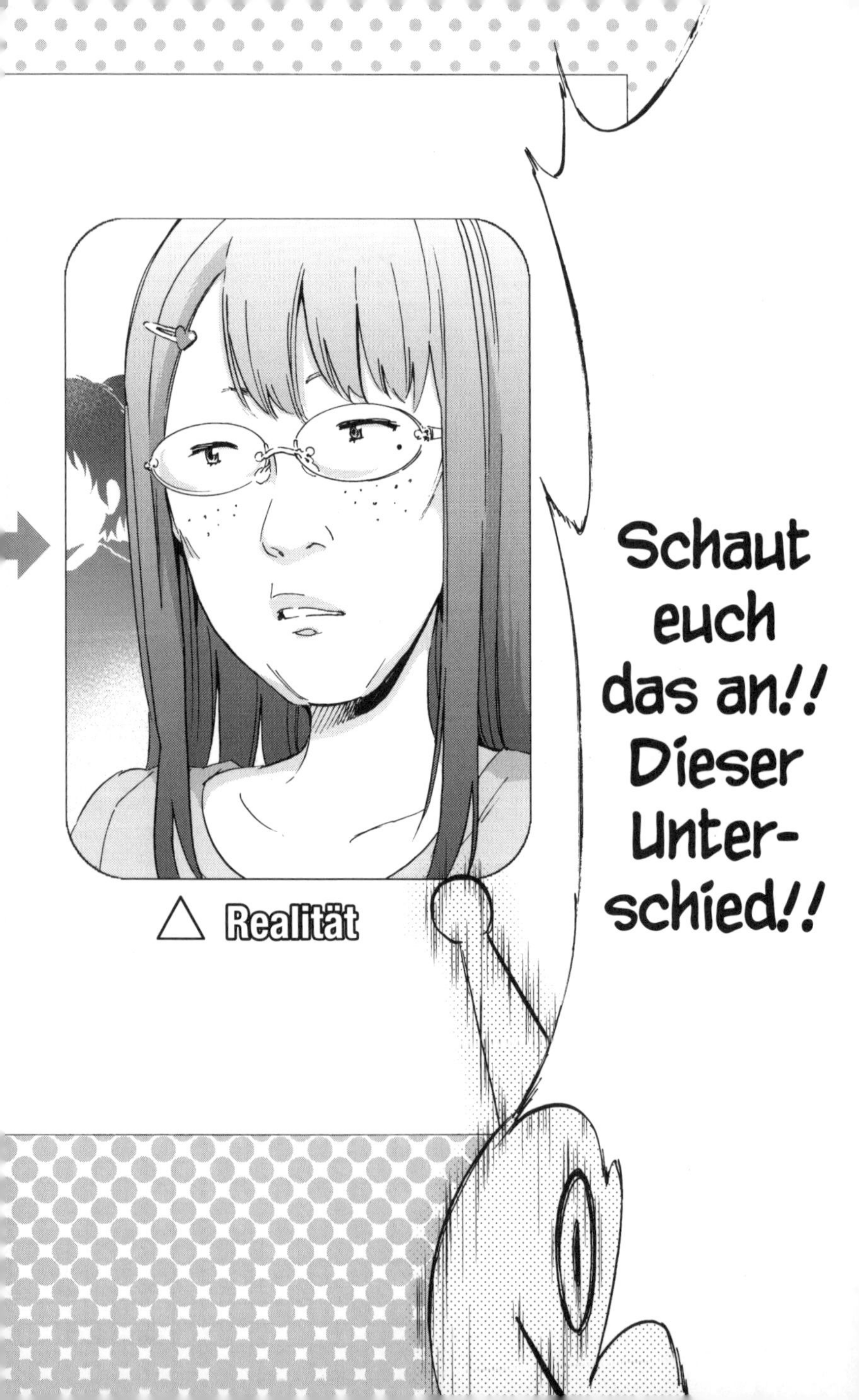
Schaut euch das an!! Dieser Unterschied!!
Realität

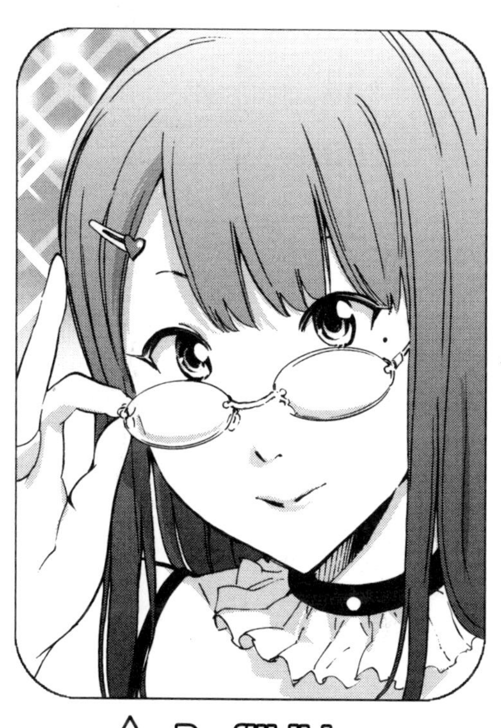

△ Profilbild

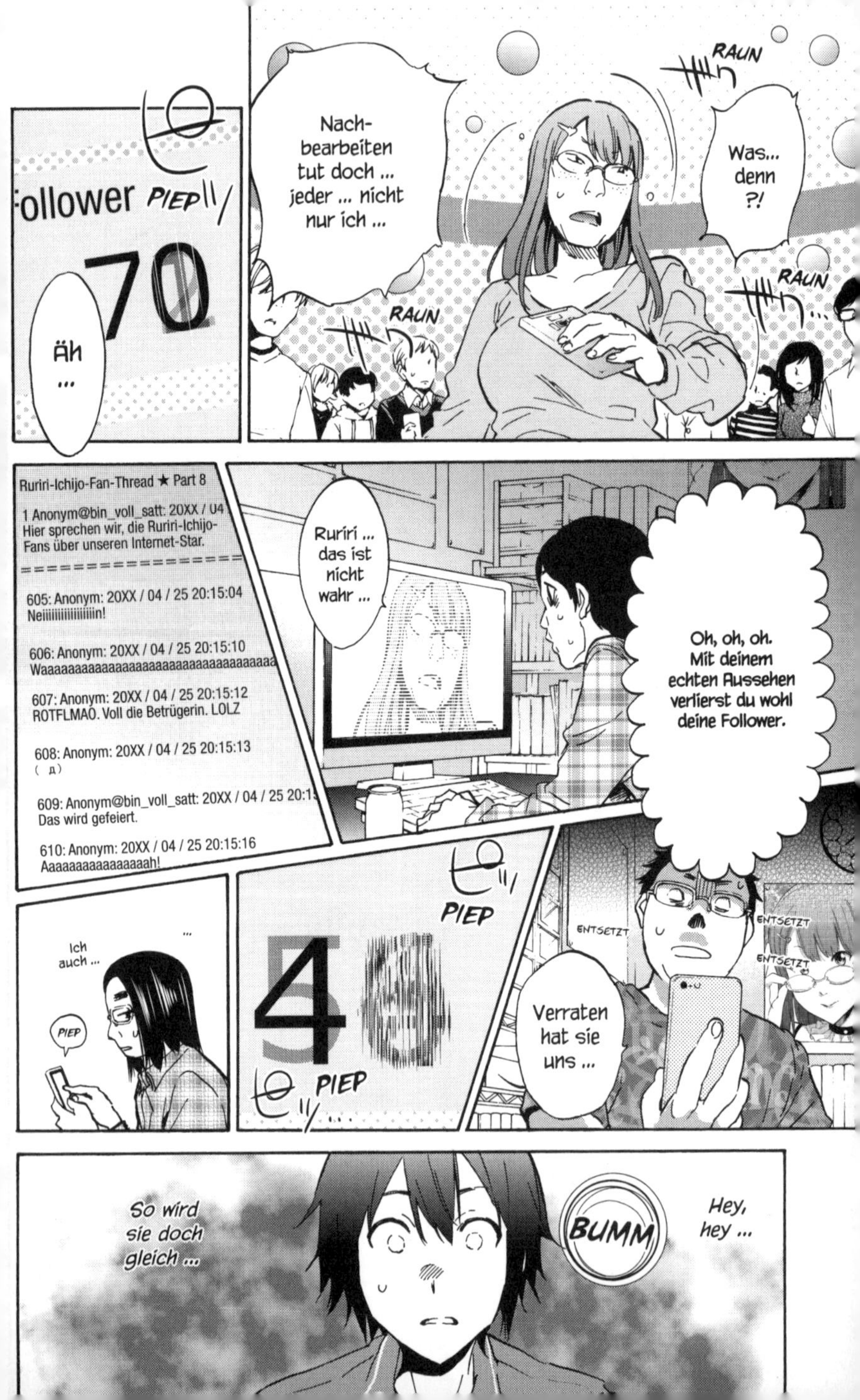

RAUN
Was... denn ?!
RAUN
Nach-bearbeiten tut doch ... jeder ... nicht nur ich ...
RAUN
PIEP
Follower
70
Äh ...

Oh, oh, oh. Mit deinem echten Aussehen verlierst du wohl deine Follower.
Ruriri ... das ist nicht wahr ...

Ruriri-Ichijo-Fan-Thread ★ Part 8

1 Anonym@bin_voll_satt: 20XX / U4
Hier sprechen wir, die Ruriri-Ichijo-Fans über unseren Internet-Star.

==================

605: Anonym: 20XX / 04 / 25 20:15:04
Neiiiiiiiiiiiiiiiin!

606: Anonym: 20XX / 04 / 25 20:15:10
Waaaaaaaaaaaaaaaaaaaaaaaaaaaaaaaaaaa

607: Anonym: 20XX / 04 / 25 20:15:12
ROTFLMAO. Voll die Betrügerin. LOLZ

608: Anonym: 20XX / 04 / 25 20:15:13
(д)

609: Anonym@bin_voll_satt: 20XX / 04 / 25 20:1
Das wird gefeiert.

610: Anonym: 20XX / 04 / 25 20:15:16
Aaaaaaaaaaaaaaaah!

ENTSETZT
ENTSETZT
ENTSETZT
Verraten hat sie uns ...
PIEP
4
PIEP
...
Ich auch ...
PIEP

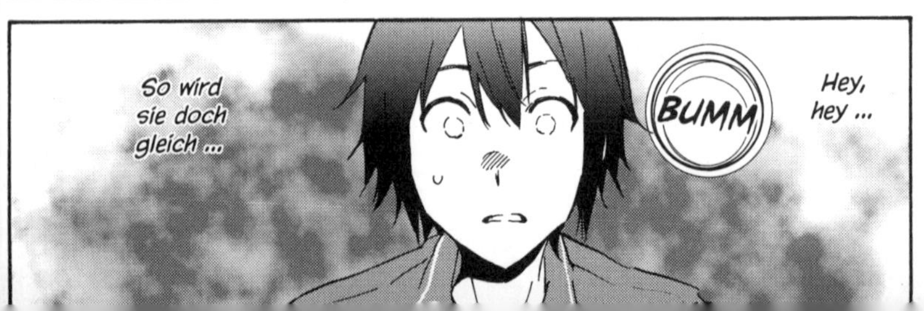

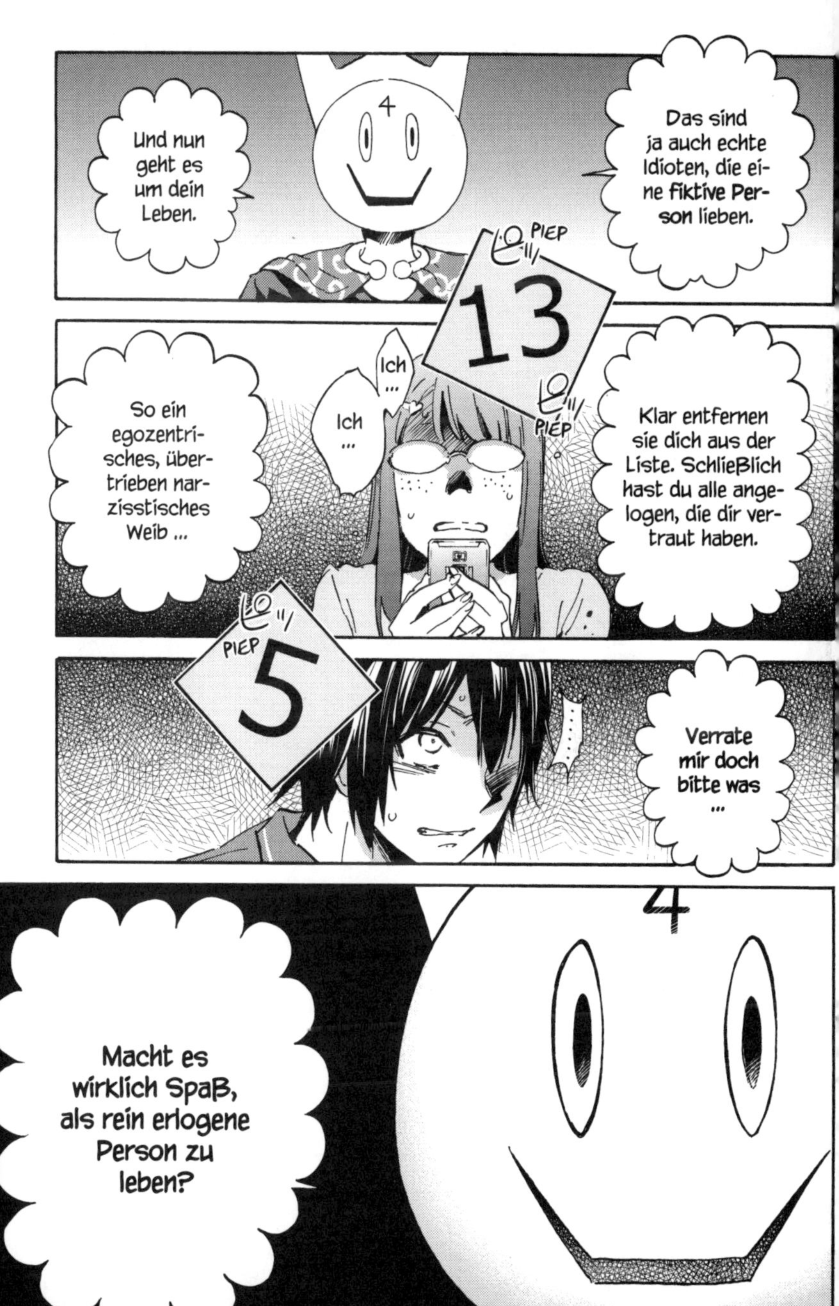

Das sind ja auch echte Idioten, die eine fiktive Person lieben.
Und nun geht es um dein Leben.
PIEP
13
PIEP
Klar entfernen sie dich aus der Liste. Schließlich hast du alle angelogen, die dir vertraut haben.
Ich ...
Ich ...
So ein egozentrisches, übertrieben narzisstisches Weib ...
PIEP
5
Verrate mir doch bitte was ...
Macht es wirklich Spaß, als rein erlogene Person zu leben?

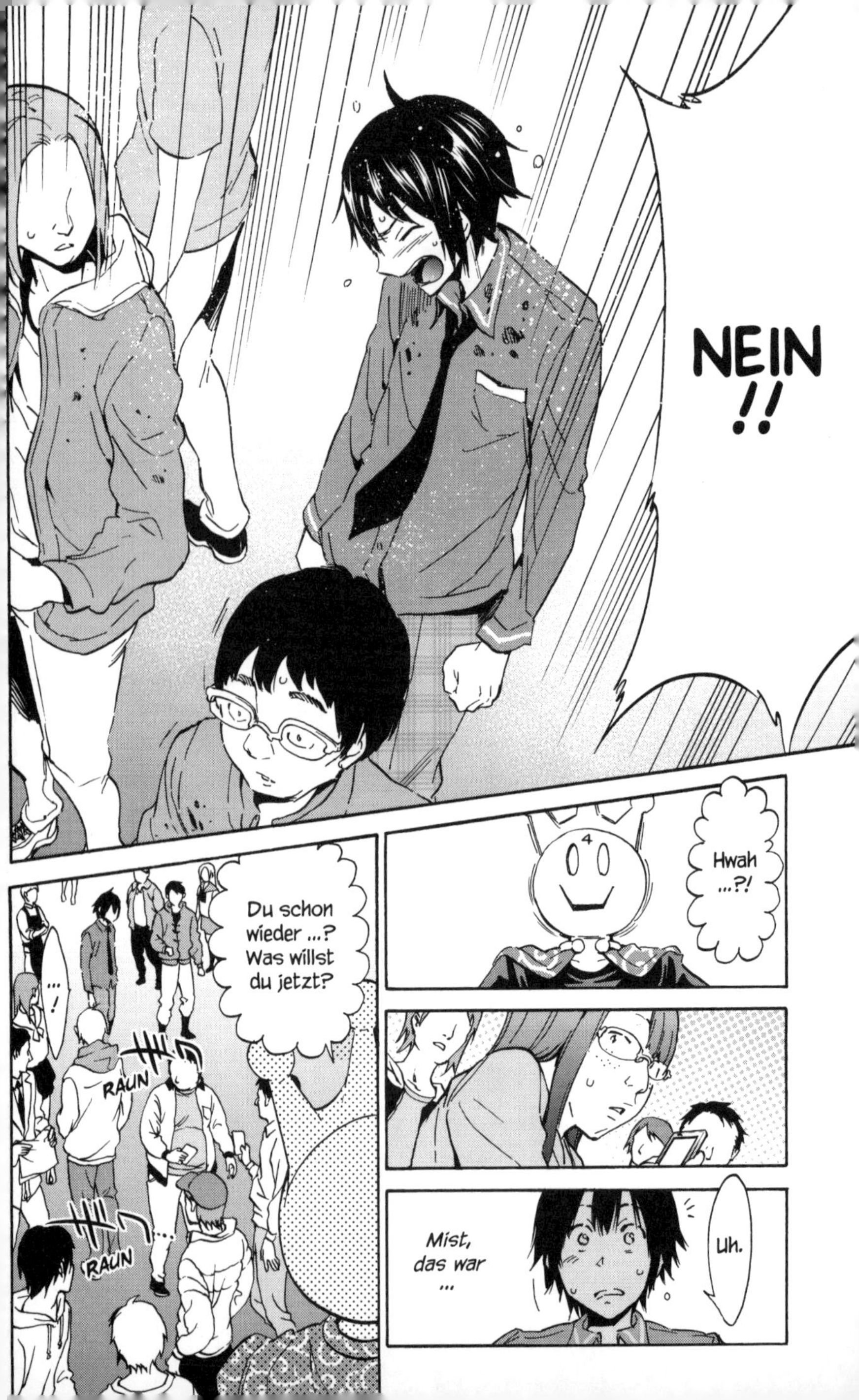
NEIN !!
Hwah ...?!
Uh.
Mist, das war ...
Du schon wieder ...? Was willst du jetzt?
... !
RAUN
RAUN

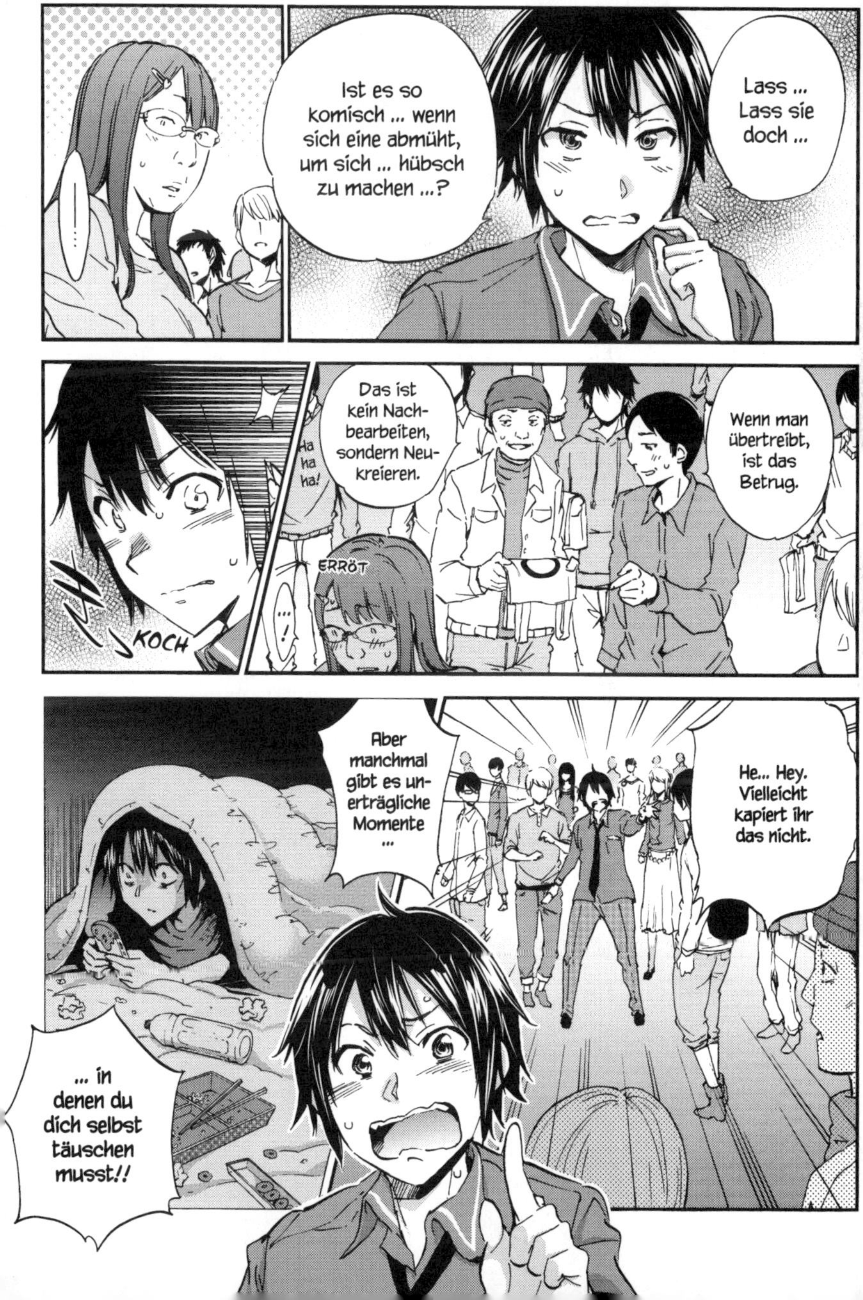

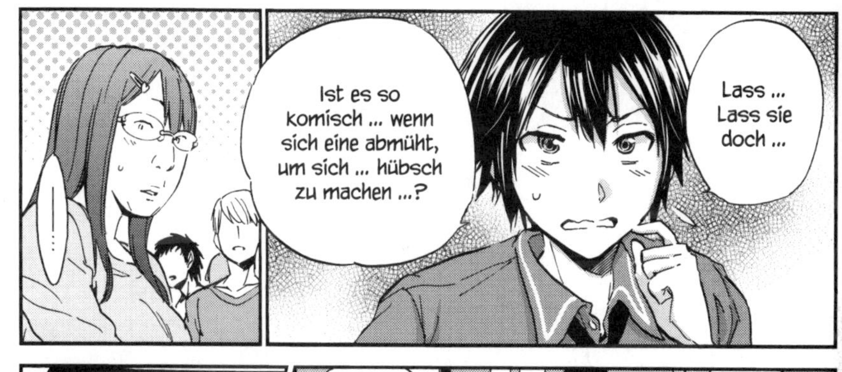
Lass ... Lass sie doch ...
Ist es so komisch ... wenn sich eine abmüht, um sich ... hübsch zu machen ...?
......

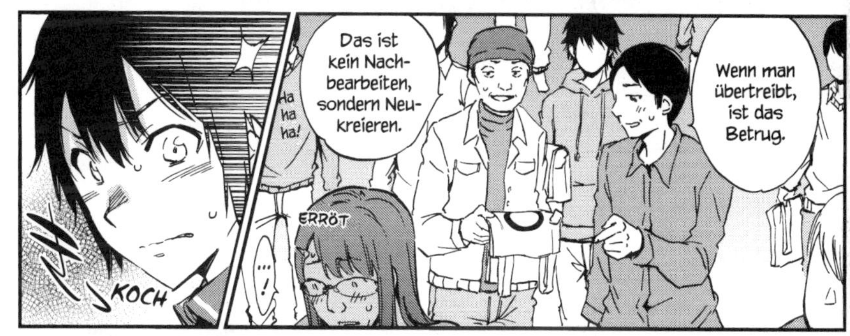
Wenn man übertreibt, ist das Betrug.
Das ist kein Nach-bearbeiten, sondern Neu-kreieren.
Ha ha ha!
ERRÖT
...!
KOCH

He... Hey. Vielleicht kapiert ihr das nicht.
Aber manchmal gibt es un-erträgliche Momente ...
... in denen du dich selbst täuschen musst!!

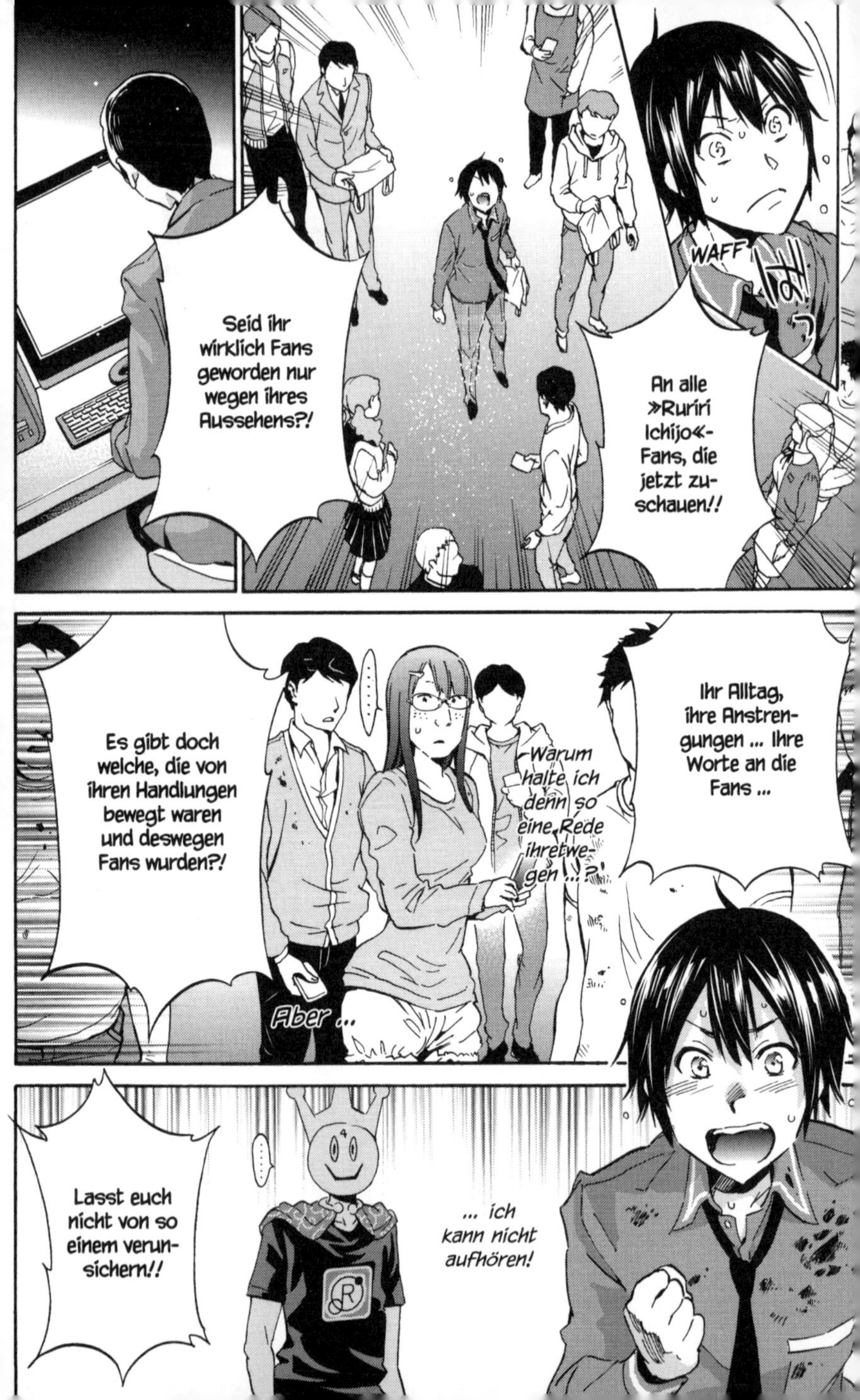

WAFF

An alle »Ruriri Ichijo«-Fans, die jetzt zuschauen!!

Seid ihr wirklich Fans geworden nur wegen ihres Aussehens?!

Ihr Alltag, ihre Anstrengungen ... Ihre Worte an die Fans ...

Warum halte ich denn so eine Rede ihretwegen ...?

Es gibt doch welche, die von ihren Handlungen bewegt waren und deswegen Fans wurden?!

Aber ...

... ich kann nicht aufhören!

Lasst euch nicht von so einem verunsichern!!

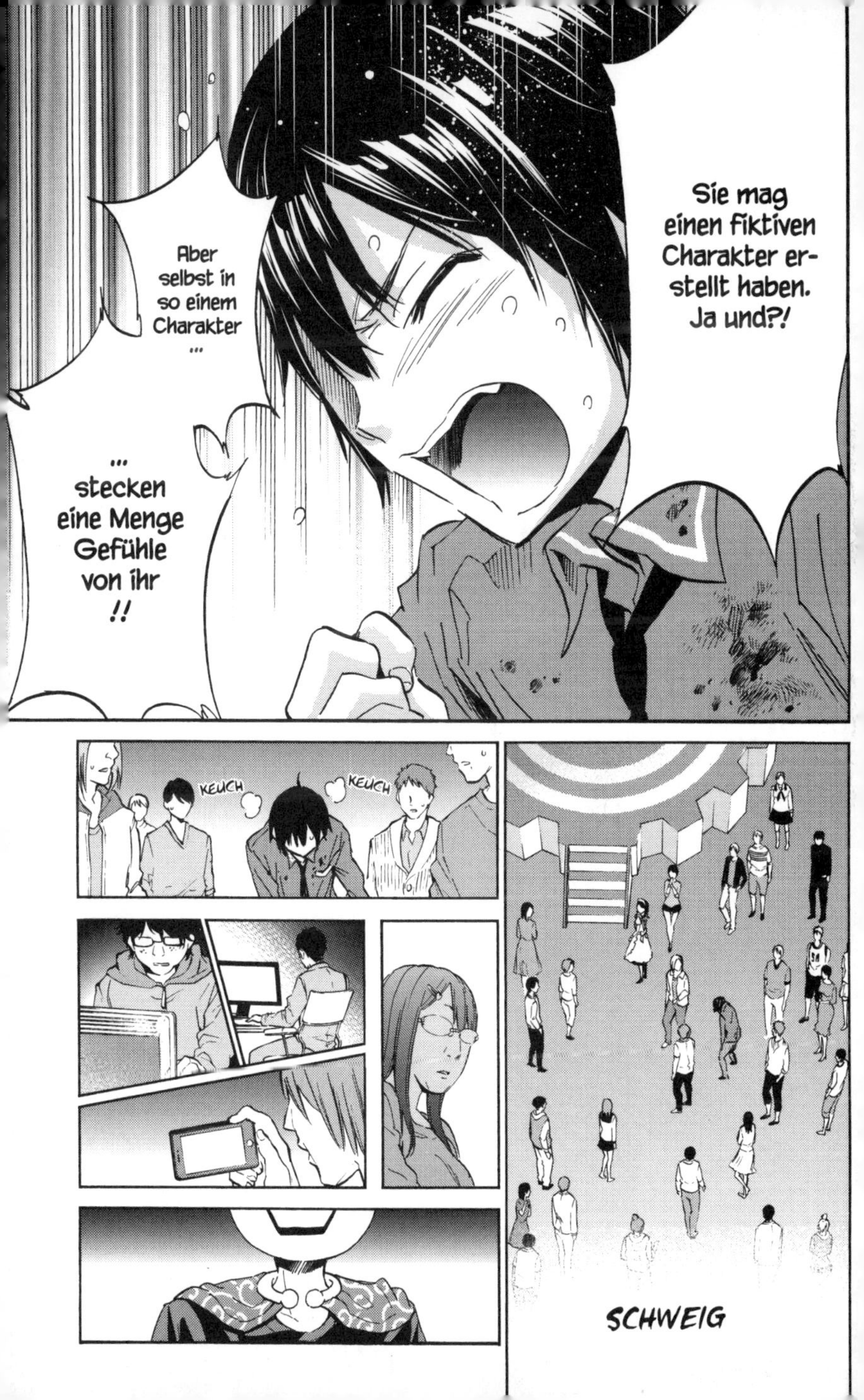

Sie mag einen fiktiven Charakter erstellt haben. Ja und?!

Aber selbst in so einem Charakter ...

... stecken eine Menge Gefühle von ihr !!

KEUCH

KEUCH

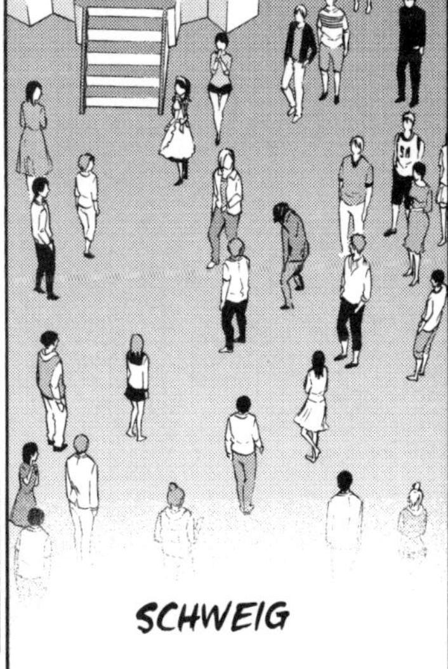

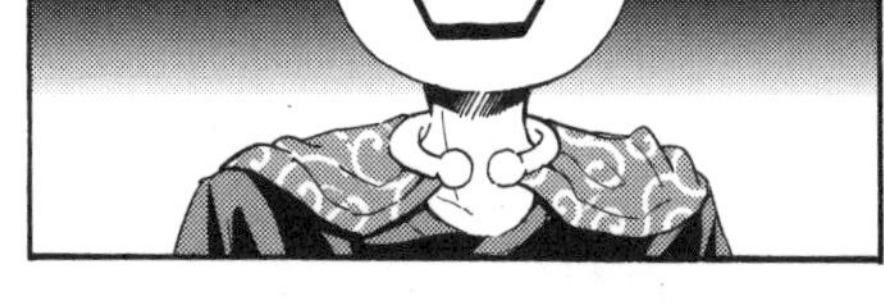

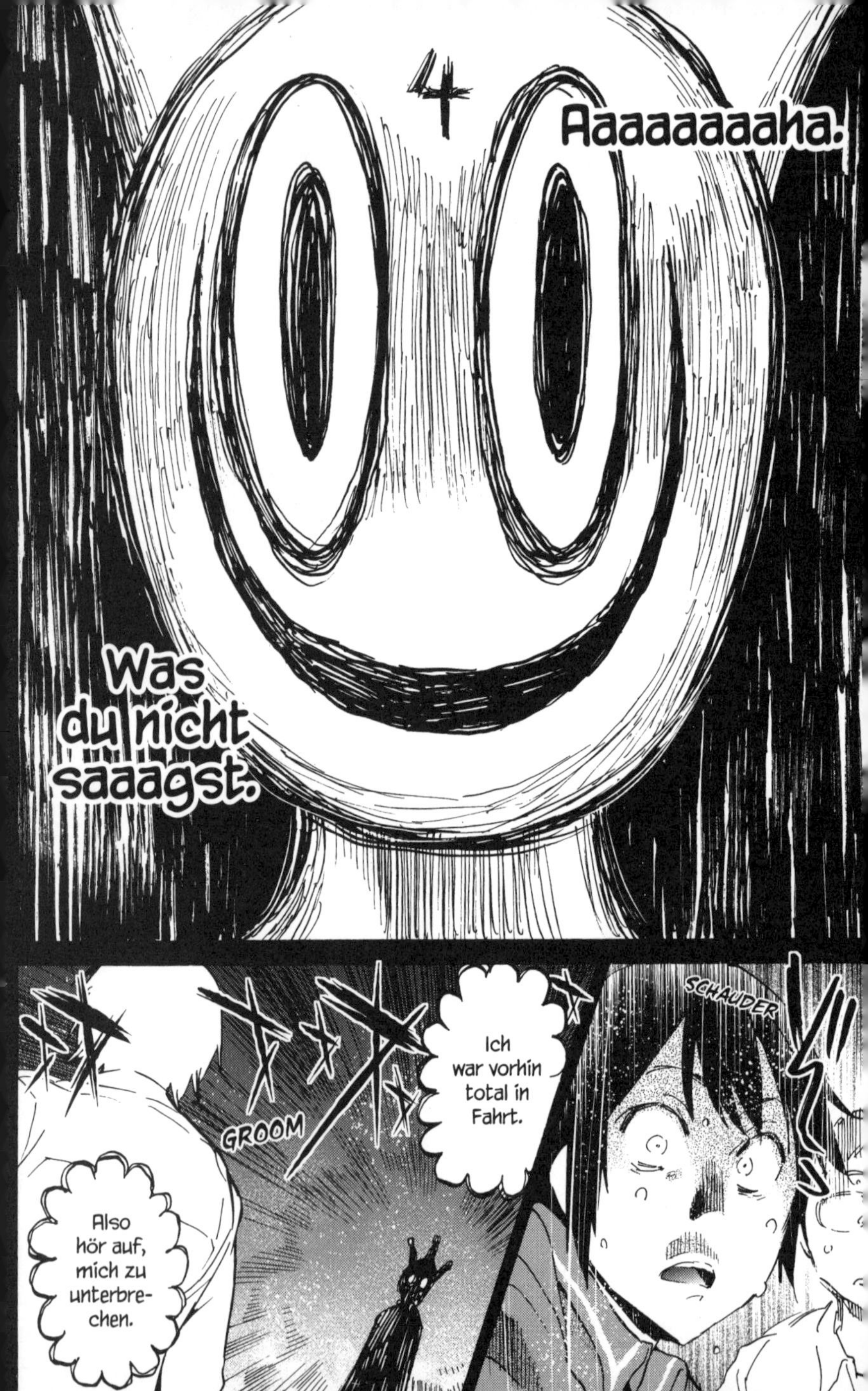
Aaaaaaaaaha.
Was du nicht saaaagst.
SCHAUDER
Ich war vorhin total in Fahrt.
GROOM
Also hör auf, mich zu unterbrechen.

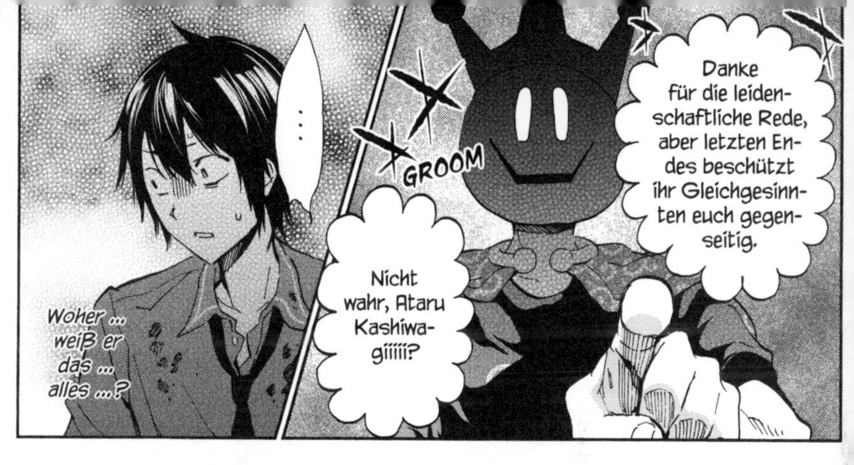
Danke für die leidenschaftliche Rede, aber letzten Endes beschützt ihr Gleichgesinnten euch gegenseitig.
GROOM
...
Nicht wahr, Ataru Kashiwagiiiii?
Woher ... weiß er das ... alles ...?

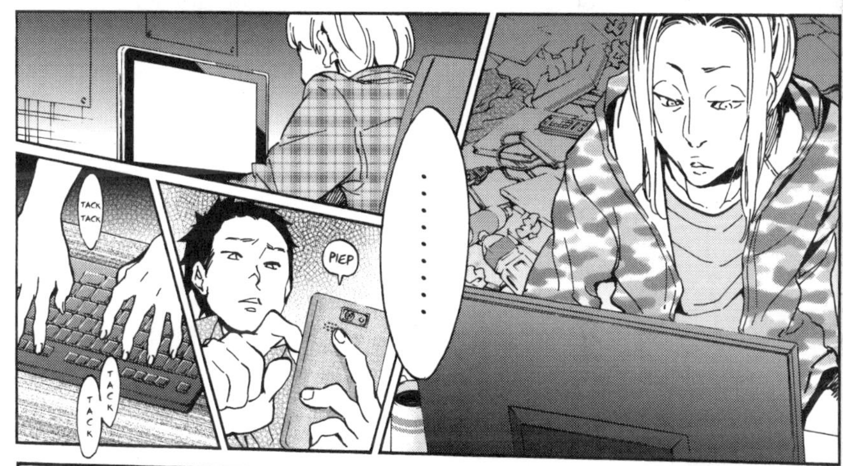
....
PIEP
TACK TACK
TACK TACK

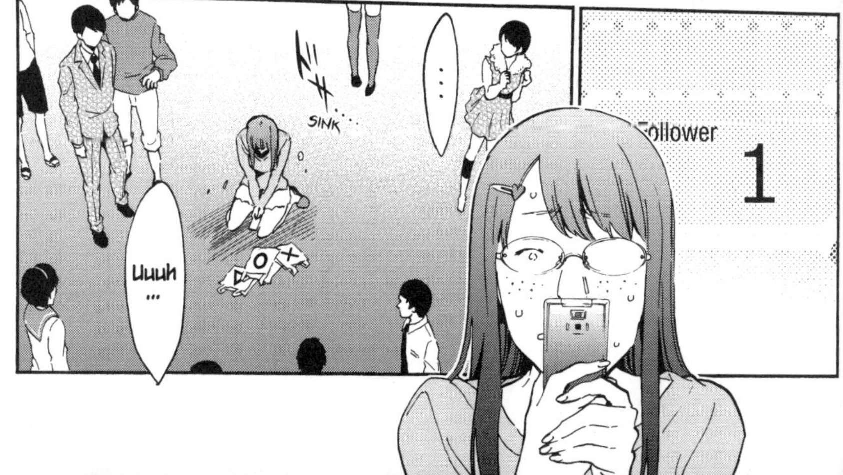
Follower
1
...
SINK...
Uuuh ...

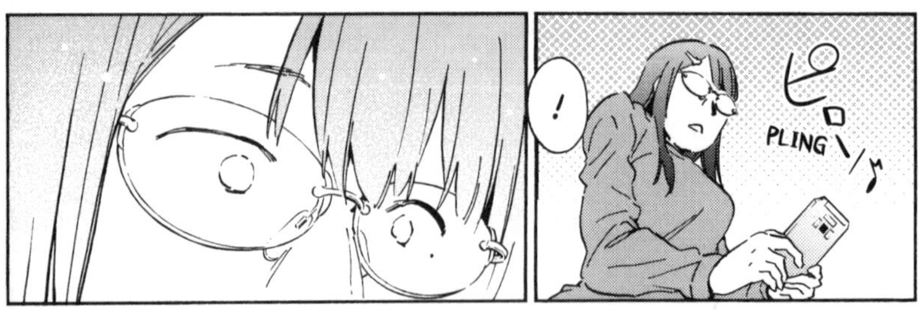

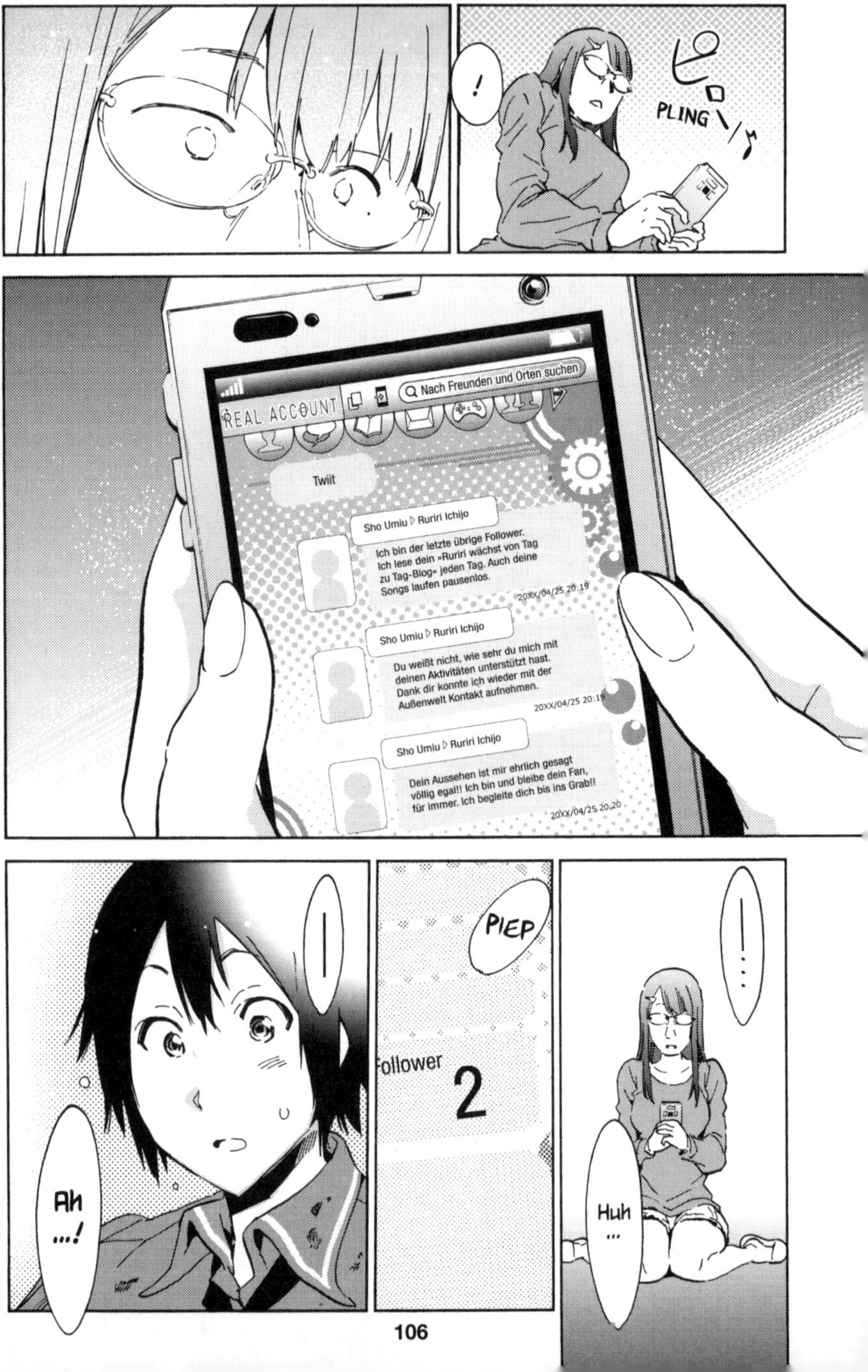

REAL ACCOUNT

Nach Freunden und Orten suchen

Twiit

Sho Umiu ▷ Ruriri Ichijo

Ich bin der letzte übrige Follower. Ich lese dein »Ruriri wächst von Tag zu Tag-Blog« jeden Tag. Auch deine Songs laufen pausenlos.

20XX/04/25 20:19

Sho Umiu ▷ Ruriri Ichijo

Du weißt nicht, wie sehr du mich mit deinen Aktivitäten unterstützt hast. Dank dir konnte ich wieder mit der Außenwelt Kontakt aufnehmen.

20XX/04/25 20:19

Sho Umiu ▷ Ruriri Ichijo

Dein Aussehen ist mir ehrlich gesagt völlig egal!! Ich bin und bleibe dein Fan, für immer. Ich begleite dich bis ins Grab!!

20XX/04/25 20:20

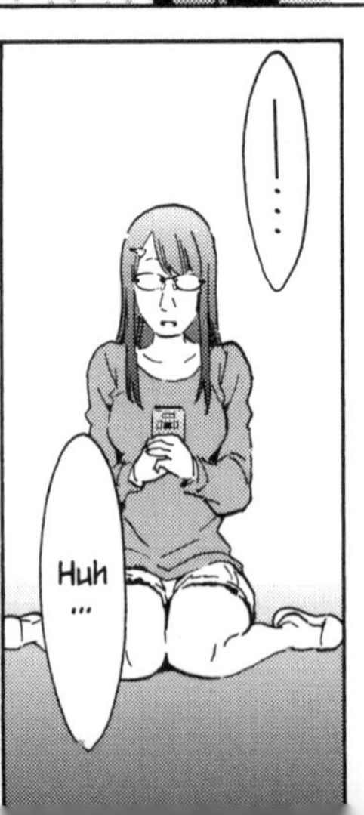

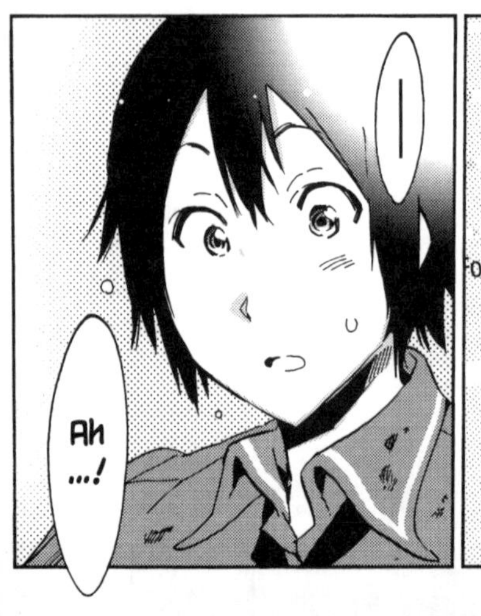

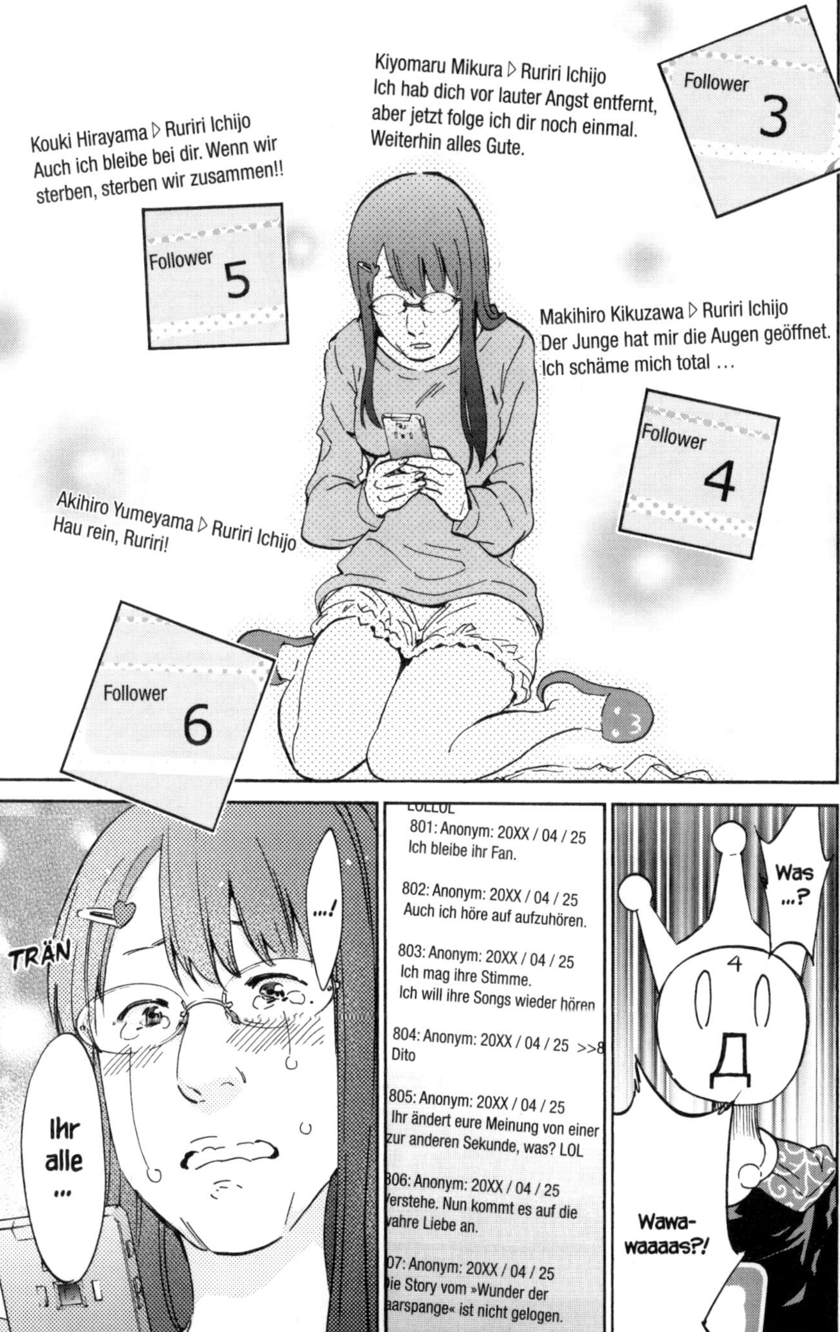
Kiyomaru Mikura ▷ Ruriri Ichijo
Ich hab dich vor lauter Angst entfernt, aber jetzt folge ich dir noch einmal. Weiterhin alles Gute.
Follower 3
Kouki Hirayama ▷ Ruriri Ichijo
Auch ich bleibe bei dir. Wenn wir sterben, sterben wir zusammen!!
Follower 5
Makihiro Kikuzawa ▷ Ruriri Ichijo
Der Junge hat mir die Augen geöffnet. Ich schäme mich total …
Follower 4
Akihiro Yumeyama ▷ Ruriri Ichijo
Hau rein, Ruriri!
Follower 6
Was …?
Wawa-waaaas?!
801: Anonym: 20XX / 04 / 25
Ich bleibe ihr Fan.
802: Anonym: 20XX / 04 / 25
Auch ich höre auf aufzuhören.
803: Anonym: 20XX / 04 / 25
Ich mag ihre Stimme.
Ich will ihre Songs wieder hören
804: Anonym: 20XX / 04 / 25 >>8
Dito
805: Anonym: 20XX / 04 / 25
Ihr ändert eure Meinung von einer zur anderen Sekunde, was? LOL
806: Anonym: 20XX / 04 / 25
Verstehe. Nun kommt es auf die wahre Liebe an.
07: Anonym: 20XX / 04 / 25
ie Story vom »Wunder der aarspange« ist nicht gelogen.
8: Anonym: 20XX / 04 / 25
…!
TRÄN
Ihr alle …

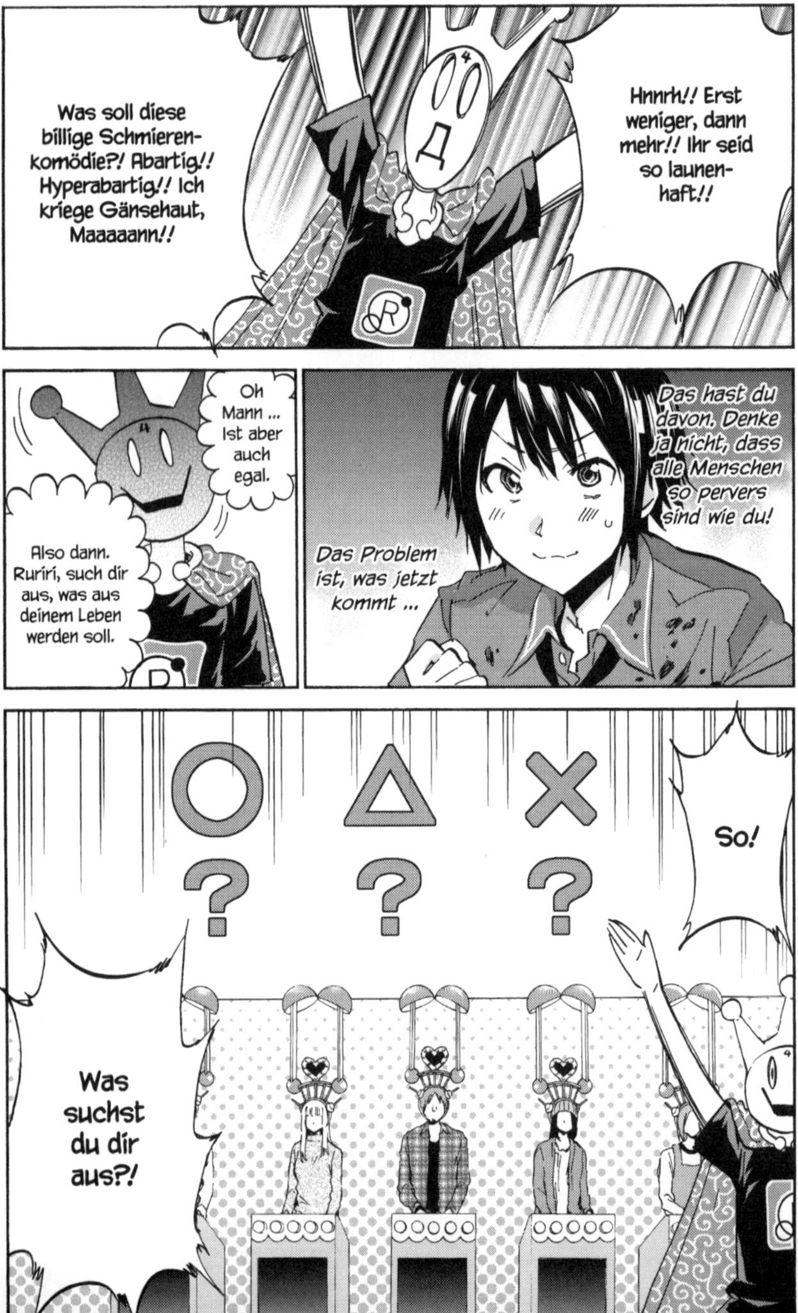

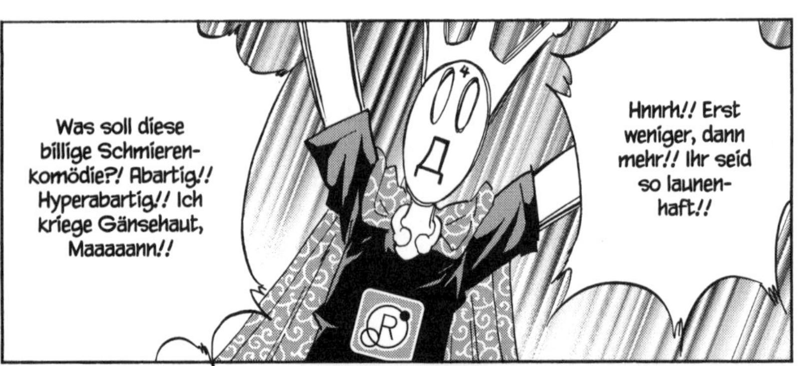

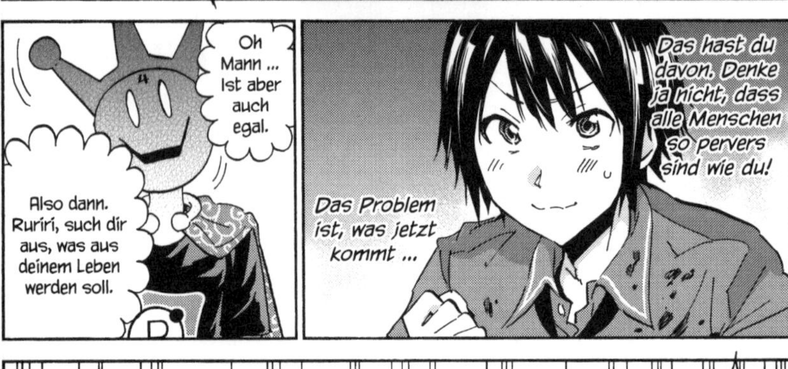

So!

Was suchst du dir aus?!

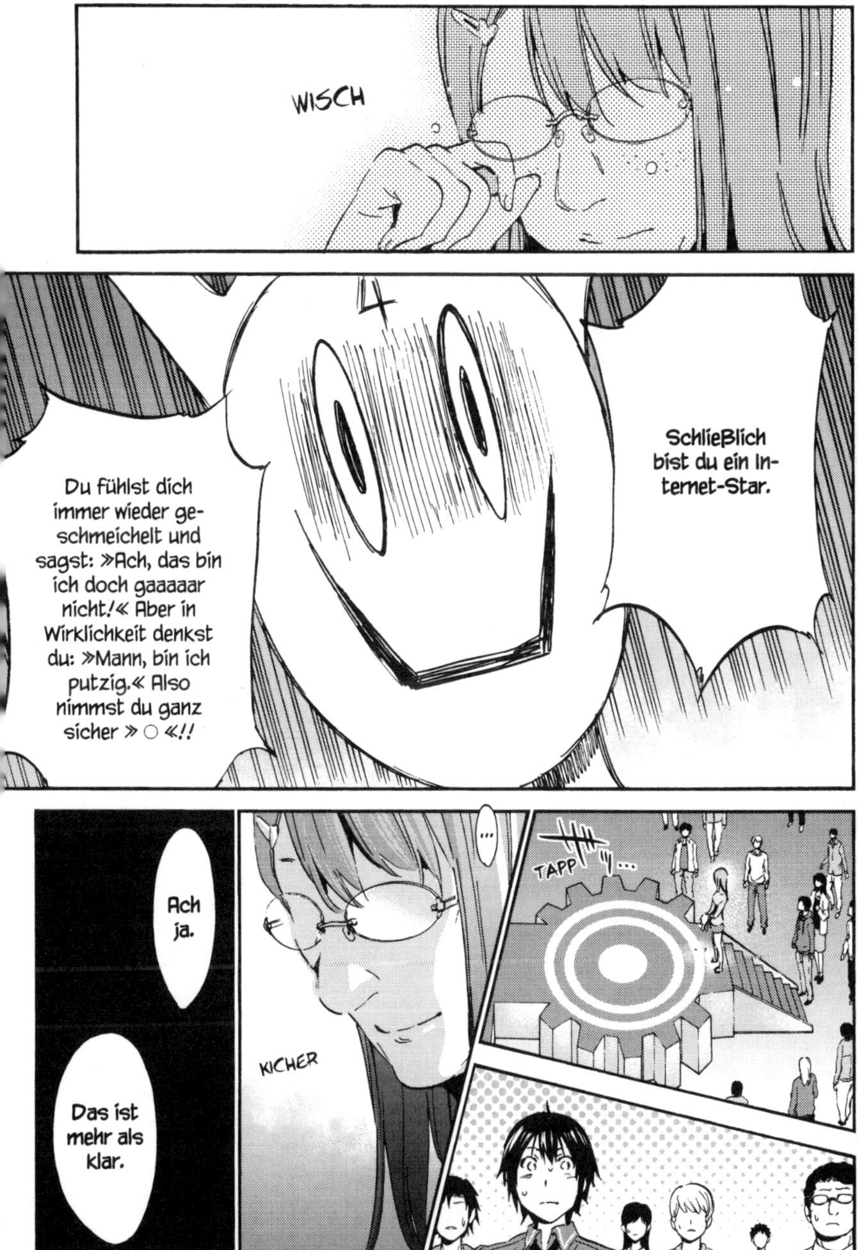

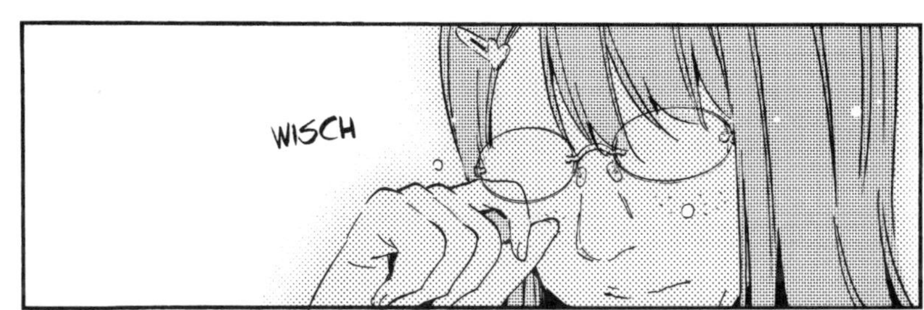

Schließlich bist du ein Internet-Star.

Du fühlst dich immer wieder geschmeichelt und sagst: »Ach, das bin ich doch gaaaaar nicht!« Aber in Wirklichkeit denkst du: »Mann, bin ich putzig.« Also nimmst du ganz sicher » ○ «!!

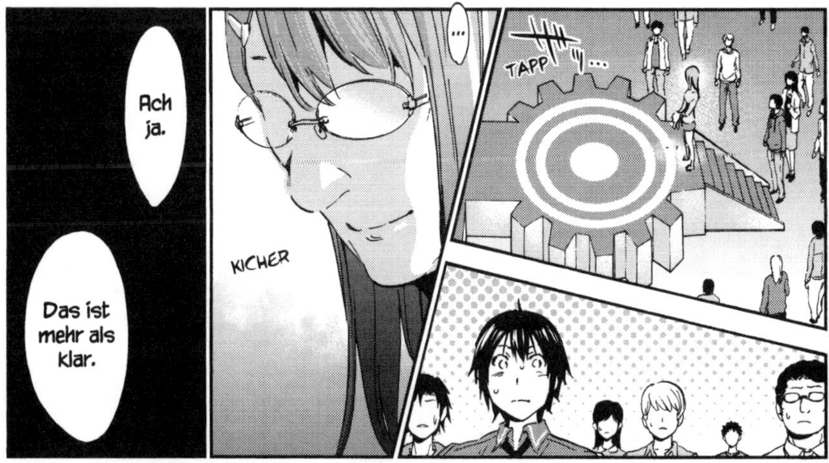

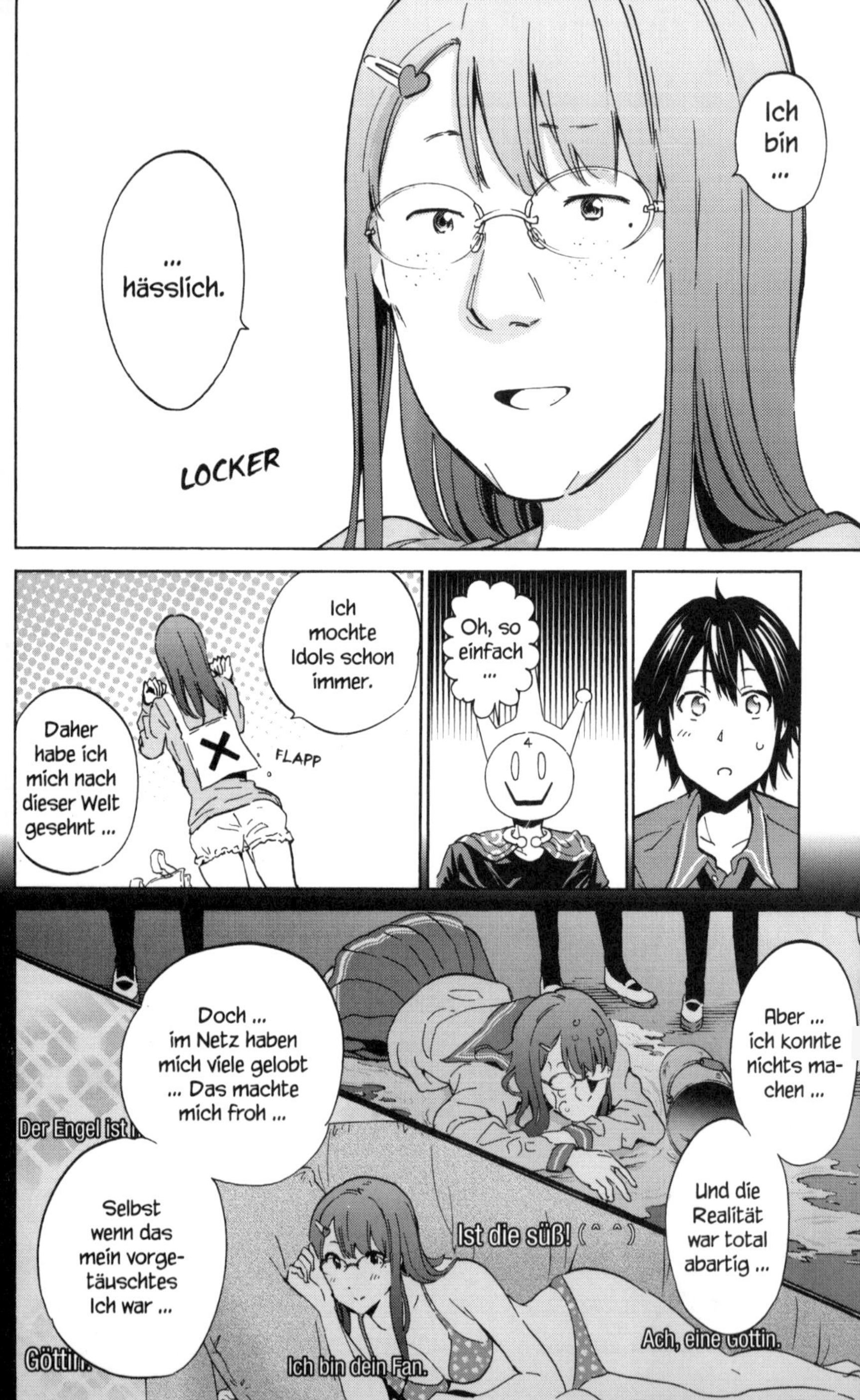
Ich bin ...
... hässlich.
LOCKER
Oh, so einfach ...
Ich mochte Idols schon immer.
FLAPP
Daher habe ich mich nach dieser Welt gesehnt ...
Aber ... ich konnte nichts machen ...
Und die Realität war total abartig ...
Doch ... im Netz haben mich viele gelobt ... Das machte mich froh ...
Selbst wenn das mein vorgetäuschtes Ich war ...
Der Engel ist
Ist die süß! (^ ^)
Ach, eine Göttin.
Ich bin dein Fan.
Göttin.

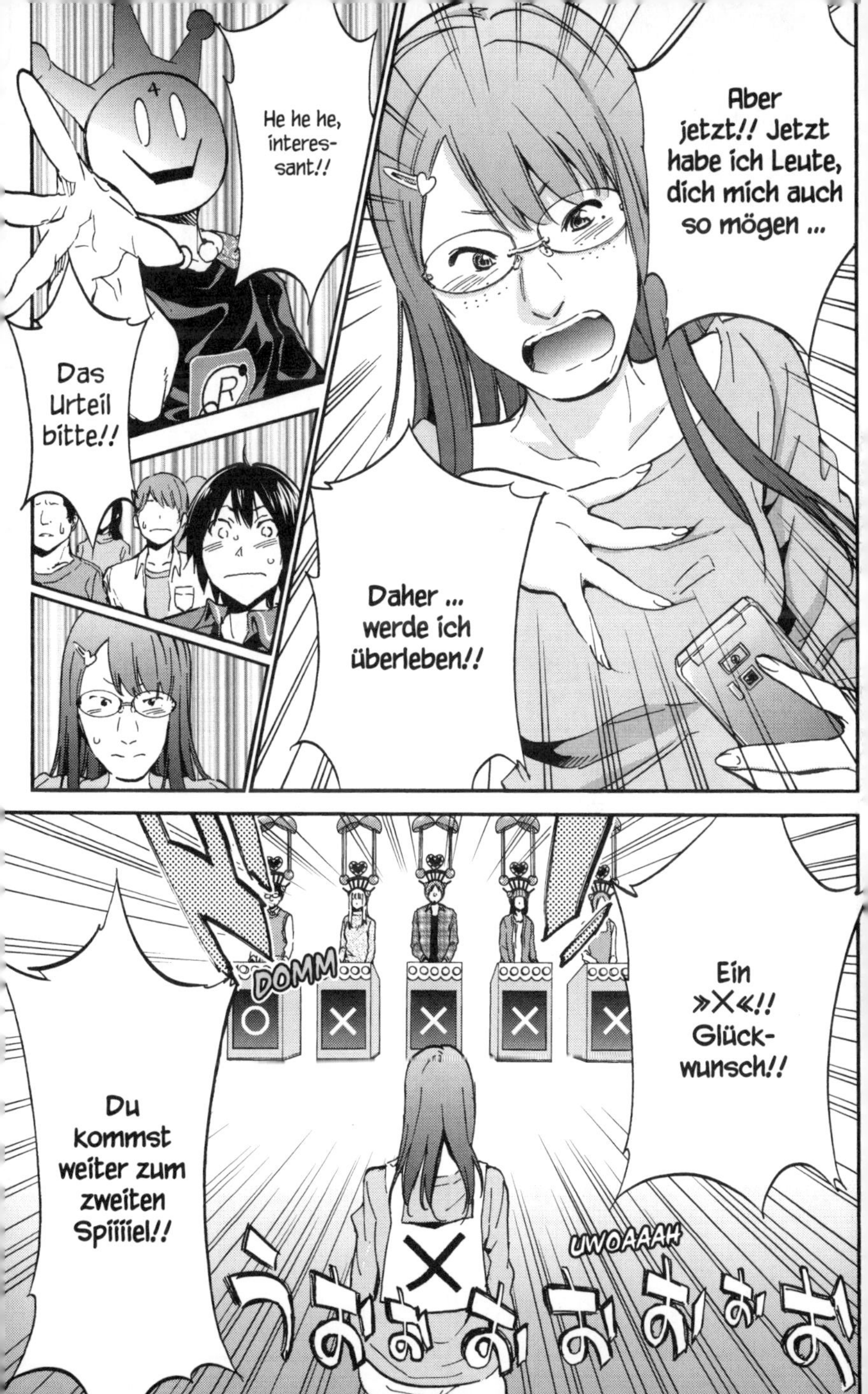
Aber jetzt!! Jetzt habe ich Leute, dich mich auch so mögen ...
Daher ... werde ich überleben!!
He he he, interes-sant!!
Das Urteil bitte!!
DOMM
Ein »X«!! Glück-wunsch!!
Du kommst weiter zum zweiten Spiiiiel!!
UWOAAAH

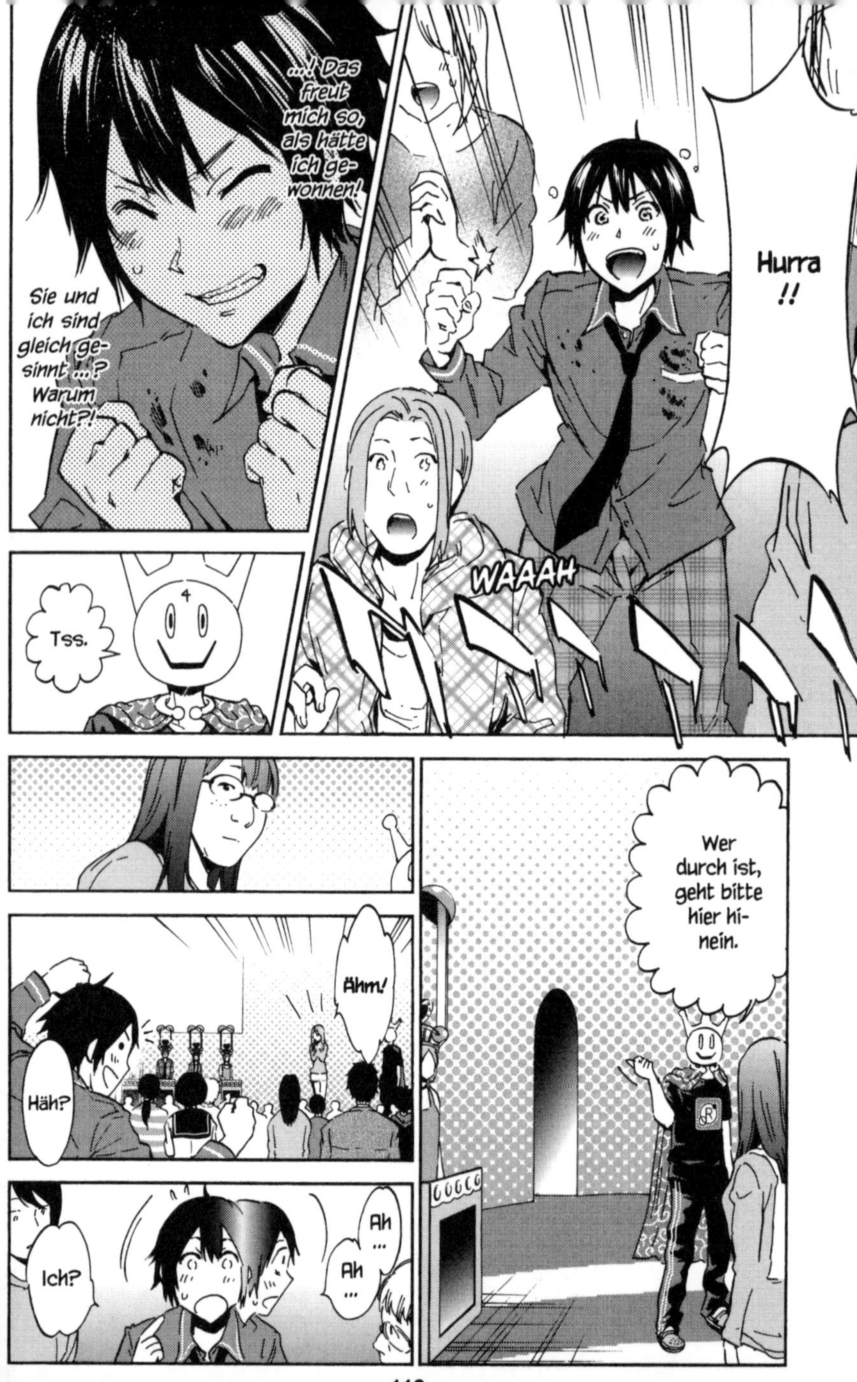
Hurra !!
WAAAH
...! Das freut mich so, als hätte ich gewonnen!
Sie und ich sind gleich gesinnt ...? Warum nicht?!
Tss.
Wer durch ist, geht bitte hier hinein.
Ähm!
Häh?
Ah ...
Ah ...
Ich?

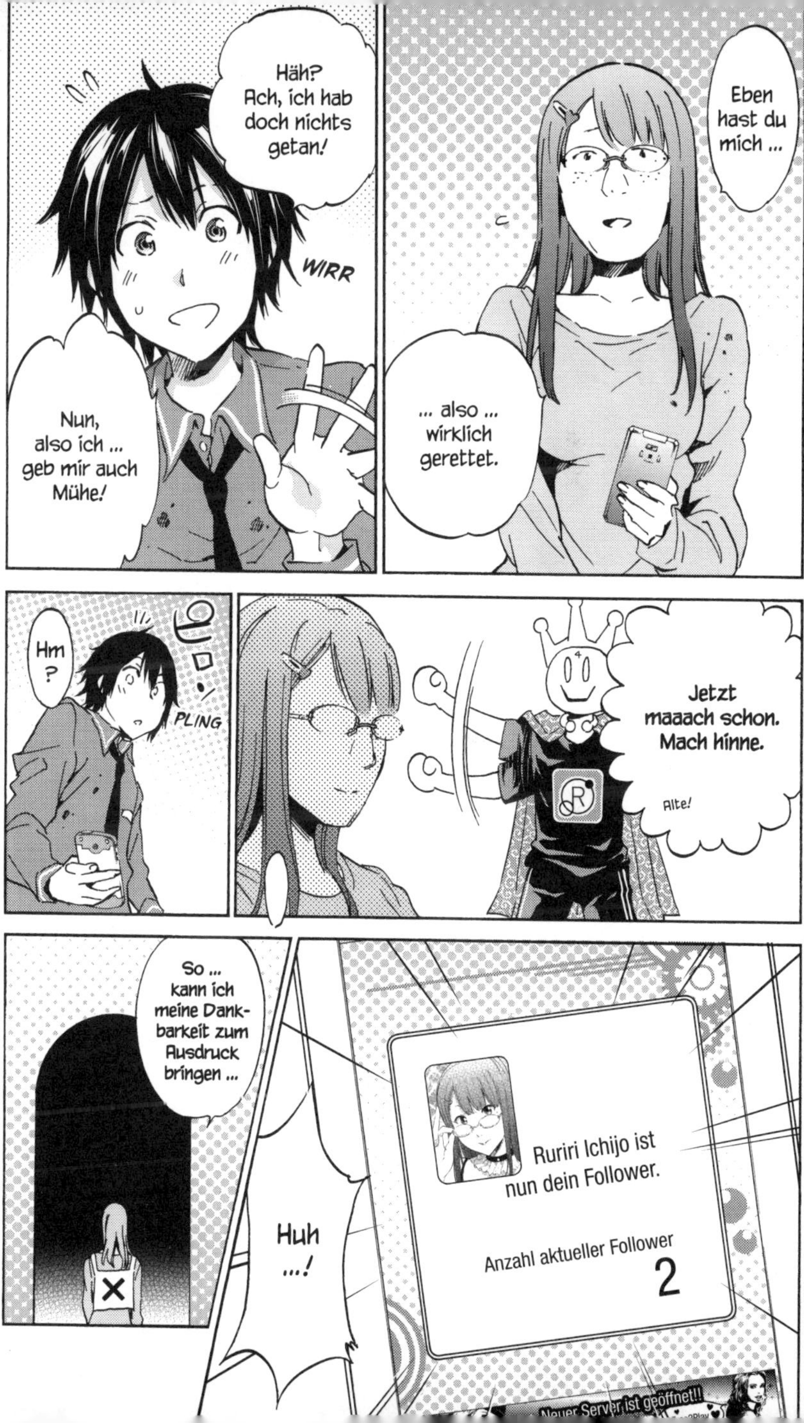

Eben hast du mich ...
... also ... wirklich gerettet.
Häh? Ach, ich hab doch nichts getan!
WIRR
Nun, also ich ... geb mir auch Mühe!
Jetzt maaach schon. Mach hinne.
Alte!
Hm ?
PLING

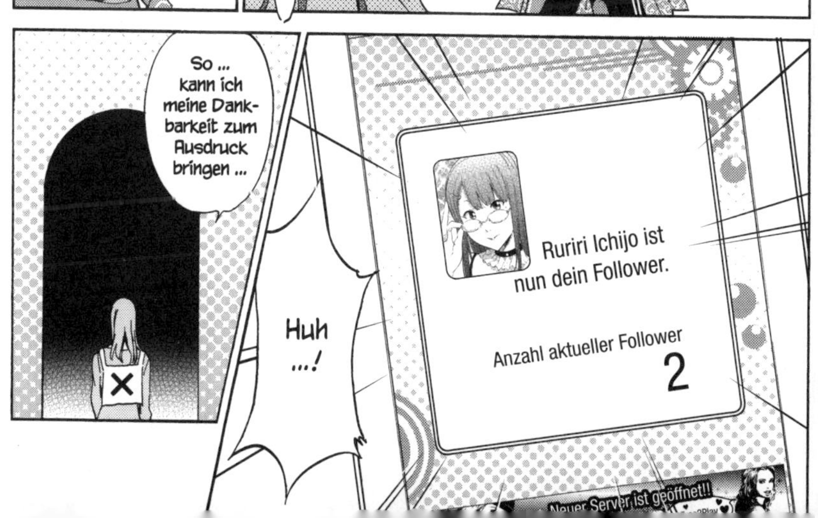

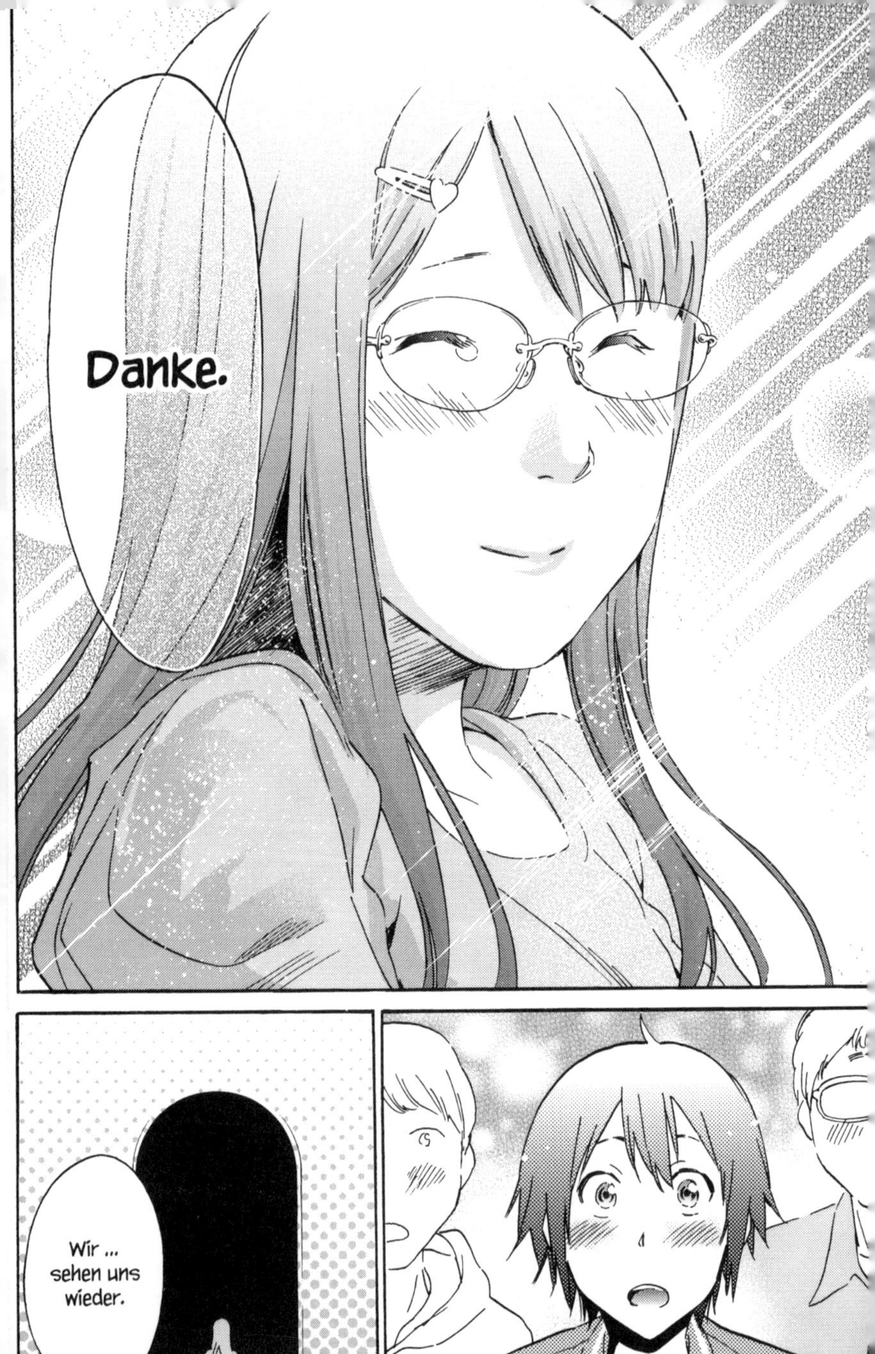
Danke.
Wir ... sehen uns wieder.

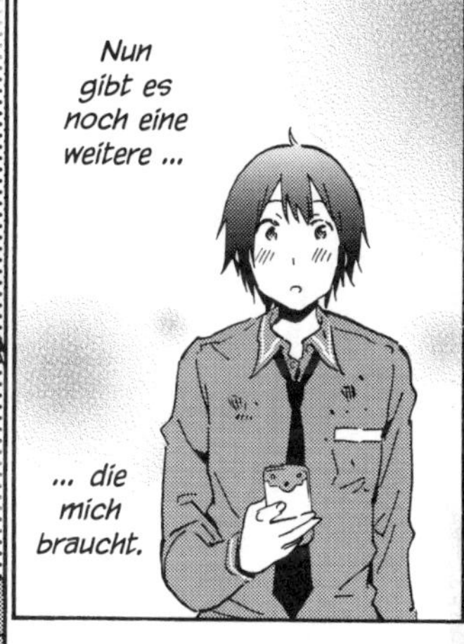
Nun gibt es noch eine weitere ...
... die mich braucht.

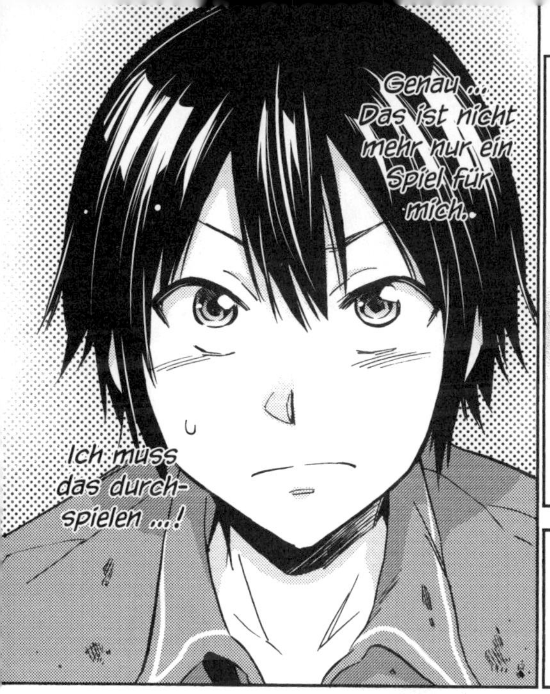
Genau ... Das ist nicht mehr nur ein Spiel für mich.
Ich muss das durch-spielen ...!

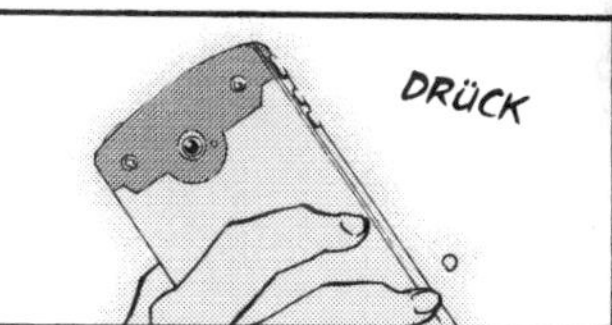
DRÜCK

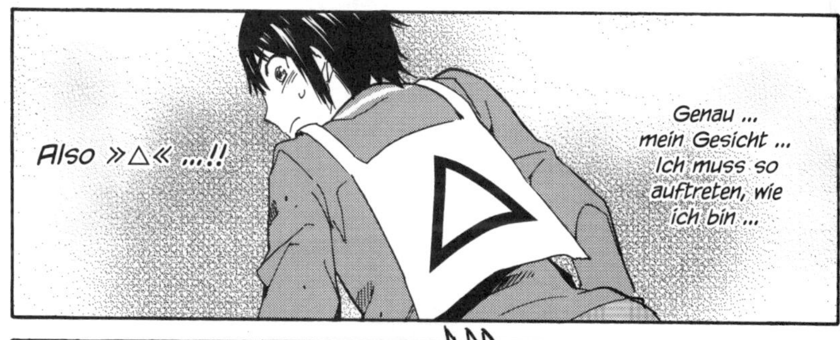
Genau ... mein Gesicht ... Ich muss so auftreten, wie ich bin ...
Also »△« ...!!

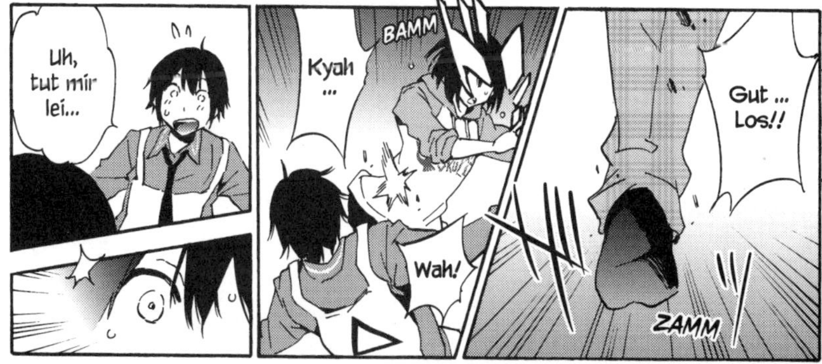
Gut ... Los!!
ZAMM
BAMM
Kyah ...
Wah!
Uh, tut mir lei...

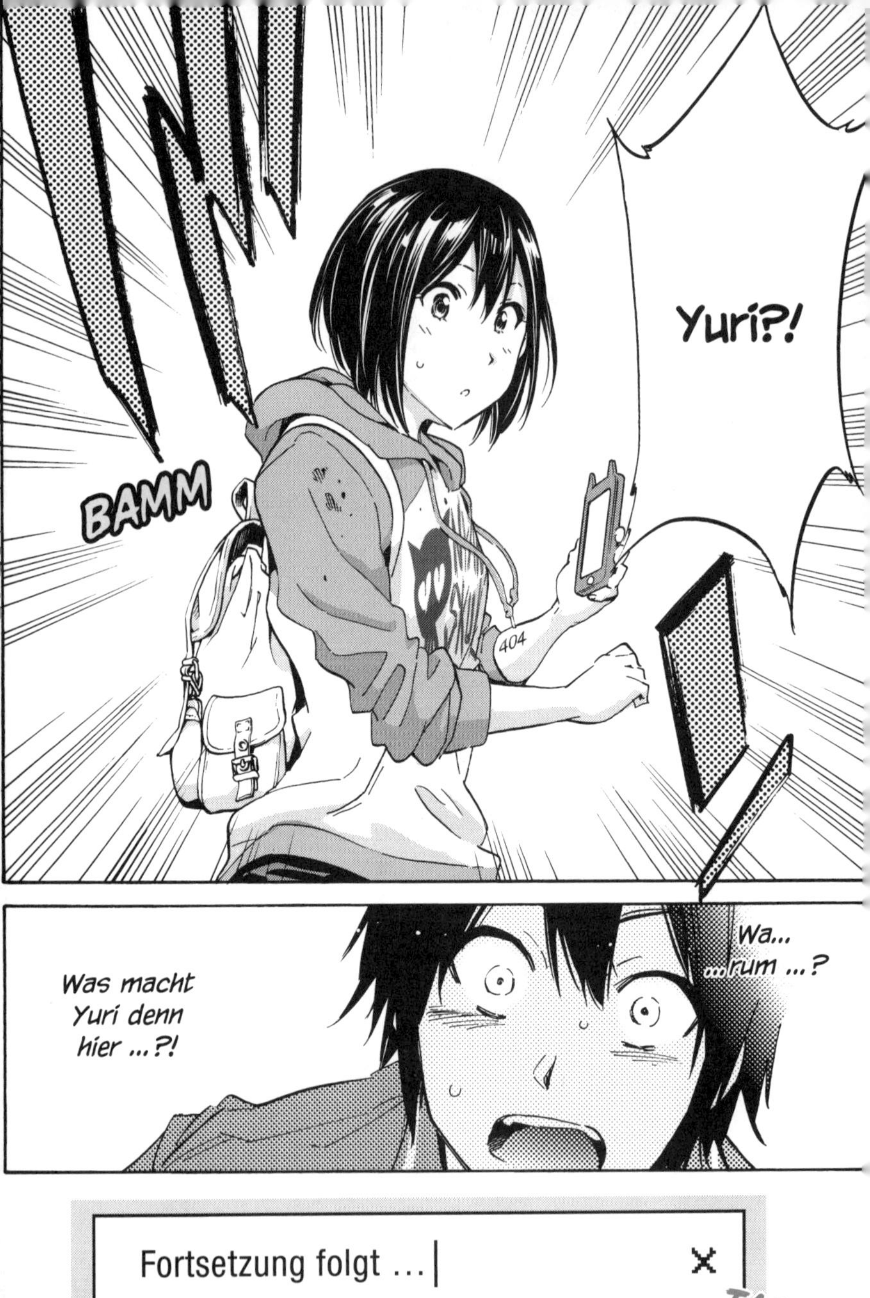

Yuri?!

BAMM

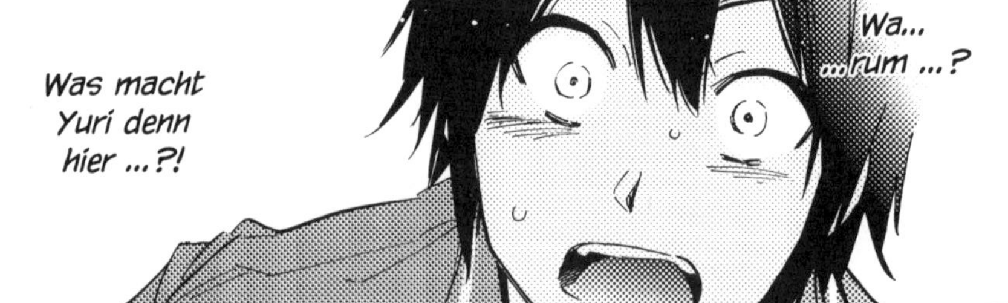

Fortsetzung folgt …

TACK

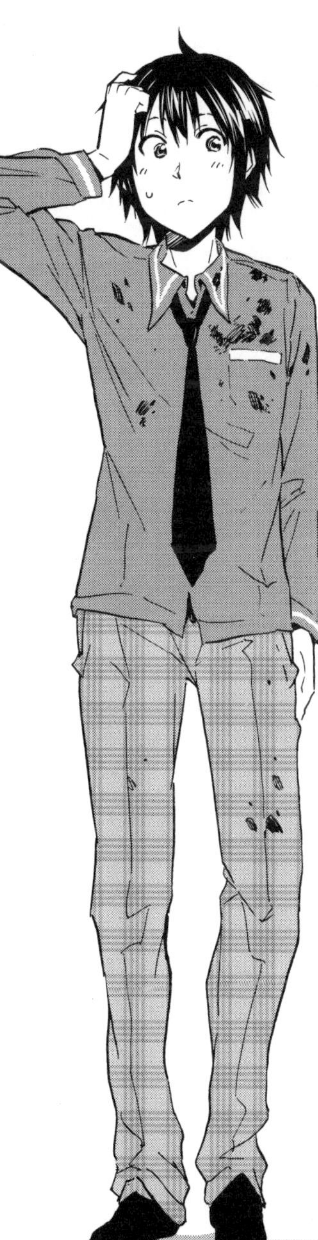

Kapitel 3: No Answer (2)

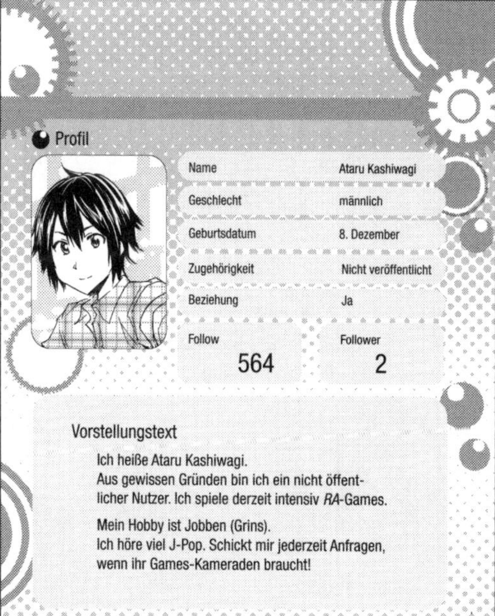

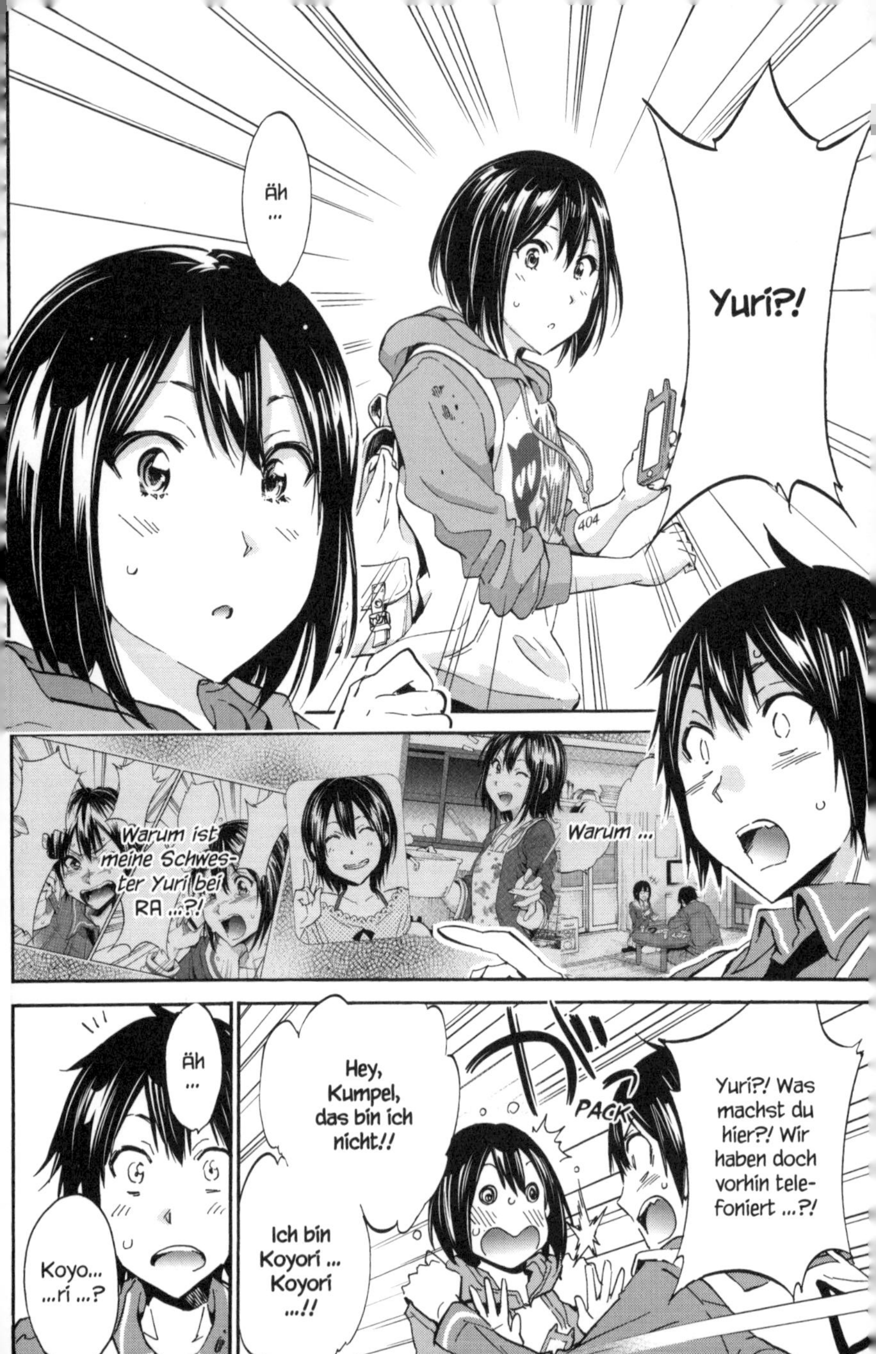

Yuri?!
Äh …
Warum …
Warum ist meine Schwester Yuri bei RA …?!
Yuri?! Was machst du hier?! Wir haben doch vorhin telefoniert …?!
PACK
Hey, Kumpel, das bin ich nicht!!
Ich bin Koyori … Koyori …!!
Äh …
Koyo… …ri …?

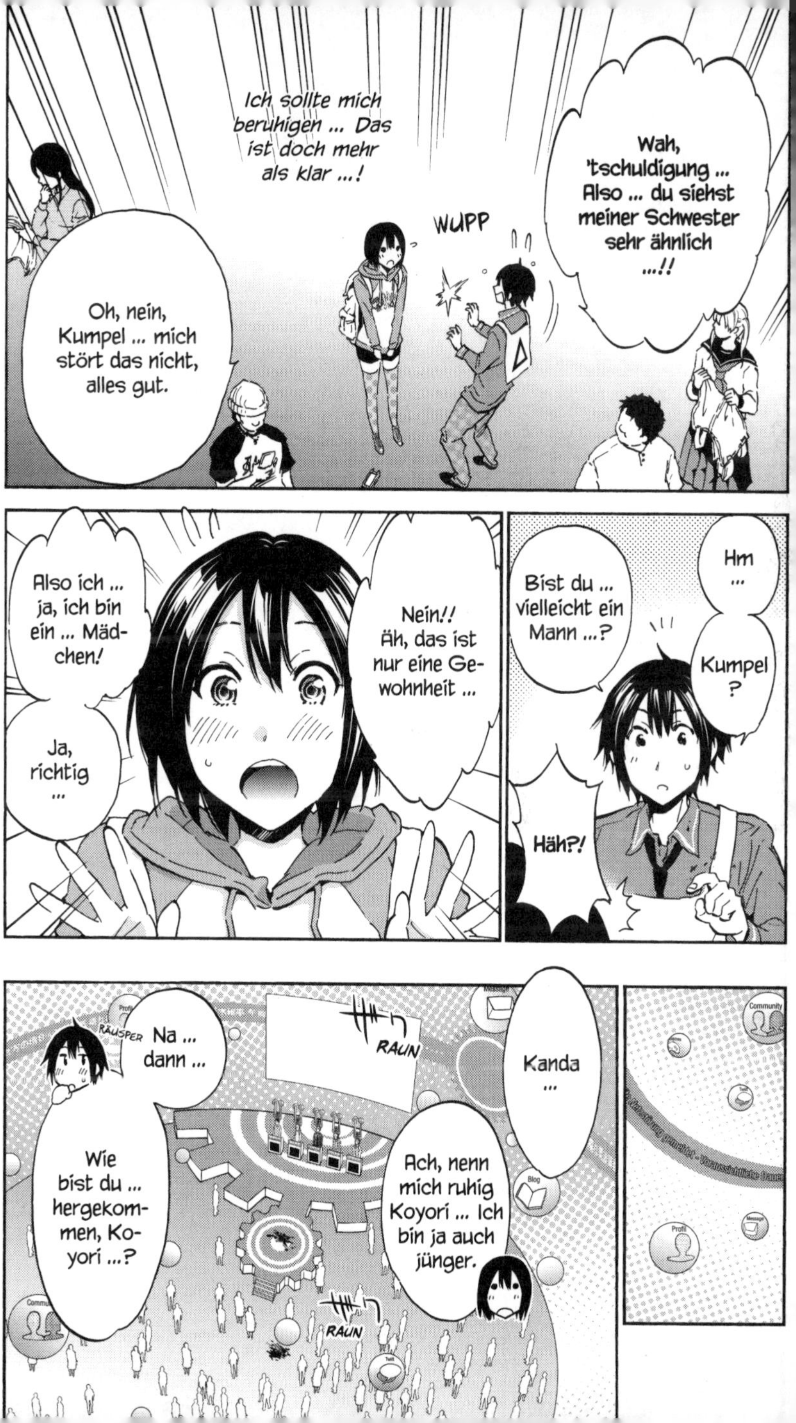

Wah, 'tschuldigung ... Also ... du siehst meiner Schwester sehr ähnlich ...!!
WUPP
Ich sollte mich beruhigen ... Das ist doch mehr als klar ...!
Oh, nein, Kumpel ... mich stört das nicht, alles gut.

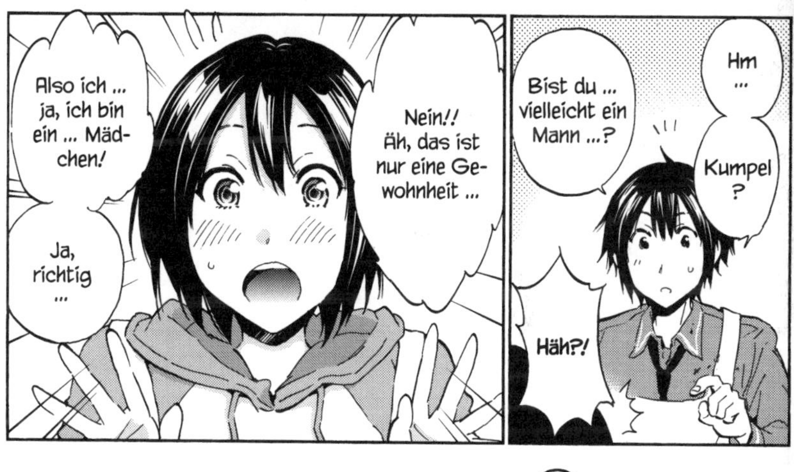
Hm ...
Kumpel ?
Bist du ... vielleicht ein Mann ...?
Häh?!
Nein!! Äh, das ist nur eine Gewohnheit ...
Also ich ... ja, ich bin ein ... Mädchen!
Ja, richtig ...

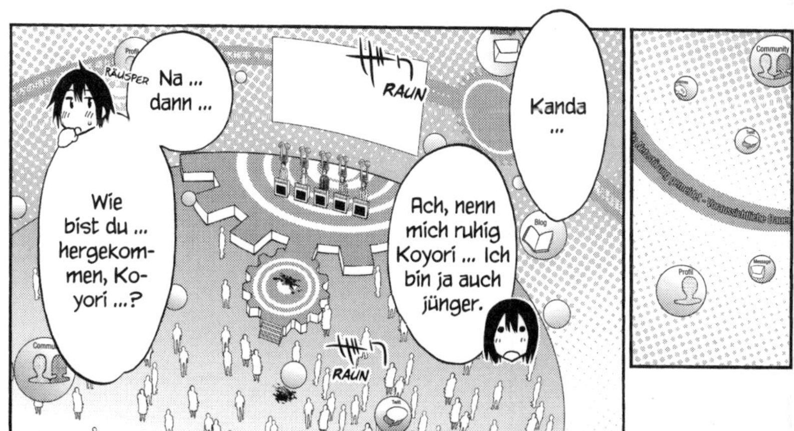
Community
Message
Profil
Kanda ...
Ach, nenn mich ruhig Koyori ... Ich bin ja auch jünger.
Blog
RAUN
Na ... dann ...
RÄUSPER
Wie bist du ... hergekommen, Koyori ...?
RAUN

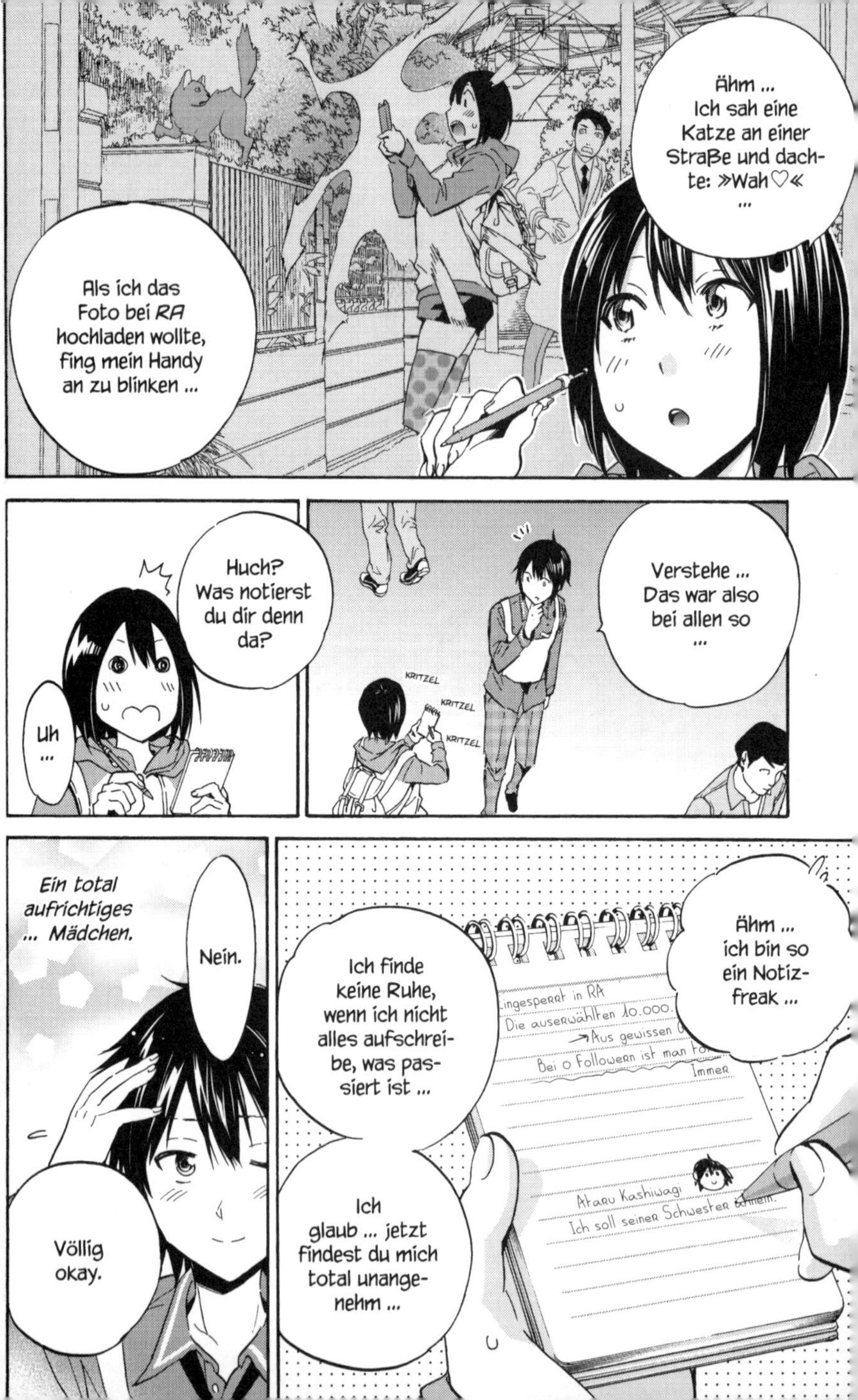

Ähm ... Ich sah eine Katze an einer Straße und dachte: »Wah♡« ...
Als ich das Foto bei *RA* hochladen wollte, fing mein Handy an zu blinken ...

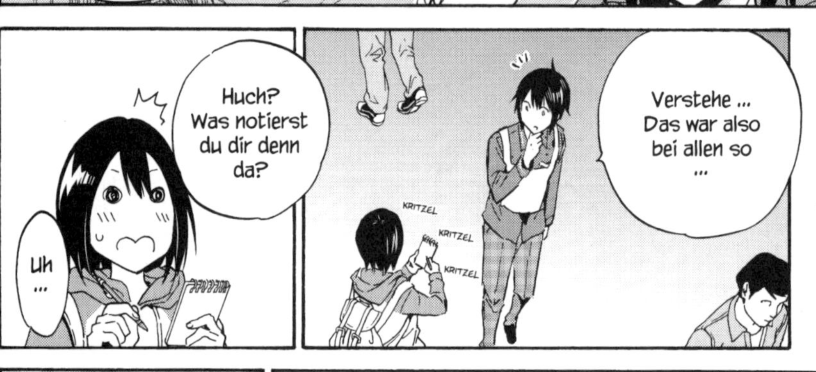

Ähm ... ich bin so ein Notizfreak ...
Ich finde keine Ruhe, wenn ich nicht alles aufschreibe, was passiert ist ...
Eingesperrt in RA
Die auserwählten 10.000.
Immer
Ataru Kashiwagi
Ich soll seiner Schwester ähneln.
Ich glaub ... jetzt findest du mich total unangenehm ...
Nein.
Ein total aufrichtiges ... Mädchen.
Völlig okay.

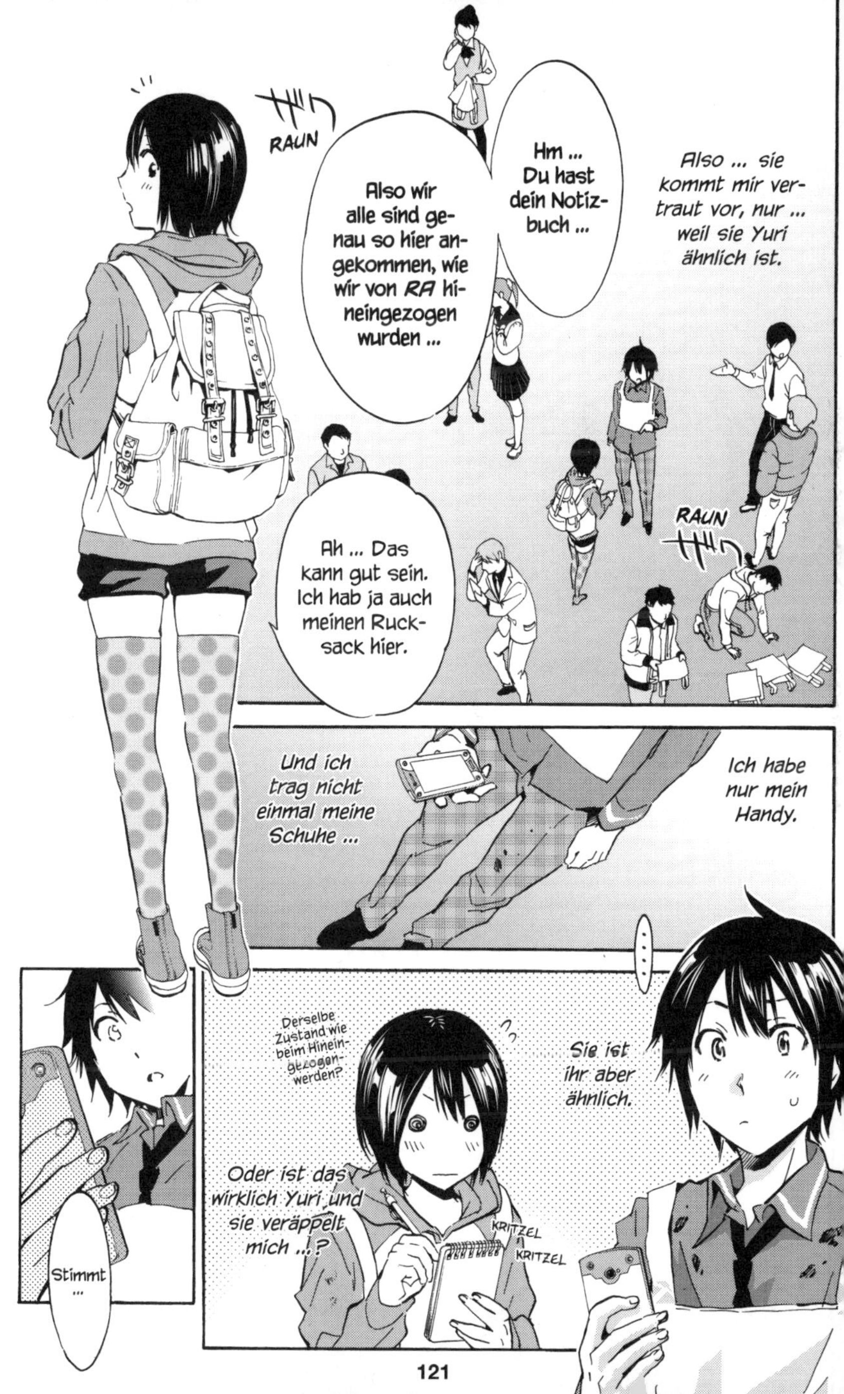
Also ... sie kommt mir vertraut vor, nur ... weil sie Yuri ähnlich ist.
Hm ... Du hast dein Notizbuch ...
Also wir alle sind genau so hier angekommen, wie wir von RA hineingezogen wurden ...
RAUN
Ah ... Das kann gut sein. Ich hab ja auch meinen Rucksack hier.
RAUN
Ich habe nur mein Handy.
Und ich trag nicht einmal meine Schuhe ...
...
Sie ist ihr aber ähnlich.
Derselbe Zustand wie beim Hineingezogenwerden?
Oder ist das wirklich Yuri und sie veräppelt mich ..!?
KRITZEL
KRITZEL
Stimmt ...

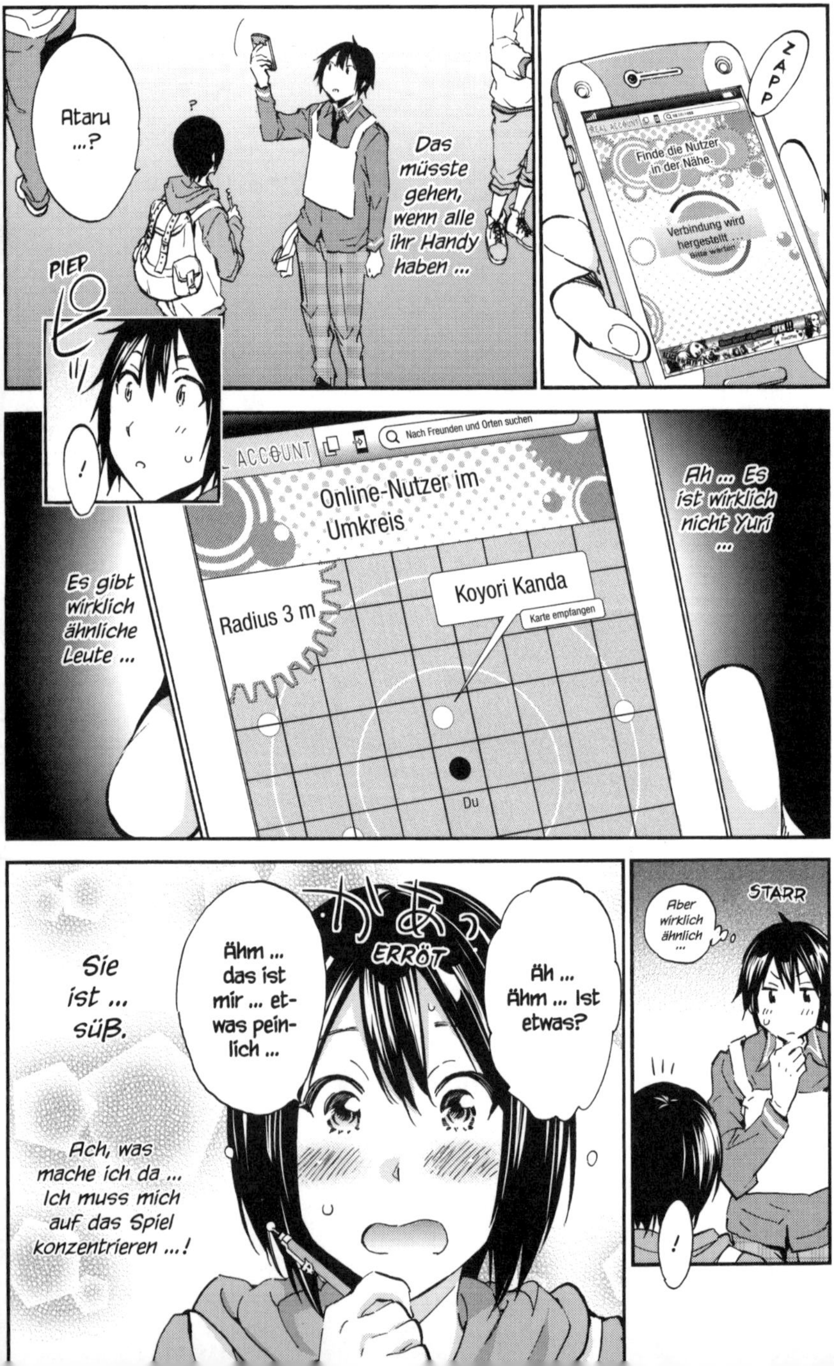

ZAPP
REAL ACCOUNT
Finde die Nutzer in der Nähe.
Verbindung wird hergestellt ...
Bitte warten
Ataru ...?
Das müsste gehen, wenn alle ihr Handy haben ...
PIEP
!
Ah ... Es ist wirklich nicht Yuri ...
Nach Freunden und Orten suchen
Online-Nutzer im Umkreis
Koyori Kanda
Karte empfangen
Radius 3 m
Du
Es gibt wirklich ähnliche Leute ...

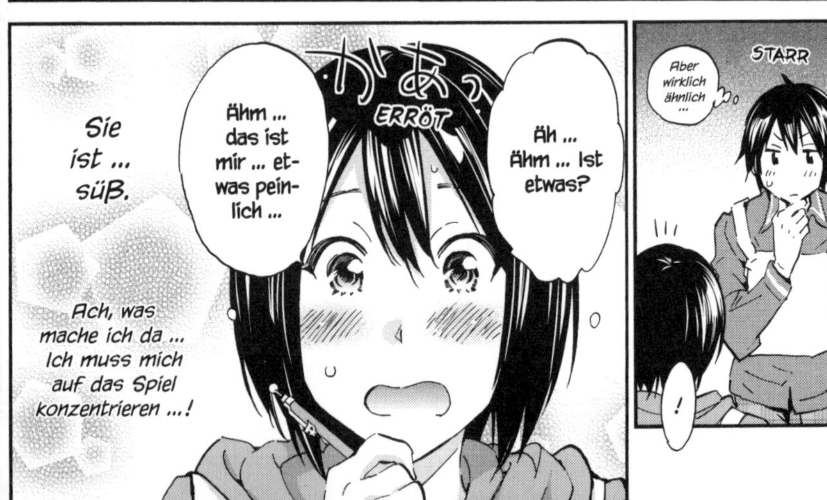

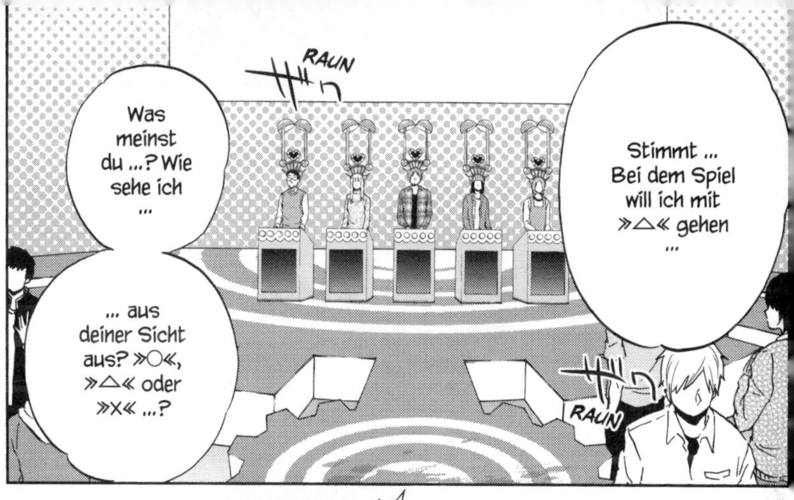
Stimmt ... Bei dem Spiel will ich mit »△« gehen ...
RAUN
RAUN
Was meinst du ...? Wie sehe ich ...
... aus deiner Sicht aus? »○«, »△« oder »x« ...?

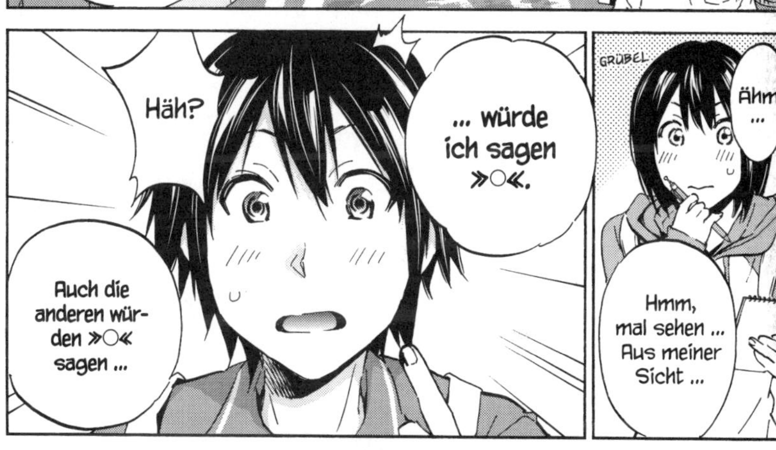
GRÜBEL
Ähm ...
Hmm, mal sehen ... Aus meiner Sicht ...
... würde ich sagen »○«.
Häh?
Auch die anderen wür-den »○« sagen ...

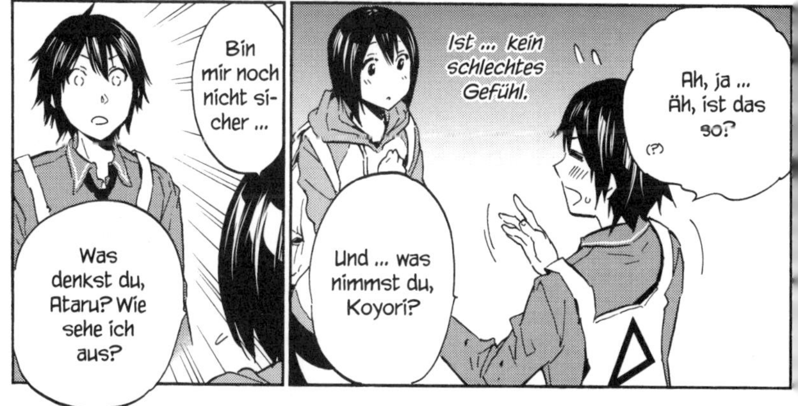
Ah, ja ... Äh, ist das so?
(?)
Ist ... kein schlechtes Gefühl.
Und ... was nimmst du, Koyori?
Bin mir noch nicht si-cher ...
Was denkst du, Ataru? Wie sehe ich aus?

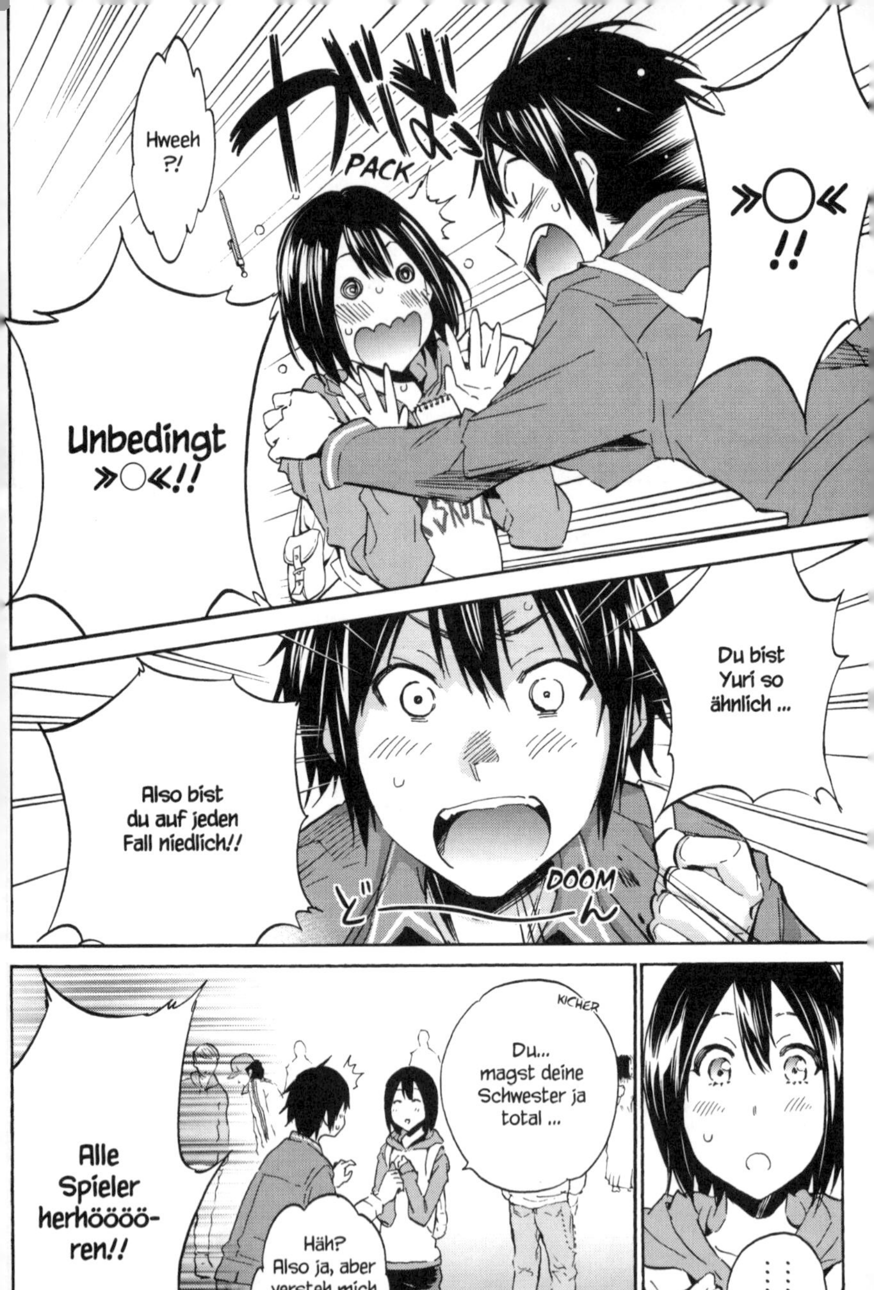
»○«
!!
Hweeh
?!
PACK
Unbedingt
»○«!!
Du bist
Yuri so
ähnlich ...
Also bist
du auf jeden
Fall niedlich!!
DOOM
Alle
Spieler
herhöööö-
ren!!
KICHER
Du...
magst deine
Schwester ja
total ...
Häh?
Also ja, aber
versteh mich
bitte nicht
falsch!
......

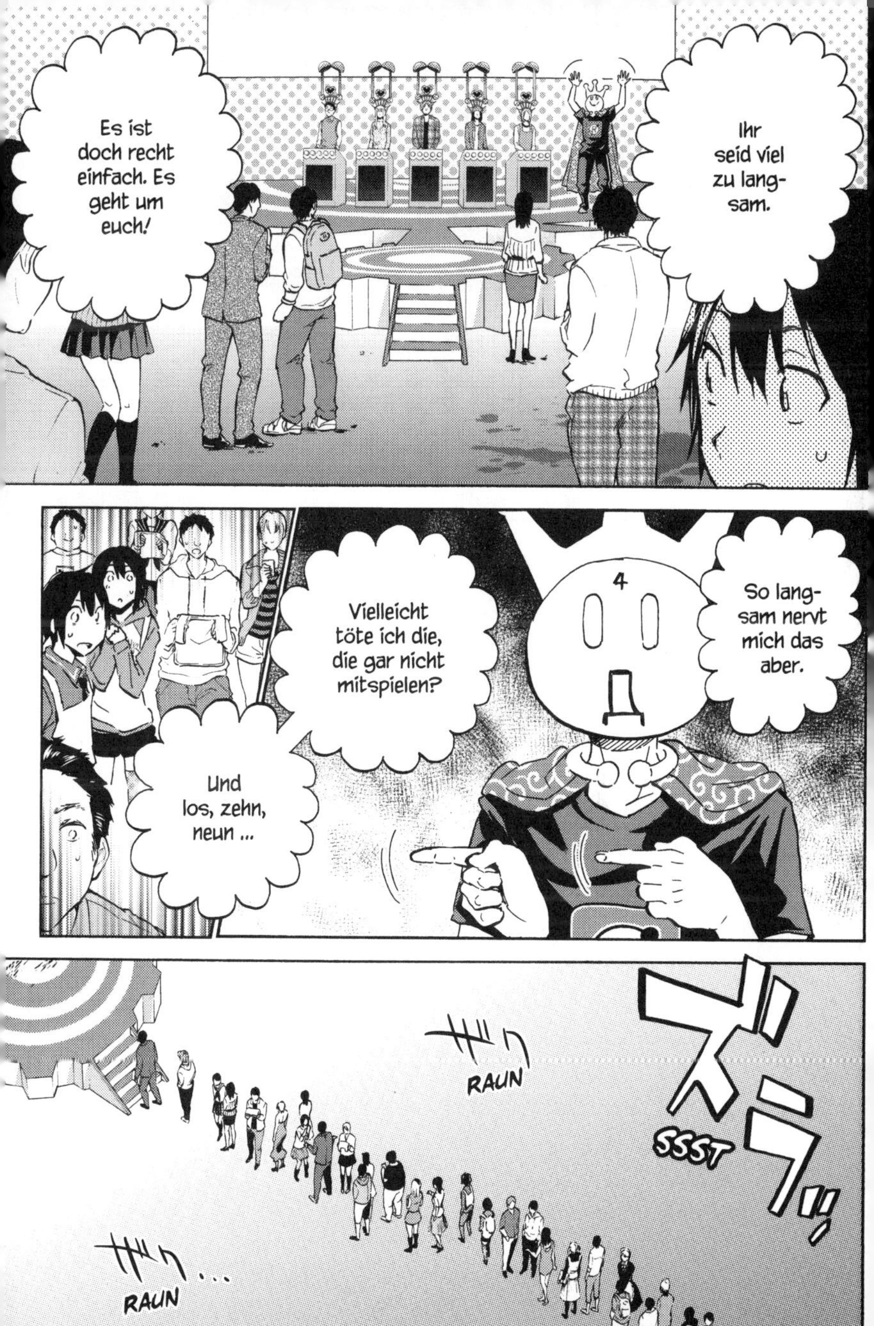
Ihr seid viel zu lang- sam.
Es ist doch recht einfach. Es geht um euch!
So lang- sam nervt mich das aber.
Vielleicht töte ich die, die gar nicht mitspielen?
Und los, zehn, neun ...
4
SSST
RAUN
RAUN

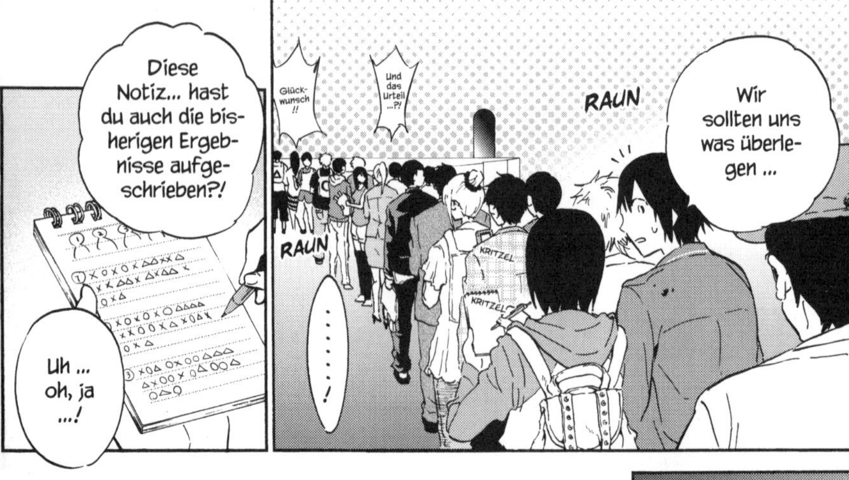

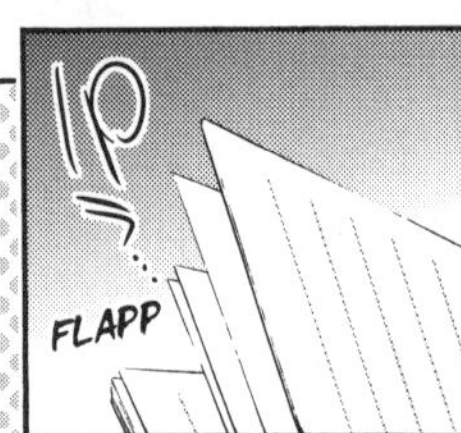

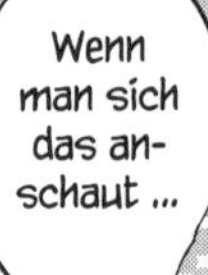

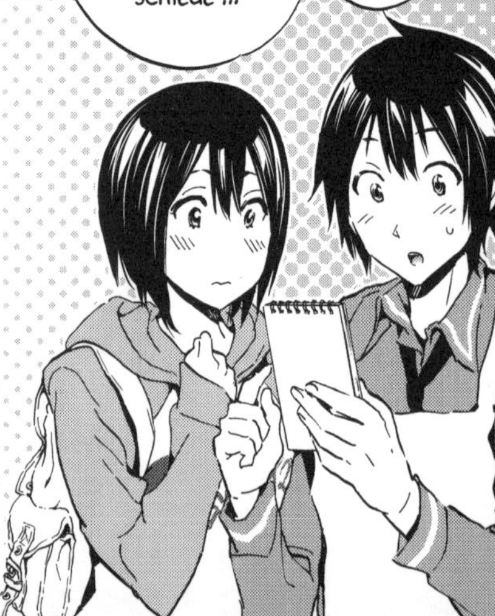

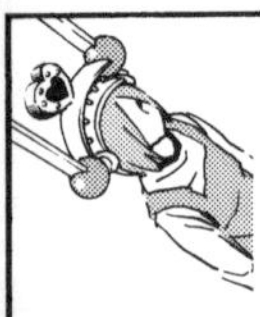

×○×○×△△××△××△△×
△×△△×○×△

▲Sehr streng.
Sie zeigt sehr selten »○« an.

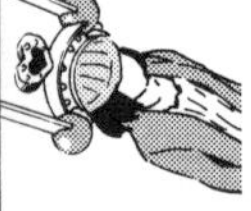

×○×○×○△△△△××○○×
△×○△×○×△

▲Recht neutrale Ansicht, jedoch streng gegenüber Mädchen.

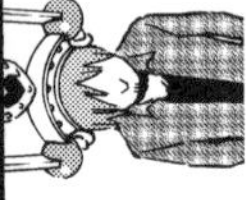

×○△○×○○△△△△×○○×
○△○○△○△○

▲Relativ locker. Bei einer schwierigen Entscheidung nimmt er »○«.

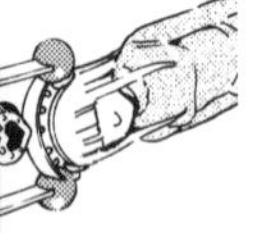

×○×○×○○△△○△×○○×
△△○△△○×○

▲Sehr ruhig trifft sie allgemeingültige Entscheidungen.

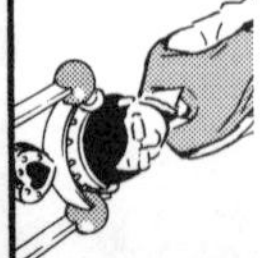

××△△○△×△△△△○××○
△△△△△△△○△

▲Eine unbekannte Größe. Diese Person ist ...

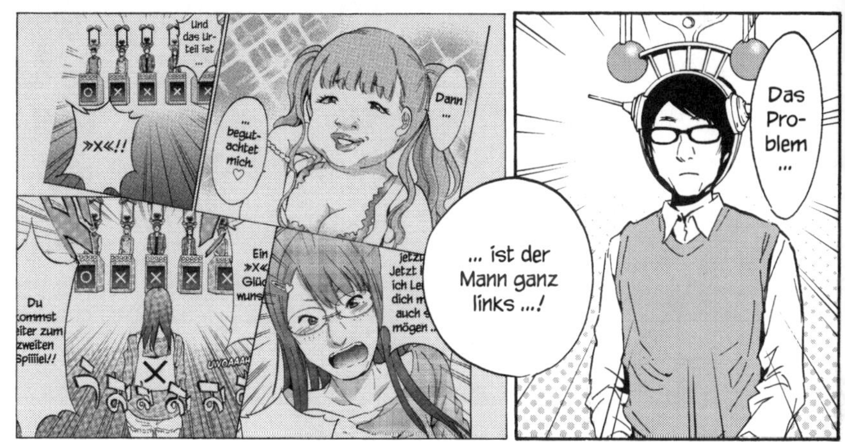
Und das Urteil ist ...
»X«!!
Dann ...
... begutachtet mich. ♡
Das Problem ...
... ist der Mann ganz links ...!
Du kommst weiter zum zweiten Spiiiel!!
UWOAAAH
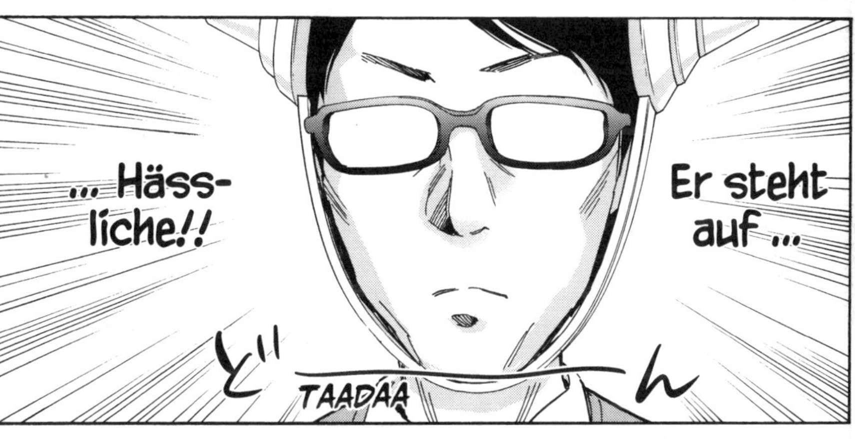
Er steht auf ...
... Hässliche!!
TAADAA
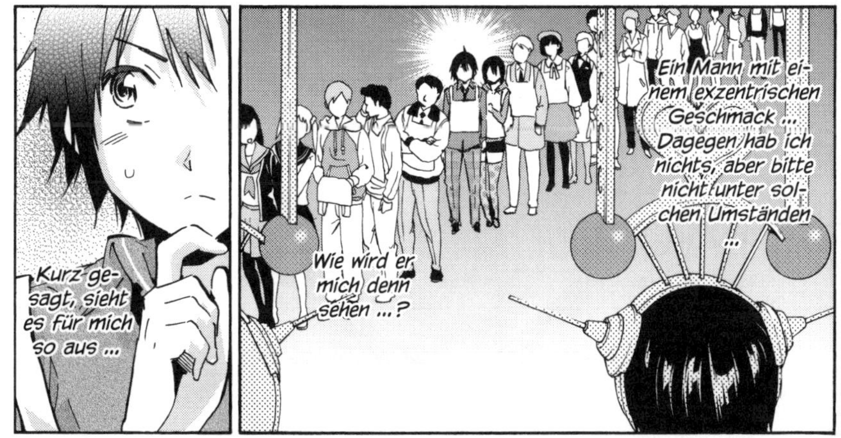
Ein Mann mit einem exzentrischen Geschmack ... Dagegen hab ich nichts, aber bitte nicht unter solchen Umständen ...
Wie wird er mich denn sehen ...?
Kurz gesagt, sieht es für mich so aus ...

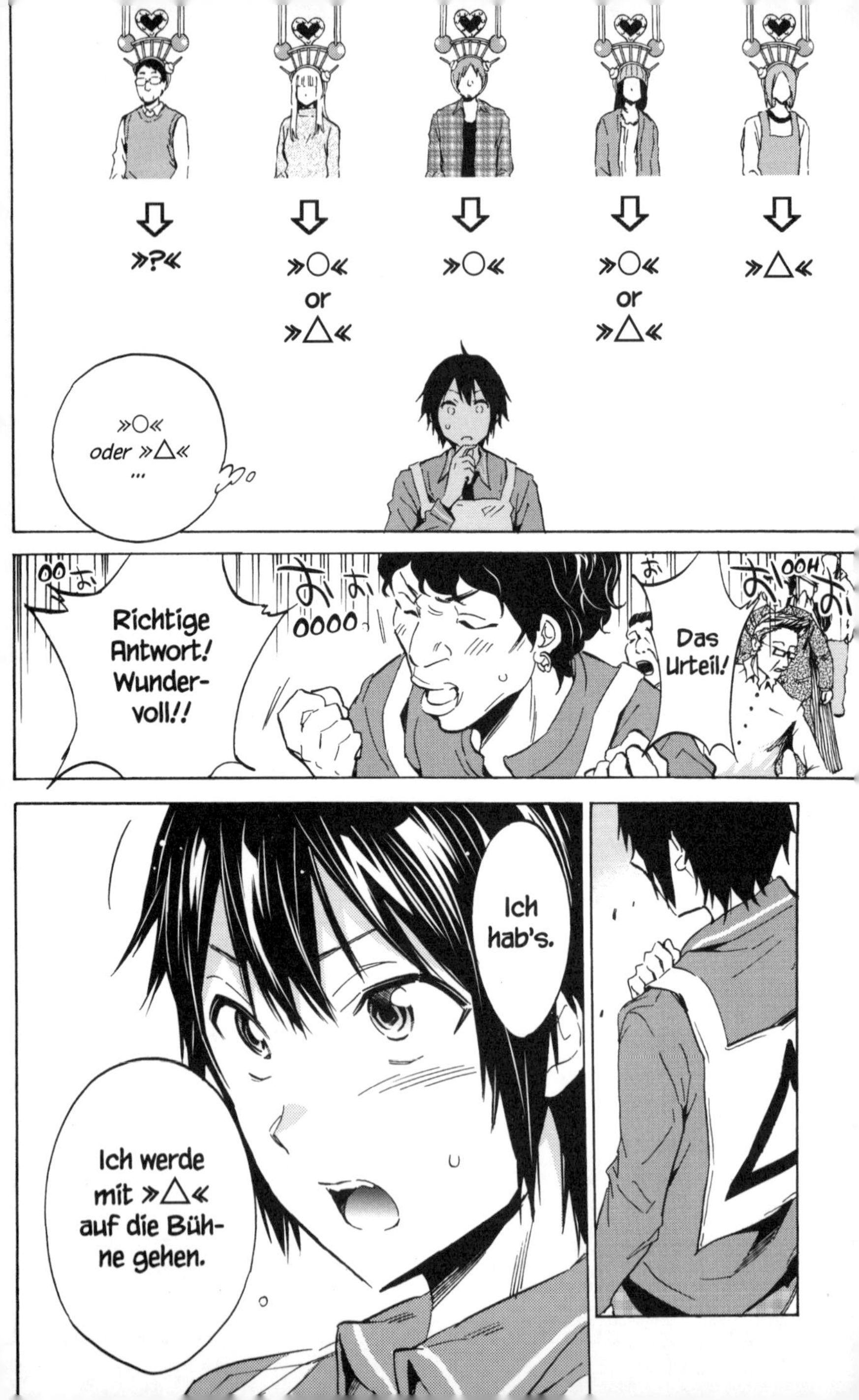

»?«

»○« or »△«

»○«

»○« or »△«

»△«

»○« oder »△« ...

Das Urteil!

Richtige Antwort! Wunder-voll!!

Ich hab's.

Ich werde mit »△« auf die Büh-ne gehen.

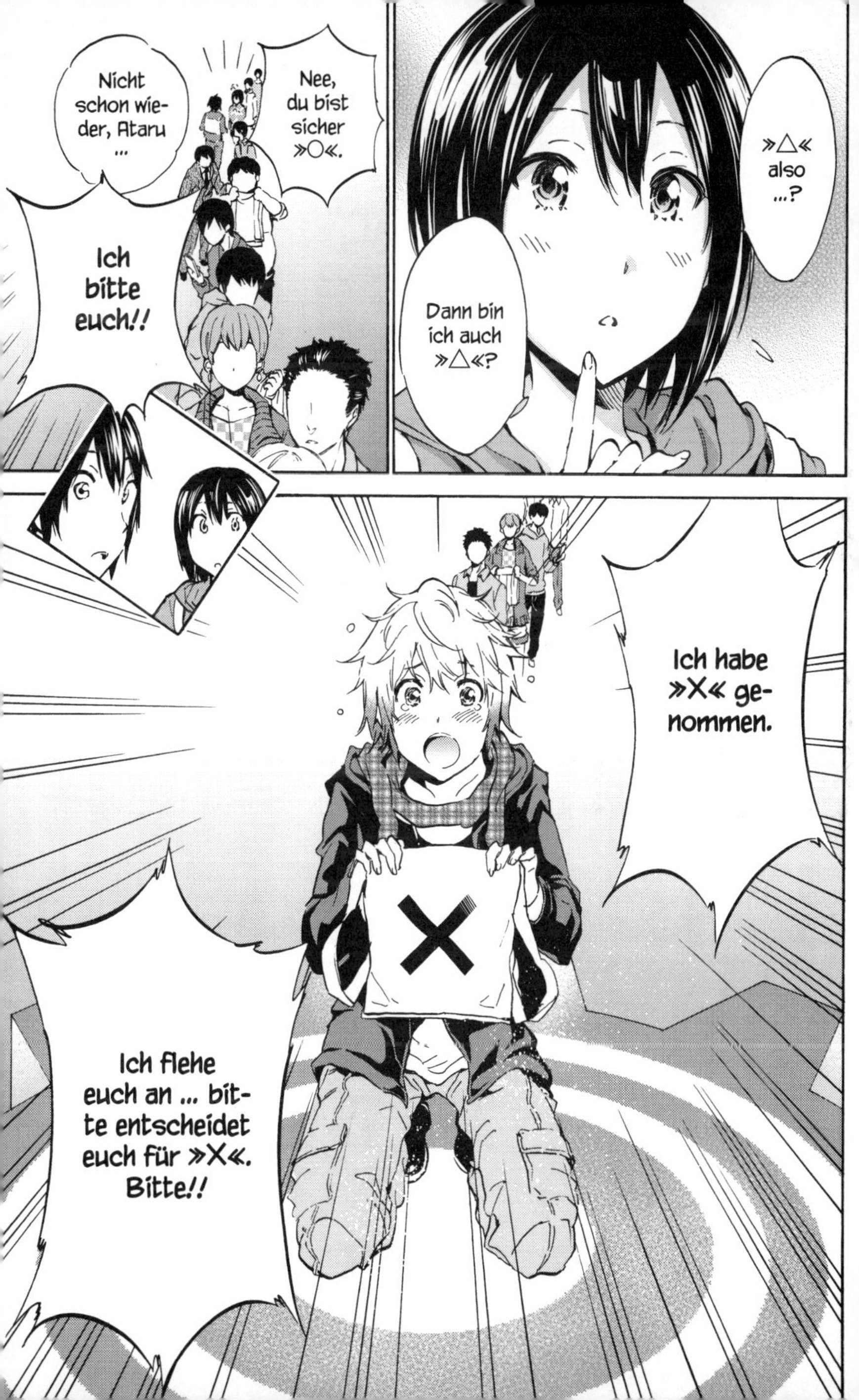
»△« also ...?
Dann bin ich auch »△«?
Nee, du bist sicher »○«.
Nicht schon wieder, Ataru ...
Ich bitte euch!!
Ich habe »X« genommen.
Ich flehe euch an ... bitte entscheidet euch für »X«. Bitte!!

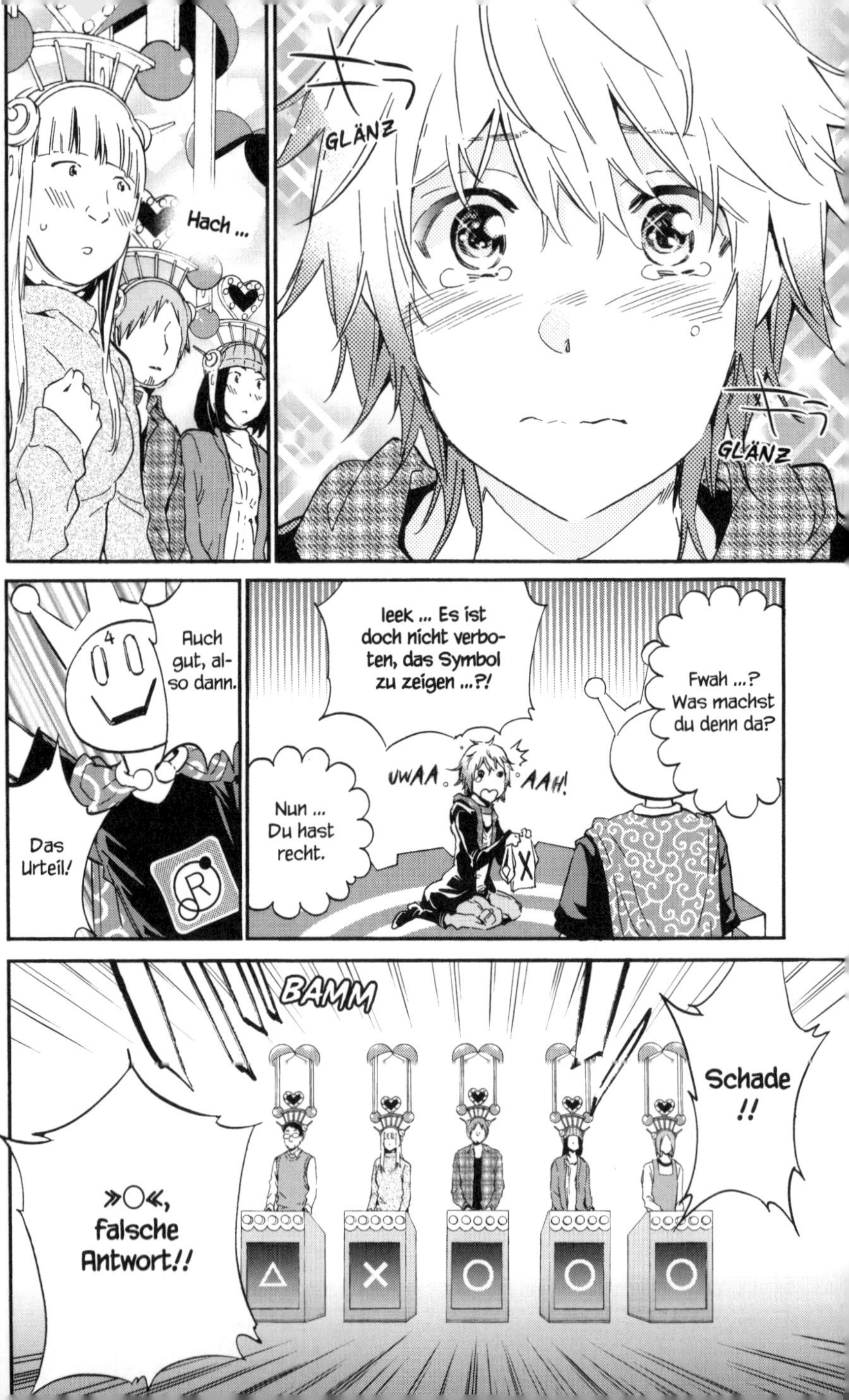

GLÄNZ
GLÄNZ
Hach ...
Fwah ...? Was machst du denn da?
Ieek ... Es ist doch nicht verboten, das Symbol zu zeigen ...?!
UWAA AAH!
Nun ... Du hast recht.
Auch gut, also dann.
Das Urteil!

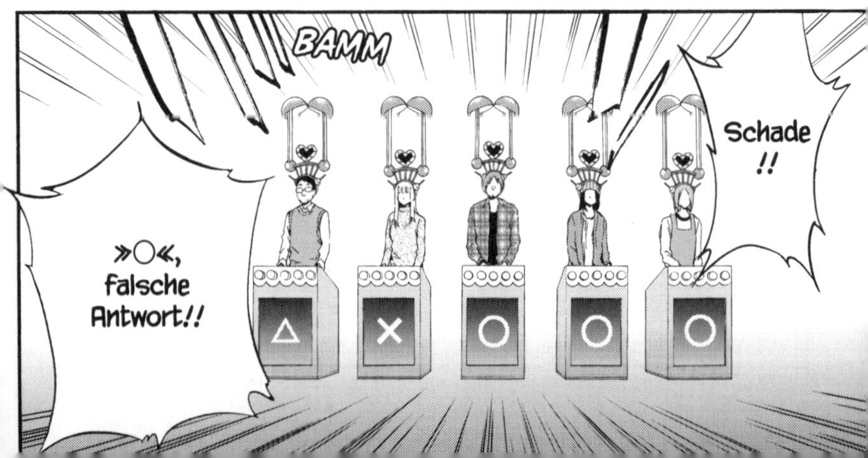
BAMM
Schade !!
»○«, falsche Antwort!!

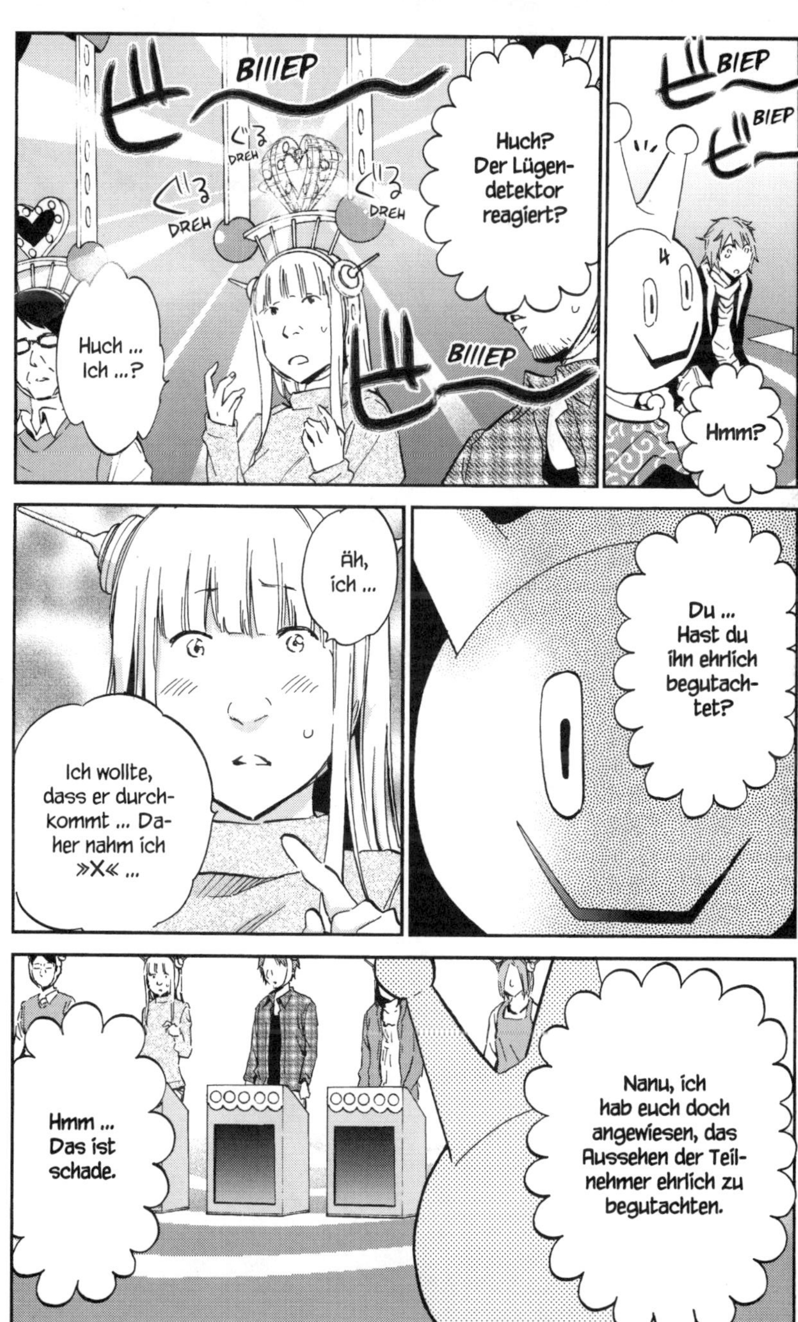
ビ BIEP
ビー BIEP
Hmm?
Huch? Der Lügendetektor reagiert?
ビー BIIIEP
ぐる DREH
ぐる DREH
ぐる DREH
ビー BIIIEP
Huch ... Ich ...?
Du ... Hast du ihn ehrlich begutachtet?
Äh, ich ...
Ich wollte, dass er durchkommt ... Daher nahm ich »X« ...
Nanu, ich hab euch doch angewiesen, das Aussehen der Teilnehmer ehrlich zu begutachten.
Hmm ... Das ist schade.

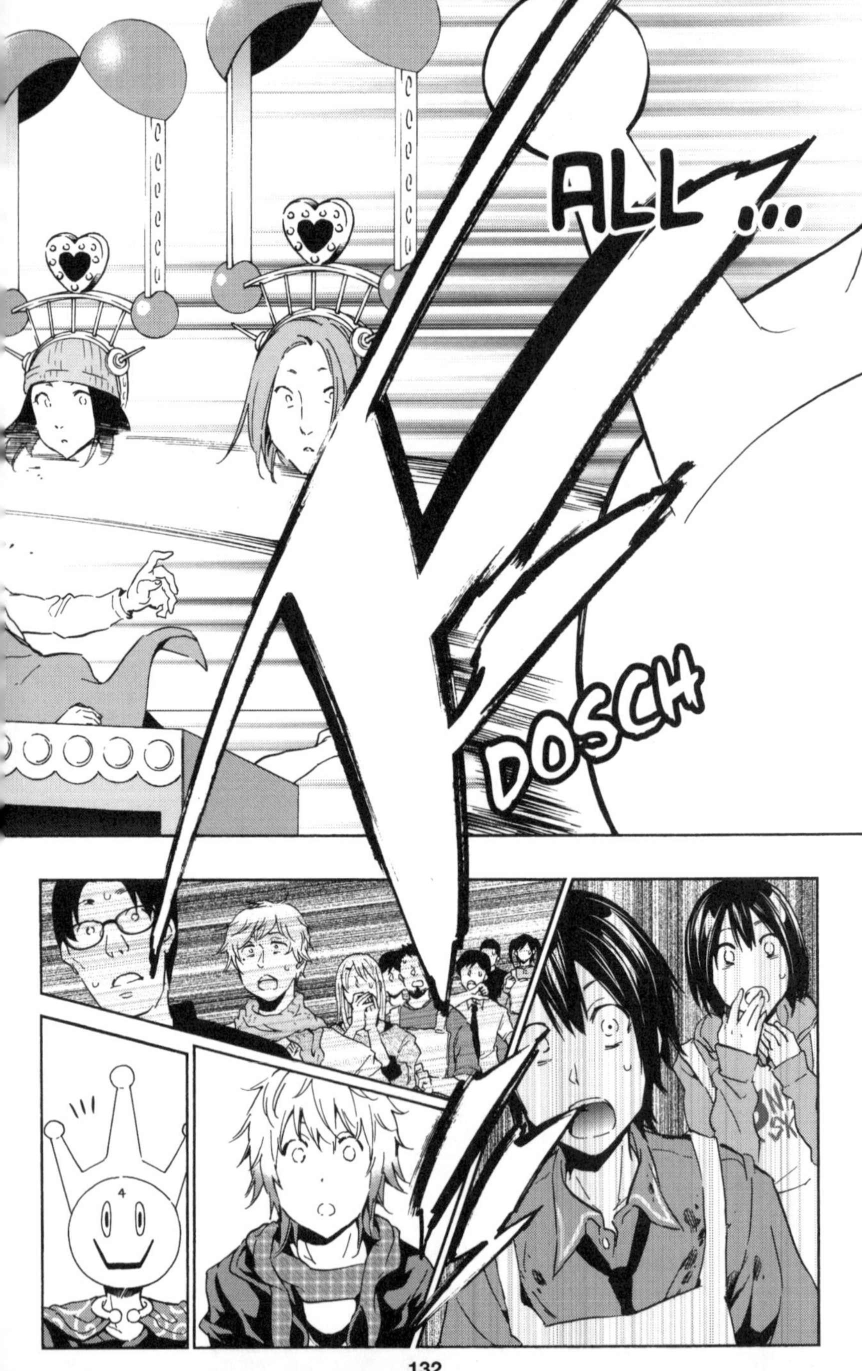
ALL ...
DOSCH

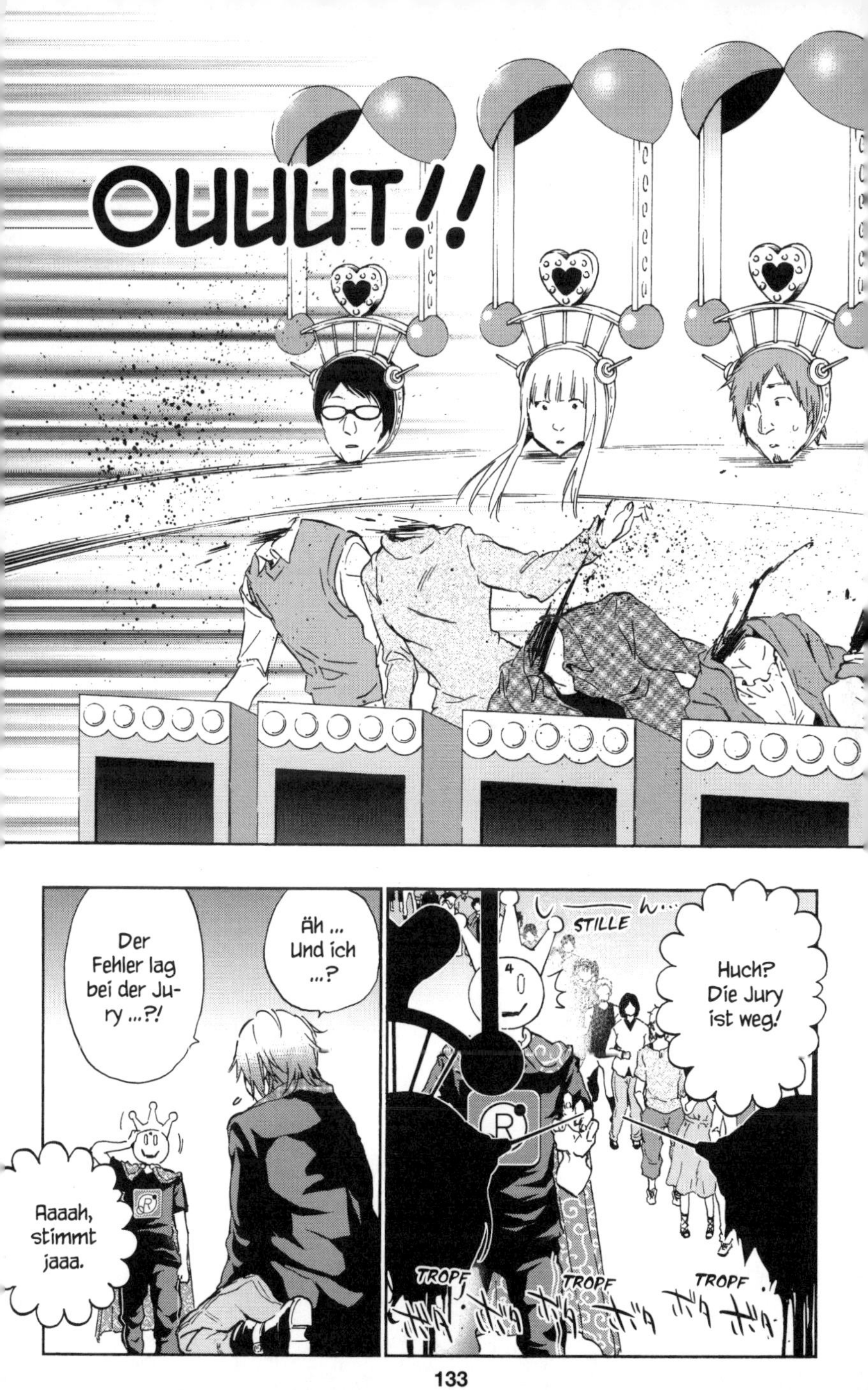

OUUUT!!

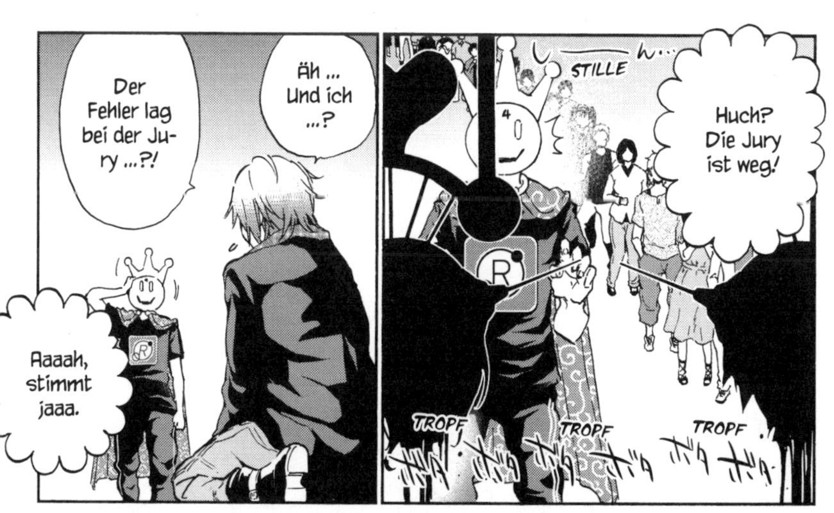
STILLE
Huch? Die Jury ist weg!
TROPF
TROPF
TROPF
Äh ... Und ich ...?
Der Fehler lag bei der Jury ...?!
Aaaah, stimmt jaaa.

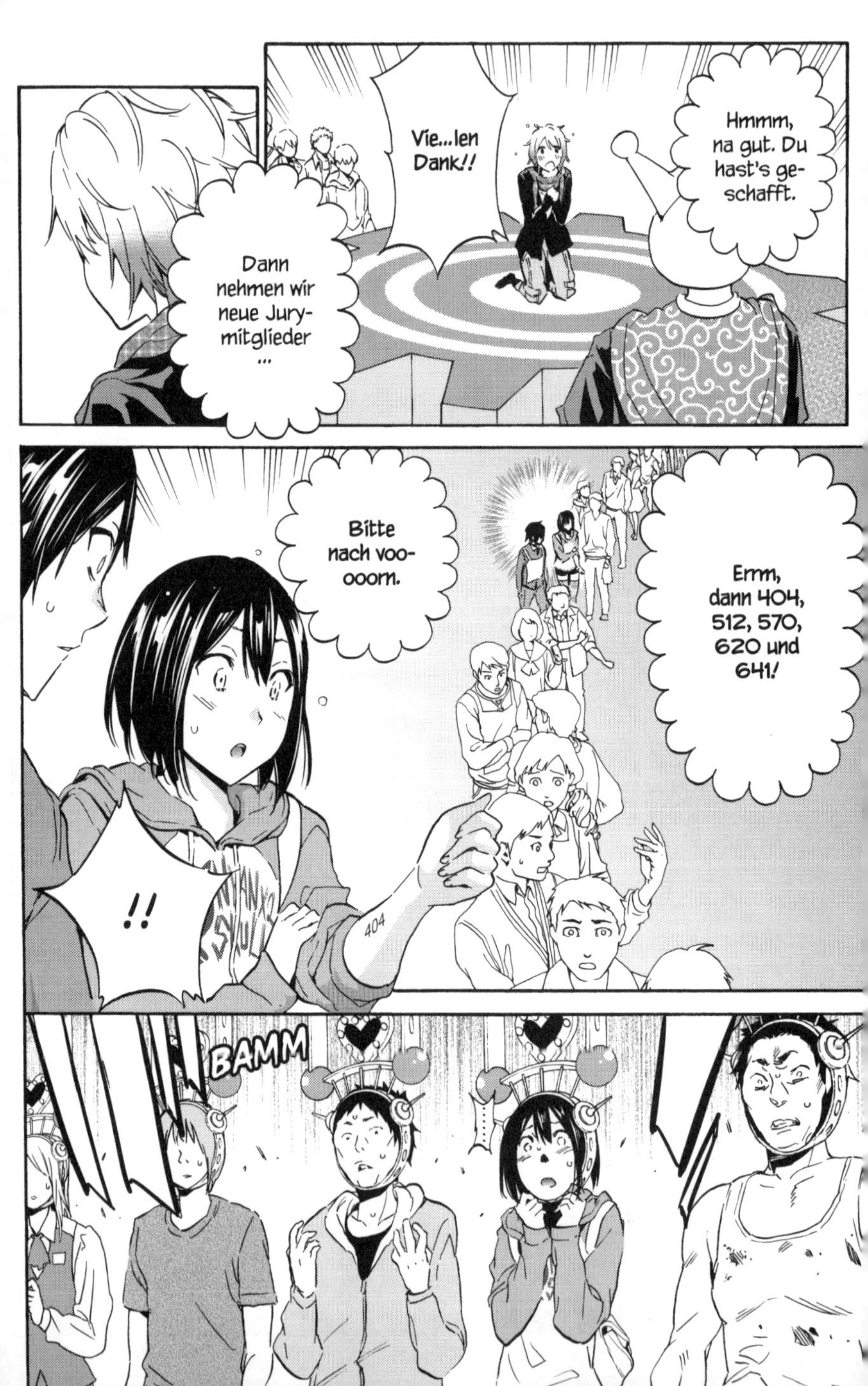
Hmmm, na gut. Du hast's geschafft.
Vie...len Dank!!
Dann nehmen wir neue Jurymitglieder ...
Ermm, dann 404, 512, 570, 620 und 641!
Bitte nach vooooorn.
!!
404
BAMM

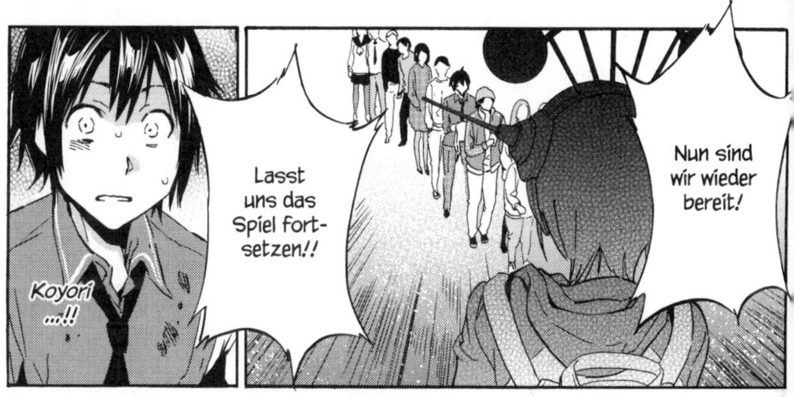
Nun sind wir wieder bereit!
Lasst uns das Spiel fortsetzen!!
Koyori ...!!

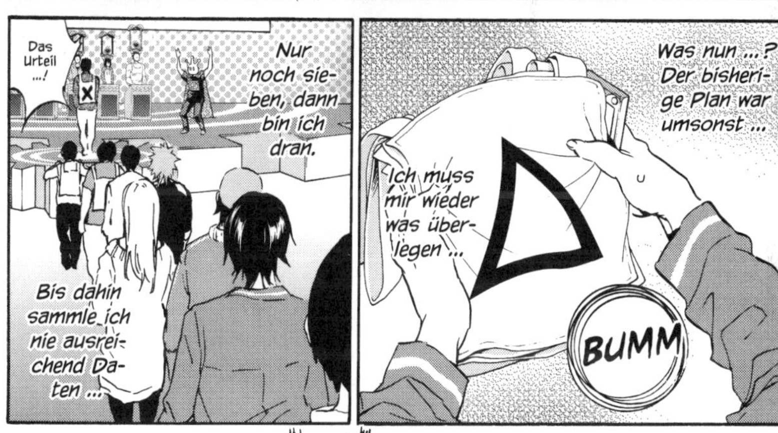
Was nun ...? Der bisherige Plan war umsonst ...
Ich muss mir wieder was überlegen ...
BUMM
Das Urteil ...!
Nur noch sieben, dann bin ich dran.
Bis dahin sammle ich nie ausreichend Daten ...

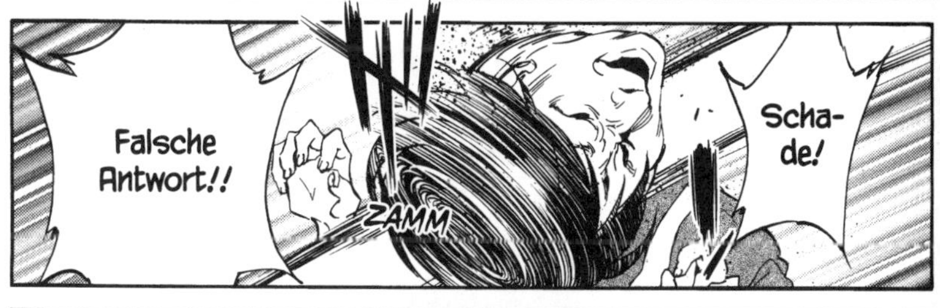
Schade!
ZAMM
Falsche Antwort!!

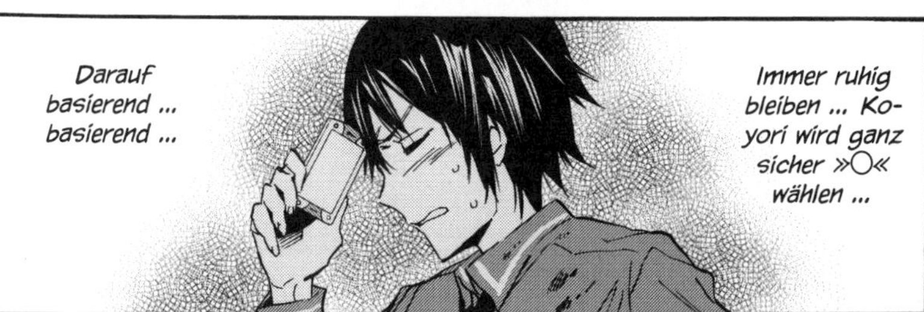
Immer ruhig bleiben ... Koyori wird ganz sicher »O« wählen ...
Darauf basierend ... basierend ...

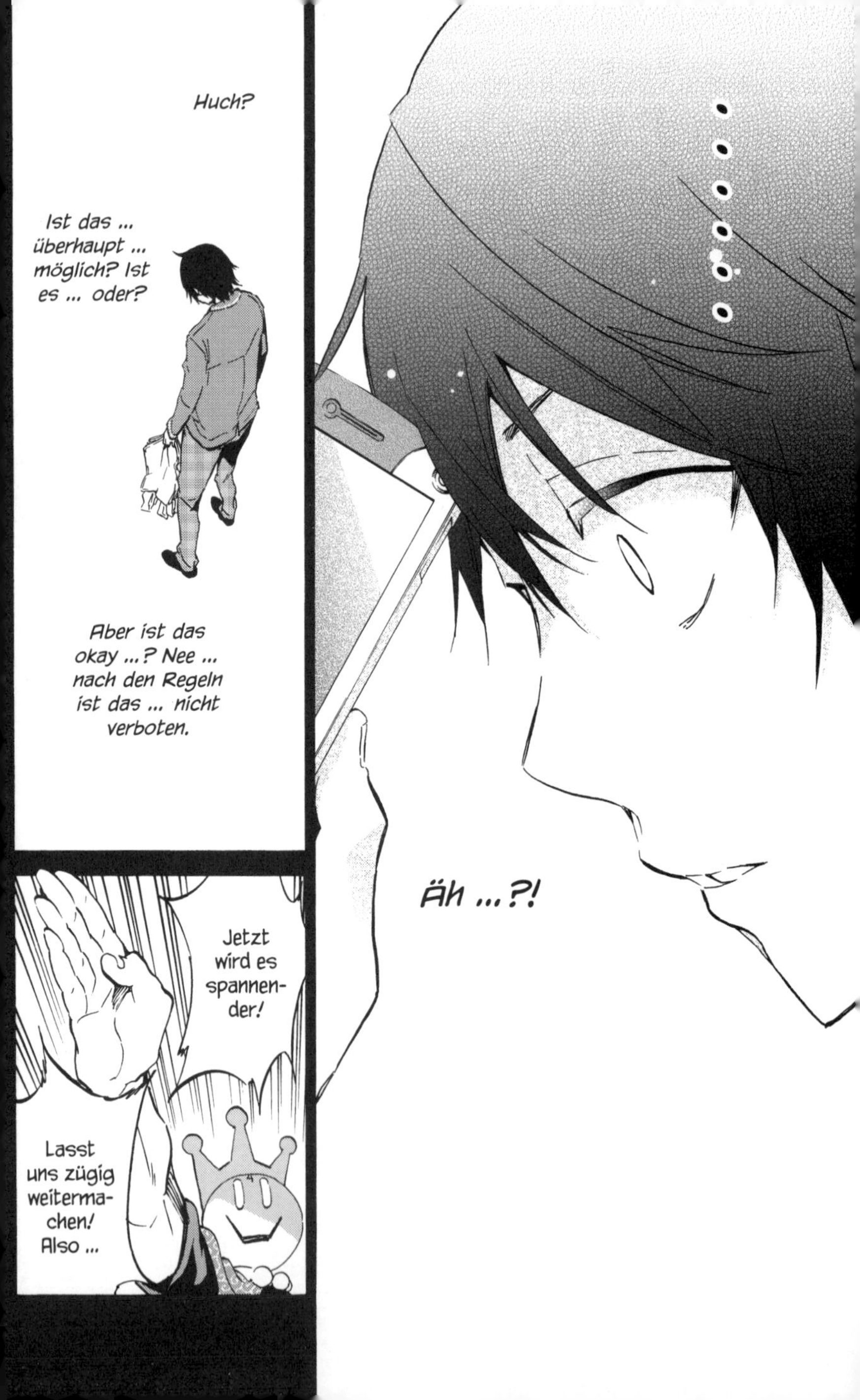

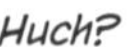

Huch?

Ist das ... überhaupt ... möglich? Ist es ... oder?

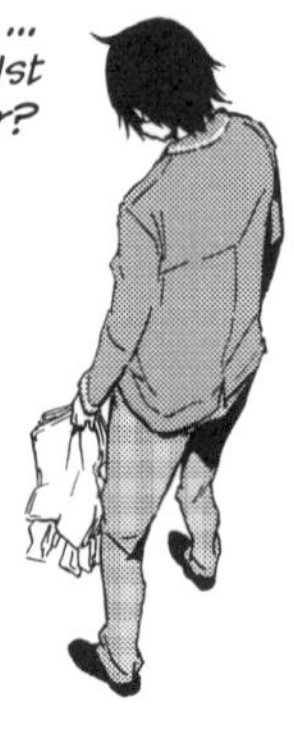

Aber ist das okay ...? Nee ... nach den Regeln ist das ... nicht verboten.

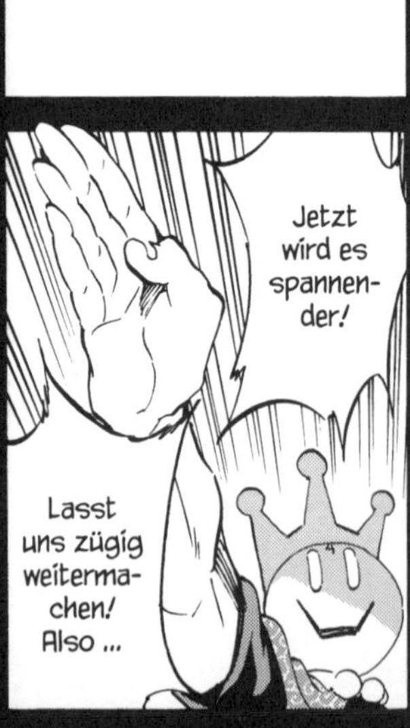

Äh ...?!

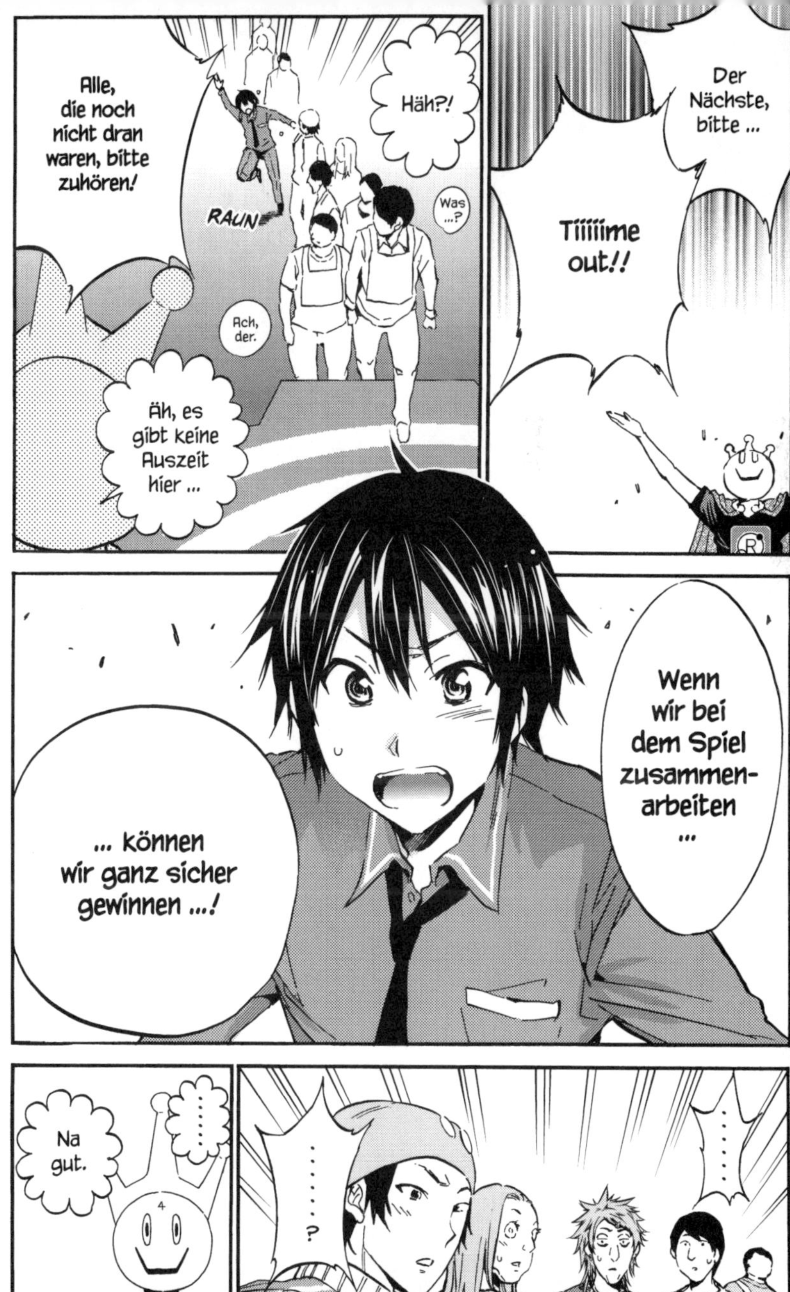

Der Nächste, bitte ...
Tiiiiime out!!
Häh?!
Alle, die noch nicht dran waren, bitte zuhören!
RAUN
Was ...?
Ach, der.
Äh, es gibt keine Auszeit hier ...
Wenn wir bei dem Spiel zusammen-arbeiten ...
... können wir ganz sicher gewinnen ...!
......
Na gut.
......
......?

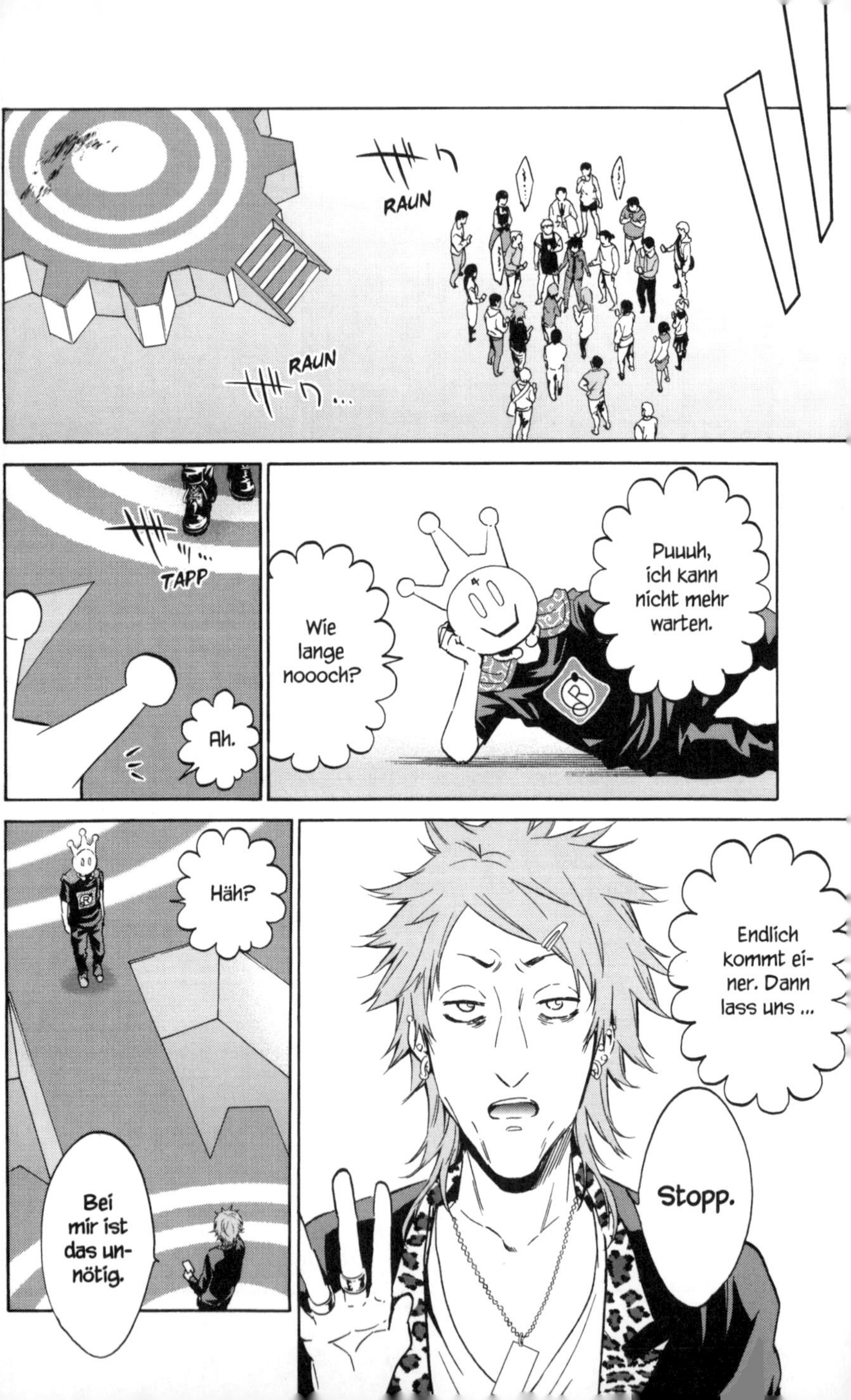

RAUN
RAUN ...

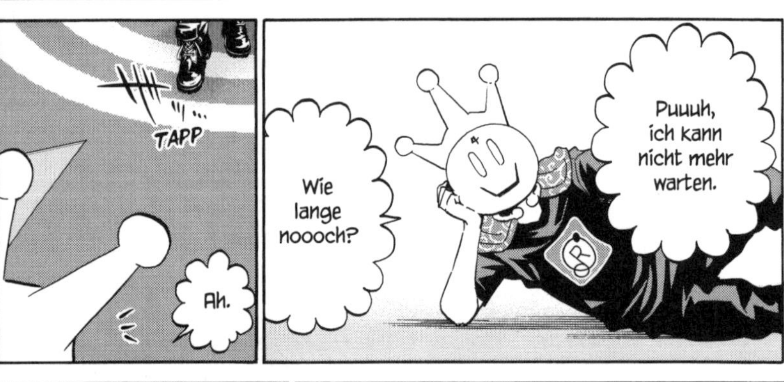

Endlich kommt einer. Dann lass uns ...
Stopp.
Häh?
Bei mir ist das unnötig.

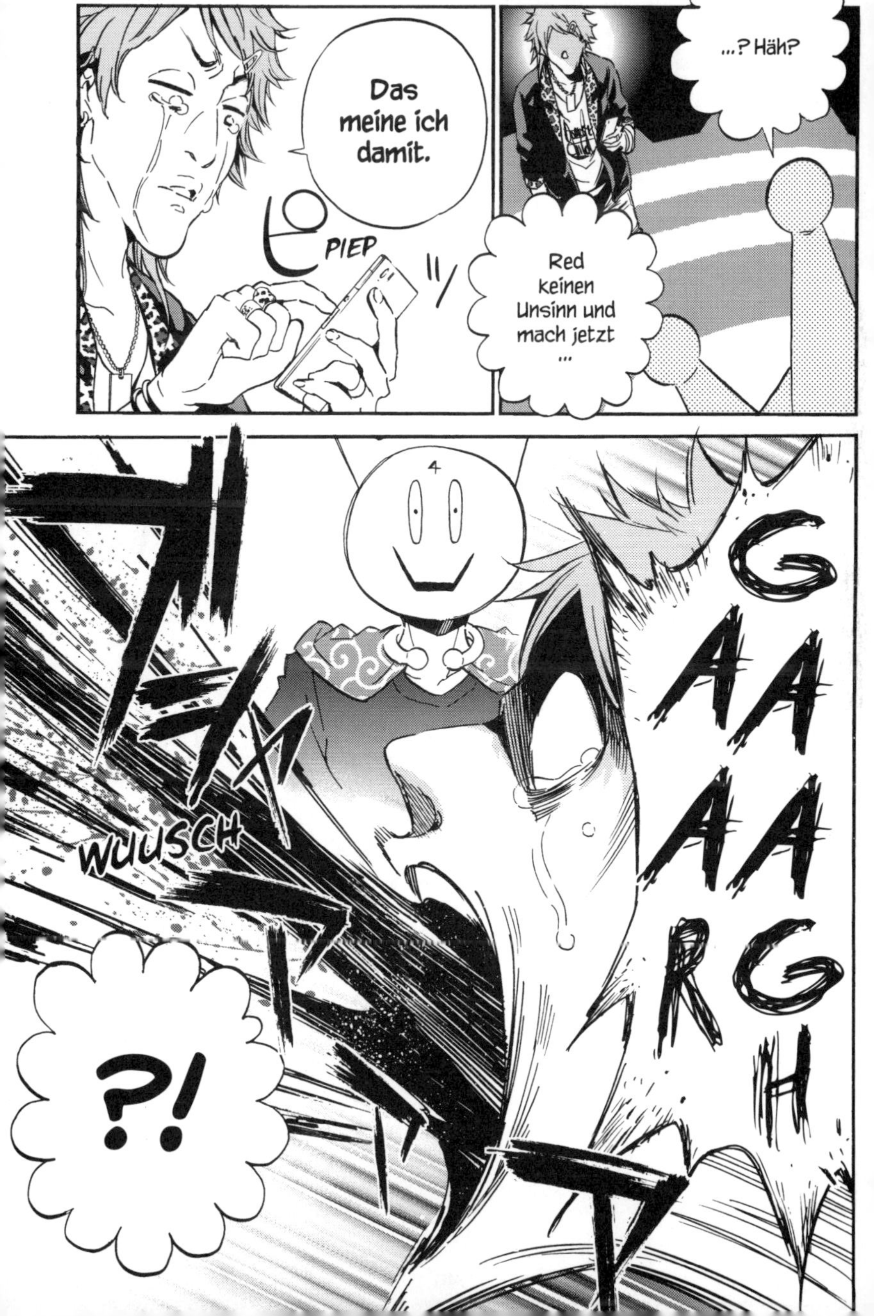

...? Häh?
Red keinen Unsinn und mach jetzt ...
Das meine ich damit.
PIEP
GAAAAARGH
WUUSCH
?!

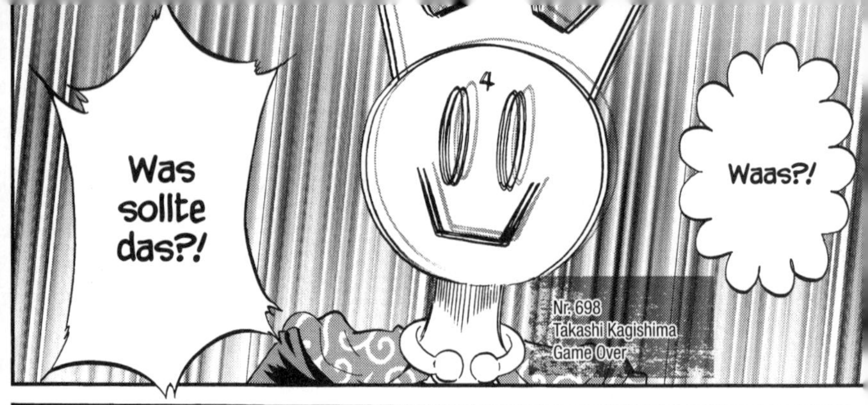
Waas?!
Nr. 698
Takashi Kagishima
Game Over
Was sollte das?!

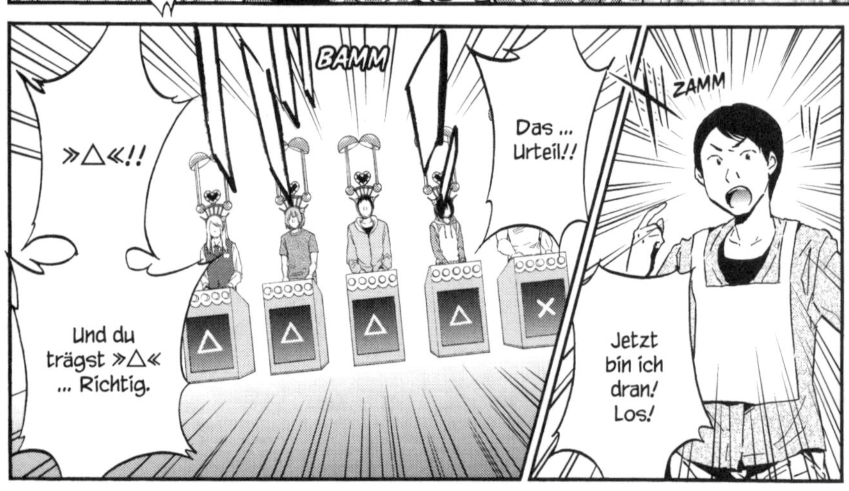
ZAMM
Jetzt bin ich dran! Los!
Das ... Urteil!!
BAMM
»△«!!
Und du trägst »△« ... Richtig.

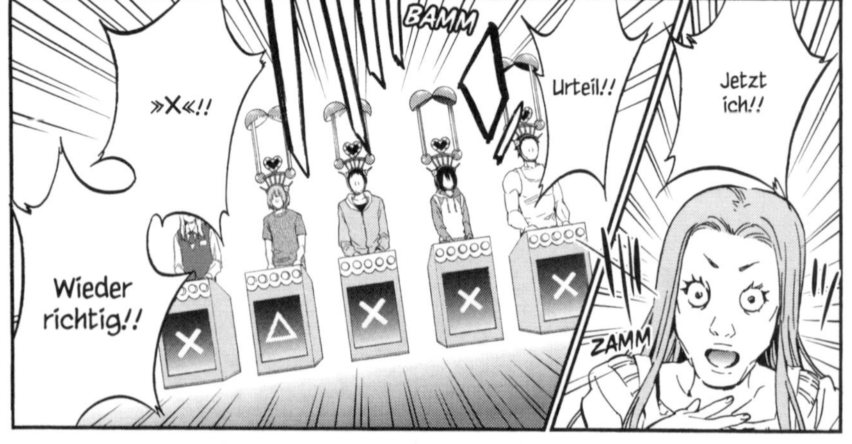
Jetzt ich!!
ZAMM
Urteil!!
BAMM
»X«!!
Wieder richtig!!

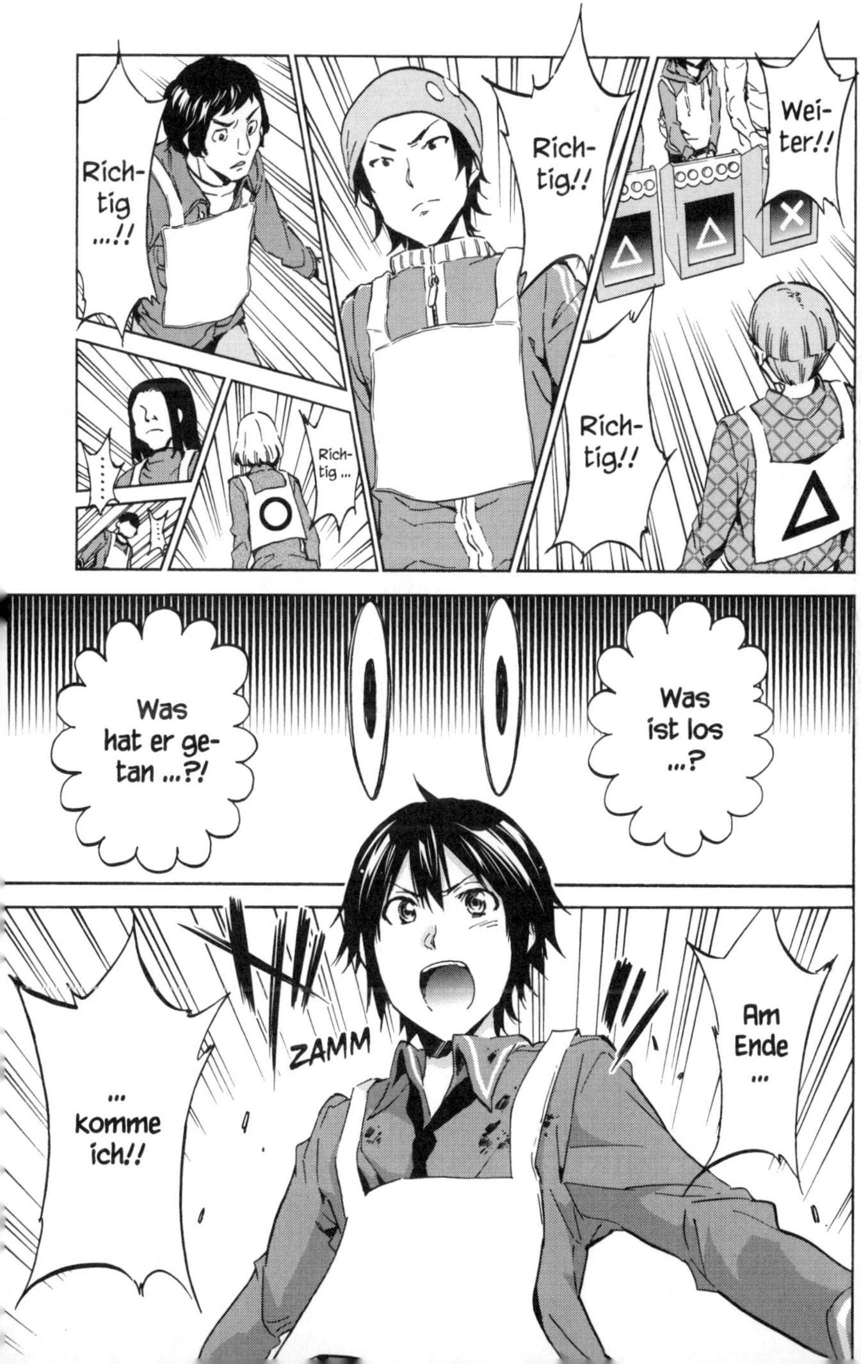

Weiter!!
Richtig!!
Richtig ...!!
Richtig!!
Richtig ...
Was ist los ...?
Was hat er getan ...?!
Am Ende ...
ZAMM
... komme ich!!

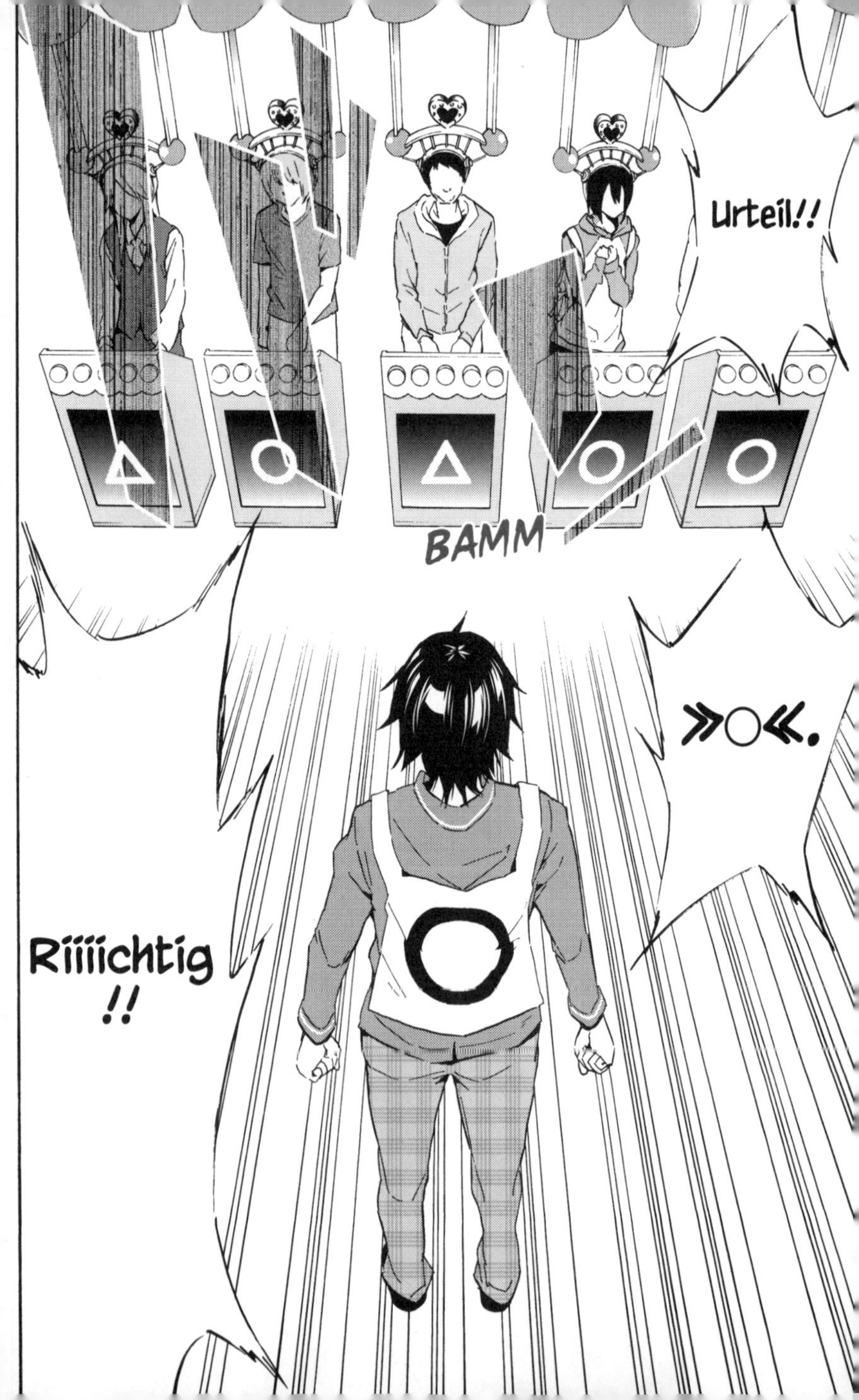
Urteil!!
BAMM
»○«.
Riiiichtig !!

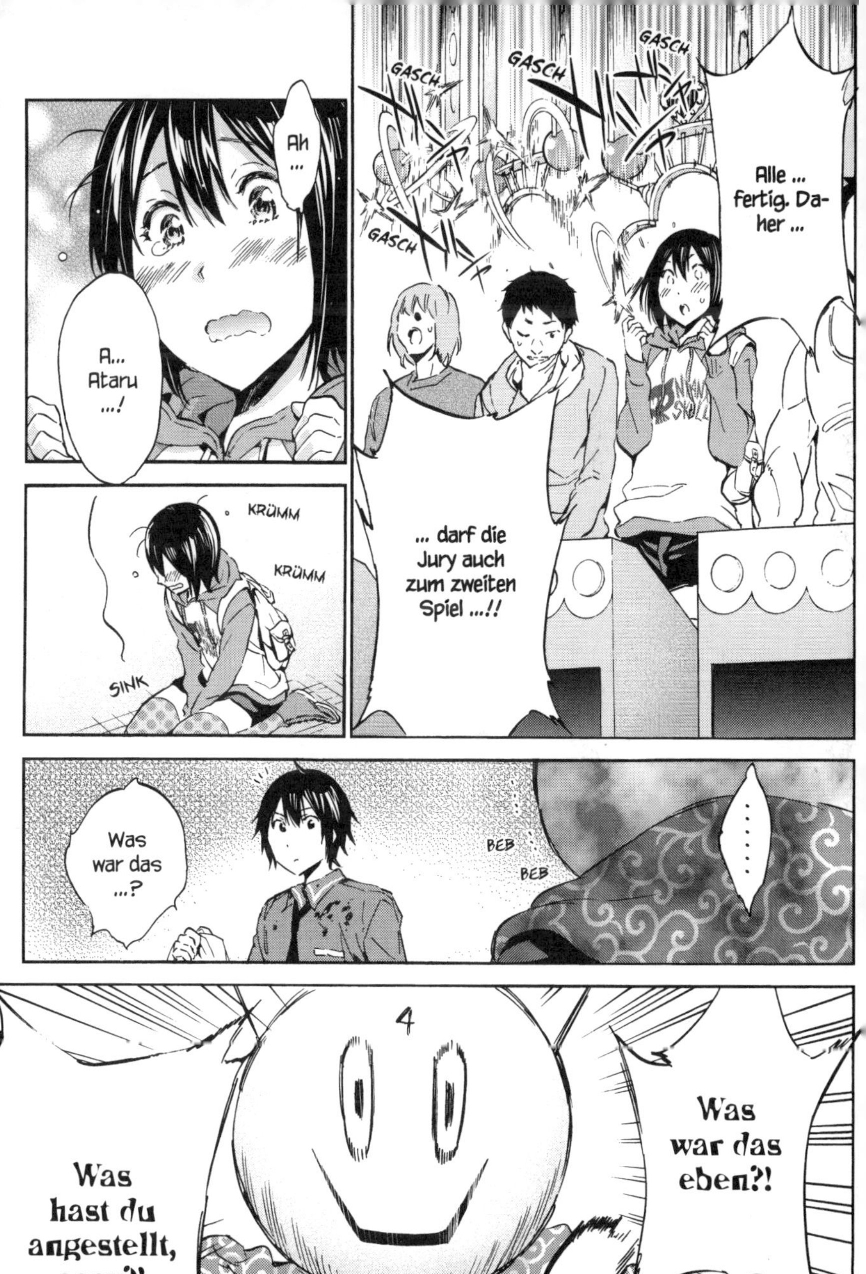
GASCH
GASCH
GASCH
GASCH
Alle ... fertig. Daher ...
... darf die Jury auch zum zweiten Spiel ...!!
Ah ...
A... Ataru ...!
KRÜMM
KRÜMM
SINK
......
BEB
BEB
Was war das ...?
4
Was war das eben?!
Was hast du angestellt, eeey?!

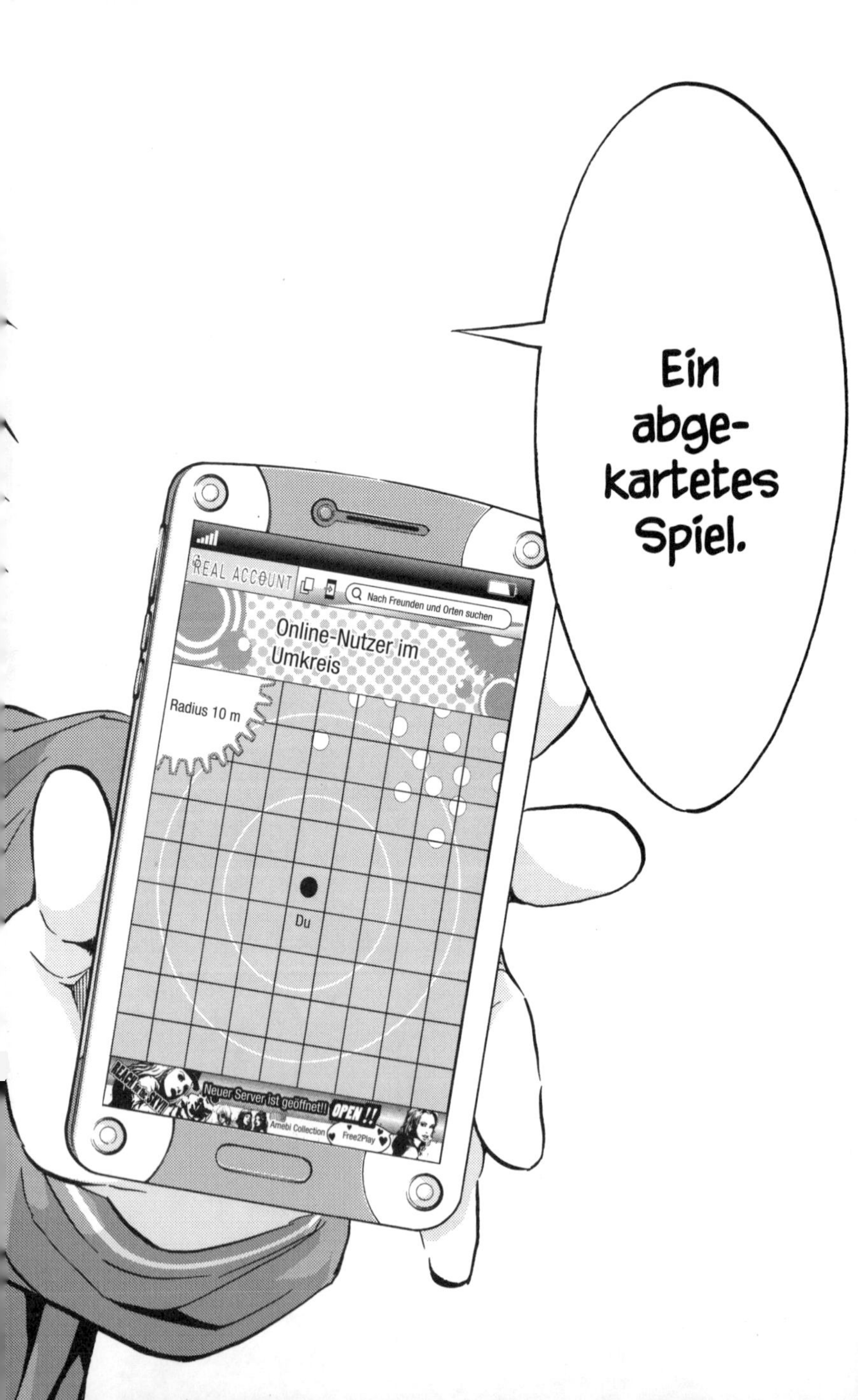
Ein abge-kartetes Spiel.
REAL ACCOUNT
Nach Freunden und Orten suchen
Online-Nutzer im Umkreis
Radius 10 m
Du
Neuer Server ist geöffnet!! OPEN!!
Amebi Collection
Free2Play

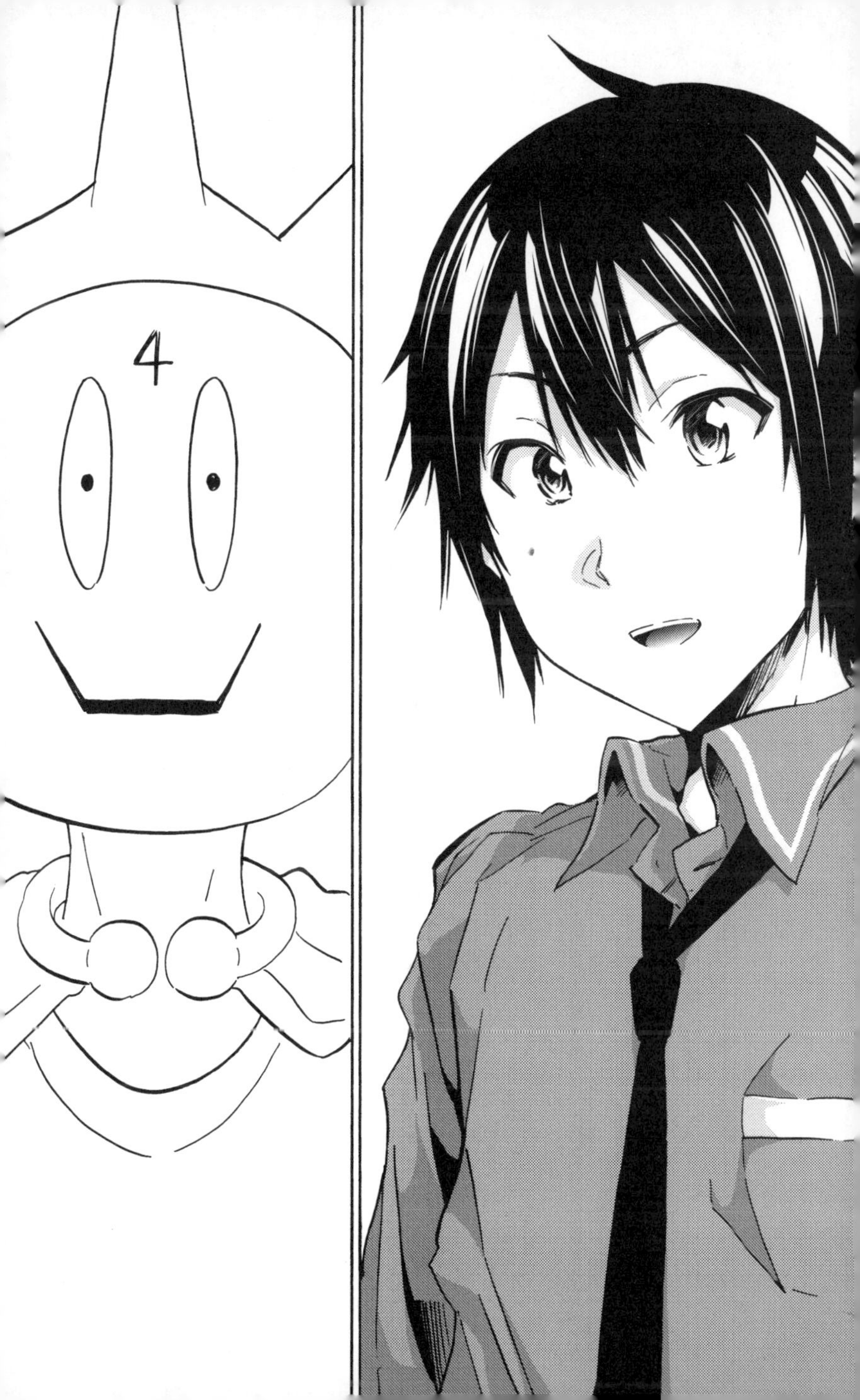
4

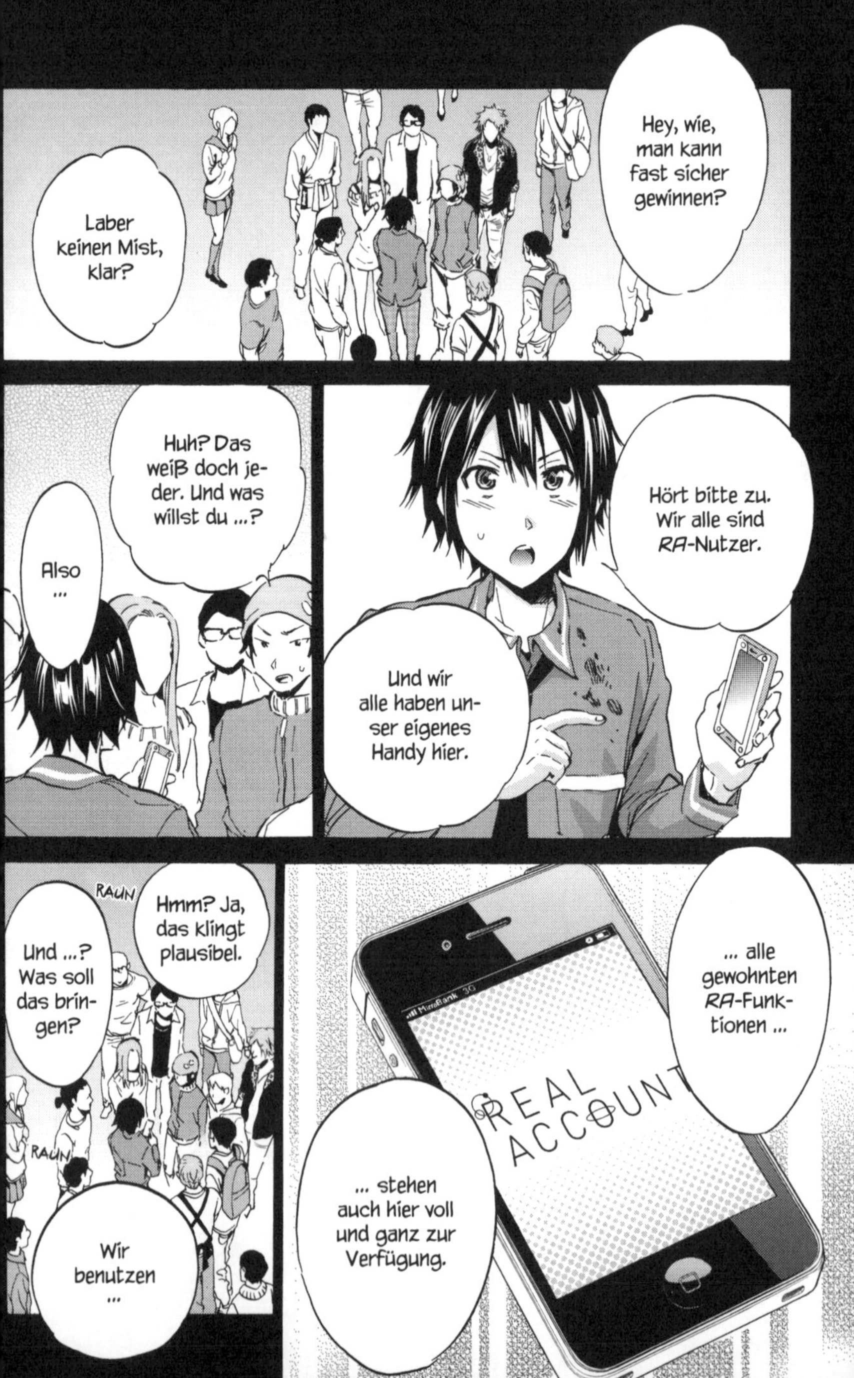
Hey, wie, man kann fast sicher gewinnen?
Laber keinen Mist, klar?
Hört bitte zu. Wir alle sind *RA*-Nutzer.
Und wir alle haben unser eigenes Handy hier.
Huh? Das weiß doch jeder. Und was willst du ...?
Also ...
RAUN
Hmm? Ja, das klingt plausibel.
Und ...? Was soll das bringen?
RAUN
Wir benutzen ...
... alle gewohnten *RA*-Funktionen ...
REAL ACCOUNT
... stehen auch hier voll und ganz zur Verfügung.

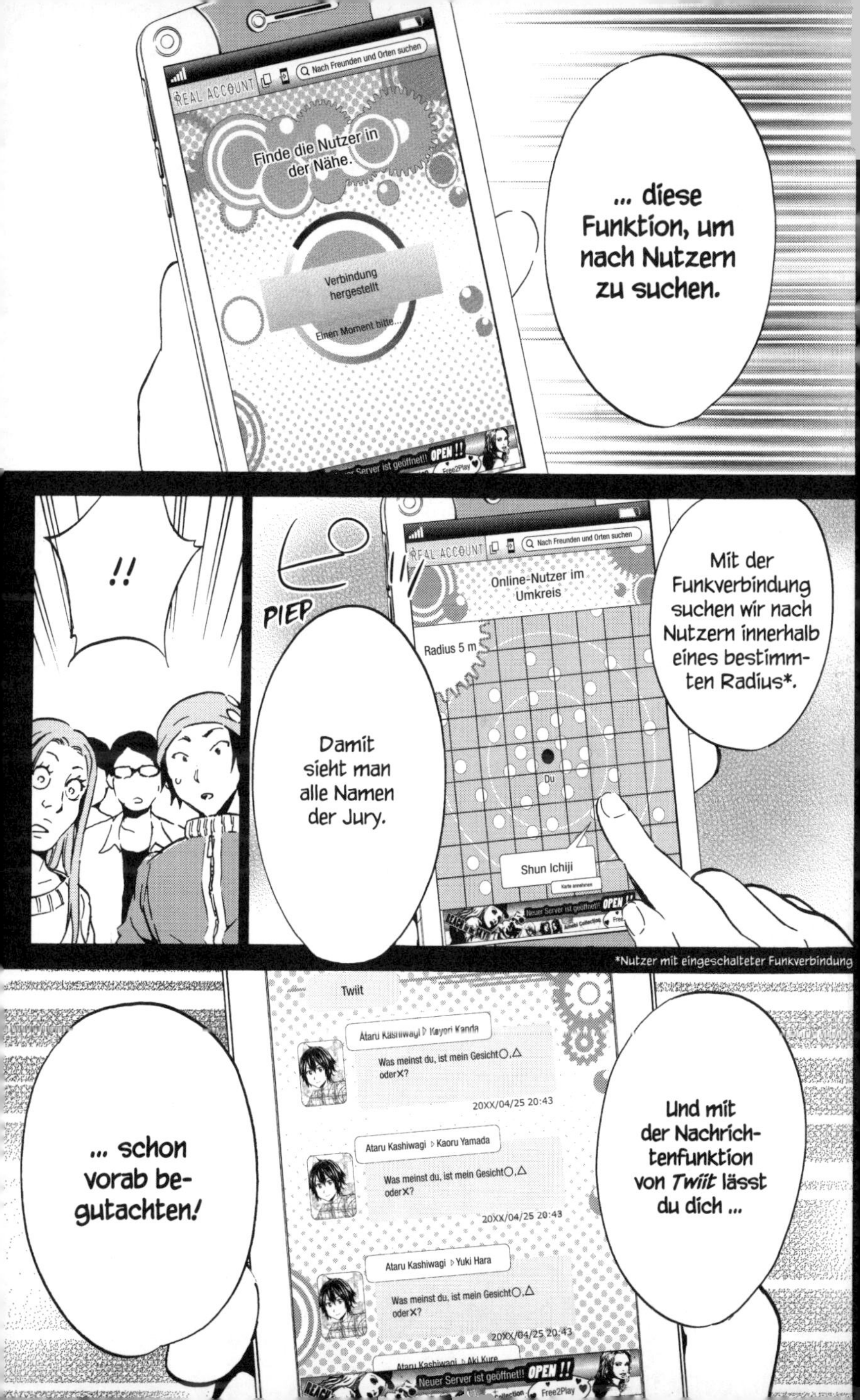

REAL ACCOUNT
Nach Freunden und Orten suchen
Finde die Nutzer in der Nähe.
Verbindung hergestellt
Einen Moment bitte...
... diese Funktion, um nach Nutzern zu suchen.
Mit der Funkverbindung suchen wir nach Nutzern innerhalb eines bestimmten Radius*.
Online-Nutzer im Umkreis
Radius 5 m
Du
Shun Ichiji
PIEP
Damit sieht man alle Namen der Jury.
!!
*Nutzer mit eingeschalteter Funkverbindung
Und mit der Nachrichtenfunktion von *Twiit* lässt du dich ...
Twiit
Ataru Kashiwagi ▷ Kayori Kanda
Was meinst du, ist mein Gesicht○,△ oder✕?
20XX/04/25 20:43
Ataru Kashiwagi ▷ Kaoru Yamada
Was meinst du, ist mein Gesicht○,△ oder✕?
20XX/04/25 20:43
Ataru Kashiwagi ▷ Yuki Hara
Was meinst du, ist mein Gesicht○,△ oder✕?
20XX/04/25 20:43
Ataru Kashiwagi ▷ Aki Kure
Neuer Server ist geöffnet!! OPEN!!
Free2Play
... schon vorab begutachten!

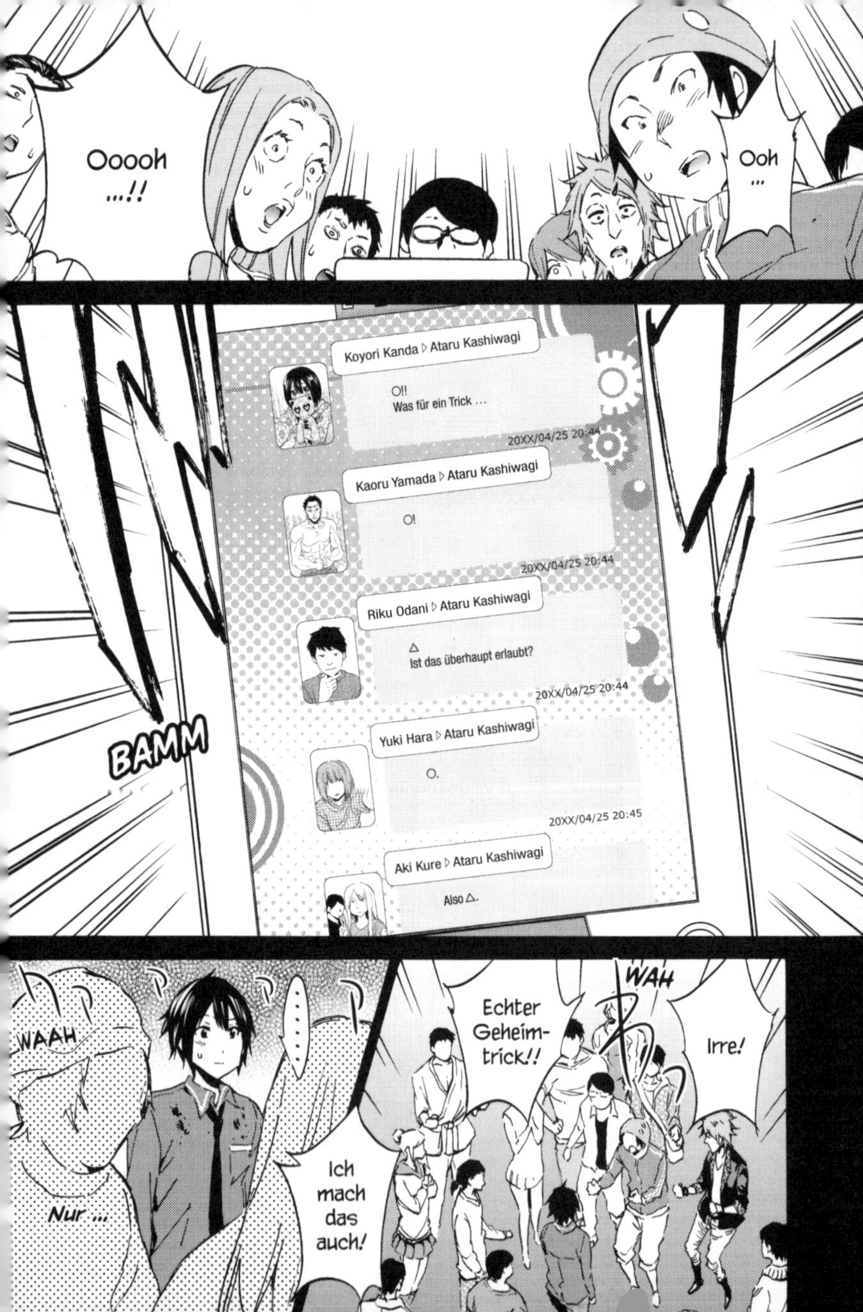
Ooh ...
Ooooh ...!!
Koyori Kanda ▷ Ataru Kashiwagi
O!!
Was für ein Trick ...
20XX/04/25 20:44
Kaoru Yamada ▷ Ataru Kashiwagi
O!
20XX/04/25 20:44
Riku Odani ▷ Ataru Kashiwagi
△
Ist das überhaupt erlaubt?
20XX/04/25 20:44
Yuki Hara ▷ Ataru Kashiwagi
O.
20XX/04/25 20:45
Aki Kure ▷ Ataru Kashiwagi
Also △.
BAMM
WAH
Irre!
Echter Geheim-trick!!
Ich mach das auch!
......
WAAH
Nur ...

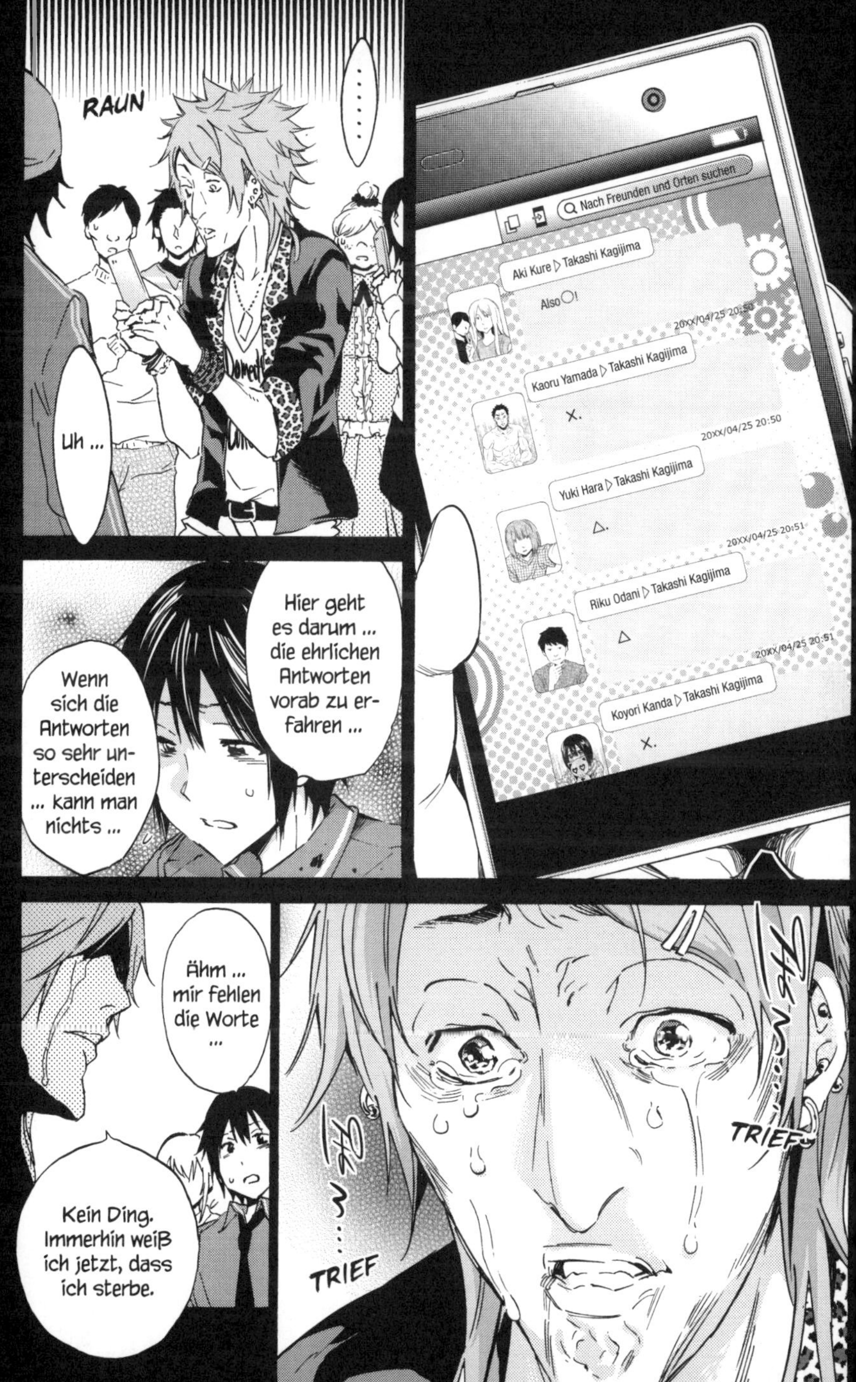

Nach Freunden und Orten suchen
Aki Kure ▷ Takashi Kagijima
Also◯!
20XX/04/25 20:50
Kaoru Yamada ▷ Takashi Kagijima
X.
20XX/04/25 20:50
Yuki Hara ▷ Takashi Kagijima
△.
20XX/04/25 20:51
Riku Odani ▷ Takashi Kagijima
△
20XX/04/25 20:51
Koyori Kanda ▷ Takashi Kagijima
X.
RAUN
....
Uh ...
Hier geht es darum ... die ehrlichen Antworten vorab zu erfahren ...
Wenn sich die Antworten so sehr unterscheiden ... kann man nichts ...
TRIEF
TRIEF
Ähm ... mir fehlen die Worte ...
Kein Ding. Immerhin weiß ich jetzt, dass ich sterbe.

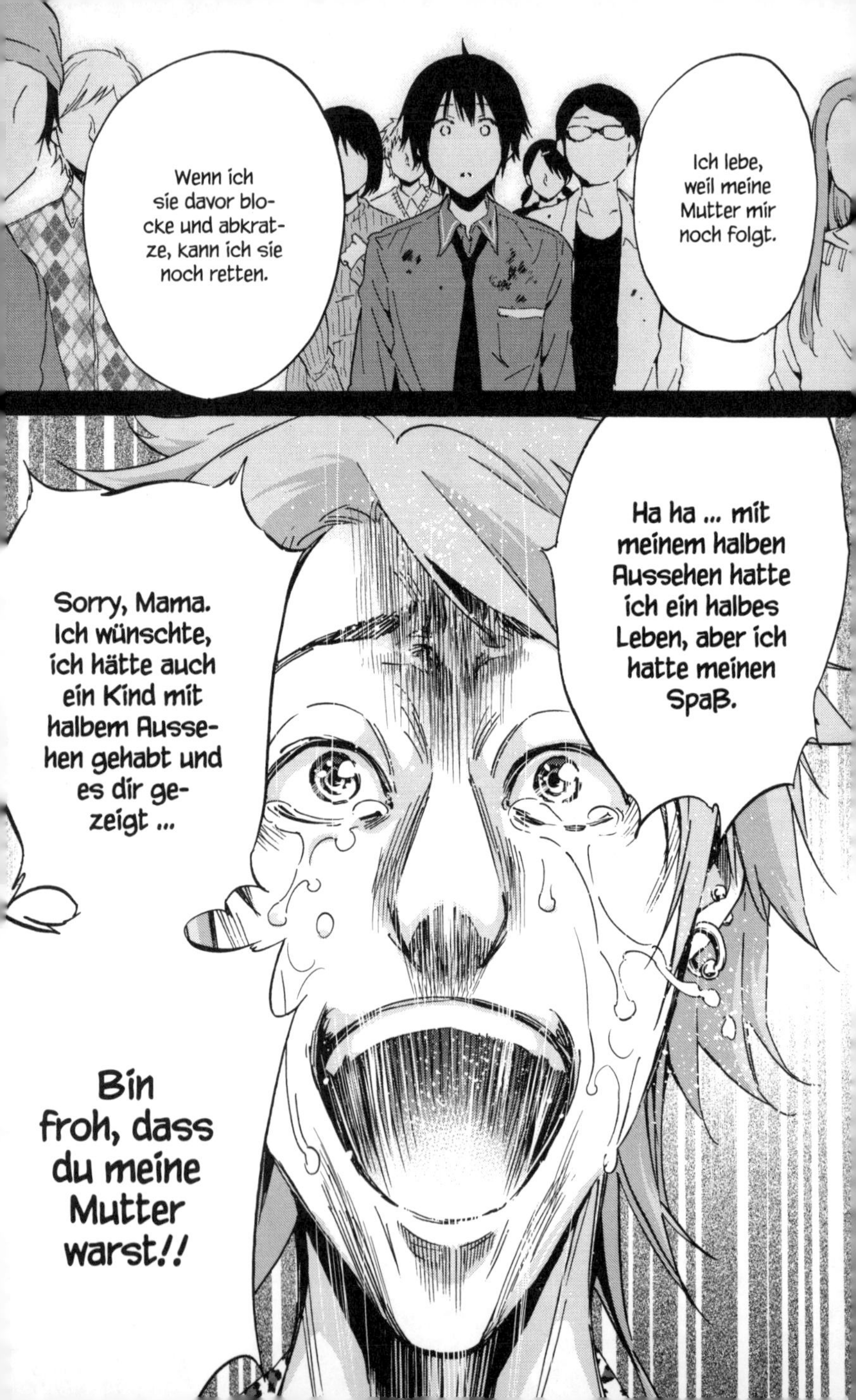
Ich lebe, weil meine Mutter mir noch folgt.
Wenn ich sie davor blocke und abkratze, kann ich sie noch retten.
Ha ha ... mit meinem halben Aussehen hatte ich ein halbes Leben, aber ich hatte meinen Spaß.
Sorry, Mama. Ich wünschte, ich hätte auch ein Kind mit halbem Aussehen gehabt und es dir gezeigt ...
Bin froh, dass du meine Mutter warst!!

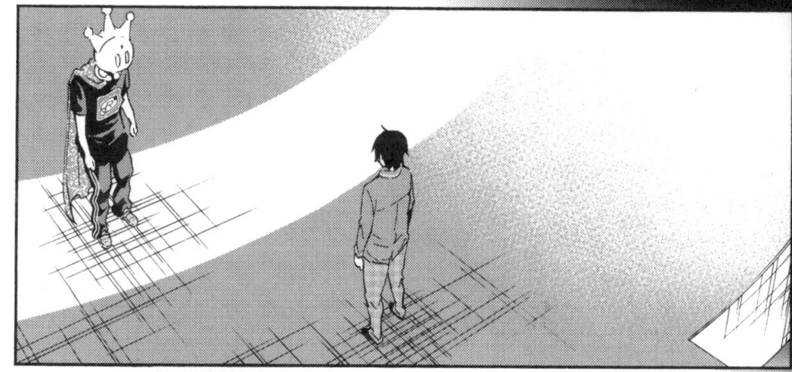

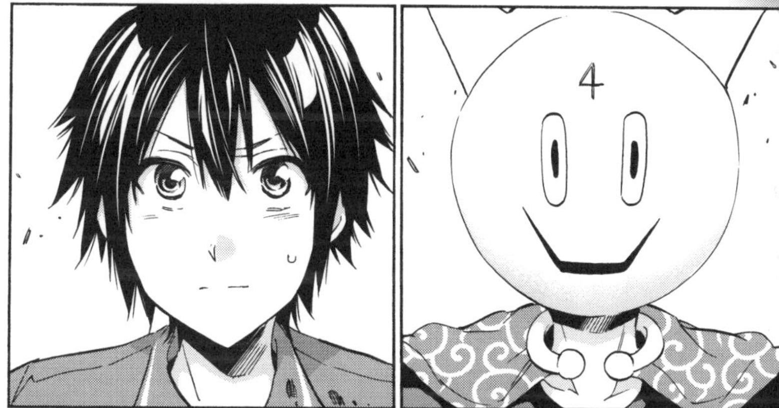

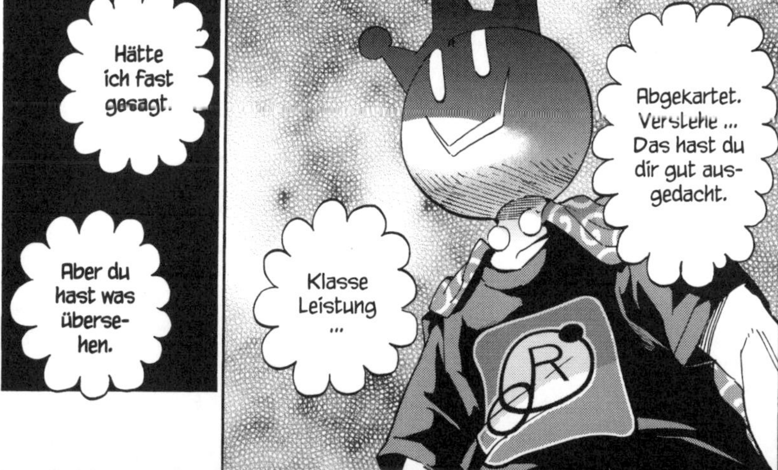

Abgekartet. Verstehe ... Das hast du dir gut ausgedacht.
Klasse Leistung ...
Hätte ich fast gesagt.
Aber du hast was übersehen.

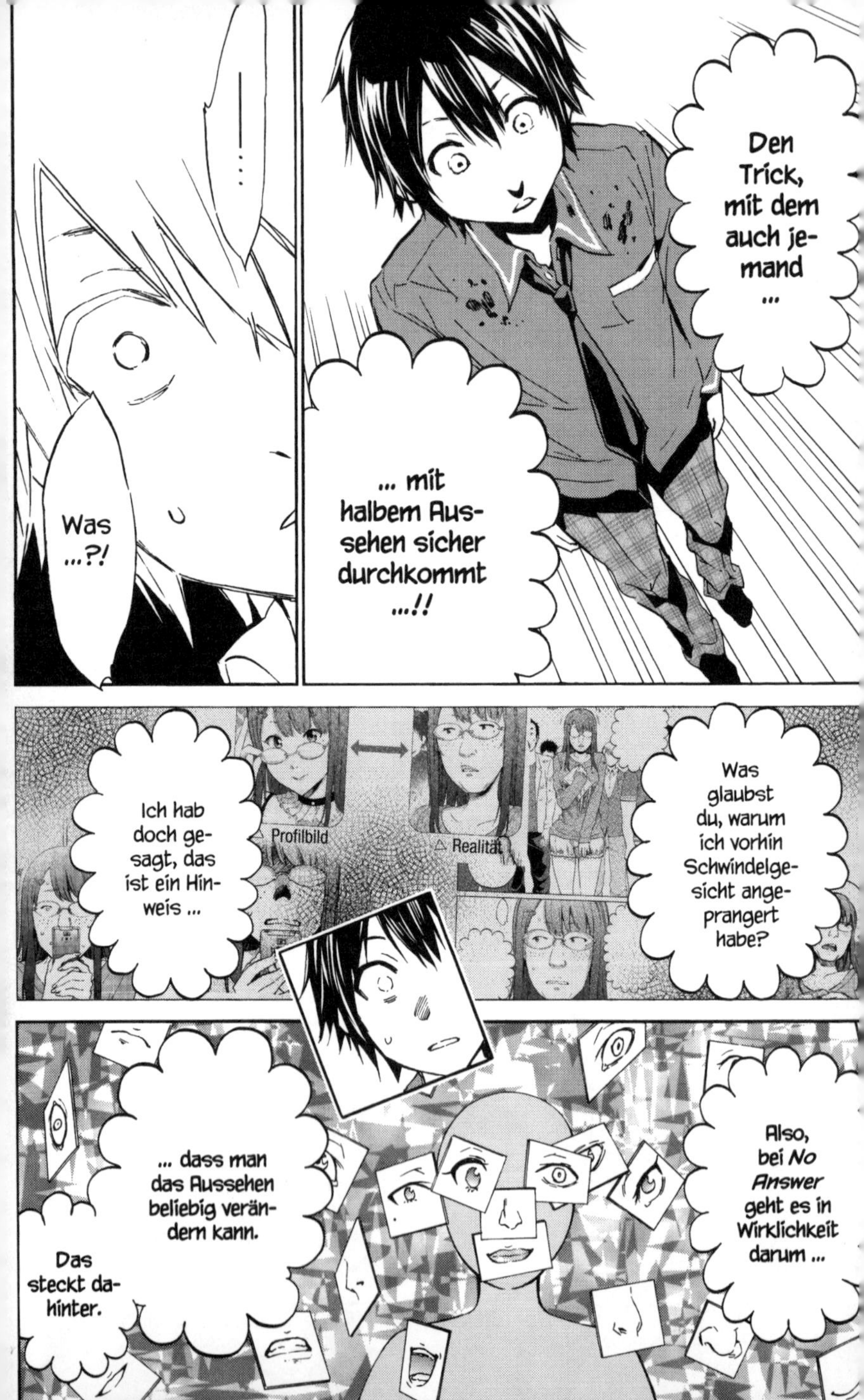
Den Trick, mit dem auch jemand ...
... mit halbem Aussehen sicher durchkommt ...!!
Was ...?!
Was glaubst du, warum ich vorhin Schwindelgesicht angeprangert habe?
Realität
Profilbild
Ich hab doch gesagt, das ist ein Hinweis ...
Also, bei *No Answer* geht es in Wirklichkeit darum ...
... dass man das Aussehen beliebig verändern kann.
Das steckt dahinter.

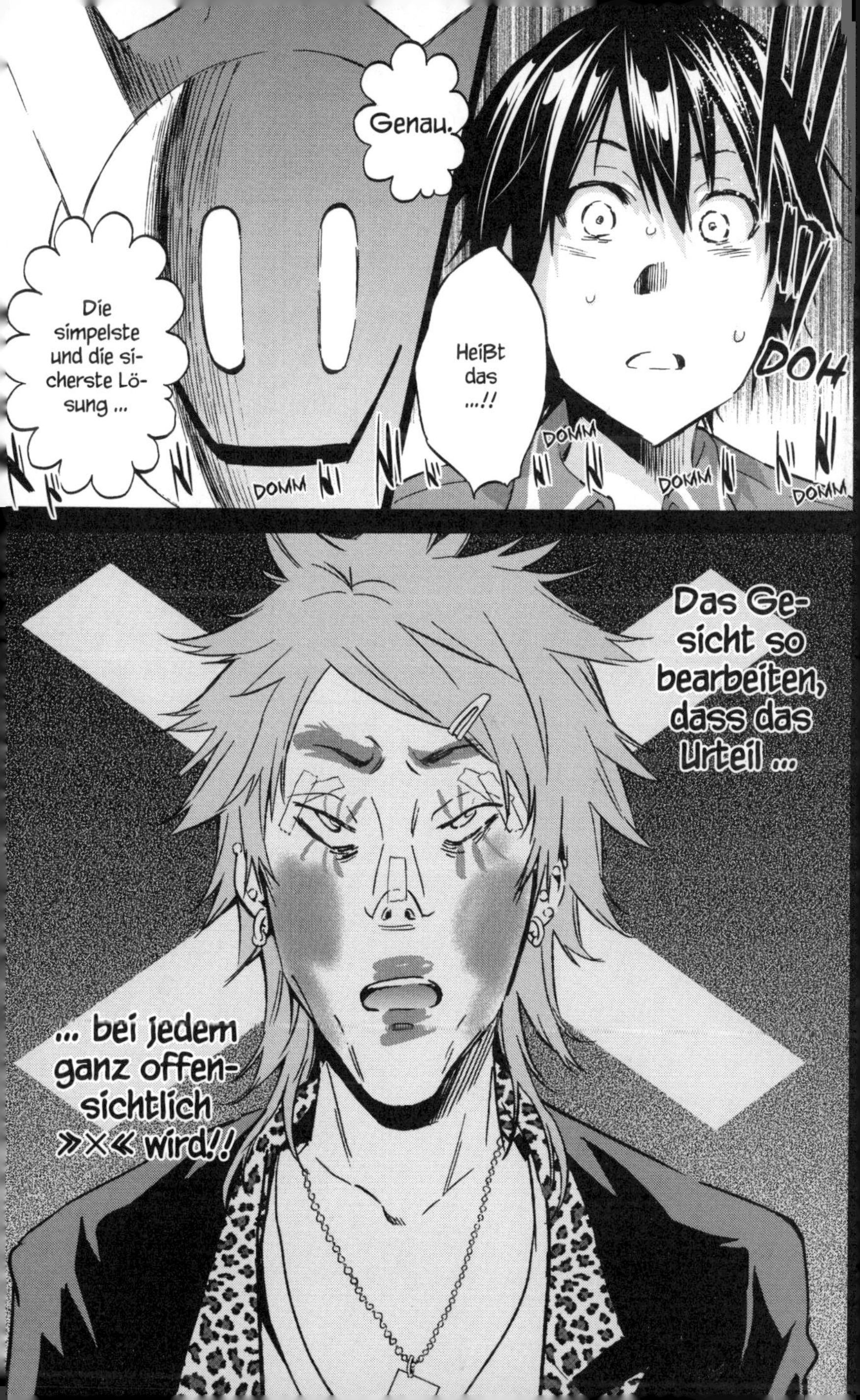
DOH
Heißt das ...!!
Genau.
Die simpelste und die sicherste Lösung ...
DOMM
DOMM
DOMM
DOMM
Das Gesicht so bearbeiten, dass das Urteil ...
... bei jedem ganz offensichtlich »×« wird!!

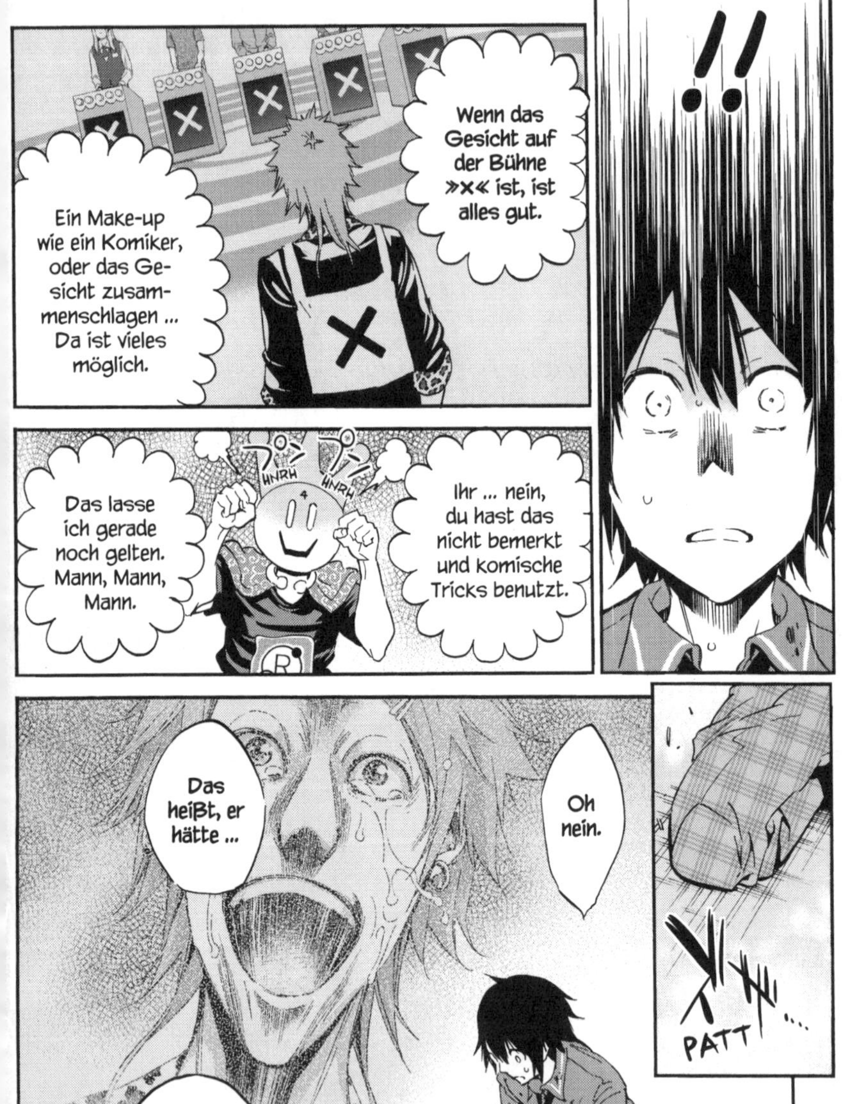
Wenn das Gesicht auf der Bühne »x« ist, ist alles gut.
Ein Make-up wie ein Komiker, oder das Gesicht zusammenschlagen ... Da ist vieles möglich.
!!
Ihr ... nein, du hast das nicht bemerkt und komische Tricks benutzt.
HNRH
HNRH
Das lasse ich gerade noch gelten. Mann, Mann, Mann.
PATT
Oh nein.
Das heißt, er hätte ...
... gar nicht sterben ... müssen ...

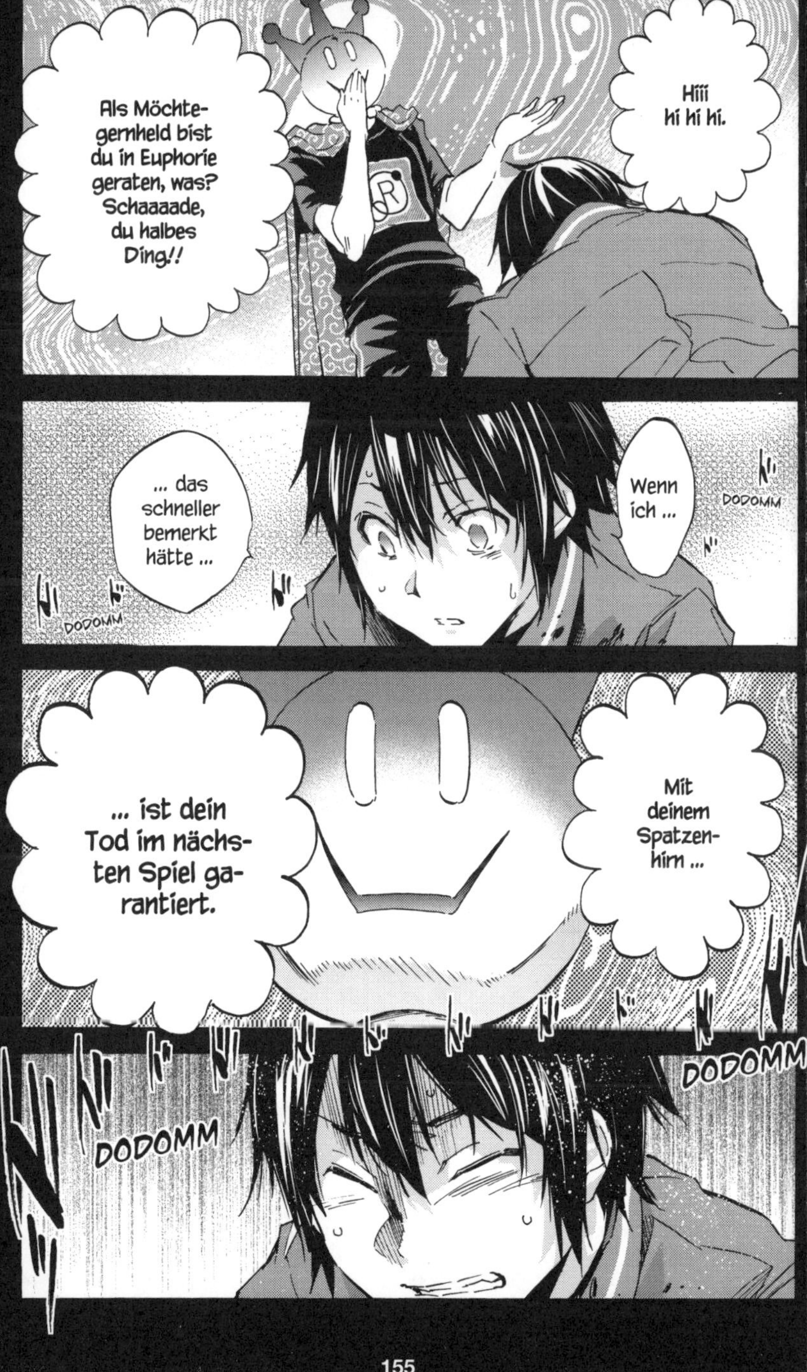

Hiii hi hi hi.
Als Möchtegernheld bist du in Euphorie geraten, was? Schaaaade, du halbes Ding!!
DODOMM
Wenn ich ...
... das schneller bemerkt hätte ...
DODOMM
Mit deinem Spatzenhirn ...
... ist dein Tod im nächsten Spiel garantiert.
DODOMM
DODOMM

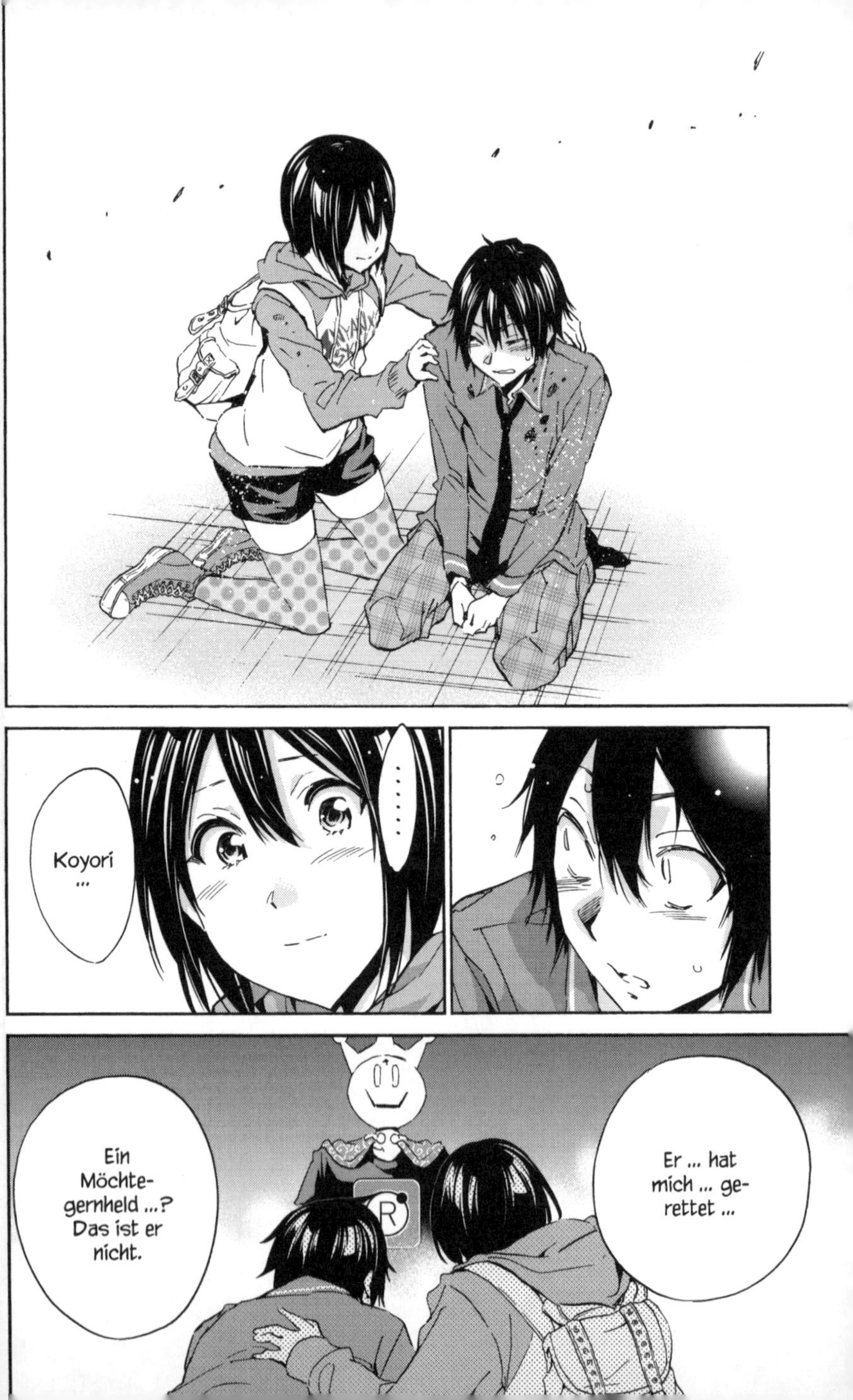

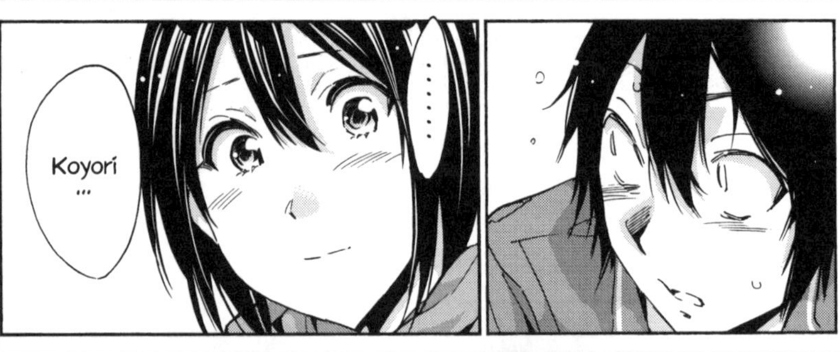
......
Koyori ...

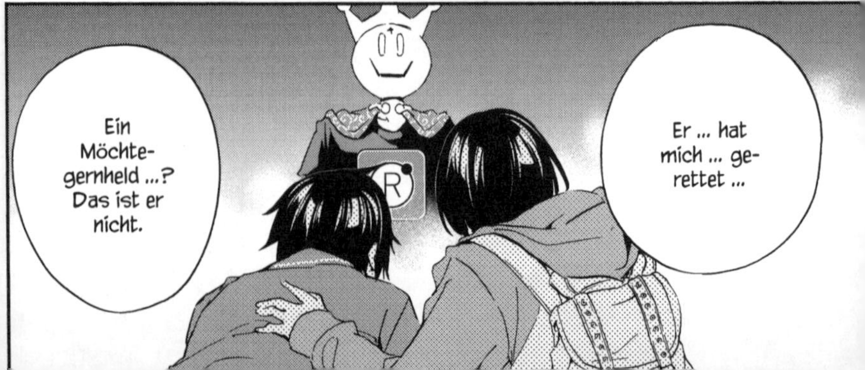
Er ... hat mich ... gerettet ...
Ein Möchtegernheld ...? Das ist er nicht.

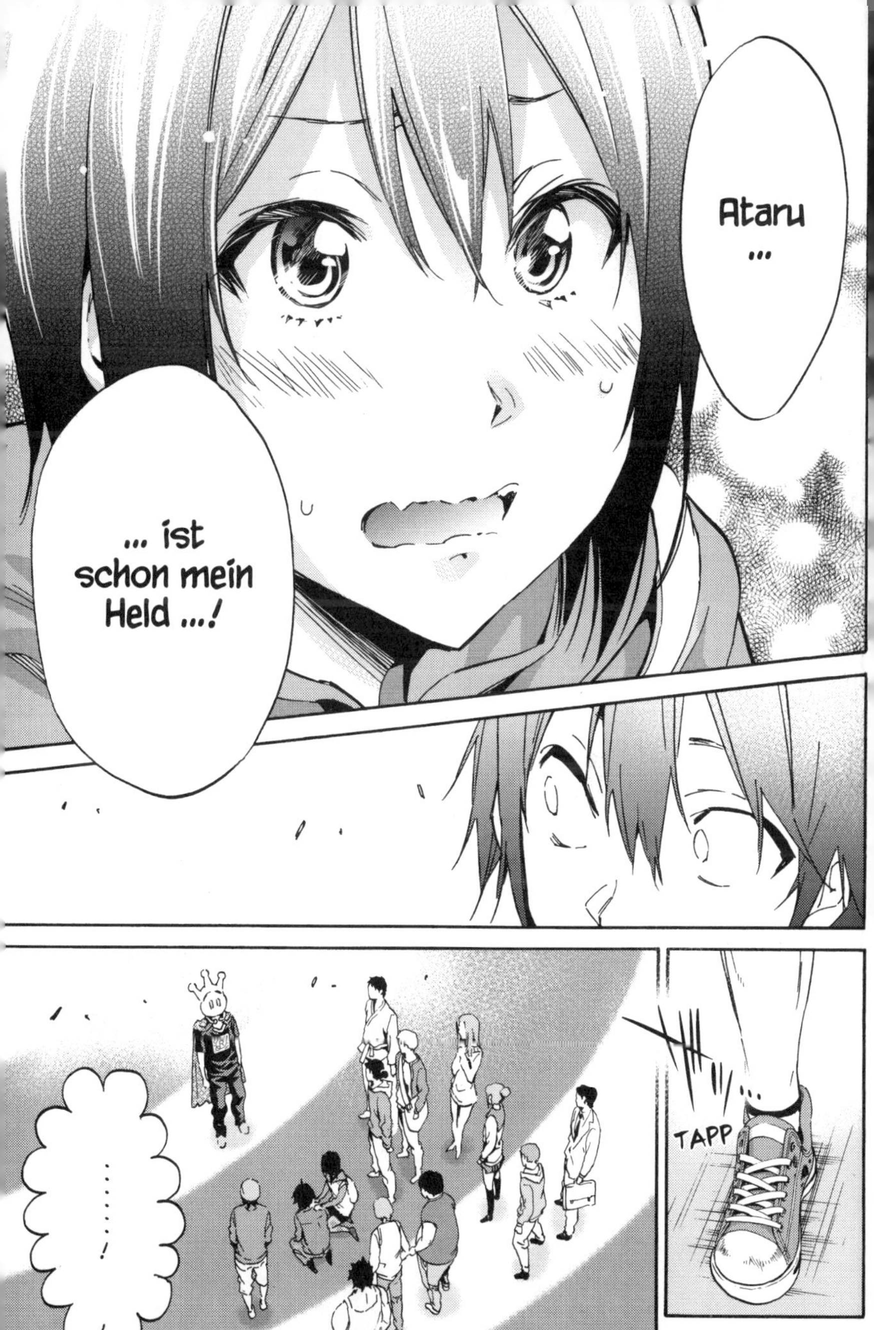
Ataru ...
... ist schon mein Held ...!
TAPP
......!

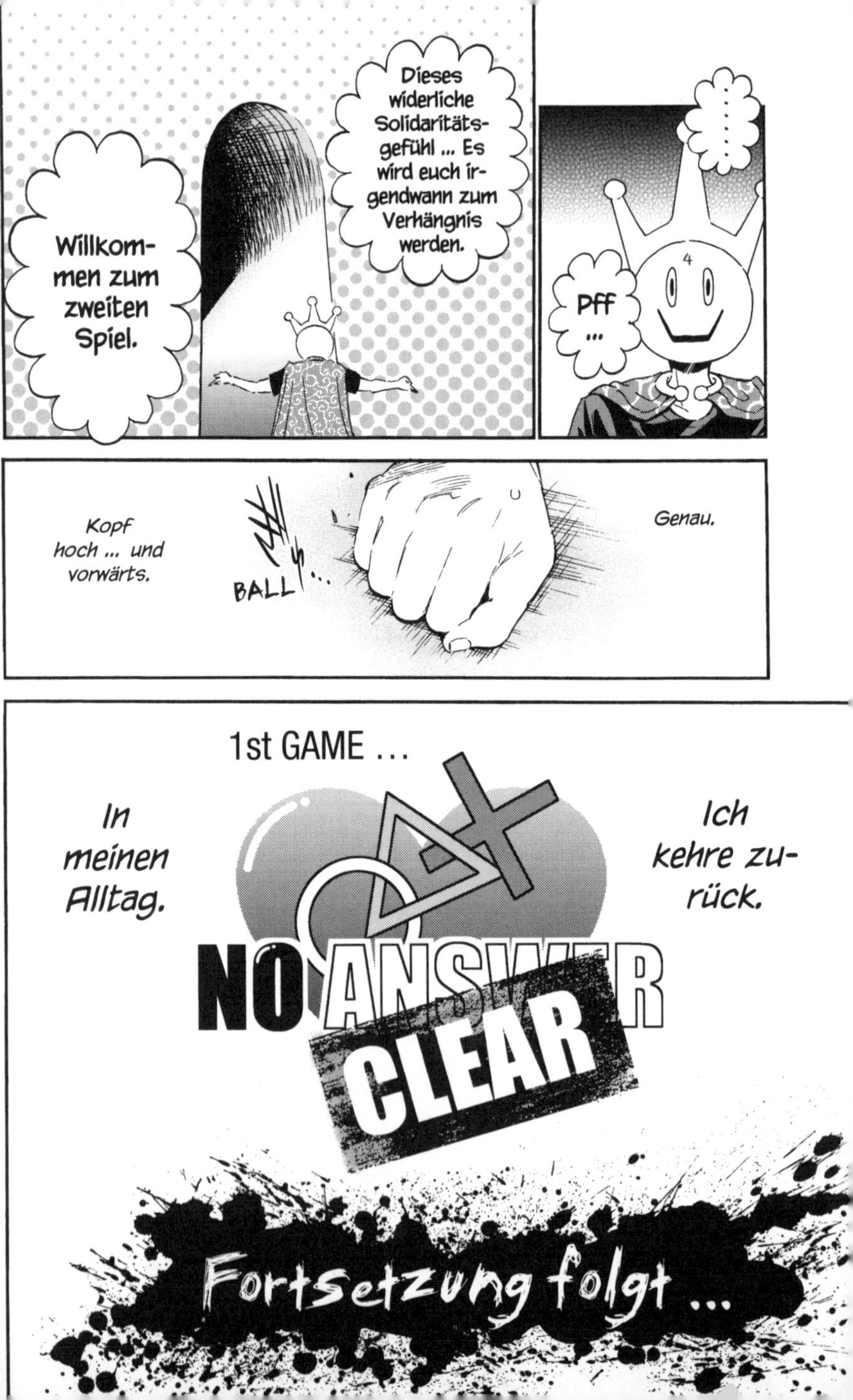

……

Pff …

Dieses widerliche Solidaritätsgefühl … Es wird euch irgendwann zum Verhängnis werden.

Willkommen zum zweiten Spiel.

Genau.

BALL …

Kopf hoch … und vorwärts.

1st GAME …

NO ANSWER

CLEAR

Ich kehre zurück.

In meinen Alltag.

Fortsetzung folgt …

Kapitel 4:
[Bitte teilen] Das RT-Game

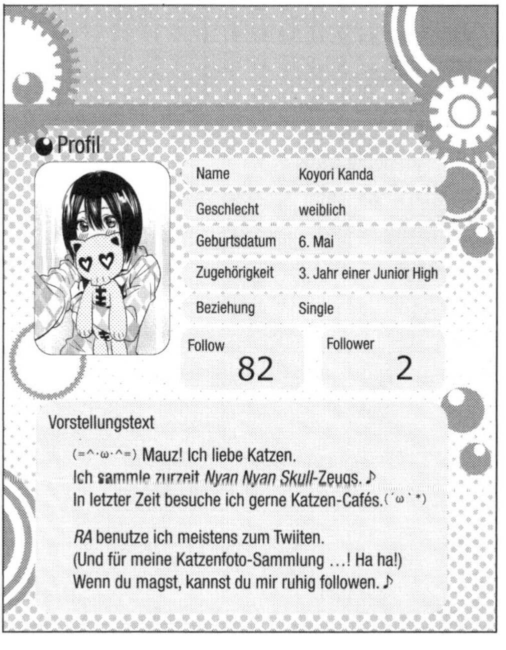

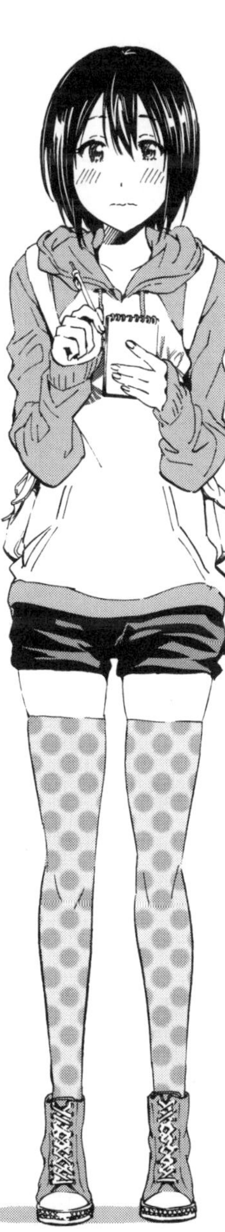

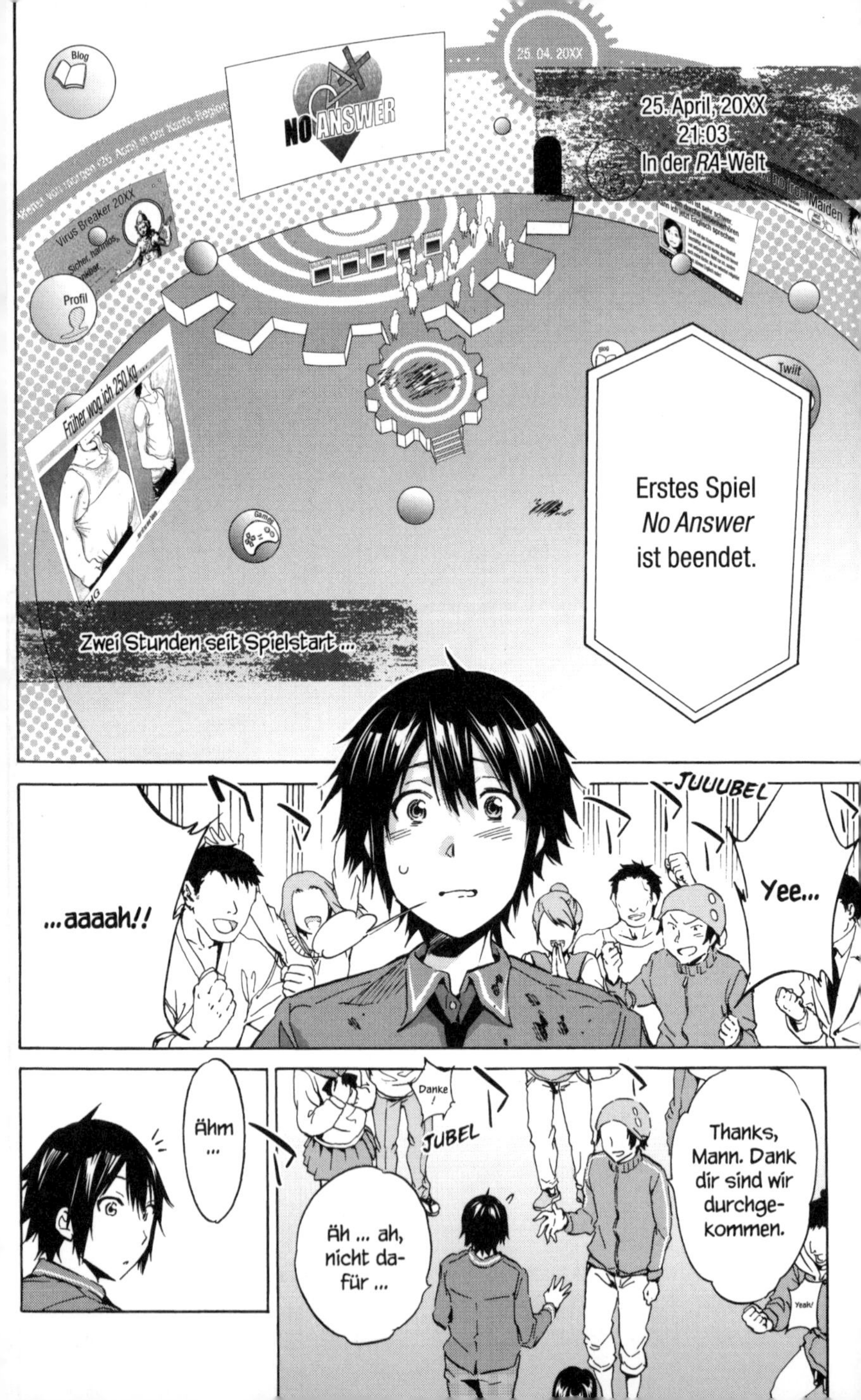
25. April, 20XX
21:03
In der *RA*-Welt
Erstes Spiel
No Answer
ist beendet.
Zwei Stunden seit Spielstart ...
JUUUBEL
Yee...
...aaaah!!
Thanks, Mann. Dank dir sind wir durchgekommen.
Danke!
JUBEL
Äh ... ah, nicht dafür ...
Ähm ...
Yeah!

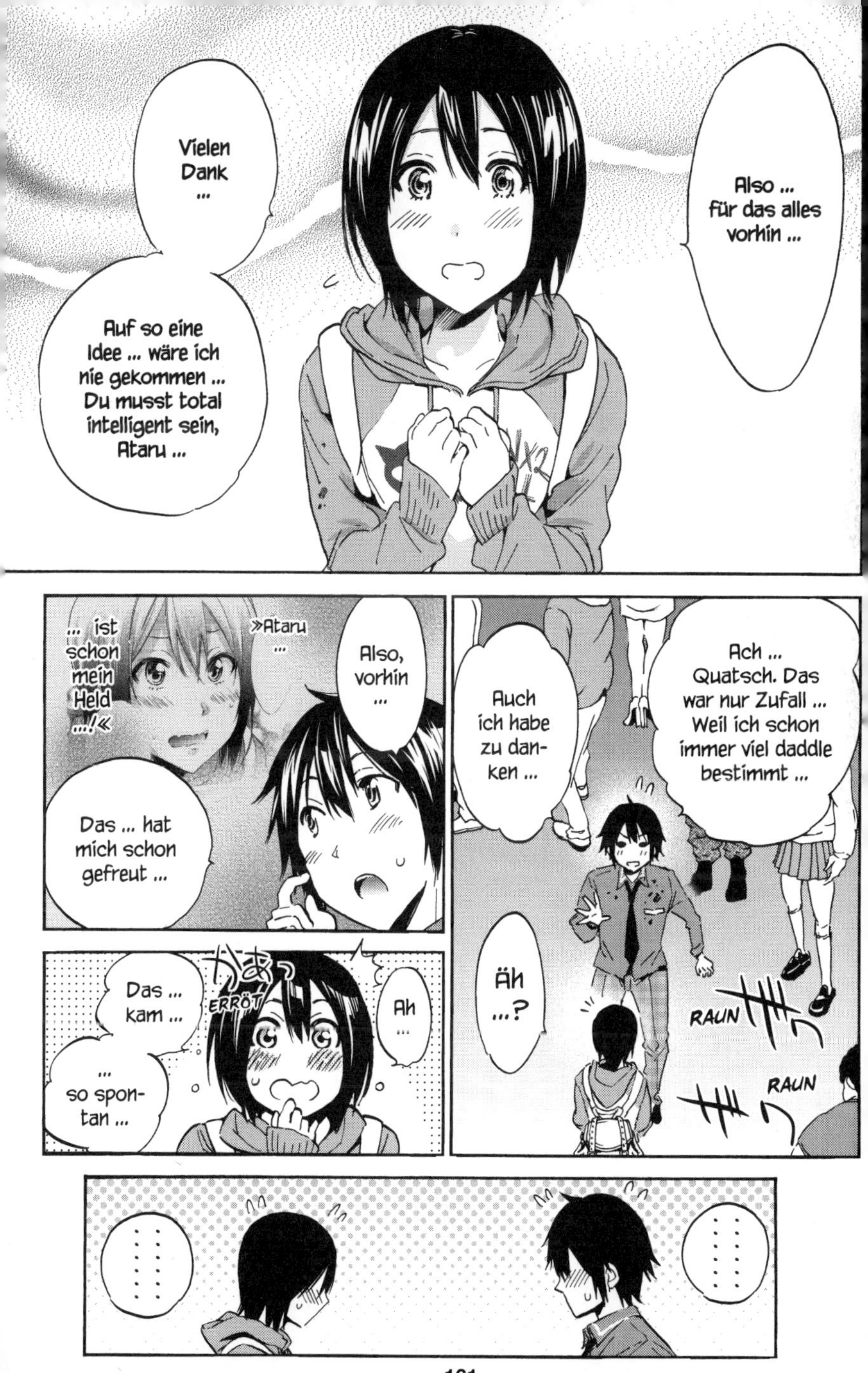

Also ... für das alles vorhin ...

Vielen Dank ...

Auf so eine Idee ... wäre ich nie gekommen ... Du musst total intelligent sein, Ataru ...

Ach ... Quatsch. Das war nur Zufall ... Weil ich schon immer viel daddle bestimmt ...

Auch ich habe zu danken ...

Äh ...?

RAUN

RAUN

Also, vorhin ...

»Ataru ...

... ist schon mein Held ...!«

Das ... hat mich schon gefreut ...

Ah ...

ERRÖT

Das ... kam ...

... so spontan ...

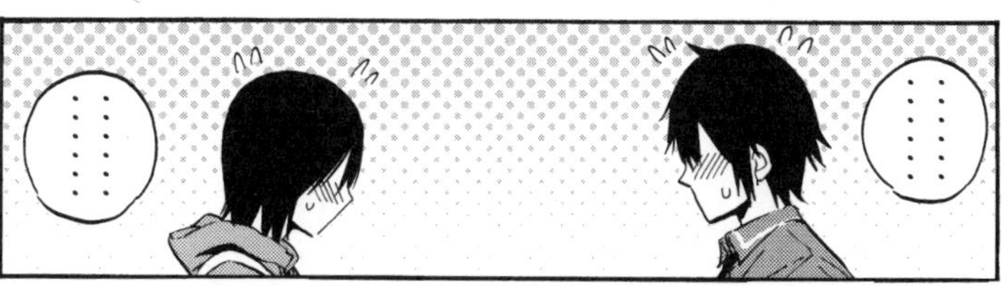

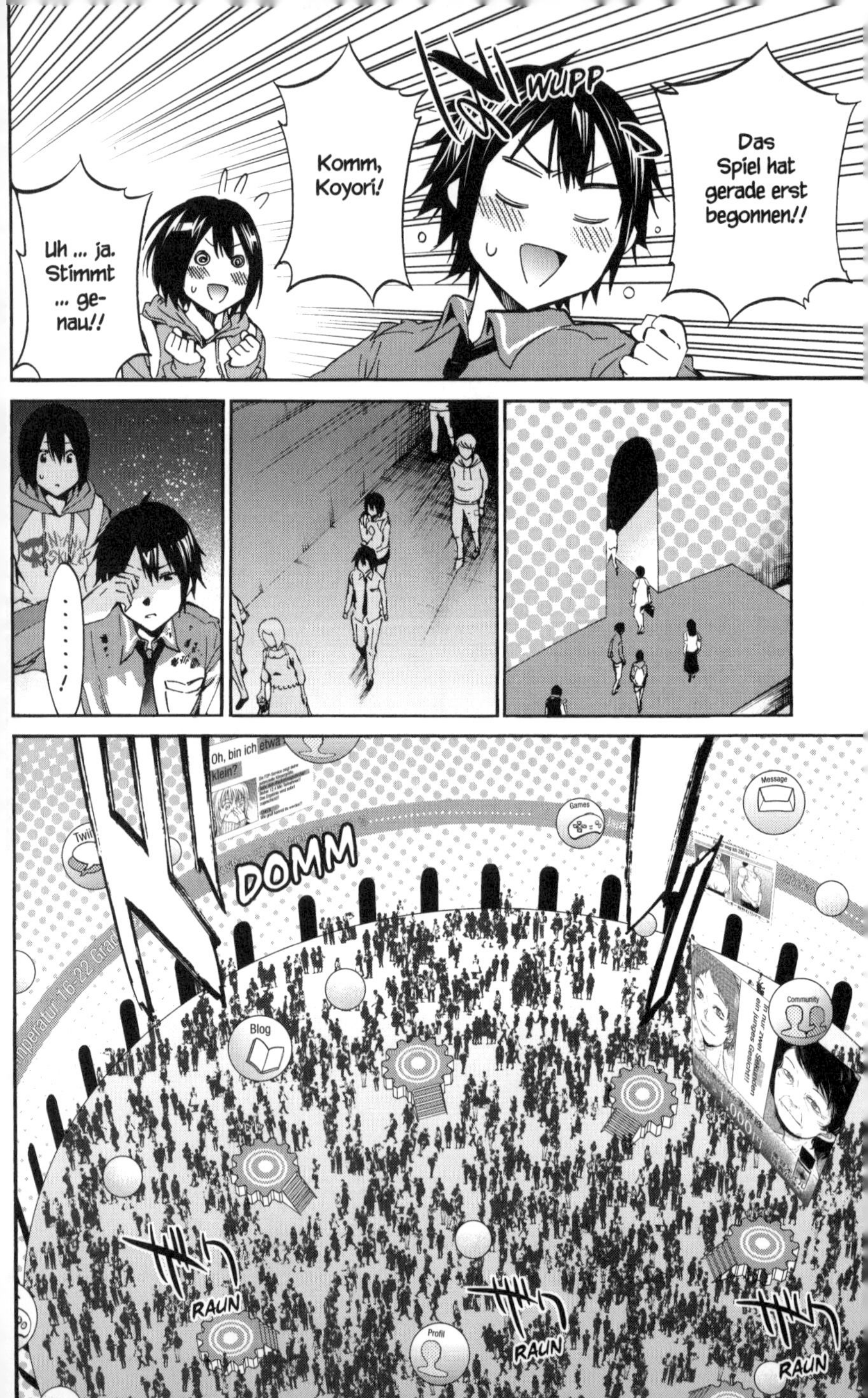
WUPP
Das Spiel hat gerade erst begonnen!!
Komm, Koyori!
Uh ... ja. Stimmt ... ge-nau!!
......!
Oh, bin ich etwa klein?
Message
Games
DOMM
Community
Blog
Profil
RAUN
RAUN
RAUN

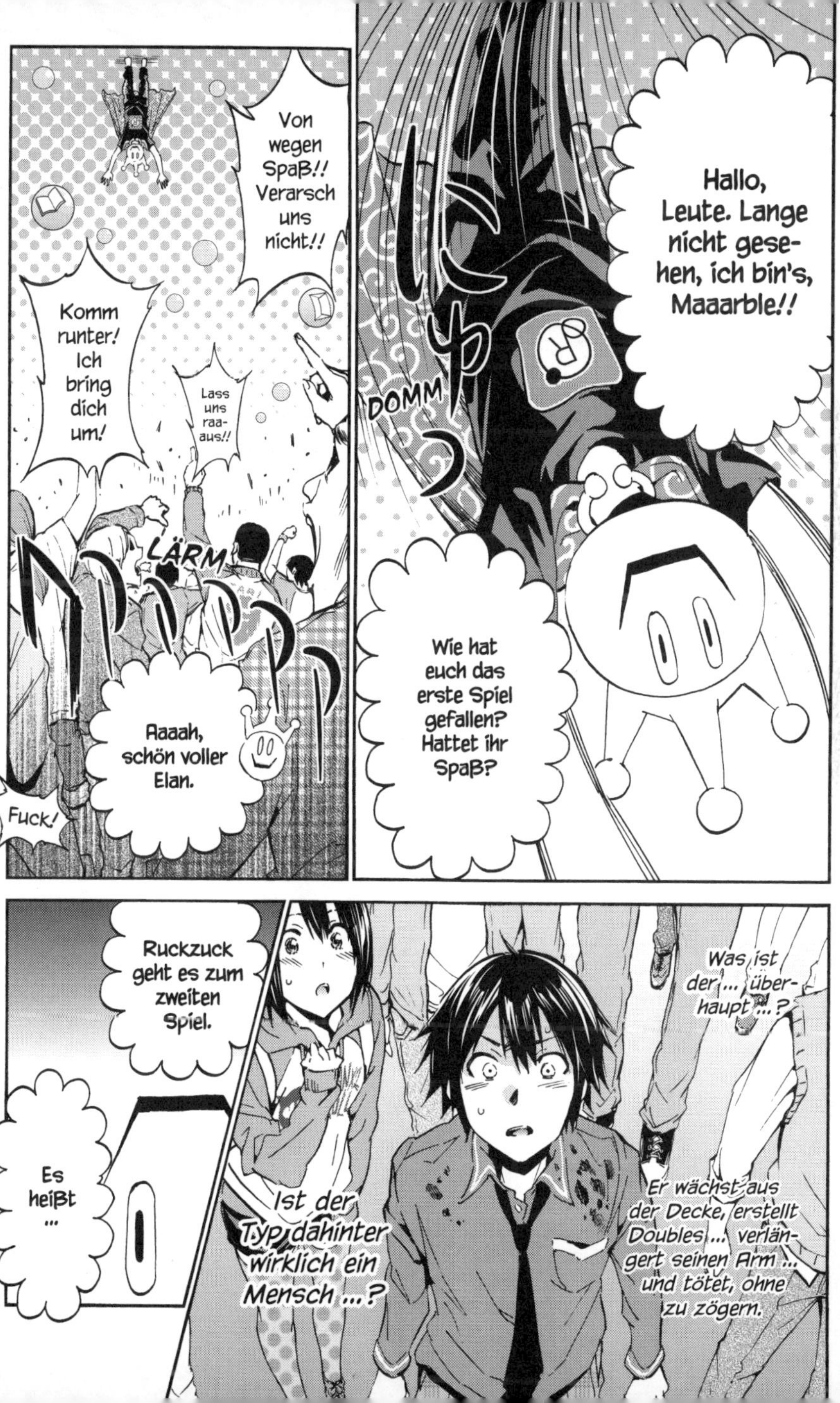

Hallo, Leute. Lange nicht gesehen, ich bin's, Maaarble!!

DOMM

Wie hat euch das erste Spiel gefallen? Hattet ihr Spaß?

Von wegen Spaß!! Verarsch uns nicht!!

Komm runter! Ich bring dich um!

Lass uns raa-aus!!

LÄRM

Aaaah, schön voller Elan.

Fuck!

Was ist der ... überhaupt ...?

Ruckzuck geht es zum zweiten Spiel.

Er wächst aus der Decke, erstellt Doubles ... verlängert seinen Arm ... und tötet, ohne zu zögern.

Ist der Typ dahinter wirklich ein Mensch ...?

Es heißt ...

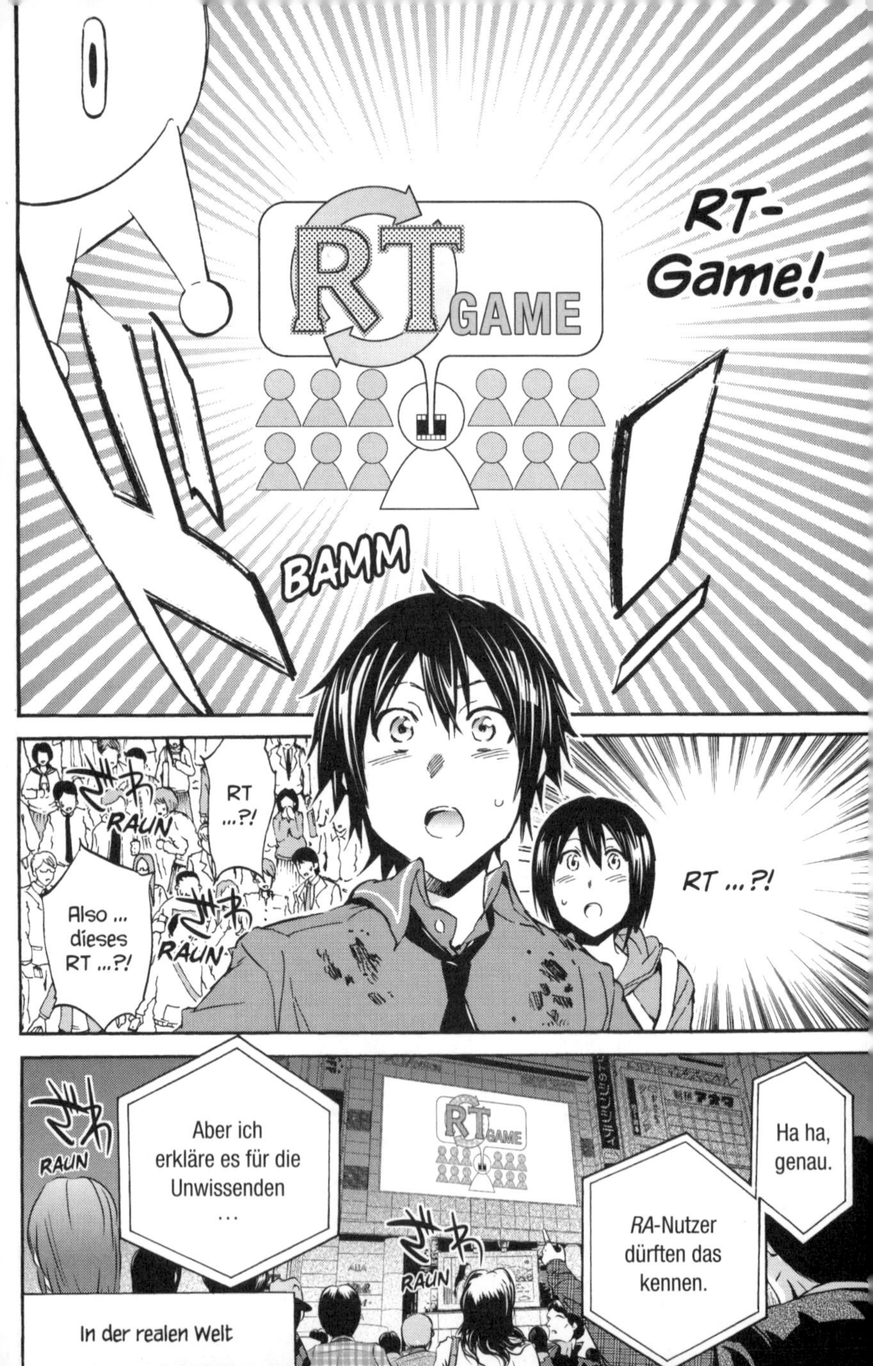
RT-
Game!
RT GAME
BAMM
RT ...?!
RT
...?!
RAUN
Also ...
dieses
RT ...?!
RAUN
Ha ha,
genau.
RA-Nutzer
dürften das
kennen.
Aber ich
erkläre es für die
Unwissenden
...
RT GAME
RAUN
RAUN
In der realen Welt

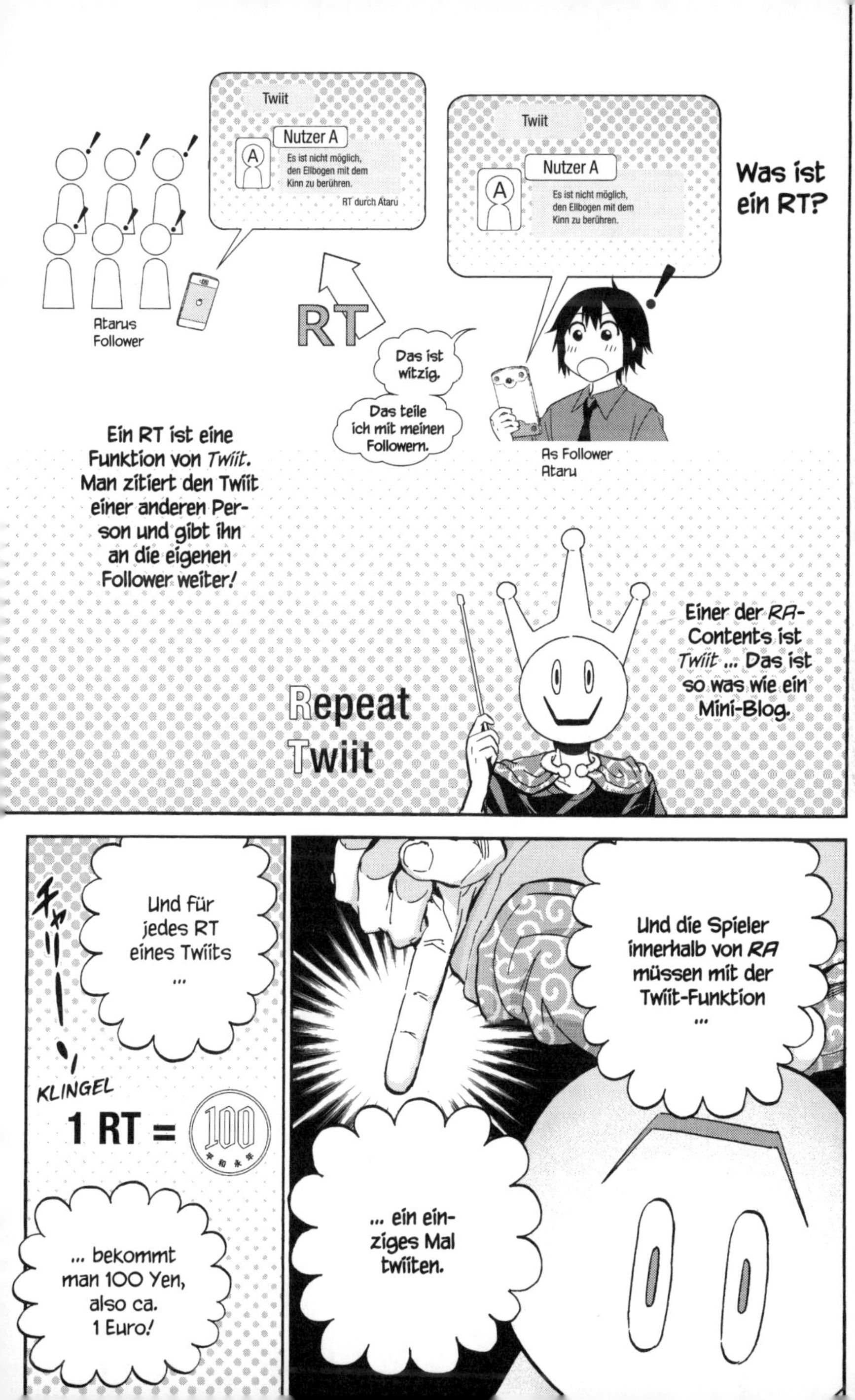

Was ist ein RT?

Twiit

Nutzer A

Es ist nicht möglich, den Ellbogen mit dem Kinn zu berühren.

As Follower Ataru

Das ist witzig.

Das teile ich mit meinen Followern.

RT

Twiit

Nutzer A

Es ist nicht möglich, den Ellbogen mit dem Kinn zu berühren.

RT durch Ataru

Atarus Follower

Ein RT ist eine Funktion von *Twiit*. Man zitiert den Twiit einer anderen Person und gibt ihn an die eigenen Follower weiter!

Einer der *RA*-Contents ist *Twiit* ... Das ist so was wie ein Mini-Blog.

Repeat Twiit

Und die Spieler innerhalb von *RA* müssen mit der Twiit-Funktion ...

... ein einziges Mal twiiten.

Und für jedes RT eines Twiits ...

KLINGEL

1 RT = 100

... bekommt man 100 Yen, also ca. 1 Euro!

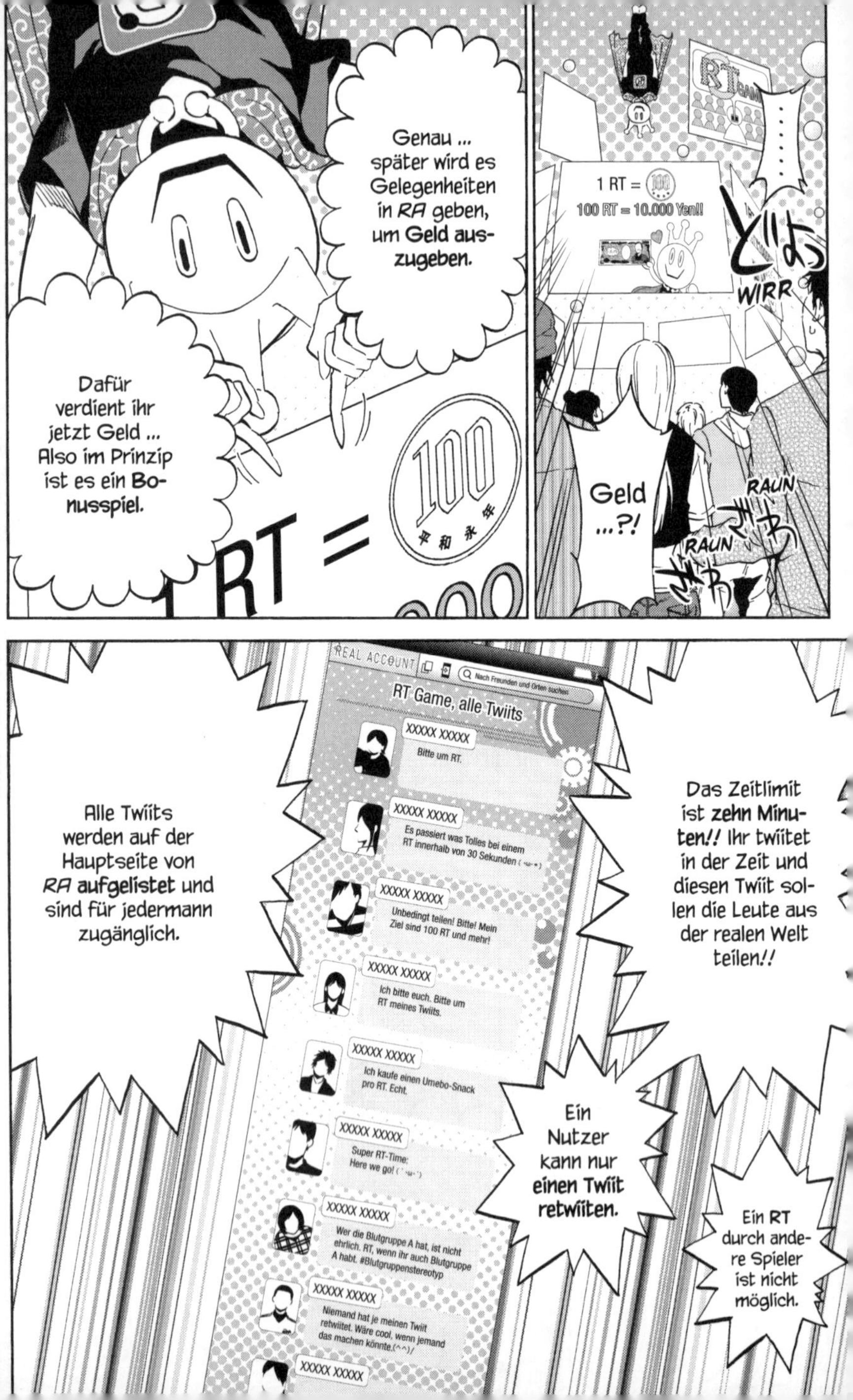

RT GAM
1 RT = 100
100 RT = 10.000 Yen!!
…………
WIRR
Geld …?!
RAUN
RAUN

Genau … später wird es Gelegenheiten in *RA* geben, um **Geld** aus-zugeben.

Dafür verdient ihr jetzt Geld … Also im Prinzip ist es ein **Bo-nusspiel**.

1 RT = 100

Das Zeitlimit ist **zehn Minu-ten!!** Ihr twiitet in der Zeit und diesen Twiit sol-len die Leute aus der realen Welt teilen!!

Ein Nutzer kann nur **einen Twiit retwiiten**.

Ein **RT** durch ande-re Spieler ist nicht möglich.

REAL ACCOUNT
Nach Freunden und Orten suchen
RT Game, alle Twiits
XXXXX XXXXX
Bitte um RT.
XXXXX XXXXX
Es passiert was Tolles bei einem RT innerhalb von 30 Sekunden (´ω`*)
XXXXX XXXXX
Unbedingt teilen! Bitte! Mein Ziel sind 100 RT und mehr!
XXXXX XXXXX
Ich bitte euch. Bitte um RT meines Twiits.
XXXXX XXXXX
Ich kaufe einen Umebo-Snack pro RT. Echt.
XXXXX XXXXX
Super RT-Time: Here we go! (´ω`)
XXXXX XXXXX
Wer die Blutgruppe A hat, ist nicht ehrlich. RT, wenn ihr auch Blutgruppe A habt. #Blutgruppenstereotyp
XXXXX XXXXX
Niemand hat je meinen Twiit retwiitet. Wäre cool, wenn jemand das machen könnte.(^^)/
XXXXX XXXXX

Alle Twiits werden auf der Hauptseite von *RA* **aufgelistet** und sind für jedermann zugänglich.

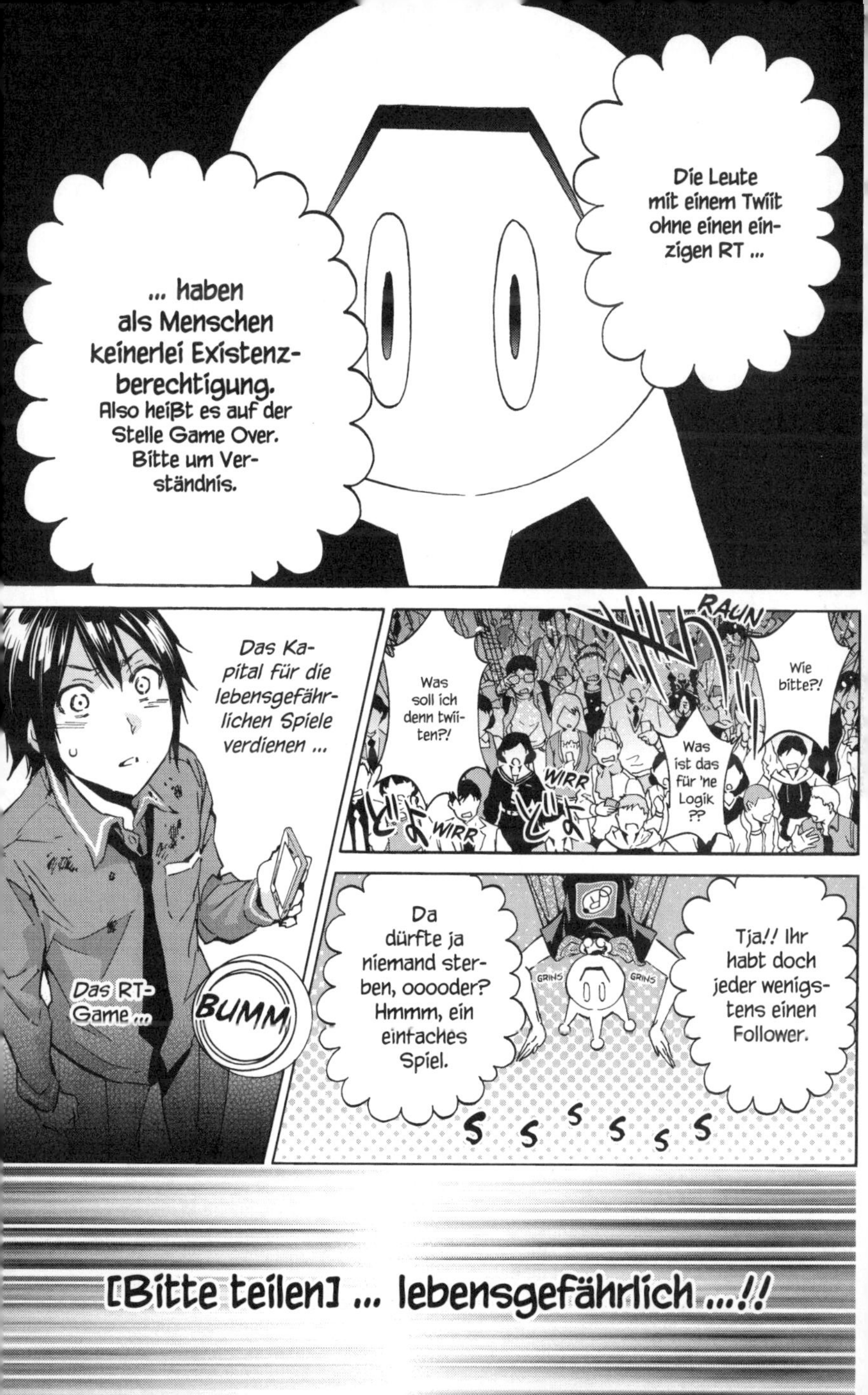

Die Leute mit einem Twiit ohne einen einzigen RT ...
... haben als Menschen keinerlei Existenzberechtigung. Also heißt es auf der Stelle Game Over. Bitte um Verständnis.
RAUN
Wie bitte?!
Was ist das für 'ne Logik??
Was soll ich denn twiiten?!
WIRR
WIRR
Das Kapital für die lebensgefährlichen Spiele verdienen ...
Das RT-Game ...
BUMM
Tja!! Ihr habt doch jeder wenigstens einen Follower.
GRINS
GRINS
Da dürfte ja niemand sterben, ooooder? Hmmm, ein einfaches Spiel.
S S S S S S
[Bitte teilen] ... lebensgefährlich ...!!

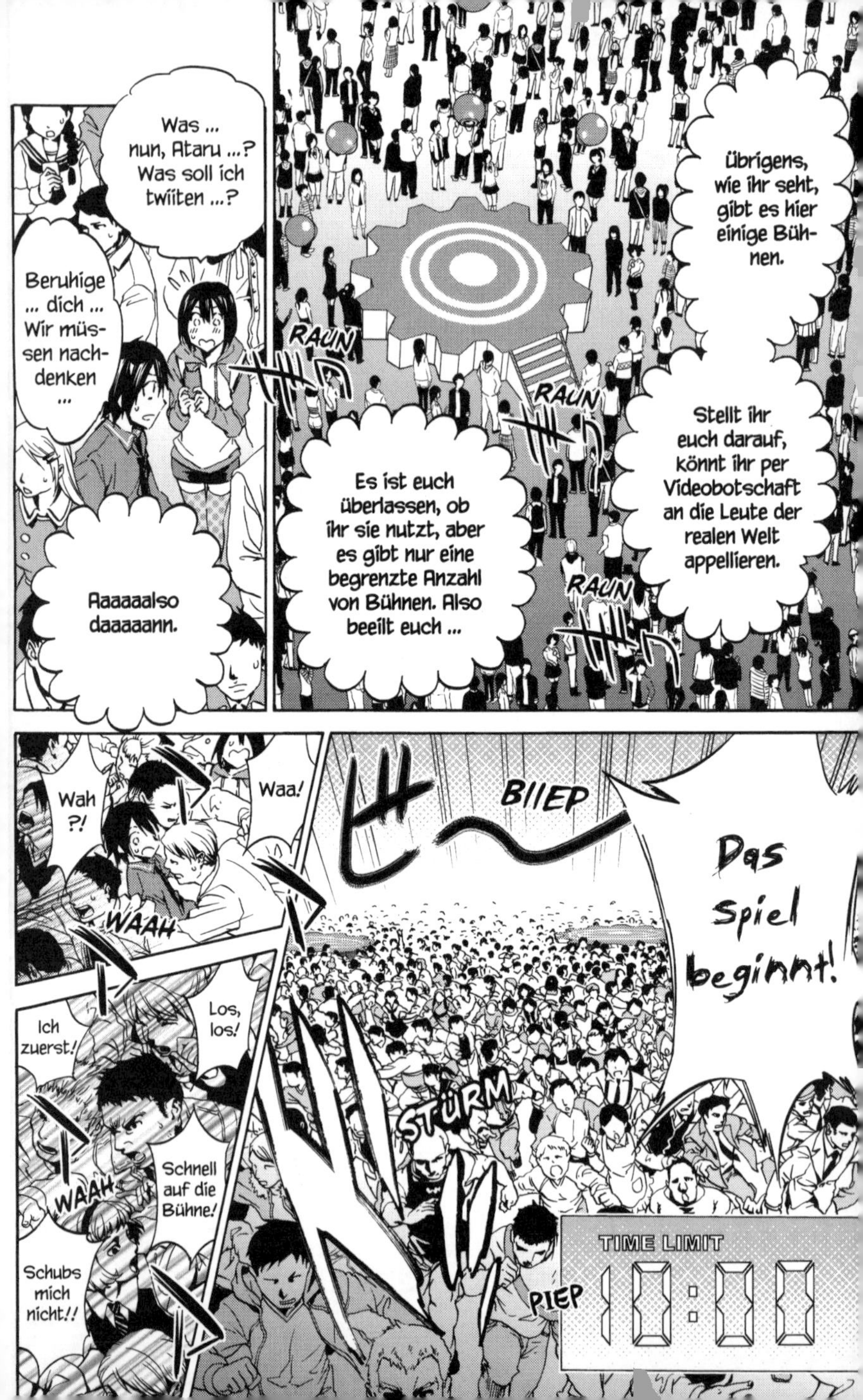
Übrigens, wie ihr seht, gibt es hier einige Bühnen.
RAUN
RAUN
Stellt ihr euch darauf, könnt ihr per Videobotschaft an die Leute der realen Welt appellieren.
Es ist euch überlassen, ob ihr sie nutzt, aber es gibt nur eine begrenzte Anzahl von Bühnen. Also beeilt euch ...
RAUN
Was ... nun, Ataru ...? Was soll ich twiiten ...?
Beruhige ... dich ... Wir müssen nachdenken ...
Aaaaaalso daaaaaann.
BIIEP
Das Spiel beginnt!
STÜRM
PIEP
TIME LIMIT
10:00
Waa!
Wah ?!
WAAH
Los, los!
Ich zuerst!
Schnell auf die Bühne!
WAAH
Schubs mich nicht!!

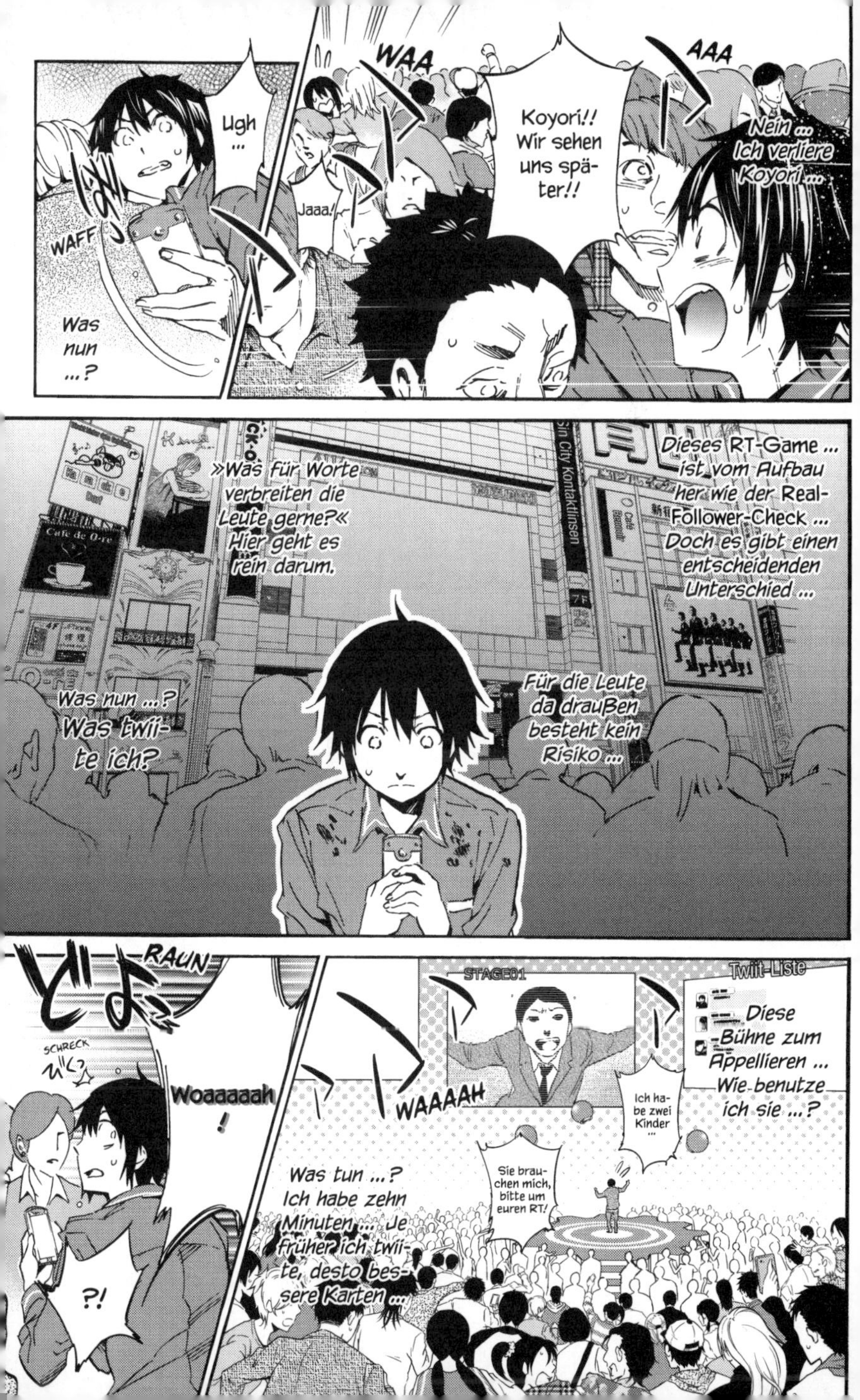

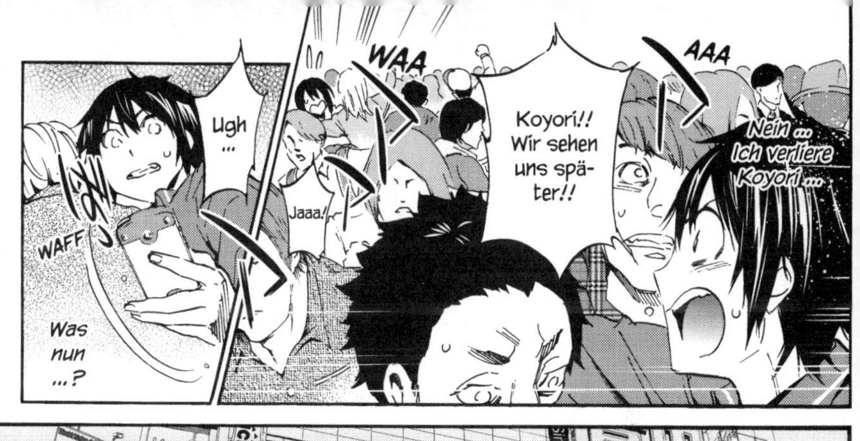

Dieses RT-Game ... ist vom Aufbau her wie der Real-Follower-Check ... Doch es gibt einen entscheidenden Unterschied ...

Sin City Kontaktlinsen

»Was für Worte verbreiten die Leute gerne?« Hier geht es rein darum.

Cafe de O-re

Für die Leute da draußen besteht kein Risiko ...

Was nun ...? Was twii-te ich?

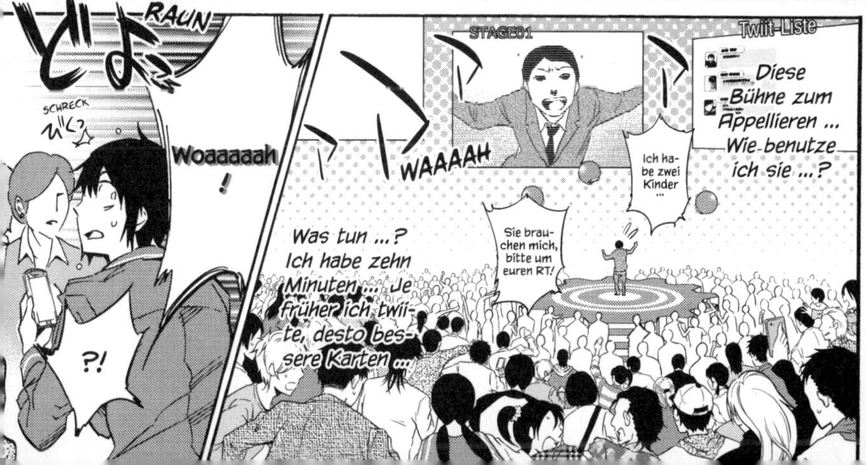

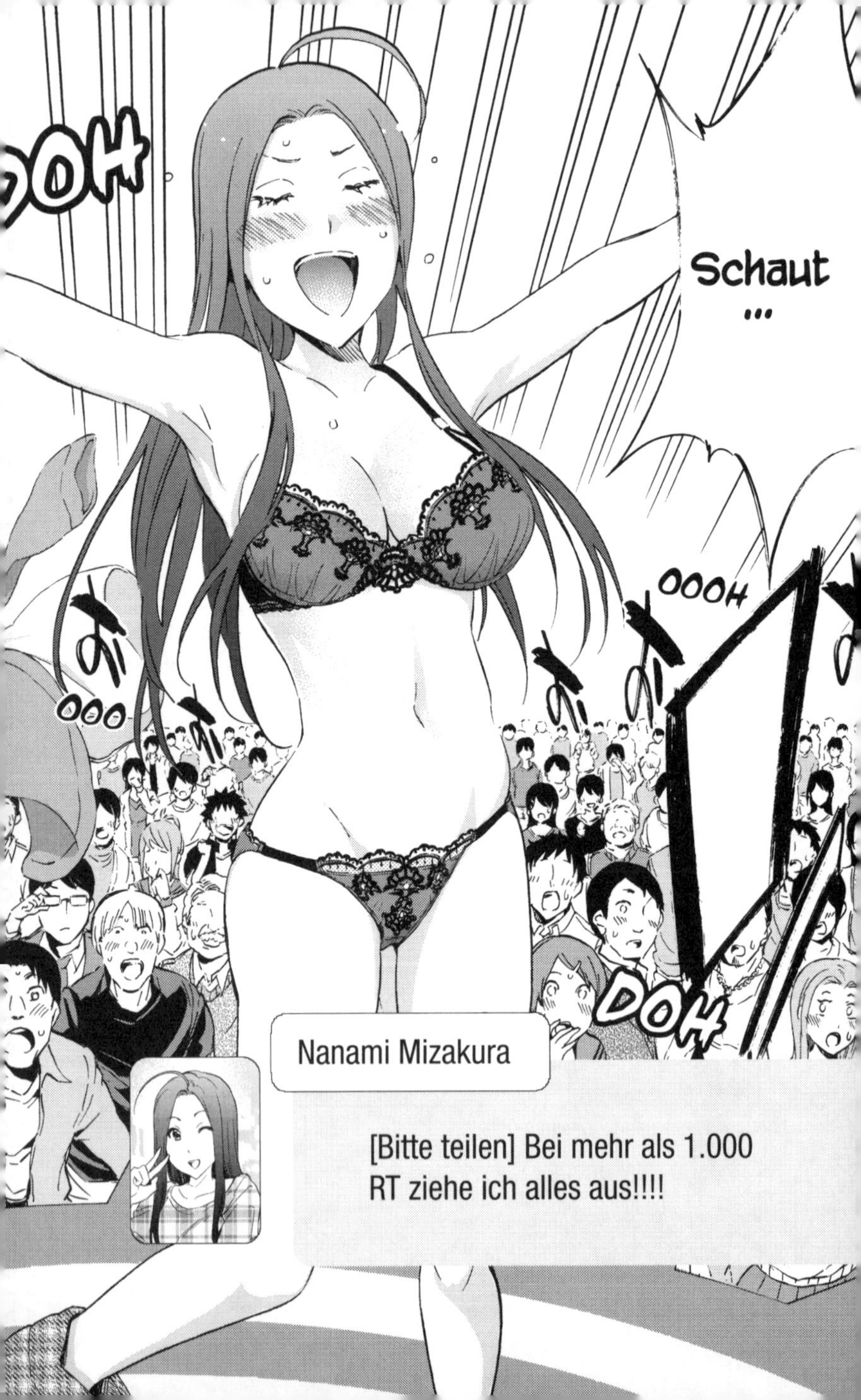
Schaut ...
OOOH
DOH
OOO
OOH
Nanami Mizakura
[Bitte teilen] Bei mehr als 1.000 RT ziehe ich alles aus!!!!

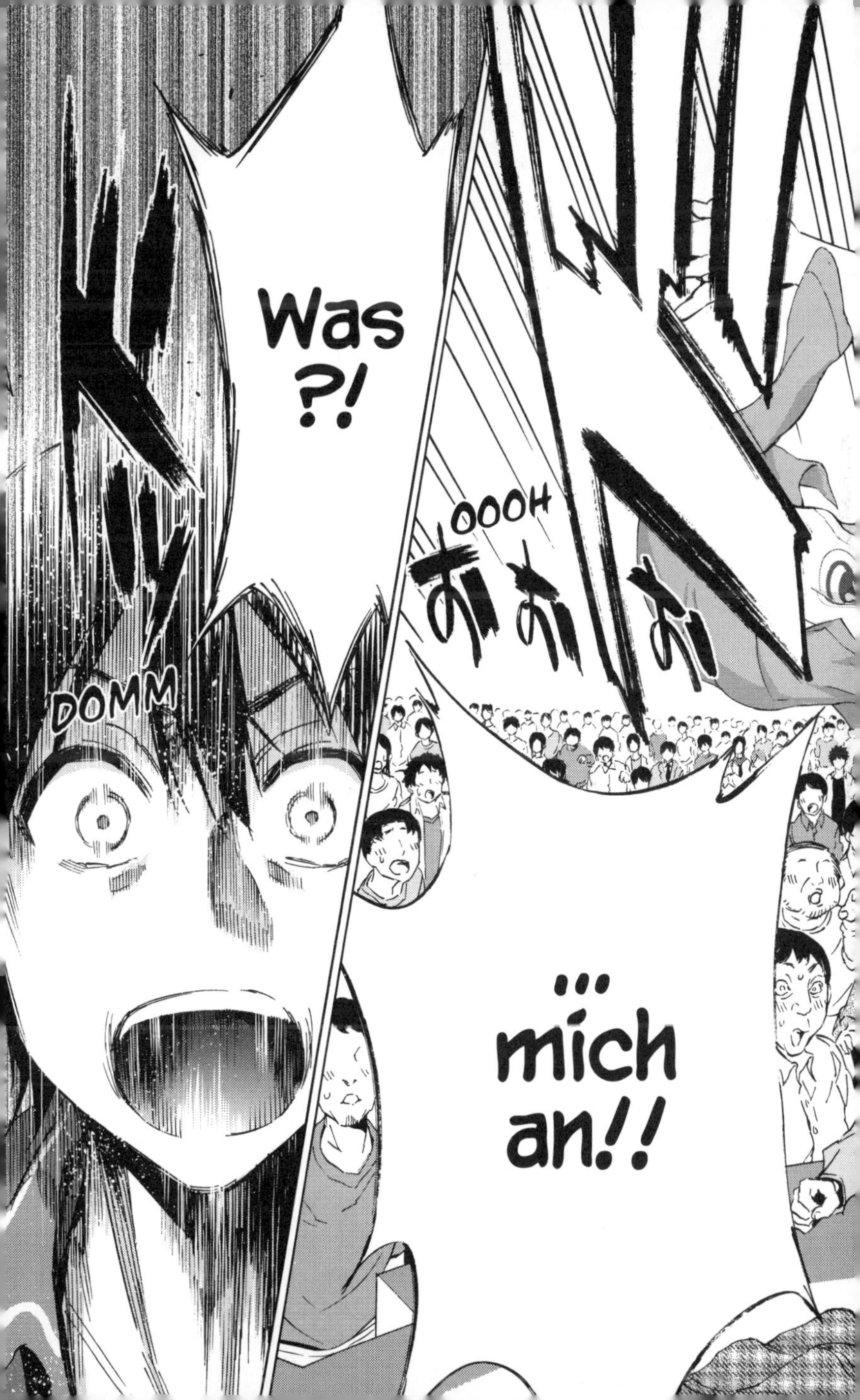
OOOH
おおお
... mich an!!
Was ?!
DOMM

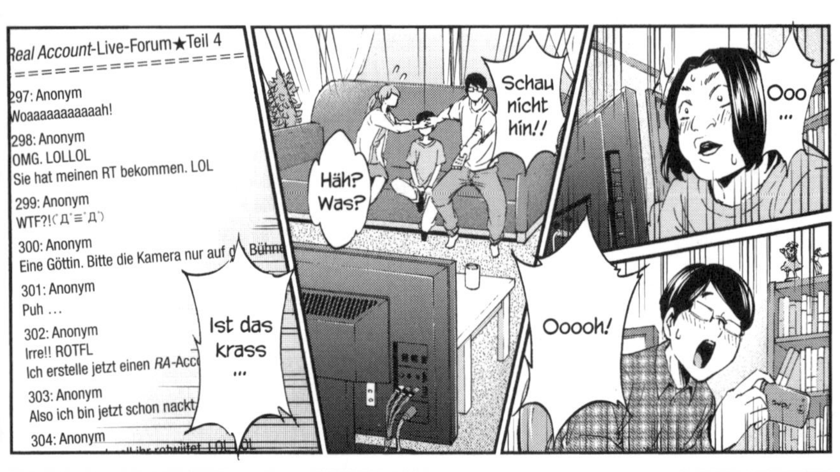
Oooh!
Ooo …
Schau nicht hin!!
Häh? Was?
Ist das krass …
Real Account-Live-Forum★Teil 4
297: Anonym
Woaaaaaaaaaaah!
298: Anonym
OMG. LOLLOL
Sie hat meinen RT bekommen. LOL
299: Anonym
WTF?!(ﾟДﾟ≡ﾟДﾟ)
300: Anonym
Eine Göttin. Bitte die Kamera nur auf d… Bühne
301: Anonym
Puh …
302: Anonym
Irre!! ROTFL
Ich erstelle jetzt einen RA-Acc…
303: Anonym
Also ich bin jetzt schon nackt…
304: Anonym
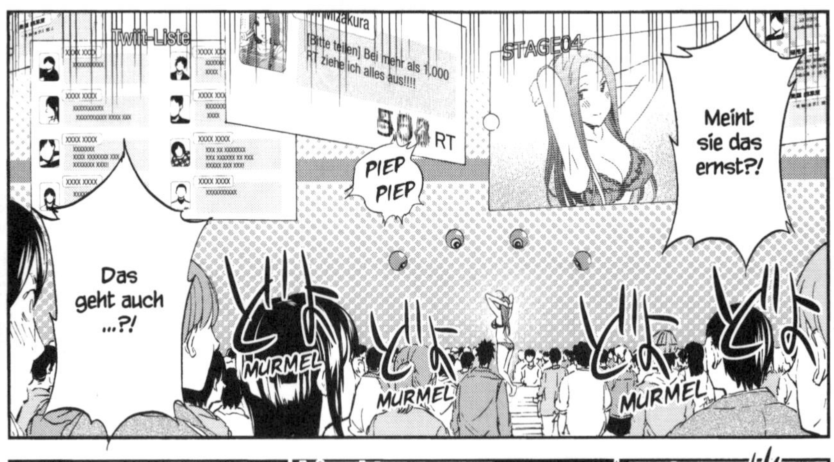
Twit-Liste
[Bitte teilen] Bei mehr als 1.000 RT ziehe ich alles aus!!!!
RT
STAGE04
Meint sie das ernst?!
PIEP PIEP
Das geht auch …?!
MURMEL
MURMEL
MURMEL
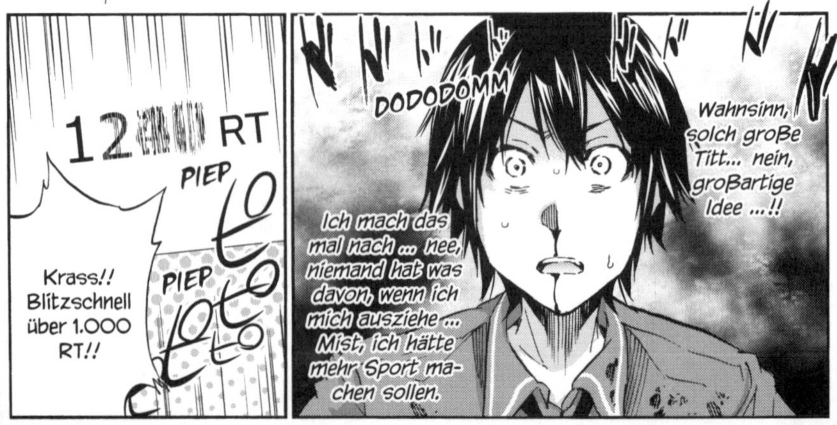
DODODOMM
Wahnsinn, solch große Titt… nein, großartige Idee …!!
Ich mach das mal nach … nee, niemand hat was davon, wenn ich mich ausziehe … Mist, ich hätte mehr Sport machen sollen.
12 RT
PIEP
PIEP
Krass!! Blitzschnell über 1.000 RT!!

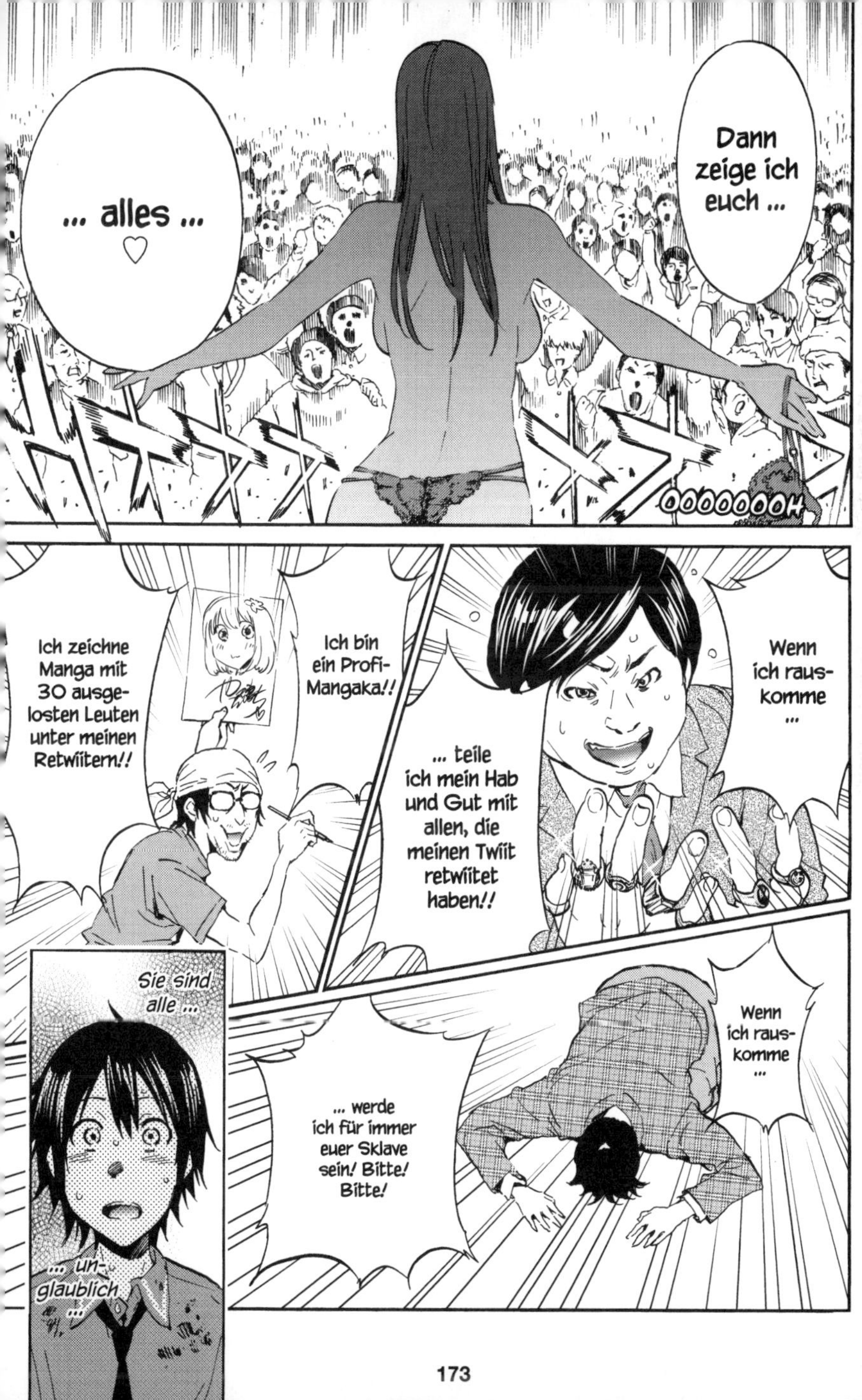
Dann zeige ich euch ...
... alles ... ♡
OOOOOOOOH
Wenn ich raus-komme ...
... teile ich mein Hab und Gut mit allen, die meinen Twiit retwiitet haben!!
Ich bin ein Profi-Mangaka!!
Ich zeichne Manga mit 30 ausge-losten Leuten unter meinen Retwiitern!!
Wenn ich raus-komme ...
... werde ich für immer euer Sklave sein! Bitte! Bitte!
Sie sind alle ...
... un-glaublich ...

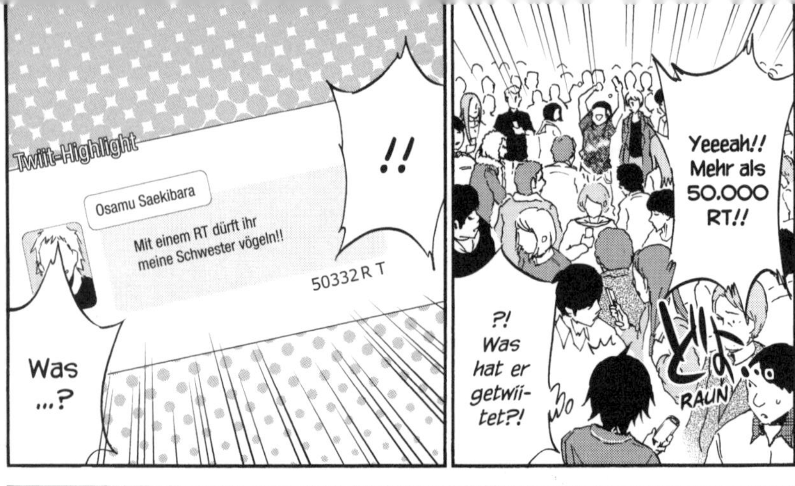
Yeeeah!! Mehr als 50.000 RT!!
?! Was hat er getwiitet?!
RAUN
!!
Twiit-Highlight
Osamu Saekibara
Mit einem RT dürft ihr meine Schwester vögeln!!
50332 R T
Was ...?

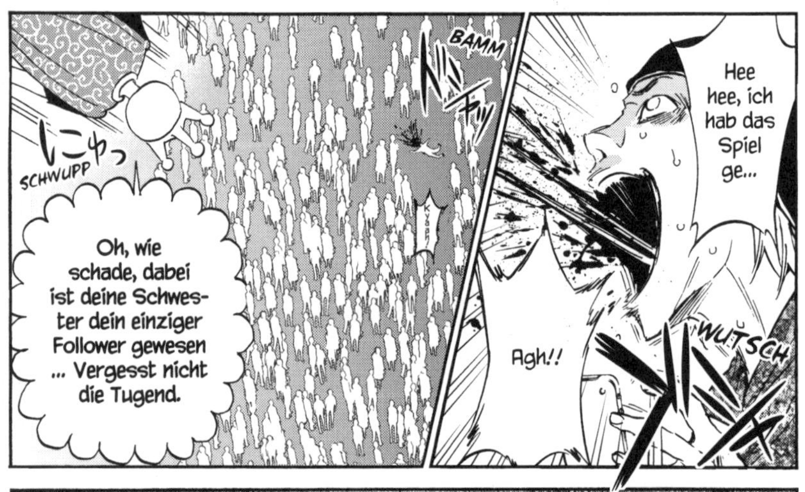
Hee hee, ich hab das Spiel ge...
BAMM
Agh!!
WUTSCH
SCHWUPP
Oh, wie schade, dabei ist deine Schwester dein einziger Follower gewesen ... Vergesst nicht die Tugend.

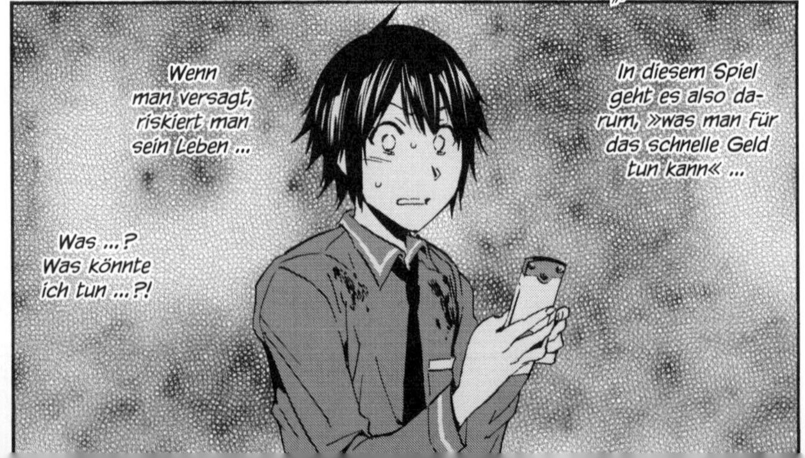
In diesem Spiel geht es also darum, »was man für das schnelle Geld tun kann« ...
Wenn man versagt, riskiert man sein Leben ...
Was ...? Was könnte ich tun ...?!

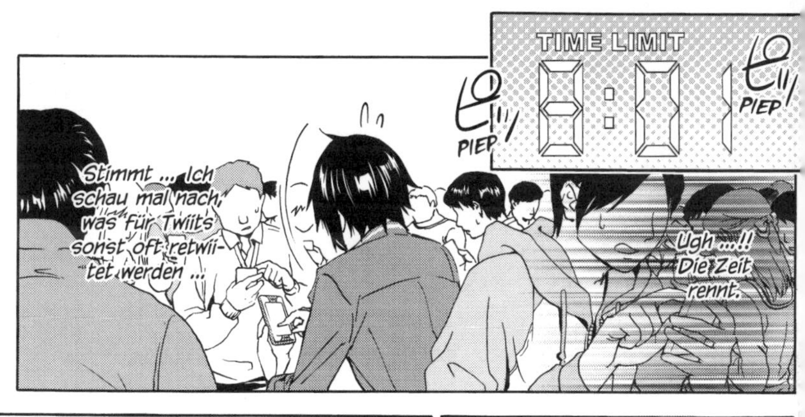

TIME LIMIT
8:01
PIEP
PIEP
Stimmt ... Ich schau mal nach, was für Twiits sonst oft retwii- tet werden ...
Ugh ...!! Die Zeit rennt.

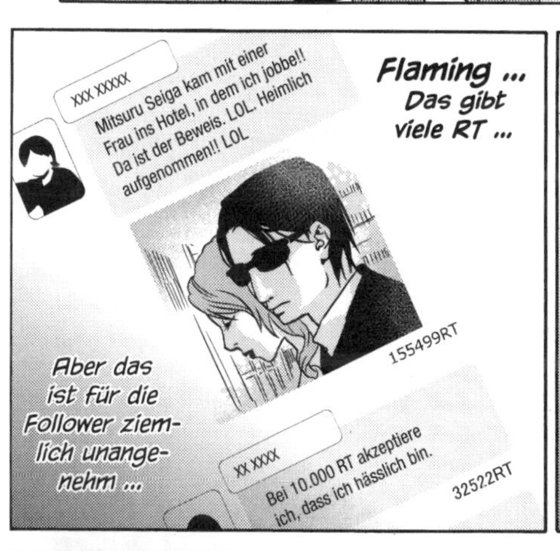

Flaming ... Das gibt viele RT ...
XXX XXXXX
Mitsuru Seiga kam mit einer Frau ins Hotel, in dem ich jobbe!! Da ist der Beweis. LOL. Heimlich aufgenommen!! LOL
155499RT
XX XXXX
Bei 10.000 RT akzeptiere ich, dass ich hässlich bin.
32522RT
Aber das ist für die Follower ziem- lich unange- nehm ...

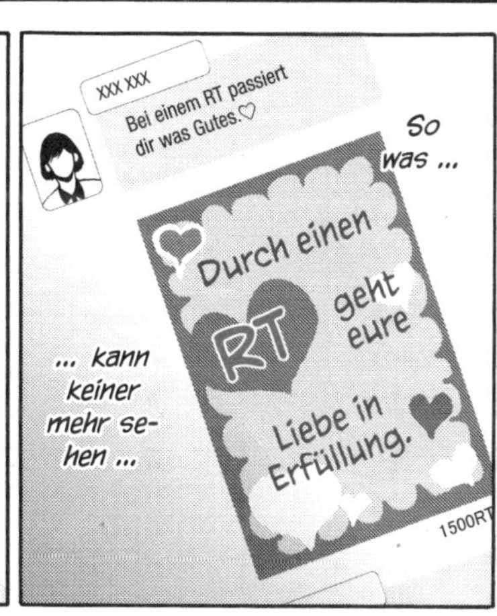

So was ...
XXX XXX
Bei einem RT passiert dir was Gutes.♡
Durch einen RT geht eure Liebe in Erfüllung.
1500RT
... kann keiner mehr se- hen ...

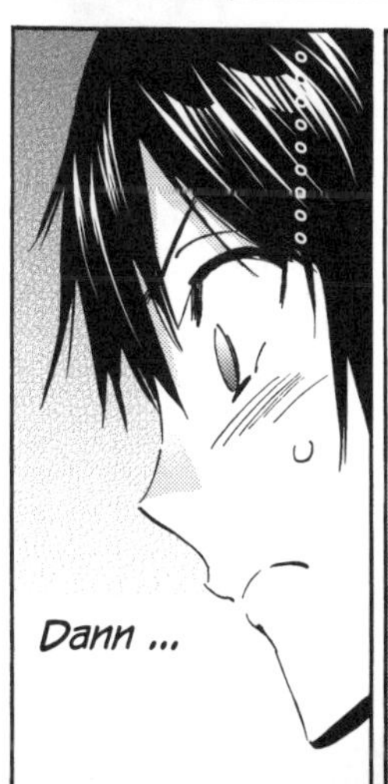

Dann ...

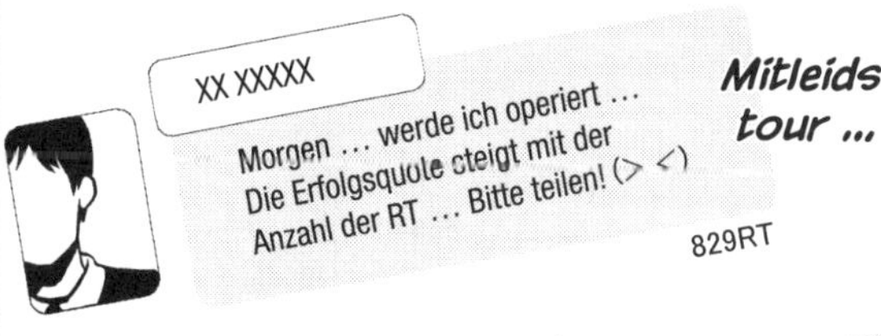

Mitleids- tour ...
XX XXXXX
Morgen ... werde ich operiert ... Die Erfolgsquole cteigt mit der Anzahl der RT ... Bitte teilen! (> <)
829RT
XXX XXX
Ich studiere schon, muss aber vor 18:00 Uhr zu Hause sein ... Das ist doch nur bei mir so, oder? Da stimmt doch was nicht?
321RT
So was ist auch okay, aber davon gibt es viele Twiits ... Viele sind fast identisch ...

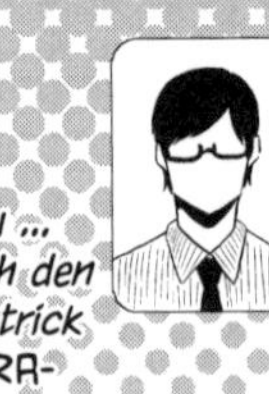

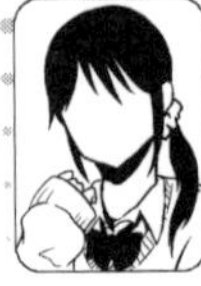

Die Wissens-tour!!
XXX XXXX
Eine Zahl, die aus den neun Ziffern »123456789« besteht, ist immer durch drei teilbar.
4806RT
Genau ... Wenn ich den Geheimtrick vom RA-Game twiite ...
Wenns interessant ist, gibt es viele RT ...
XXXX XX
Das plötzliche Zucken kurz vor dem Einschlafen heißt »Hypnic Jerk«.
988RT

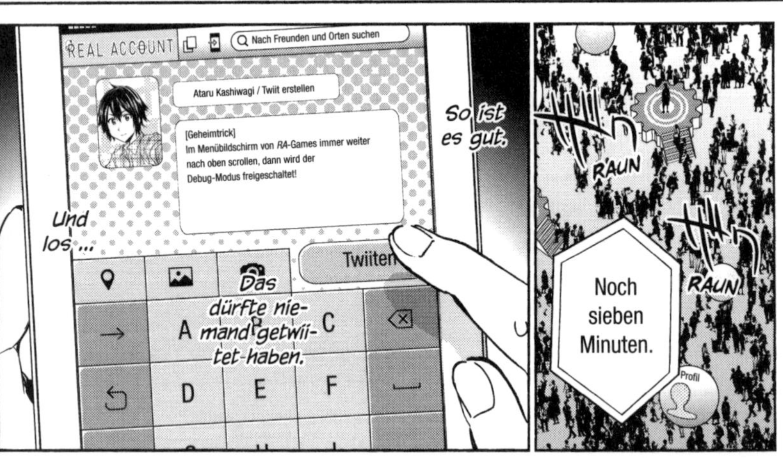

RAUN
RAUN
Noch sieben Minuten.
Profil
So ist es gut.
REAL ACCOUNT
Nach Freunden und Orten suchen
Ataru Kashiwagi / Twiit erstellen
[Geheimtrick]
Im Menübildschirm von RA-Games immer weiter nach oben scrollen, dann wird der Debug-Modus freigeschaltet!
Twiiten
Das dürfte niemand getwiitet haben.
Und los ...
A
C
D
E
F

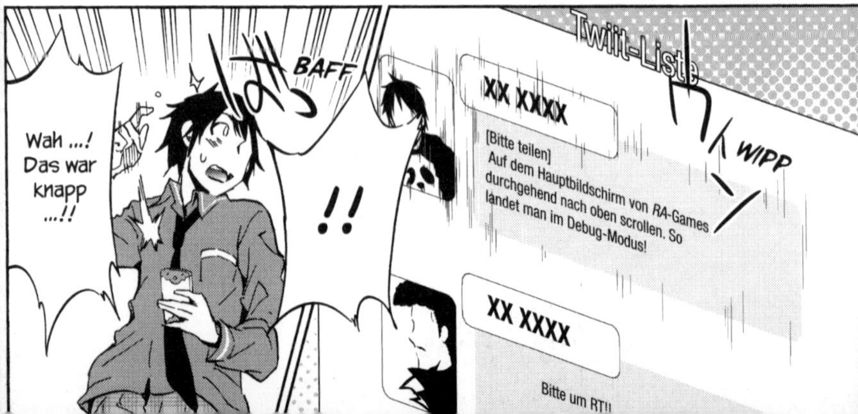

Twiit-Liste
WIPP
XX XXXX
[Bitte teilen]
Auf dem Hauptbildschirm von RA-Games durchgehend nach oben scrollen. So landet man im Debug-Modus!
XX XXXX
Bitte um RT!!
BAFF
!!
Wah ...! Das war knapp ...!!

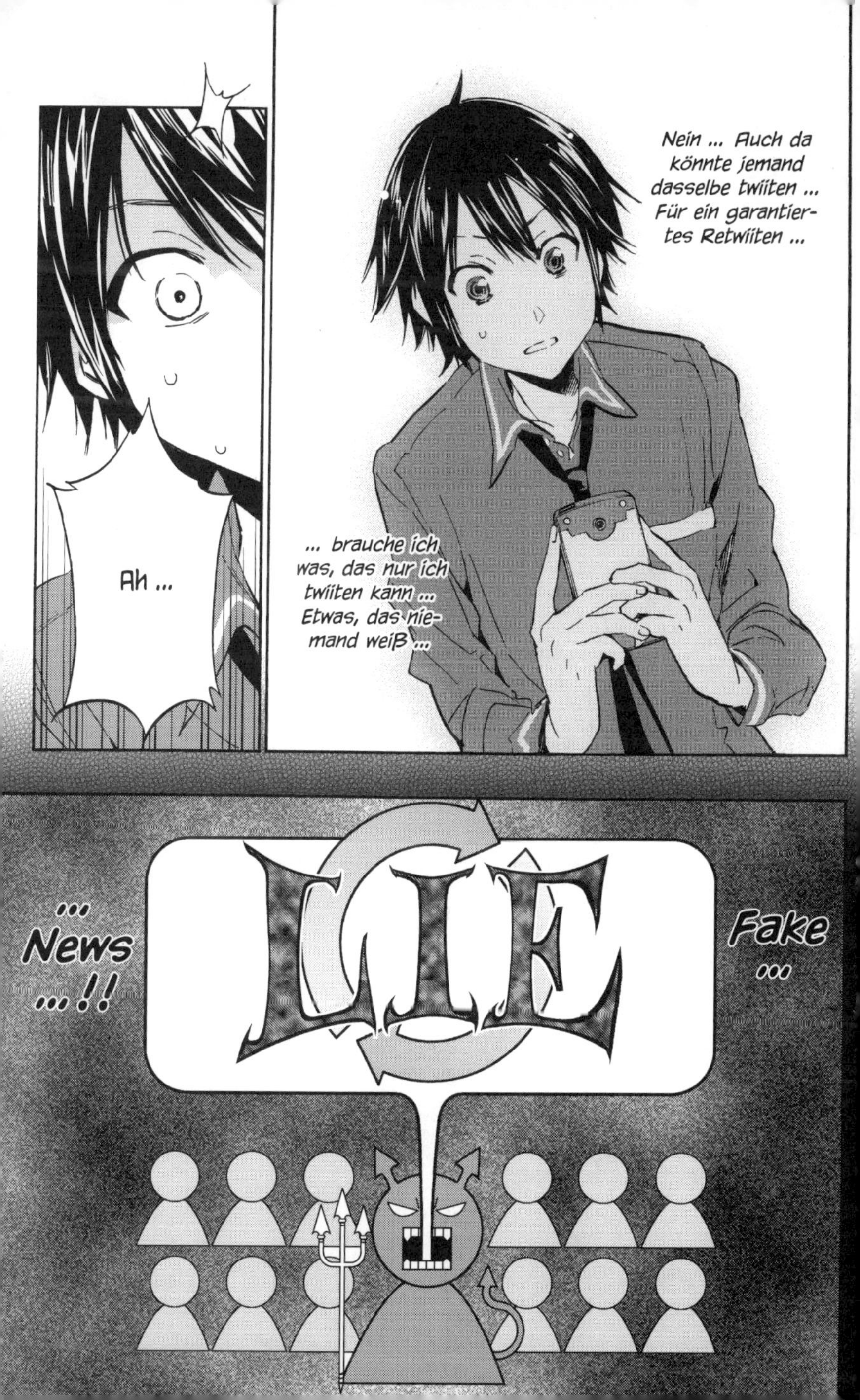

Nein ... Auch da könnte jemand dasselbe twiiten ... Für ein garantiertes Retwiiten ...

... brauche ich was, das nur ich twiiten kann ... Etwas, das niemand weiß ...

Ah ...

Fake ...

LIE

... News ...!!

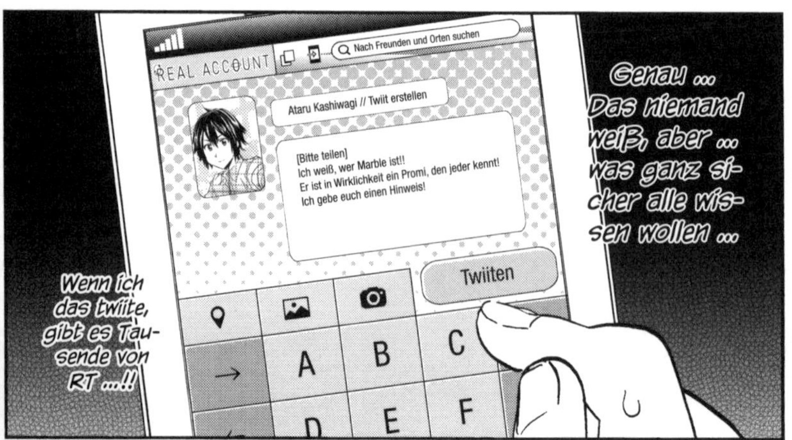
Nach Freunden und Orten suchen
REAL ACCOUNT
Ataru Kashiwagi // Twiit erstellen
[Bitte teilen]
Ich weiß, wer Marble ist!!
Er ist in Wirklichkeit ein Promi, den jeder kennt!
Ich gebe euch einen Hinweis!
Twiiten
Genau … Das niemand weiß, aber … was ganz sicher alle wissen wollen …
Wenn ich das twiite, gibt es Tausende von RT …!!

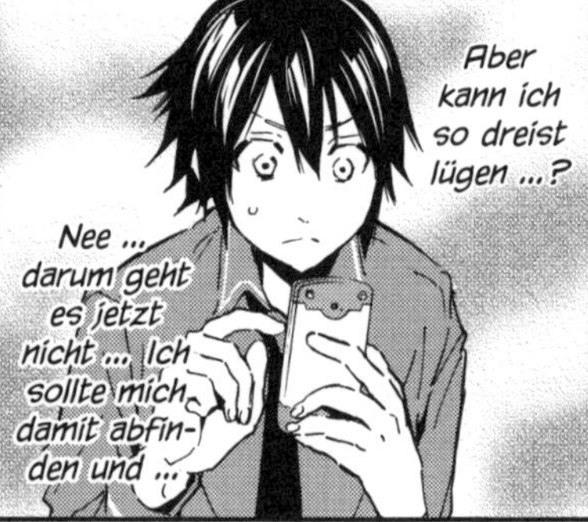
Aber kann ich so dreist lügen …?
Nee … darum geht es jetzt nicht … Ich sollte mich damit abfinden und …

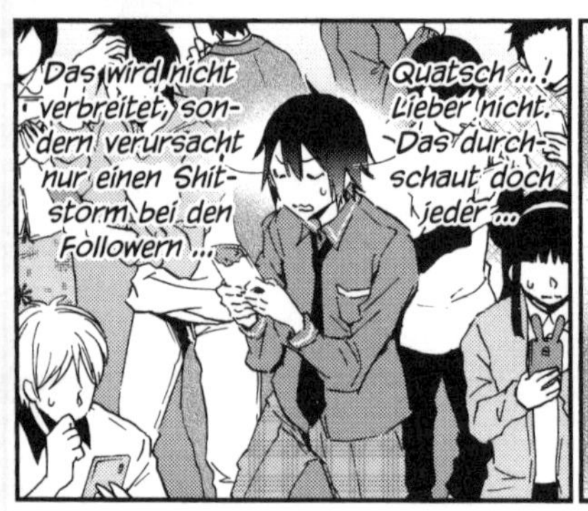
Quatsch …! Lieber nicht. Das durchschaut doch jeder …
Das wird nicht verbreitet, sondern verursacht nur einen Shitstorm bei den Followern …

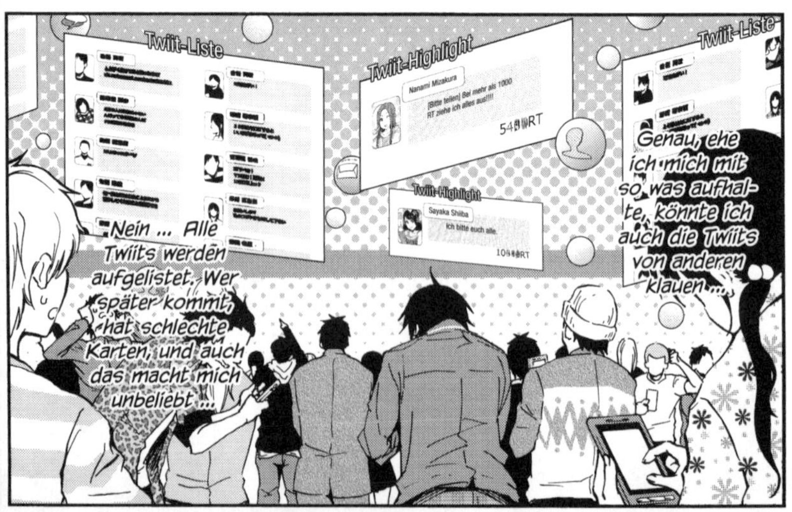
Twiit-Liste
Twiit-Highlight
Nanami Mizakura
[Bitte teilen] Bei mehr als 1000 RT ziehe ich alles aus!!!!
Twiit-Liste
Twiit-Highlight
Sayaka Shiiba
Ich bitte euch alle.
Genau, ehe ich mich mit so was aufhalte, könnte ich auch die Twiits von anderen klauen …
Nein … Alle Twiits werden aufgelistet. Wer später kommt, hat schlechte Karten, und auch das macht mich unbeliebt …

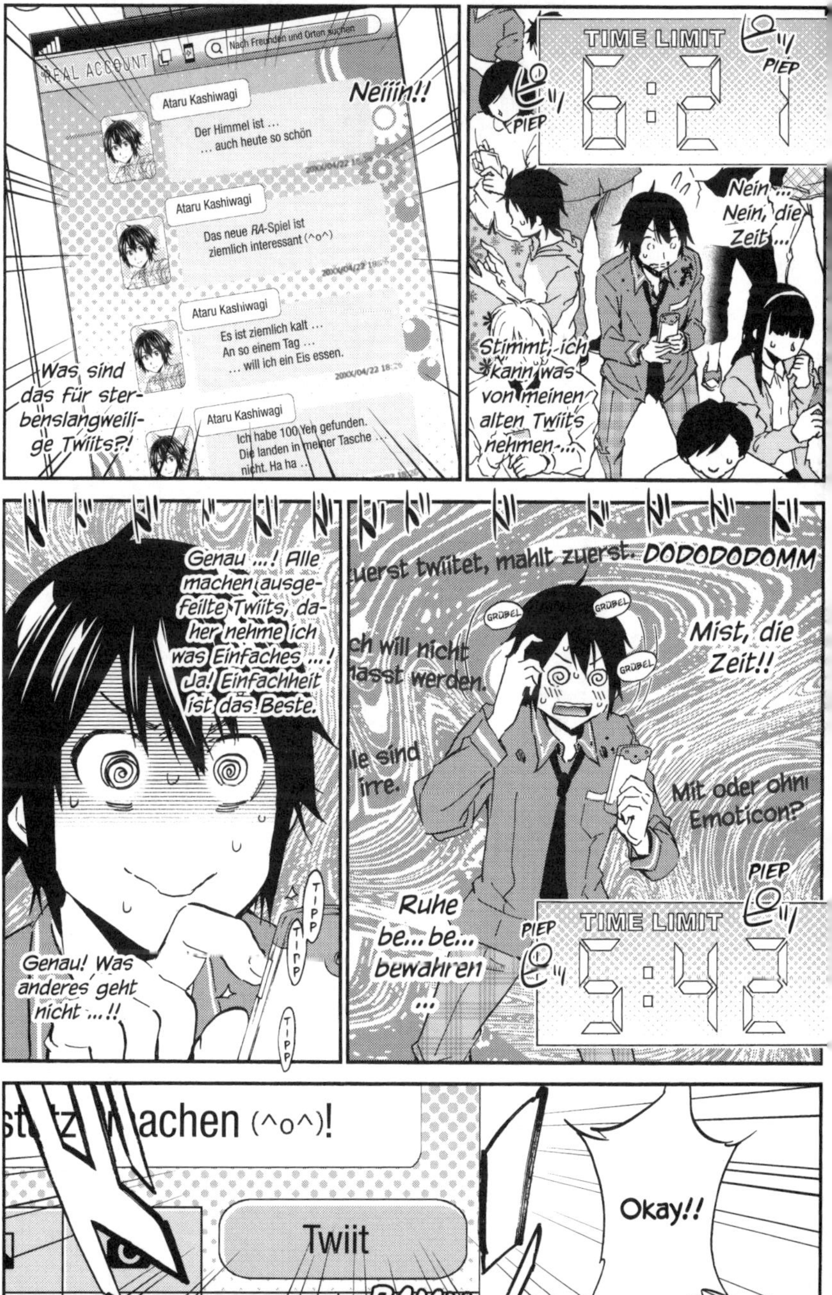

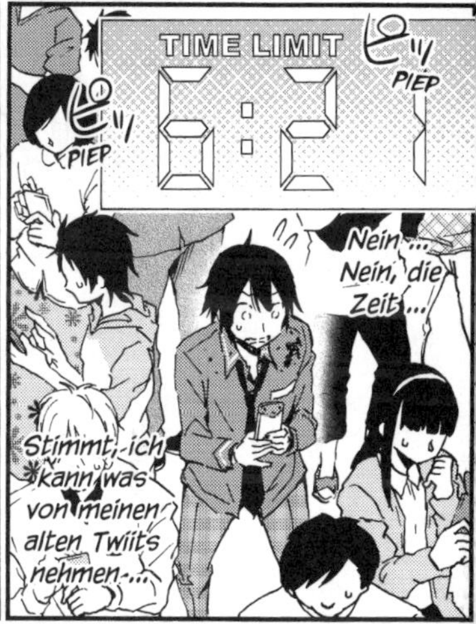

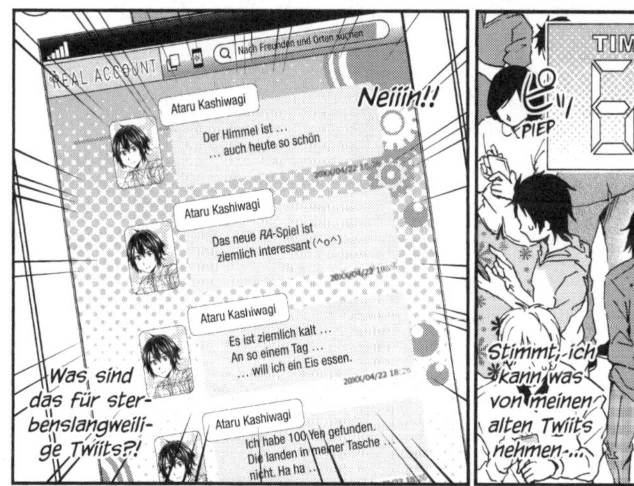

uerst twiitet, mahlt zuerst.
DODODODOMM
GRÜBEL
GRÜBEL
GRÜBEL
ch will nicht
asst werden.
le sind
irre.
Mist, die Zeit!!
Mit oder ohn
Emoticon?
PIEP
PIEP
TIME LIMIT
0:42
Ruhe be… be… bewahren …

Genau …! Alle machen ausgefeilte Twiits, daher nehme ich was Einfaches …! Ja! Einfachheit ist das Beste.
TIPP
TIPP
TIPP
Genau! Was anderes geht nicht …!!

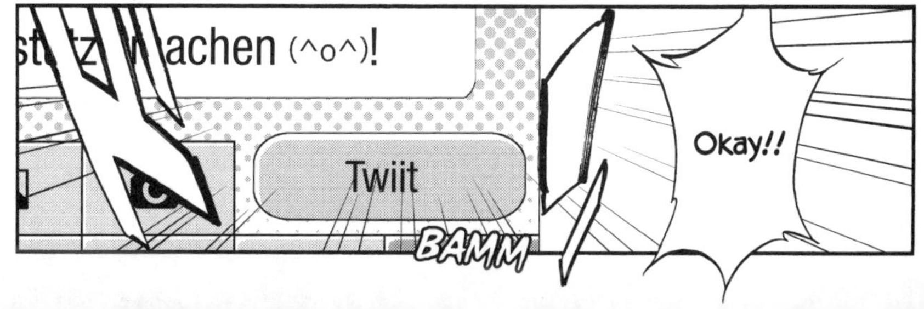

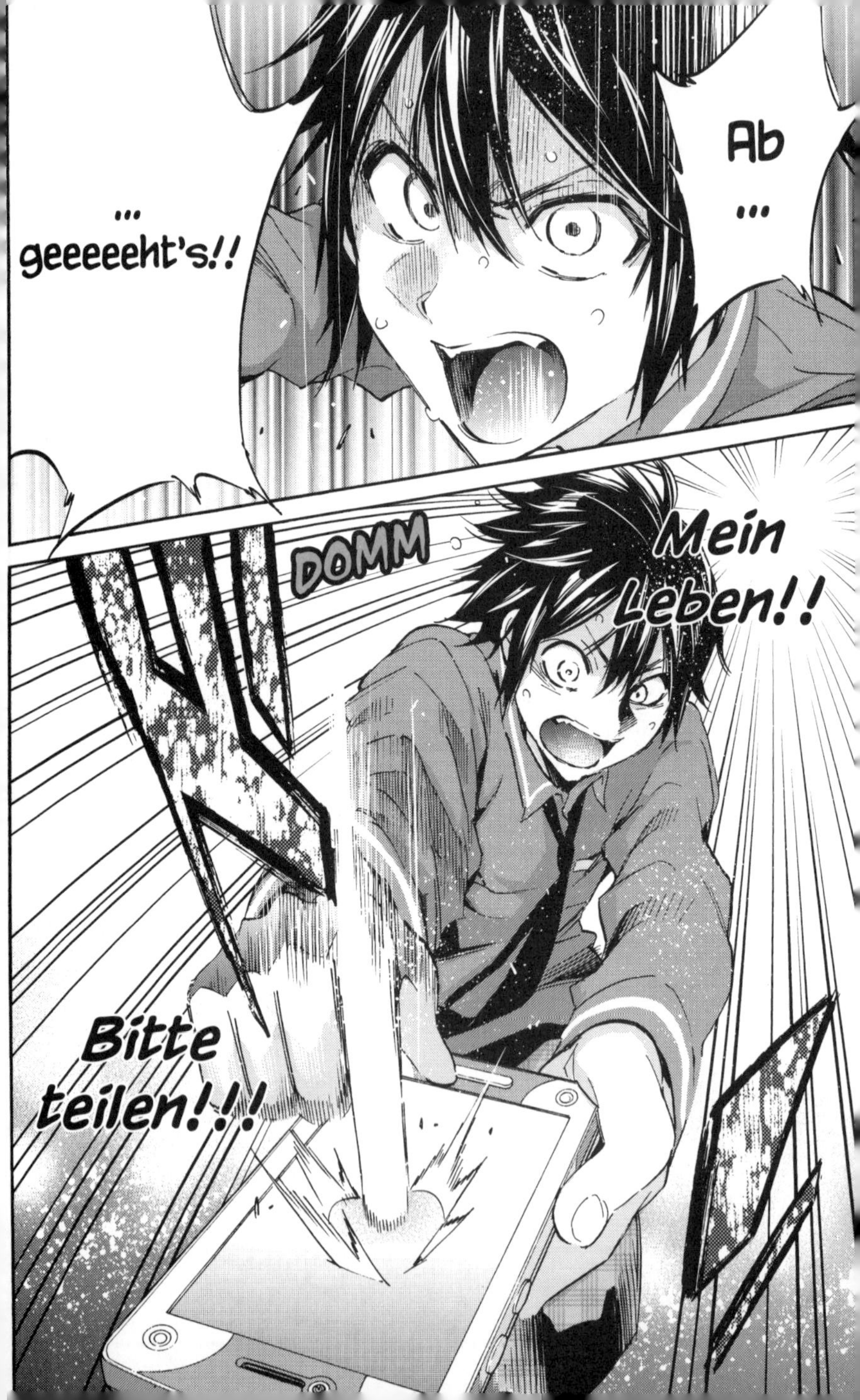
Ab
...
...
geeeeeht's!!
DOMM
Mein
Leben!!
Bitte
teilen!!!

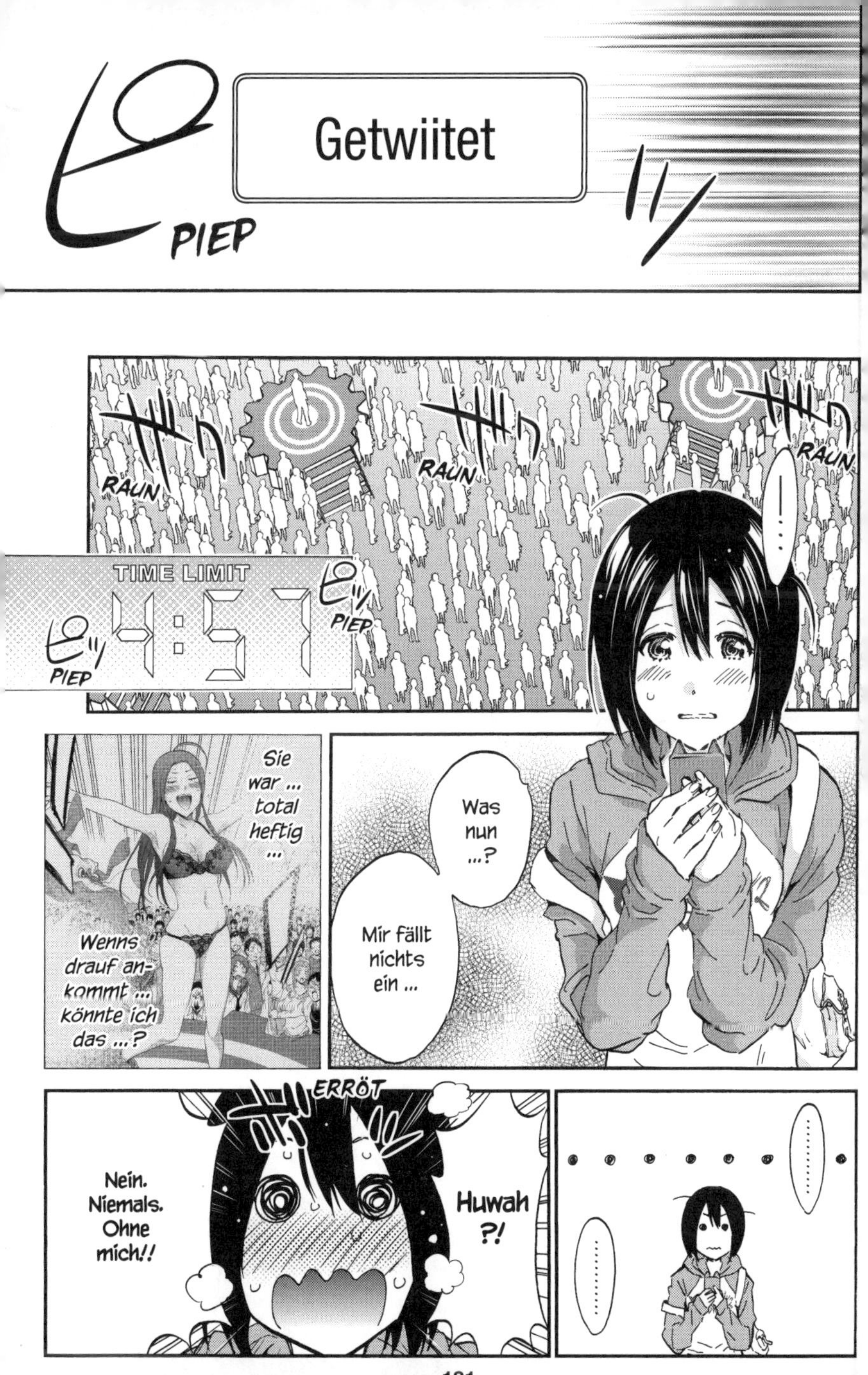

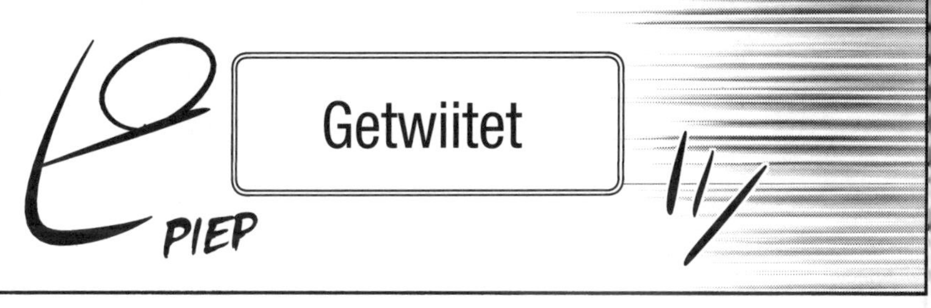

RAUN
RAUN
RAUN
!……
TIME LIMIT
4:57
PIEP
PIEP

Was nun …?
Mir fällt nichts ein …

Sie war … total heftig …
Wenns drauf an-kommt … könnte ich das …?

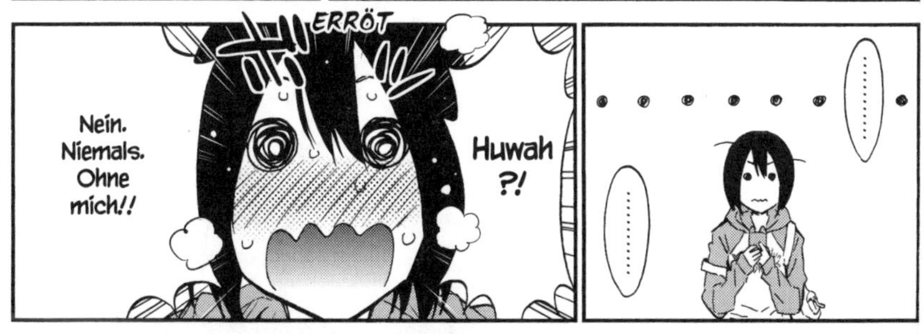

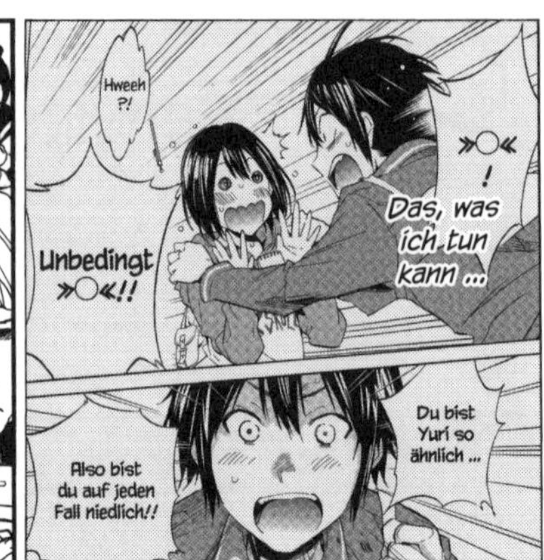
Hweeh?!
»○«!
Das, was ich tun kann …
Unbedingt »○«!!
Du bist Yuri so ähnlich …
Also bist du auf jeden Fall niedlich!!

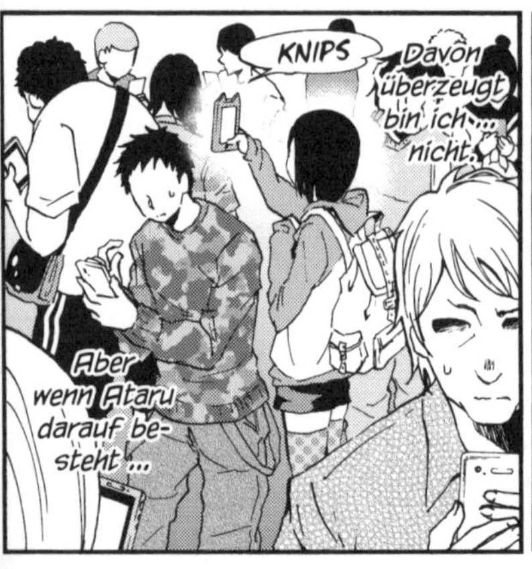
KNIPS
Davon überzeugt bin ich … nicht.
Aber wenn Ataru darauf besteht …

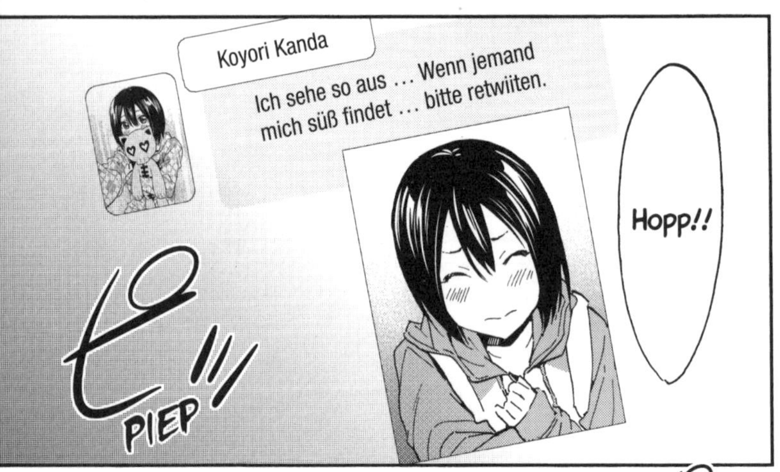
Koyori Kanda
Ich sehe so aus … Wenn jemand mich süß findet … bitte retwiiten.
Hopp!!
PIEP

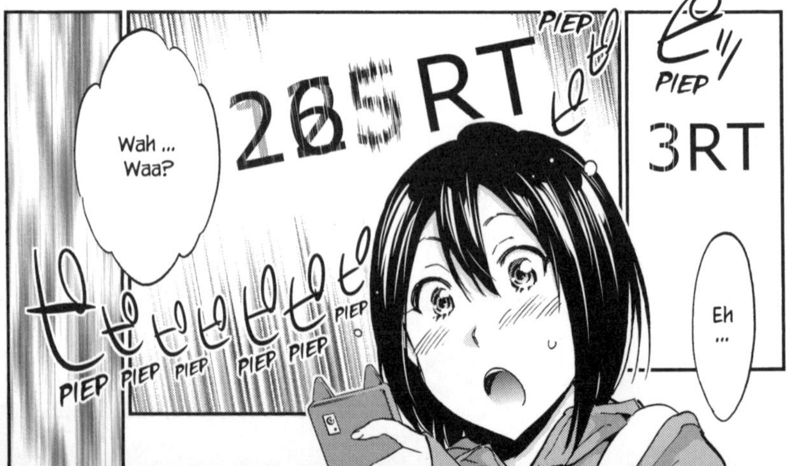
PIEP
3RT
Eh …
PIEP
205 RT
Wah … Waa?
PIEP PIEP PIEP PIEP PIEP PIEP

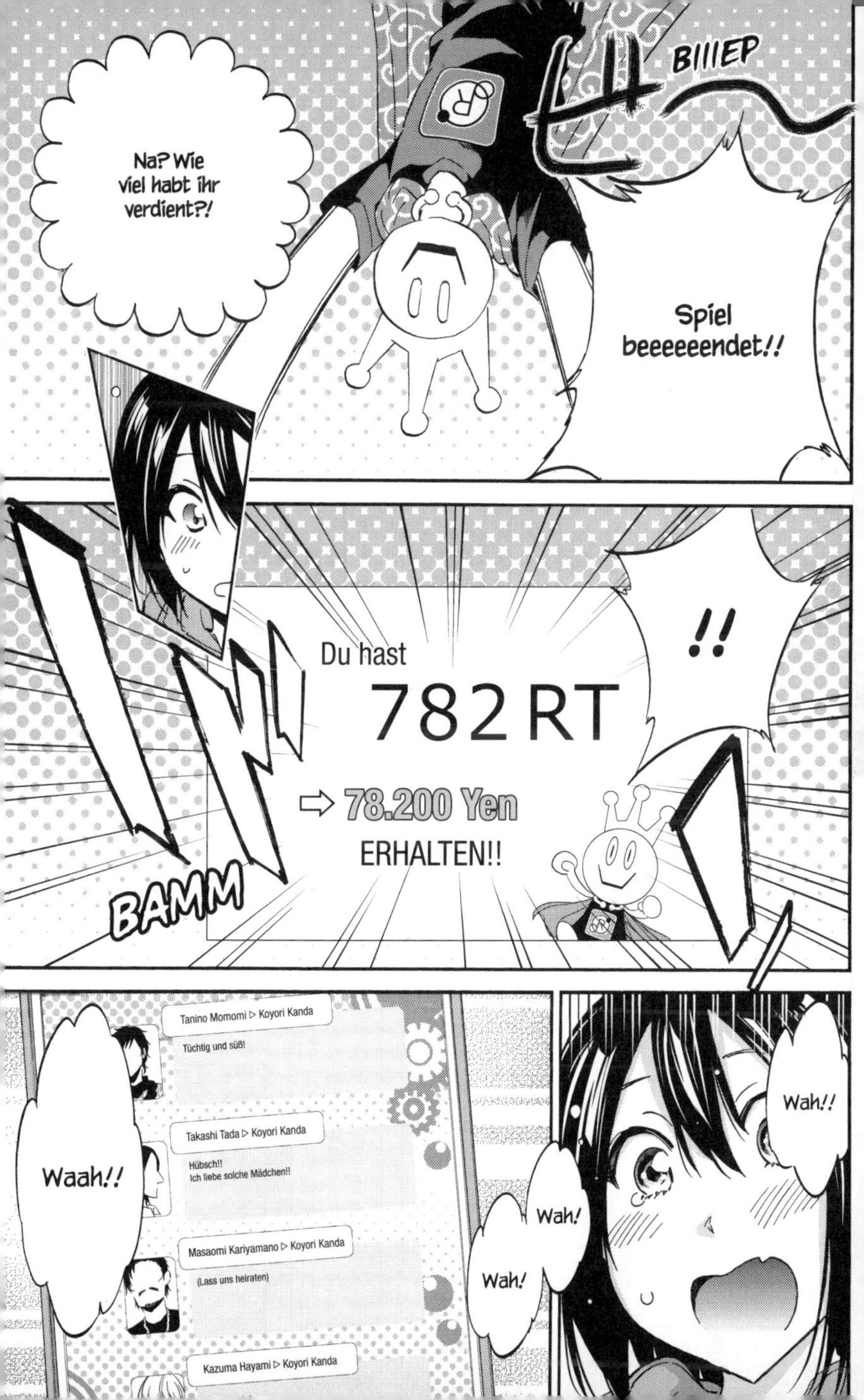
BIIIEP
Spiel beeeeeendet!!
Na? Wie viel habt ihr verdient?!
!!
Du hast
782 RT
⇨ 78.200 Yen
ERHALTEN!!
BAMM
Wah!!
Wah!
Wah!
Tanino Momomi ▷ Koyori Kanda
Tüchtig und süß!
Takashi Tada ▷ Koyori Kanda
Hübsch!!
Ich liebe solche Mädchen!!
Masaomi Kariyamano ▷ Koyori Kanda
(Lass uns heiraten)
Kazuma Hayami ▷ Koyori Kanda
Waah!!

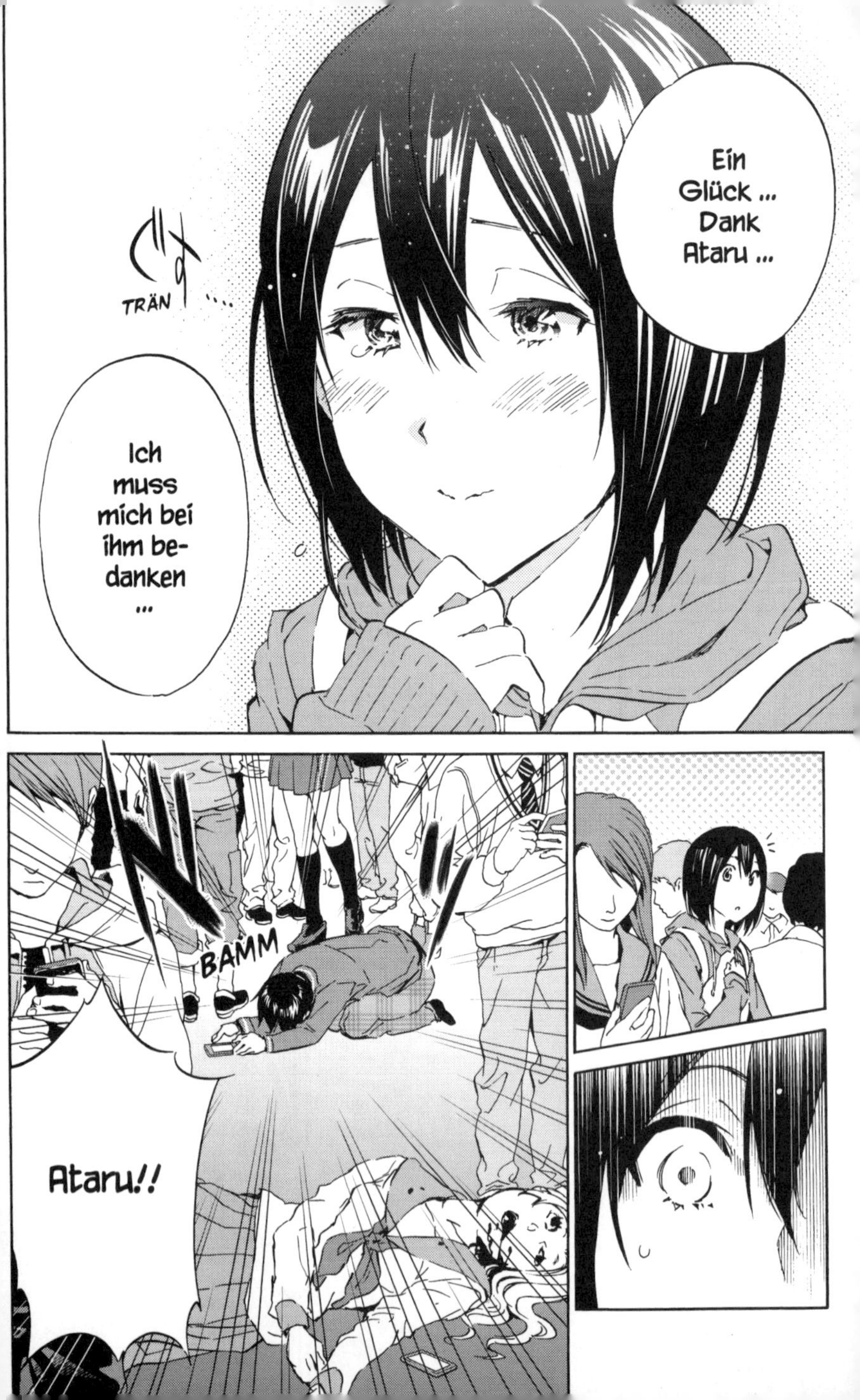

Ein Glück ... Dank Ataru ...

TRÄN ...

Ich muss mich bei ihm be-danken ...

BAMM

Ataru!!

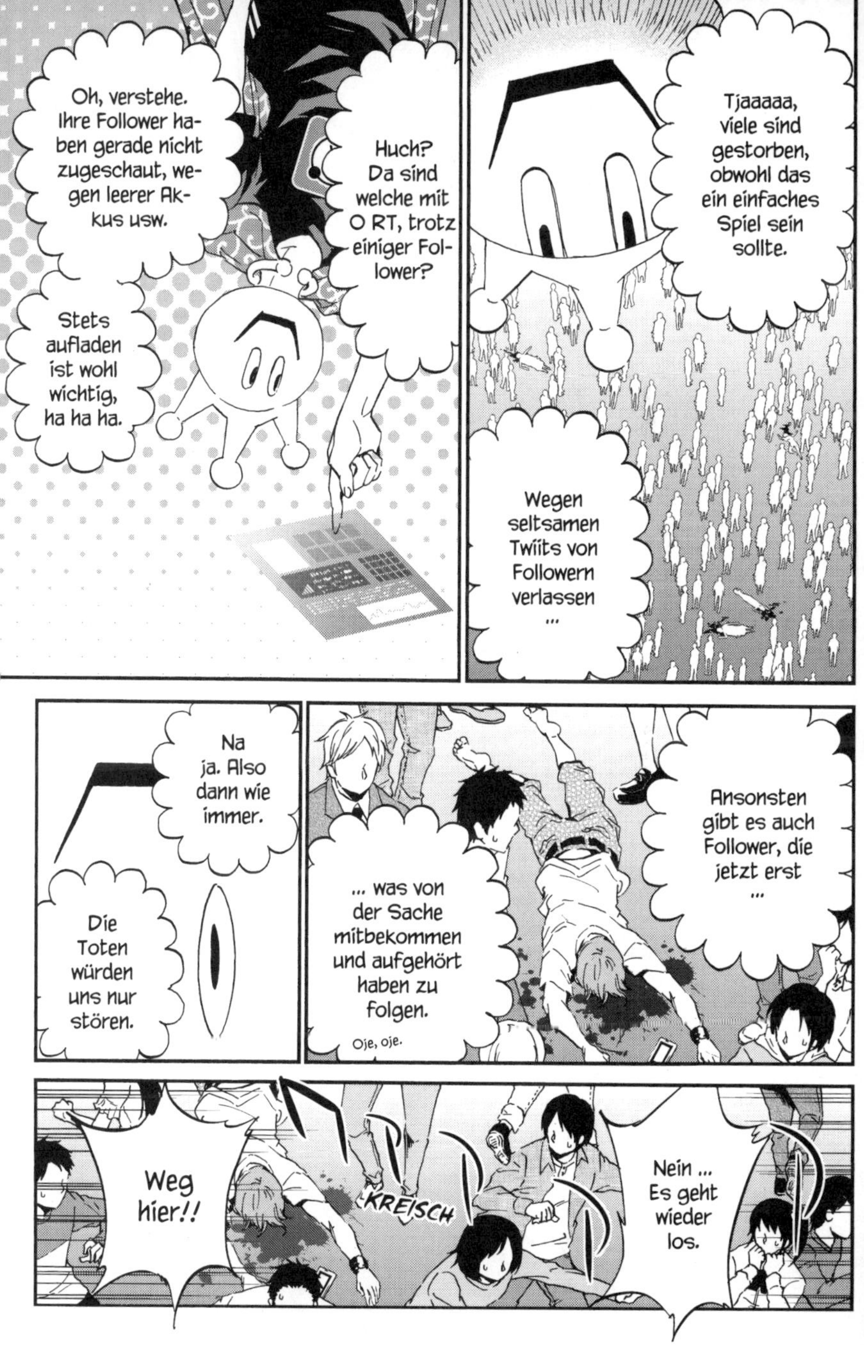

Tjaaaaa, viele sind gestorben, obwohl das ein einfaches Spiel sein sollte.
Wegen seltsamen Twiits von Followern verlassen …
Huch? Da sind welche mit 0 RT, trotz einiger Follower?
Oh, verstehe. Ihre Follower haben gerade nicht zugeschaut, wegen leerer Akkus usw.
Stets aufladen ist wohl wichtig, ha ha ha.
Ansonsten gibt es auch Follower, die jetzt erst …
… was von der Sache mitbekommen und aufgehört haben zu folgen.
Oje, oje.
Na ja. Also dann wie immer.
Die Toten würden uns nur stören.
Nein … Es geht wieder los.
KREISCH
Weg hier!!

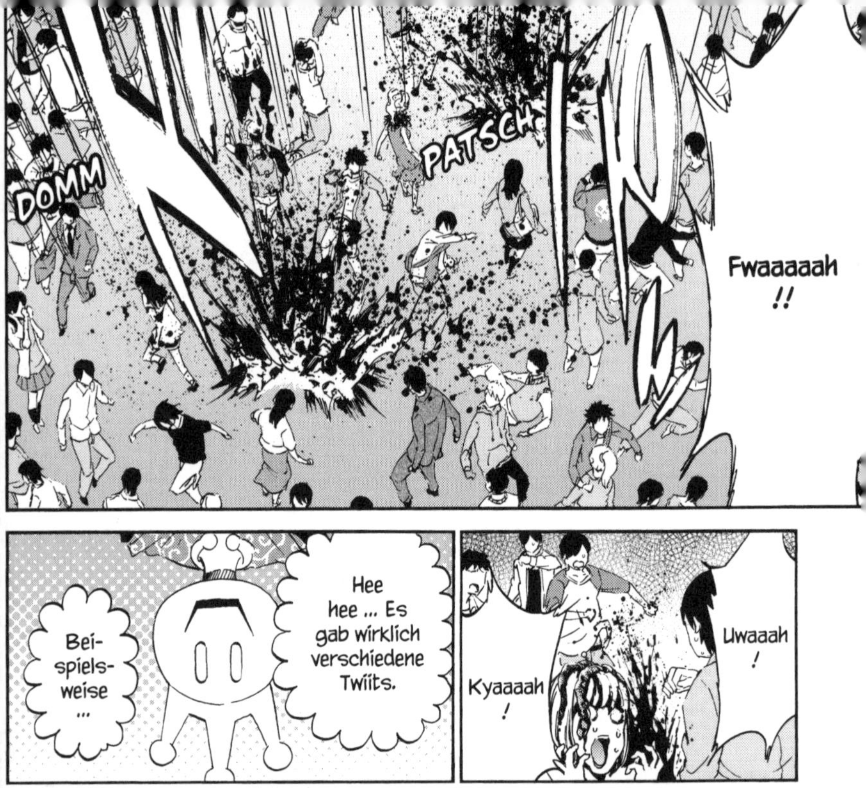

Fwaaaaah!!

PATSCH

DOMM

Uwaaah!

Kyaaaah!

Hee hee ... Es gab wirklich verschiedene Twiits.

Beispielsweise ...

Toshio Shinone

#Bitte ein RT, wenn jemand mein blödes Bild mag.

3RT

Ryotaro Neo

Sehe ich nicht so aus wie Masojun von Arahi*? #RT, wenn jemand mich ähnlich findet, auch nur als Schmeichelei.

15RT

So was oder so was.

Das sieht man neuerdings oft, aber die nerven einen ganz schön.

Diese vorgetäuschte Zurückhaltung, bei der das immense Selbstwertgefühl offensichtlich ist ... Leute mit heftigem Anerkennungsbedürfnis.

*Anspielung auf Jun Matsumoto von der Boyband Arashi

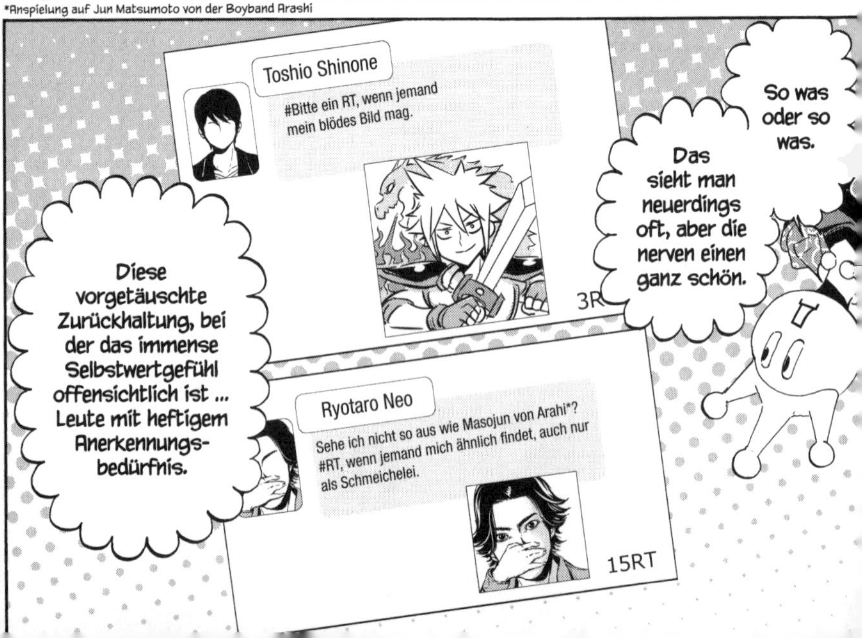

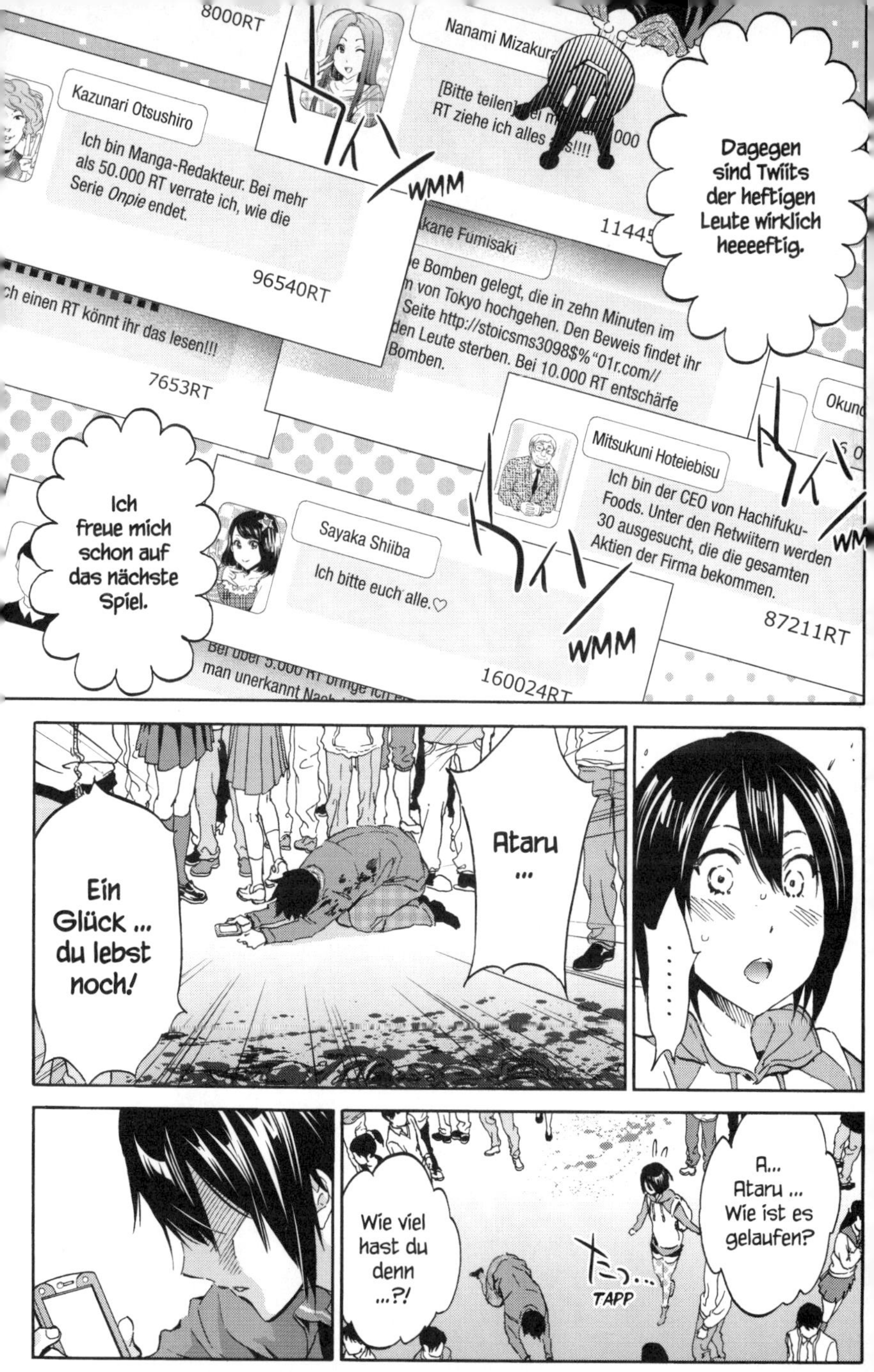

Dagegen sind Twiits der heftigen Leute wirklich heeeeftig.

Nanami Mizakura

[Bitte teilen] bei m 000 RT ziehe ich alles !!!!

8000RT

Kazunari Otsushiro

Ich bin Manga-Redakteur. Bei mehr als 50.000 RT verrate ich, wie die Serie *Onpie* endet.

96540RT

kane Fumisaki

e Bomben gelegt, die in zehn Minuten im m von Tokyo hochgehen. Den Beweis findet ihr Seite http://stoicsms3098$%“01r.com// den Leute sterben. Bei 10.000 RT entschärfe Bomben.

1144

ch einen RT könnt ihr das lesen!!!

7653RT

Okun

Mitsukuni Hoteiebisu

Ich bin der CEO von Hachifuku-Foods. Unter den Retwiitern werden 30 ausgesucht, die die gesamten Aktien der Firma bekommen.

87211RT

Sayaka Shiiba

Ich bitte euch alle.♡

160024RT

Ich freue mich schon auf das nächste Spiel.

WMM

WMM

Ataru …

Ein Glück … du lebst noch!

A… Ataru … Wie ist es gelaufen?

TAPP

Wie viel hast du denn …?!

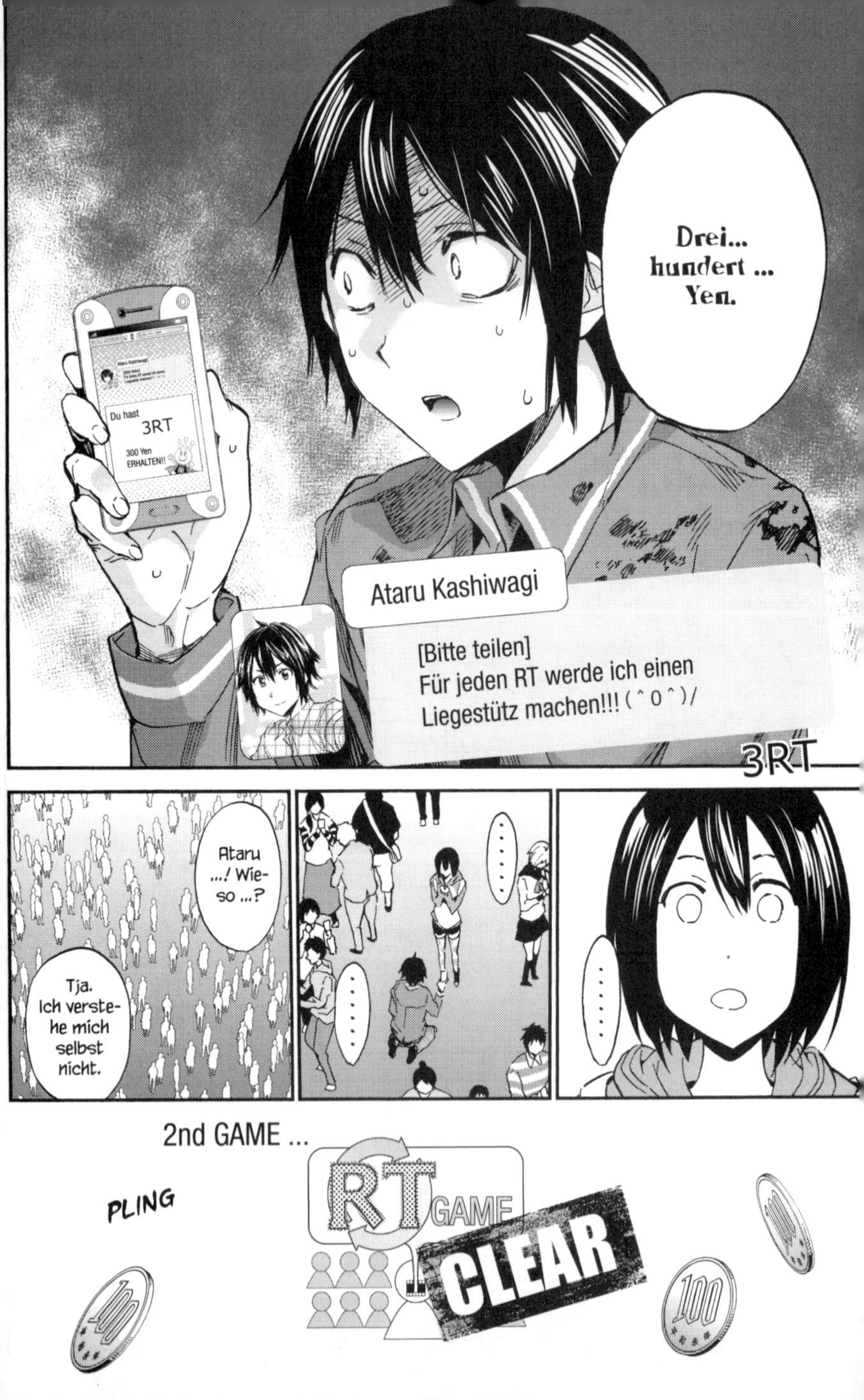

Drei... hundert ... Yen.

Ataru Kashiwagi

[Bitte teilen]
Für jeden RT werde ich einen Liegestütz machen!!! (^0^)/

3RT

Du hast 3RT 300 Yen ERHALTEN!!

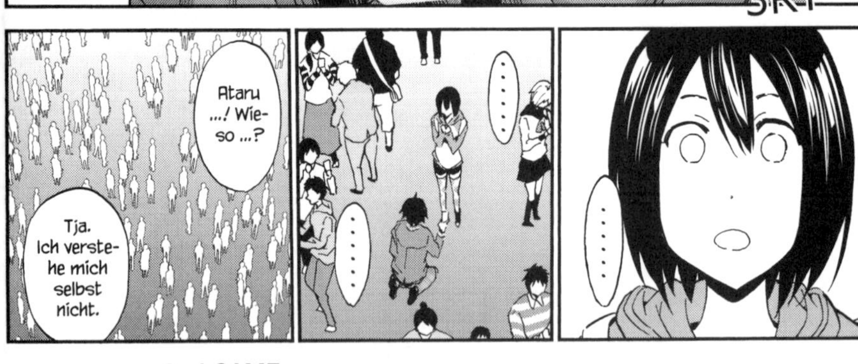

2nd GAME ...

PLING

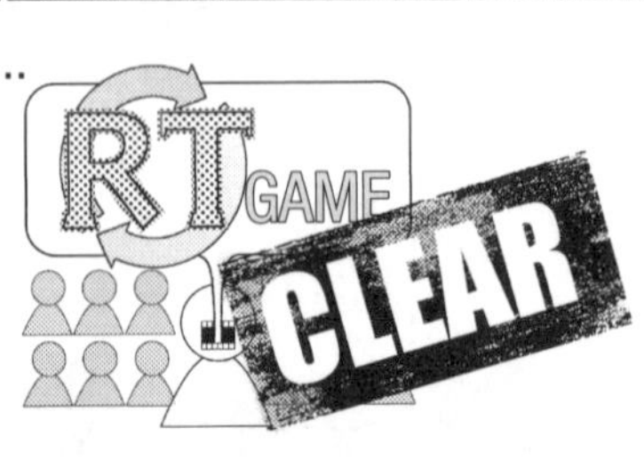

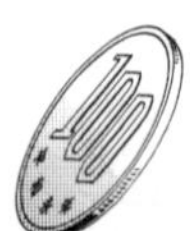

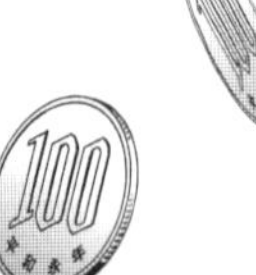

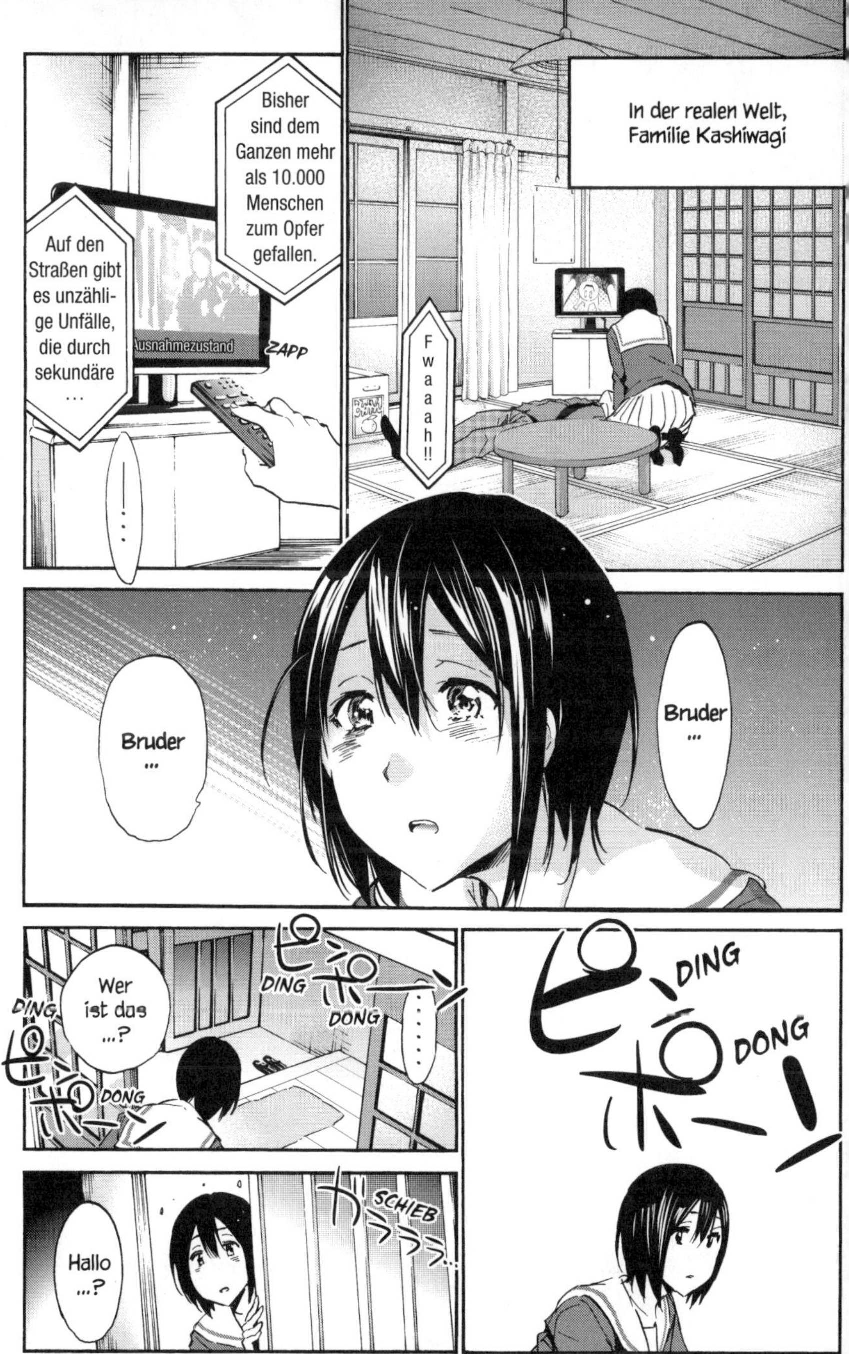
In der realen Welt, Familie Kashiwagi
Fwaaah!!
Bisher sind dem Ganzen mehr als 10.000 Menschen zum Opfer gefallen.
Auf den Straßen gibt es unzählige Unfälle, die durch sekundäre …
Ausnahmezustand
ZAPP
…!…
Bruder …
Bruder …
DING DONG
…
Wer ist das …?
DING DONG
DING DONG
SCHIEB
Hallo …?

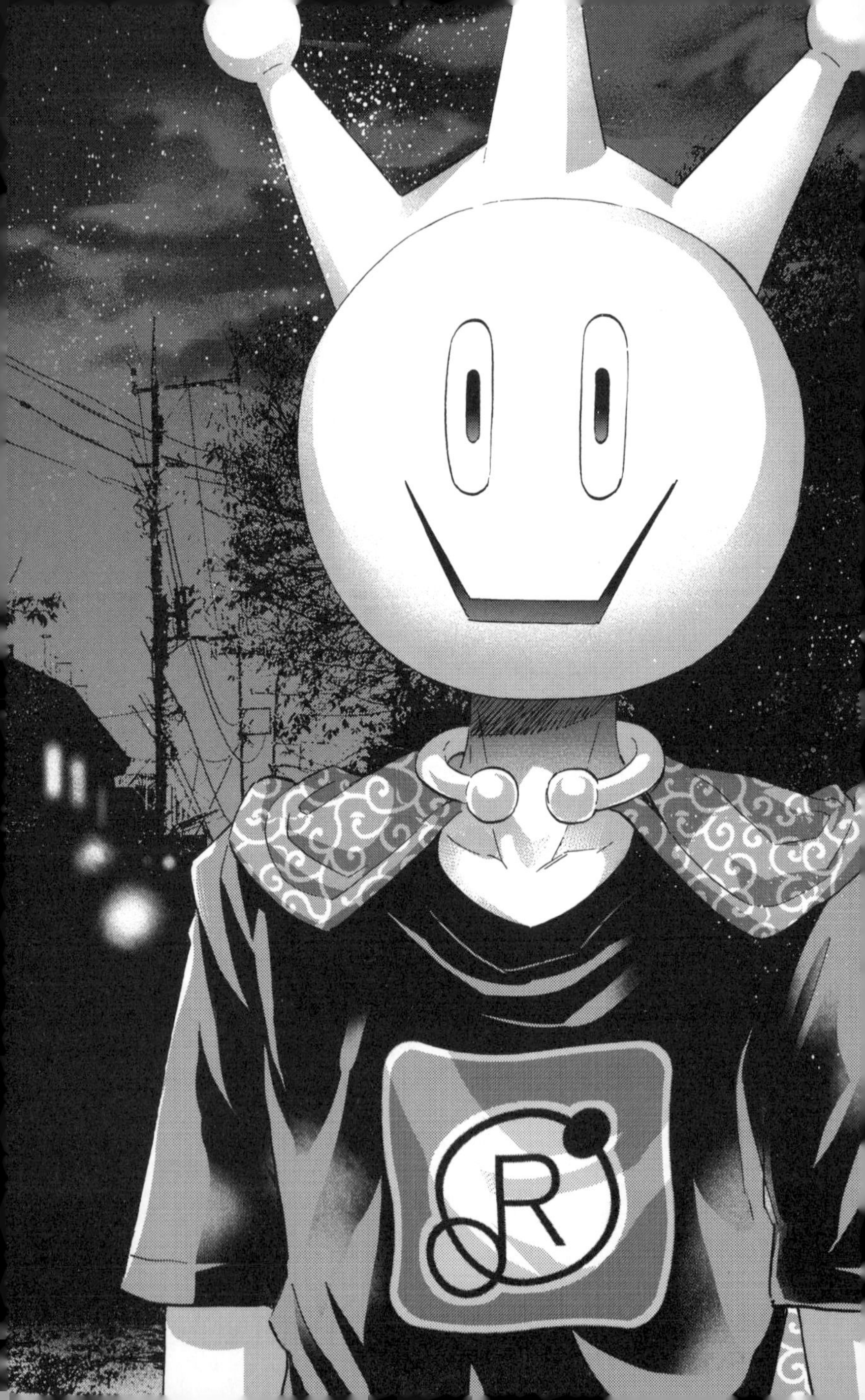

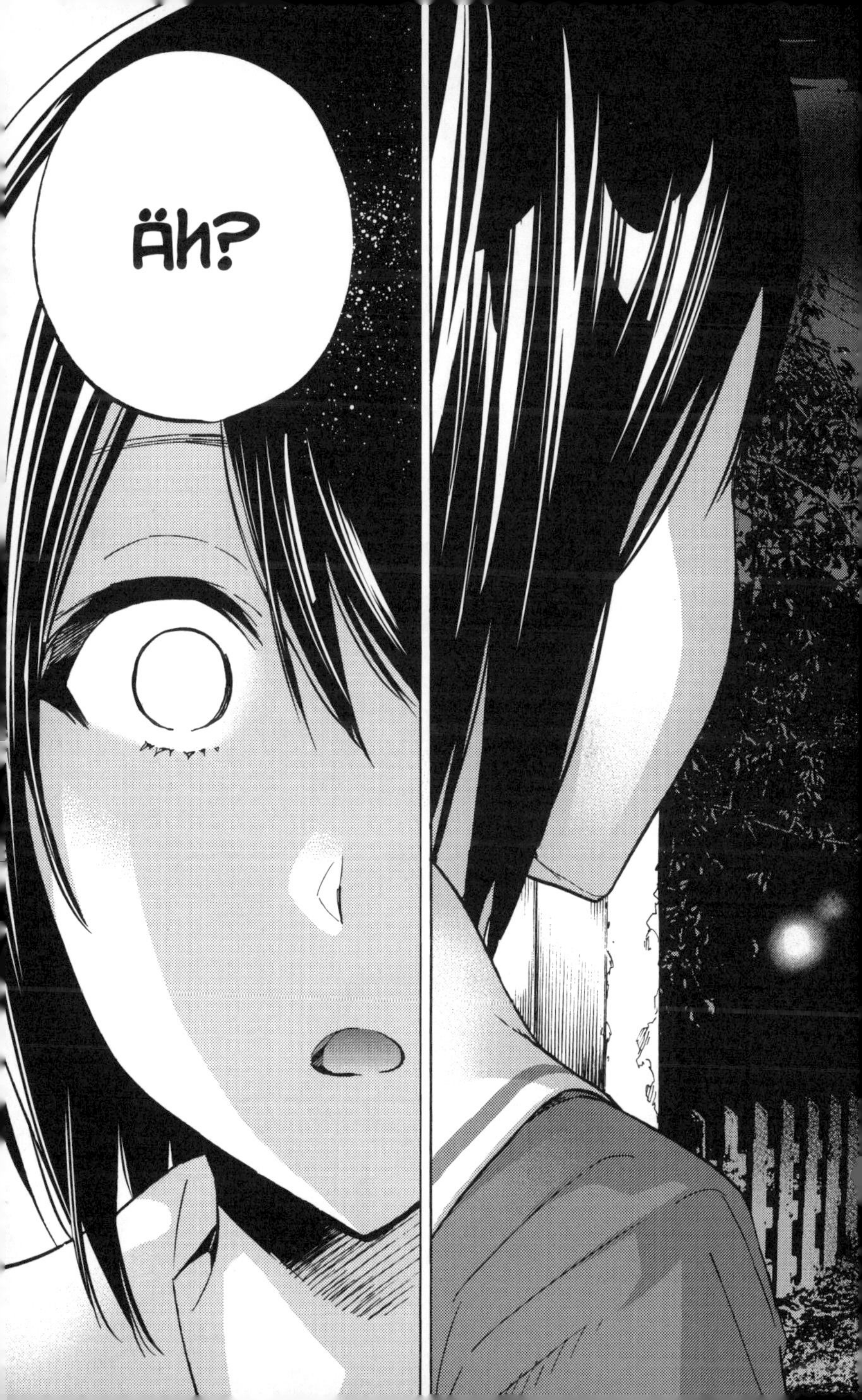
Äh?

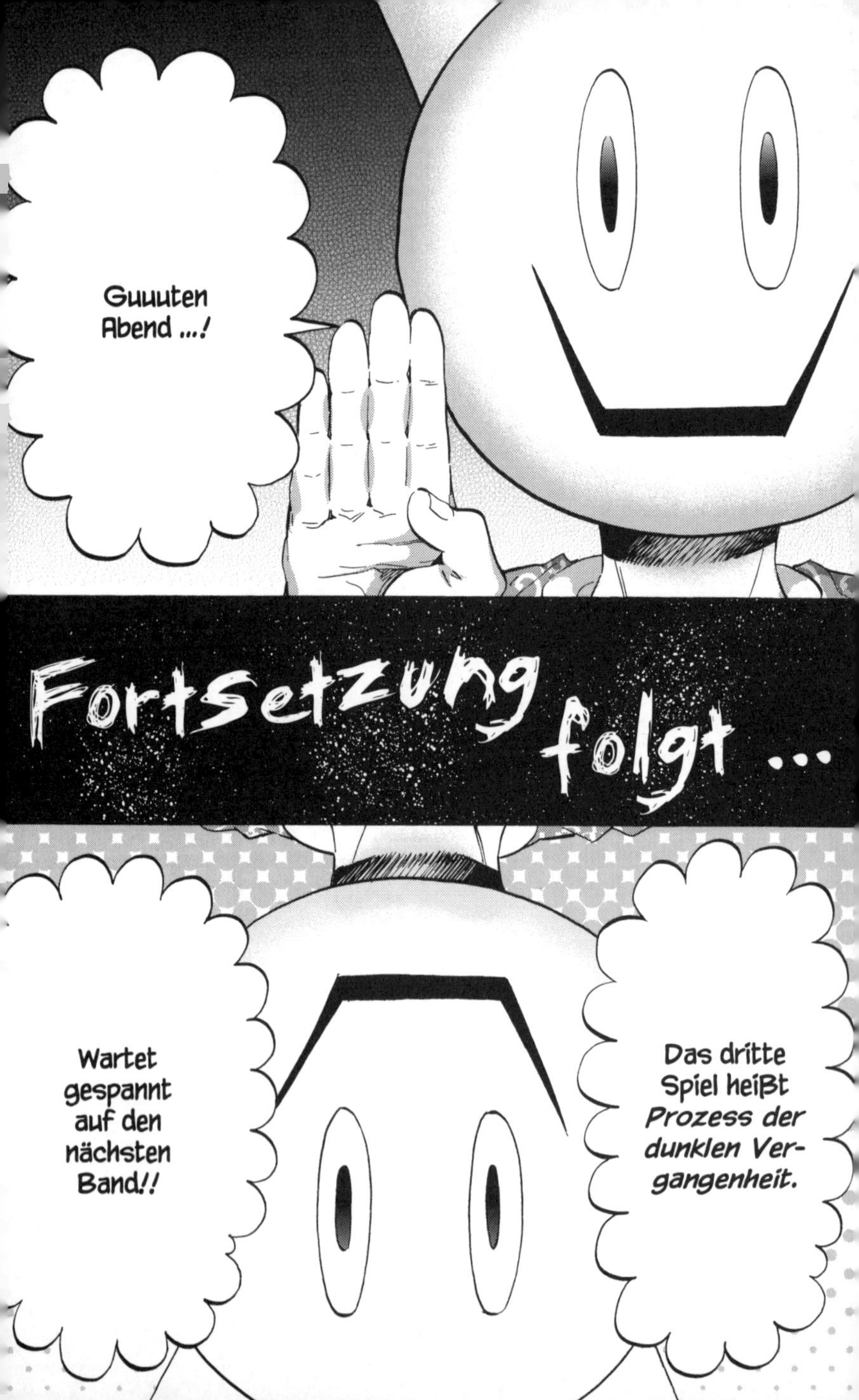
Guuuten Abend ...!
Fortsetzung folgt ...
Das dritte Spiel heißt *Prozess der dunklen Vergangenheit.*
Wartet gespannt auf den nächsten Band!!

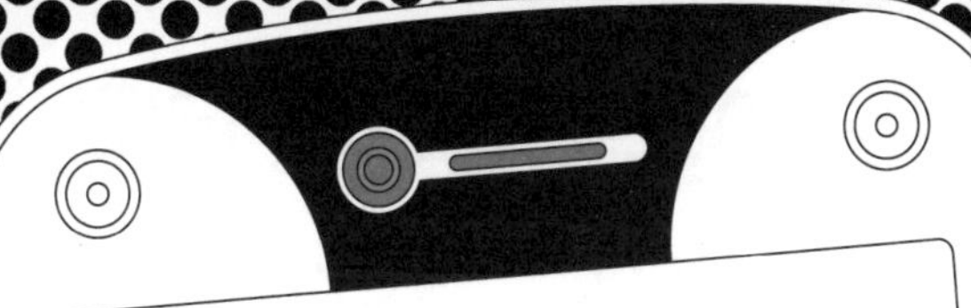

Shizumu Watanabe Okushou

Mitarbeiter

Naomi Sekiguchi
Mio Ootsuka
Kimiko Kinkai
Shotaro Kunitomo
Tsuyoshi Yamamoto
Iyo Mori
Shotaro Edogawa

Helfer

Akoron
Yoneko Takamoto

Redakteur der japanischen Ausgabe

Kazuhiko Otoguro
Hideki Morooka (Taschenbuchausgabe)

Coverdesign

Tadashi Hisamochi (Hive)

Bonusseite

by Okushou

Hallo, ich bin der Autor von *Real Account*. Als Erstes möchte ich mich bei allen Käufern des Mangas bedanken. Viele Leute haben mich unterstützt, unter anderem Watanabe-sama, die Redakteure und verschiedene andere, und so konnte diese Taschenbuchedition auf den Markt kommen. Dafür bin ich wirklich dankbar ... Ich werde mich anstrengen, damit dieses Werk bis zum Schluss ordentlich adaptiert wird. Ich freue mich auf eure Unterstützung. Mmm!! ٩(ᐛ)و

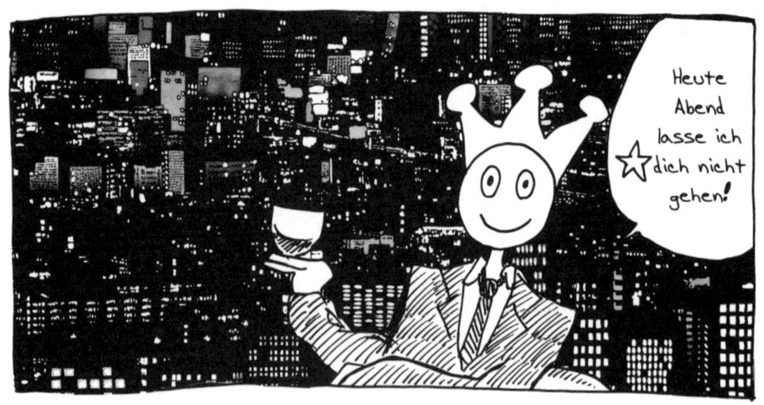

☆ Special Thanks ☆ (zufällige Reihenfolge)

alle Leser, S. M.-sama, Ma-kun, Yusuke Shimizu-sama, Umiu-sama, mein Vater, meine Mutter, meine Geschwister, mein Opa, meine Oma, die Familie meiner Cousine, Y. Y-sama, M. A.-sama, Ikoma-sama, alle, die mich immer wieder unterstützen ... etc.

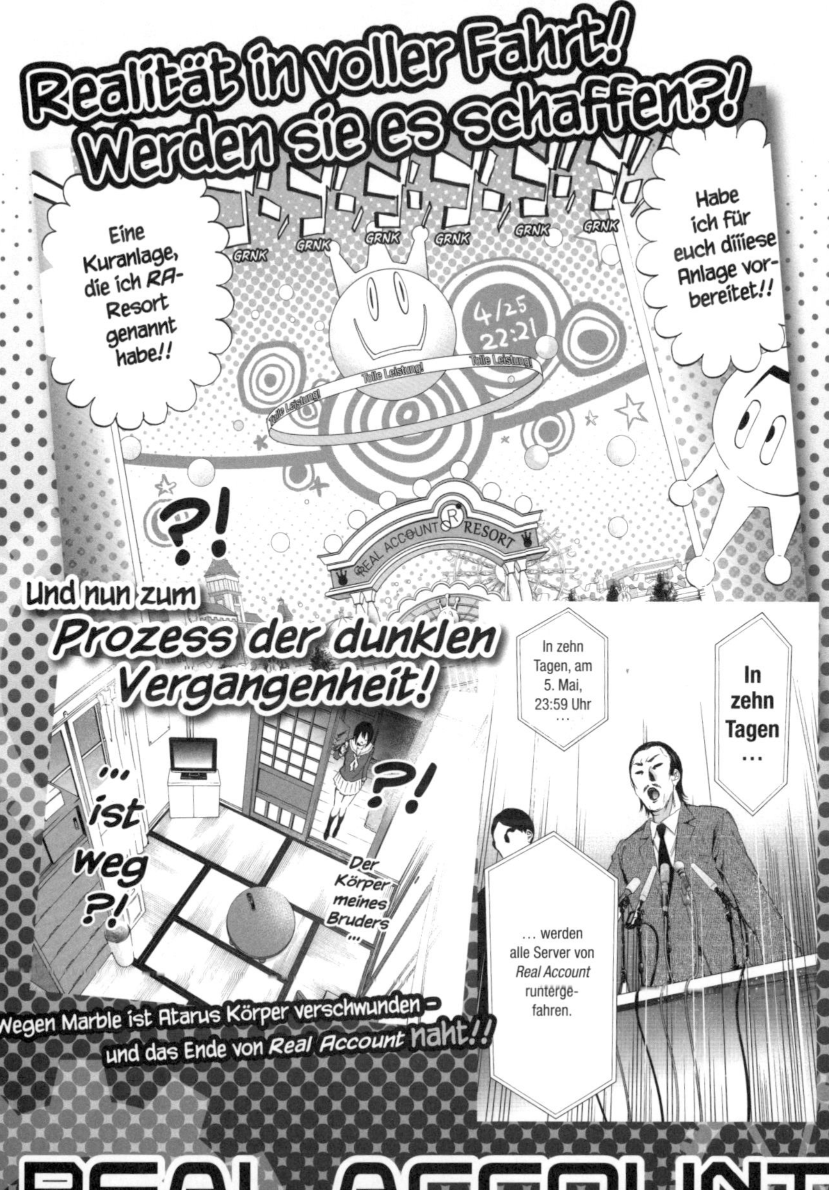

REAL ACCOUNT

Das erwartet euch in Band 2!

Shizumu Watanabe

Twitter @shizumukun

»Was würde ich in so einer Situation tun?« Das war die Frage, die mich nach dem Lesen des Originals am stärksten beschäftigte. Und genau das ist der Reiz des Werkes.

Ich würde mich freuen, wenn auch ihr euch beim Lesen fragt: »Was würde ich in so einer Situation tun?«

Okushou

Twitter @okushou

Dies ist mein erster Manga!!

In diesem Werk stecken die verschiedensten Gefühle von mir. Je nach Leser gibt es sicher unterschiedliche Meinungen, Lob und Kritik. Ich wäre froh, wenn das Werk euch irgendwie im Gedächtnis bleibt. Ich freue mich auf euer Feedback.

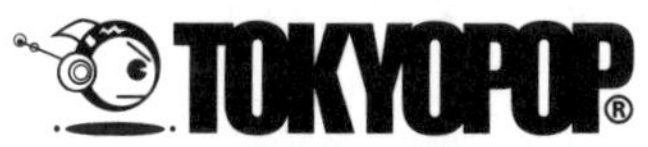

TOKYOPOP GmbH
Hamburg

TOKYOPOP
1. Auflage, 2018
Deutsche Ausgabe/German Edition

Aus dem Japanischen von Hirofumi Yamada

First published in Japan in 2014
by Kodansha Ltd., Tokyo.
Publication rights for this German edition
arranged through Kodansha Ltd.

Redaktion: Sabine Scholz
Lettering: Vibrraant Publishing Studio
Herstellung: Annika Meyer-Wülfing
Druck und buchbinderische Verarbeitung:
CPI–Clausen & Bosse GmbH, Leck
Printed in Germany

ISBN 978-3-8420-4160-8

www.tokyopop.de

SWORD ART ONLINE – PROGRESSIVE

Reki Kawahara / Kiseki Himura

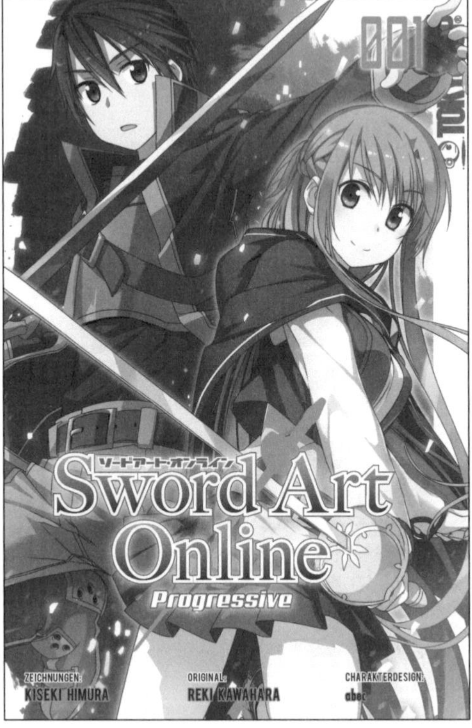

Flinke Fechterin

Musterschülerin Asuna kämpft sich ohne Rücksicht auf ihr eigenes Leben durch das Game *Sword Art Online*, um stärker zu werden und in ihr reales Zuhause zurückkehren zu können. Erst als sie den mysteriösen Schwertkämpfer Kirito trifft, lernt sie, ihr Dasein zu genießen. Können sie gemeinsam das Spiel auf Leben und Tod überstehen?

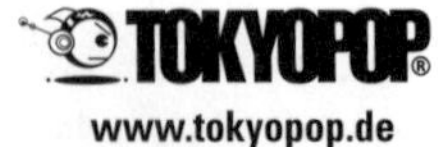

www.tokyopop.de

SWORD ART ONLINE NOVEL

Reki Kawahara / abec

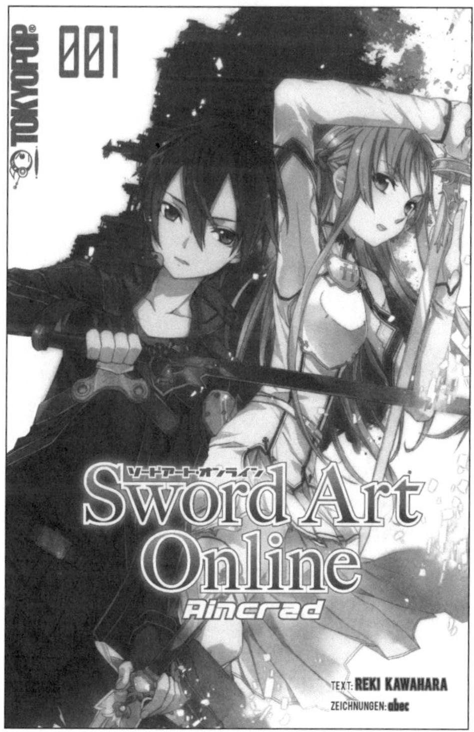

Dein Spiel, dein Leben!

Wir schreiben das Jahr 2022: Gamer auf der ganzen Welt warten gespannt auf das neue Virtual-Reality-Game *Sword Art Online*, in dem man die Spielewelt so real wie nie zuvor erleben kann! Doch als die Spieler in Massen online gehen, stellen sie geschockt fest, dass es keine Möglichkeit zum Log-out gibt. Eine Rückkehr in die Realität ist ihnen nur möglich, wenn sie das Game komplett durchspielen. Doch ein Game Over in der Welt von Aincrad bedeutet den Tod im wirklichen Leben!

ALL YOU NEED IS KILL MANGA

Takeshi Obata / yoshitoshi ABe / Hiroshi Sakurazaka / Ryosuke Takeuchi

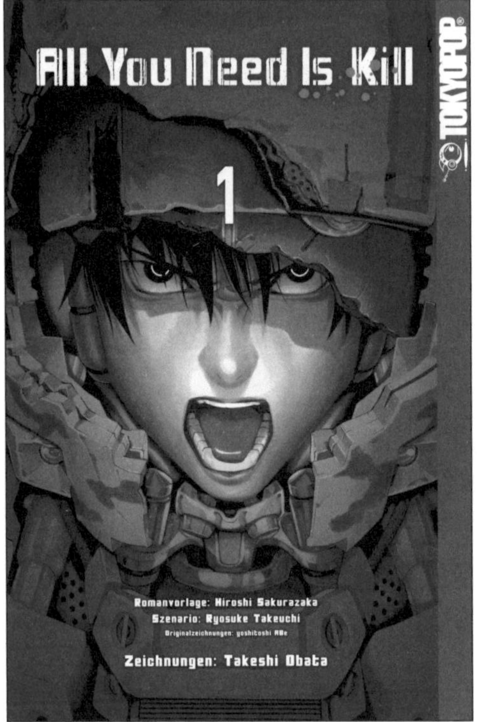

Live. Die. Repeat.

Kiriya ist Soldat und soll die Menschheit vor den außerirdischen Mimics schützen. Die Realität trifft ihn hart: Tote, Verwundete, fliehende Soldaten. Die Mimics verschonen ihn nicht und er stirbt. Er schlägt die Augen auf. Er lebt und liegt in seinem Bett. Seine Verletzung ist verschwunden. Doch der Tag wiederholt sich und er stirbt wieder. Was hat das zu bedeuten? Und wie soll er diesem Albtraum bloß entkommen?

STOPP!

**Dies ist die letzte Seite des Buches!
Du willst dir doch nicht den Spaß verderben
und das Ende zuerst lesen, oder?**

Um die Geschichte unverfälscht und originalgetreu mitverfolgen zu können, musst du es wie die Japaner machen und von rechts nach links lesen. Deshalb schnell das Buch umdrehen und loslegen!

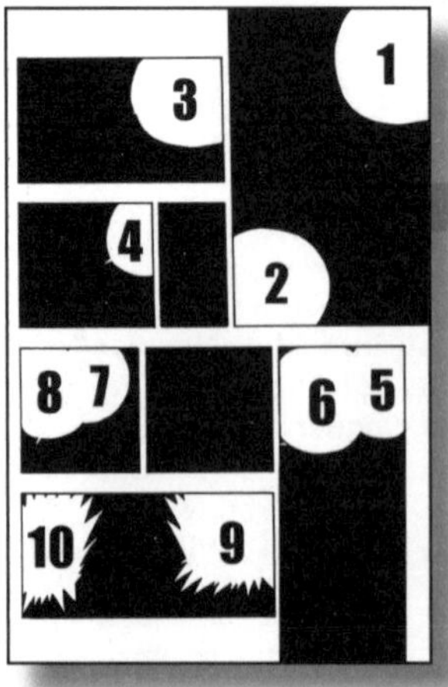

So geht's:

Wenn dies das erste Mal sein sollte, dass du einen Manga in den Händen hältst, kann dir die Grafik helfen, dich zurechtzufinden: Fang einfach oben rechts an zu lesen und arbeite dich nach unten links vor. Viel Spaß dabei wünscht dir TOKYOPOP®!